출판의 발견
The Discovery of Publishing

출판의 발견

The Discovery of Publishing

An In-Depth Look at the publishing industry

고영수 지음

Ć
청림출판

머리말

출판인, 나는 이 호칭을 좋아한다. 자부심을 갖는다. 나는 지난 35년 동안 출판사를 경영하면서 많은 책을 발간하였고, 그 발간한 책 한 권 한 권이 누군가의 인생에 크고 작은 영향을 미쳤으리라 생각한다. 이 책도 발간이 되면 글을 읽는 사람들에게 어떤 영향을 줄지 궁금해진다. 제목이 말하듯 출판의 길을 찾는 사람들에게 도움이 되었으면 좋겠다.

이 책의 성격을 한마디로 말하기는 어렵다. 여러 범주의 글이 포함되어 있기 때문이다. 총 세 개의 부로 나뉘었는데, 각 부는 나름의 영역을 갖고 있다. 1부는 대한출판문화협회(출협) 회장 임기 3년 동안의 경험과 생각을 중심으로 우리 출판계와 출협의 현실을 짚은 글이다. 그리고 2부는 미래 출판계를 이끌어 나갈 젊은 출판 경영인들에게 해주고 싶은 말, 그리고 출판계에 종사하는 직원들에게 전해주고 싶은 편지 형식의 글로 구성되어 있다. 마지막 3부에서는 내가 출판계에 입문한 이래 지난 37년간을 회상하면서 출판인으로서의 굴곡진 삶을 간략하게 기록하였다. 또한 개인적인 상념과 시상들을 첨부하였다. 여러 의욕들이 한 권으로 묶이면서, 과연 이 책이 듣기 좋은 교향곡이 될지 시끄러운 불협화음이 될지 두려운 마음이다.

'1부 한국 출판의 오늘'을 쓴 배경

2014년 2월부터 2017년 2월까지 3년 동안, 나는 대한민국 출판인들의 모임인 대한출판문화협회 회장 직책을 수행하였다.

이 기간 동안 대한민국은 어떤 상태였는가. 우리나라는 깊은 수렁에 빠져 허우적거리고 있었다. 앞으로 나아가지 못하고 여러 가지 암초에 부딪치며 격랑 속을 헤매는 배와 같았다. 2014년 봄에는 세월호 사건으로 인하여 나라 전체가 슬픔에 빠졌는데, 3년 가까이 지나는 지금까지도 인양 작업이 끝나지 않은 채 광화문 네거리에는 노란 리본의 물결과 분노의 목소리가 여전히 메아리치고 있다. 어른들을 믿을 수 없다는 청소년들의 울부짖음이 아직도 귓전을 두드린다.

그리고 다음 해인 2015년에는 중동호흡기증후군, 소위 메르스 사태로 인하여 온 나라가 아무 일도 추진할 수 없는 진공 상태가 되어버렸다. 대통령이 미국 방문을 취소하는 사태가 일어났고, 우리 출협이 추진하는 서울국제도서전은 개최 일주일을 앞두고 갑자기 연기되는 바람에 대형 국제 행사를 1년에 두 번이나 준비하게 되었다.

2016년 병신년은 앞서 두 해에 일어난 사건과는 비교할 수 없이 큰, 소위 최순실 사건이 세상을 뒤흔들었다. 이 사건으로 국민의 자존감

은 사정없이 무너졌으며, 대통령의 모든 권위와 위엄은 땅바닥에 내동
댕이쳐졌다. 한국의 정치 수준은 아직도 대통령 측근에 의하여 국정이
농락당하는 후진성을 면치 못하였다. 여기에 국가의 안위를 생각하기
보다는 정략적으로 이용하려는 일부 정치인과 언론들의 행태가 나라
를 더욱 혼란스럽게 만들었다. 이런 국가적 위기를 맞아 나라를 진정
으로 아끼고, 차분히 국민들을 껴안으며 문제를 수습해가는 존경받는
국민적 지도자가 없었다. 참 안타까운 일이었다.

3년 동안 대한민국은 이런 상황이었다. 그럼 우리 출판계를 둘러싼
환경은 어떠하였는가. 출판을 맡고 있는 주무부처인 문화체육관광부
의 공무원들은 전문성이나 열정면에서 높은 점수를 주기가 어려웠다.
우선 그들이 업무를 파악하고 역량을 발휘할 기간이 충분치 않았다.
회장 임기 3년 동안 세 명의 장관, 세 명의 차관, 네 명의 국장, 세 명의
과장이 자리를 바꾸었다. 원래 순환보직으로 인사가 이루어진다고 하
지만, 너무 자주 바뀐 듯싶다. 어찌되었든 소위 최순실 사건으로 드러
난 것이지만, 그동안 비선 실세들에 의해 이루어진 부도덕한 관료사회
의 인사 행태가 충직한 공무원들의 사기를 적잖이 떨어뜨렸으리라 생
각된다. 또 서울과 세종시를 오가며 정신적으로나 육체적으로 피곤을
호소하는 공무원들을 보면서 현행 정부 시스템이 무언가 크게 잘못되
었다는 것도 느꼈다.

출판계를 위해 만든 한국출판문화산업진흥원은 출판계의 호응을 받
지 못한 채 출판계 위에 군림하고 있다. 예산도 별로 없지만, 그나마 어
떻게 출판 진흥을 해야 되는지 방향도 없고 의욕도 없는 것으로 보였
다. 더구나 이 조직도 전주로 내려가 출판계와 대화조차도 소원한 그

런 기관이 되어버렸다. 그나마 출판사 출신이면서 출판학에도 조예가 있는 이기성 2대 원장에게 기대를 걸어본다.

출판계에는 협회가 무려 여덟 개에 이른다. 각각의 협회에는 동종 분야의 출판사들이 모여 친목을 도모하고 있지만, 정책적인 일이나 대외적인 일들은 대한출판문화협회가 거의 대부분을 담당한다. 그동안 대한출판문화협회와 한국출판인회의는 업무 추진 과정에서 몇 가지 이견이 있었다. 그렇다고는 해도, 외부에서는 실제보다 더 과장되게 서로 대립하는 것처럼 보기도 했다. 우리 업계는 산적한 현안에 대해 합심하여 대처하고 업계 전체의 이익이 되는 방향으로 힘을 모아서 정부에 건의하고 법제화하여 업계의 발전을 모색해야 한다. 그런데 사분오열의 상태에서는 아무것도 할 수가 없다. 나는 2014년 2월에 출판계를 화합하고 하나로 만들겠노라고 선거 구호를 내걸었지만, 실현시키지 못한 점이 못내 아쉽다.

나는 협회 내부의 문제로도 많이 시달렸다. 특히 전·현직 감사인 이준직, 정종진 두 사람이 무척이나 협회를 괴롭혔다. 그들은 감사라는 직분을 이용하여 전임 윤형두 회장 임기 중(2012년)에 발생한 베이징국제도서전 주빈국 관련 의혹에 대해 거의 자학적으로 감사원, 파주시, 문체부 등 외부 기관들에 진정서를 제출함으로써 협회와 문체부 출판과가 매우 곤혹스런 상황에 처하도록 만들었다. 회원들은 이들이 보낸 문서를 받고 협회에 대한 깊은 우려와 염려를 하였다. 이들은 3년 내내 회장을 지치게 만들었다. 임기가 끝날 무렵 다시 한 번 회장을 연임하지 않겠느냐는 주변의 권고도 있었지만, 이들만 생각하면 고개가 절로 흔들어진다.

작년 7월에 한국출판인회의 윤철호 회장이 나를 찾아와 차기 출협 회장으로 나서겠다고 했다. 나는 속으로 감사의 쾌재를 불렀다. 이런 복마전 같은 곳에서 누가 회장을 하려 들까 싶었기 때문이다. 실제로 윤형두 전임 회장님을 만난 자리에서 '제가 마지막 회장이 되는 것이 아닌가 싶다'라는 말을 건넨 적이 있다. 그런데 윤철호 회장 같은 젊고 유능한 사람이 차기 회장을 하겠다니 얼마나 기쁜 일인가. 인수인계를 할 사람이 생겼다. 안심이 되었다.

나는 3년간의 대한출판문화협회 회장 직무를 마치면서, 스스로 판단컨대 아주 만족스럽지는 못하였다. 다만 2014년 11월에 도서정가제 법을 개정하여 강화함으로써 광란의 할인판매는 막는 데 성공했지만, 업계가 그 결실을 맛보려면 상당한 시간이 필요하다. 아직은 동트기 전 어둠이 깊은 새벽이다. 아무튼 처음 바람이었던 출협 선거 구호에서 말한 '희망의 변곡점', 출판시장의 터닝 포인트는 만들었다고 생각한다.

이제 새 회장직을 맡을 후보도 생겼으니, 그동안 있었던 업무 진행 상황과 이를 둘러싼 문제점들을 찾고 정리해야겠다는 생각이 들었다. 협회장 임기 동안에 못 이룬 아쉬운 점들이 있어서 그런 생각이 들었는지도 모르겠다.

이런 책이 전례가 없어서 과연 필요할 것인지에 대한 의구심도 있었지만, 적어도 업계의 중요 임무를 다 마치지 못한 회장으로서의 책무를 다음 회장에게 정리해 전달한다는 의미 한 가지만 이루어도 책의 목적은 달성되는 것이 아닌가 싶었다. 그래서 아프리카 킬리만자로를 다녀온 직후인 2016년 9월부터 글쓰기를 시작하였다.

다시 정리하면, 1부는 차기 회장과 회장단이 협회의 업무를 이해하는 데 도움을 주고자 하였으며, 또 회원사들에게는 오늘의 출판계 현실과 출협을 이해하는 데 참조가 되기를 기대하면서 썼다.

'2부 젊은 출판인에게'를 쓴 배경

지난 3년 동안 대한출판문화협회 제48대 회장 직책을 수행하면서 나는 만 65세이던 나이가 68세가 되었다. 한국 나이로는 한 살을 더해야겠지만, 어떻든 65세는 한국의 대학 교수들이 정년퇴임하는 연령이다. 만일 내가 출판인의 길을 걷지 않았다면 아마도 대학에서 학생들을 가르쳤을 것이고, 자연스럽게 정년이라는 제도에 의해서 65세가 되는 해에 퇴직을 하였을 것이다.

65세가 가까워지면서, 나는 회사(청림출판)의 일선업무에서 물러나야겠다고 마음먹었다. 대부분의 대학 교수들이 그렇듯, 퇴직을 하는 이유는 실력이 떨어져서나 건강이 나빠져서가 아니다. 오히려 정년퇴직으로 그만둘 그 나이쯤 하던 일에 있어서 가장 절정의 시기로 여겨진다. 요즈음은 장수 시대라 건강에서도 자신 있는 나이이고, 아직은 출판사 경영도 잘할 수 있다는 자신감이 넘치고 있었다. 실제로 내 건강 상태가 양호하다는 것은 2016년 8월 동아프리카에 위치한 킬리만자로 5,895미터를 등정한 것으로 어느 정도 입증되었다.

나는 제2의 인생을 열고 싶었다. 1978년 5월에 시작한 출판인의 길이 어언 35년이나 되었다. 출판이 나의 전반기 인생이라면 노년으로 접어드는 지금부터는 새로운 인생을 살고자 한다. 앞으로의 10년은 출판 활동을 활발하게 더 잘할 수 있는 기간이기도 하지만, 반면에 그동안 살아오면서 아쉬움으로 남았던 하고 싶었던 많은 일들을 시도해볼 수 있는 마지막 시간이기도 하다. 언젠가 병상에 눕기까지는 하고 싶은 일들을 마음껏 해야겠다는 생각이다. 그리고 그 속에는 책과 관련된 활동도 포함되어 있다.

그렇게 하기 위해서는 회사의 바통을 넘겨받을 사람에게 잘 넘겨야 한다. 인수인계하고, 경영수업도 시킬 시간이 필요하다. 경영자는 결정하는 사람이 되는 것이고, 경영수업은 경영자가 올바르게 결정하도록 여러 가지를 알려주는 것이다. 회사를 넘기고도 인계자가 모든 결정을 한다면 인수자는 수업 참관자밖에 되지 못한다. 인수자가 과감히 결정을 하고 그 결정에 따른 결과와 영향을 스스로 느껴야 한다. 다만 기업에 큰 타격을 주지 않도록 어느 기간 동안 인계자는 코멘트를 해주는 정도가 되어야 한다. 출판은 경영과 편집 등 모든 영역에서 아직도 도제식으로 사람을 키우고 후배를 양성한다.

회사에는 아들이 몇 년 전부터 입사하여 일을 배우고 있다. 처음에는 편집부에서 근무하였고, 그다음에는 외서부에서 일했다. 그의 성실함을 보면서 맡겨도 될 것이라는 믿음을 가졌다. 한 조직에 두 머리가 있으면 좋지 않겠다 싶었다. 나는 나대로 일을 하면서 간섭이 아닌 꼭 필요한 경우에만 도움을 줄 수 있는 방법은 없을까 생각했다.

그러면서도 한편으로는 아들에게 해주고 싶은 이야기가 많았다. 경영에 관한 것부터 출판에 관한 이야기, 인생살이에 대한 이야기가 적지 않다. 그런데 아버지와 아들의 관계에서 차분하게 앉아 미주알고주알 잔소리를 하는 데는 한계가 있다. 두 사람이 같이 있어도 별로 할말이 없는 것이 우리 세대의 부자관계 아닌가. 이에 이 책을 통해 아들을 포함한 차세대 출판인들에게 출판과 경영에 관해 말해주고 싶었다. 이 책에서 마음과는 달리 가장 어렵게 쓴 부분이다. 의식적으로 가르치려 하니 자연스럽지 못해서일 것이다. 그래서 가능한 한 간결하게 쓰려고 노력했다. 그러다 보니 너무 딱딱한 교과서 같아 보인다. 읽어주기 바라는 마음이고 도움이 되었으면 좋겠다.

2부의 2장은 〈목요편지〉다. 이것은 내가 2005년부터 2013년까지 약 8년간 청림출판 직원들에게 회사 인트라넷을 통하여 보낸 편지다. 거의 300여 편 1,000페이지가 넘는 것들 중에서 선별한 것이다. 출판계에서 일하는 직원들에게 필요한 삶의 지혜, 사회생활의 마음가짐, 직장인의 마음가짐, 책과 출판을 보는 눈을 키우는 내용들을 담았다. 이 부분을 넣음으로써 겨우 이 책이 좀 살아 있다는 느낌이 들었다. 출판 환경을 논한 1부는 그저 목마른 자의 거친 아우성이라는 자괴감이 있었기 때문이다.

'3부 나의 삶, 나의 출판'을 쓴 배경

솔직히 3부는 앞의 1부와 2부에 부담이 되는 부분이다. 앞이 비교적 공적인 메시지라면 3부는 완전히 개인적인 것이기 때문이다.

전반부의 '나의 출판 인생'은 1978년에 내가 출판계에 입문하게 된 배경부터 시작하여 2013년까지의 일들 중 기억에 남는 굵직한 것들을 중심으로 기록하였다. 이 장은 놀랍게도 단 하루 만에 써냈다. 글이 잘 풀릴 때 작가들의 손이 생각을 따라잡지 못한다는 이야기가 실감이 가는 체험이었다. 머릿속에서 옛 추억들이 주마등처럼 스쳐 지나가 빠르게 타이핑을 하였다. 누구나 그렇듯 나의 개인사도 다사다난했다. 어떻게 보면 내가 살아온 인생 같지가 않다. 그다지 길지 않은 글이지만 한 출판인의 몇 십 년 역사가 압축되어 담겨 있다.

후반부의 '나의 비망록'은 나에 대한 소개와 글 모음집이다. 몇 가지 주제를 잡아서 나에 대해 정의해보았고, 또 기왕에 써두었던 글들을 묶었다. 인터넷 블로그에 꾸준히 담아놓은 덕분에 전에 썼던 글도 실을 수 있었다.

왜 3부를 이 책에 넣었는가 하면, 언제 내가 다시 출판과 관련하여 개인적인 생각들을 담아 책을 쓸 수 있을까 하는 생각이 들었기 때문이다. 그래서 여기에 함께 엮었다. 이런저런 이유로 책이 다소 두꺼워졌다.

끝으로 이 책을 쓰면서 크고 작은 의견과 도움을 주신 많은 분들께 깊은 감사를 드린다. 특히 복제전송권과 관련해 현황을 정리해주신 김병준 사장님께 고마움을 표한다. 또 원고를 맡아 좋은 책으로 만들어준 청림출판의 고병욱 이사와 장선희 실장에게 감사를 표한다. 또한 내 인생의 귀한 동반자로서 언제나 내 생각과 행동에서 중심을 잡아주는 아내에게 고마움을 전한다.

차례

제2부 젊은 출판인에게

제3부 나의 삶, 나의 출판

제1부
한국 출판의 오늘

"책은 마음의 밭을 갈아 생각의 깊이를 더하고
슬기의 높이를 돋군다.
우리는 책으로 좁은 울을 넘어서 오랜 때와 먼 곳을 보고
뛰어난 삶과 만나며 올바른 길을 찾는다."

– '책의 날을 받드는 글'에서

1장

출판인과 함께하는 생각 1

대한출판문화협회 회장의 1,095일

협회장의 첫걸음

2014년 2월 20일(목) 오후 2시, 연세대학교 동문회관 대회의실에서 열린 대한출판문화협회(출협) 67차 정기총회에서 나는 출협의 제48대 회장으로 선출되었다.

많은 사람들로부터 축하를 받았다. 어떤 사람들은 직접 찾아와서, 또 어떤 이들은 전화로, 우편 카드나 전보로, 꽃다발로, 그리고 어떤 친구들은 금일봉을 주는 등 다양한 방식으로 축하 인사를 했다. 모두에게 정말로 감사하다. 그중에는 축하와 격려 외에도 회장직을 수행하려면 어려움이 많을 것이라는 동정적인 메시지를 보낸 분도 있었다. 총회가 목요일에 있었는데, 그다음 사흘 동안, 주말 내내 축하 받기에 바빴다.

그러나 명예는 3일, 이제 3년의 명예가 시작되었다. 곧이어 새로운 일상이 찾아왔다. 불과 며칠 사이 내 생활 패턴은 크게 달라졌다. 30년 가까이 시계추처럼 일정한 시간에 도착했던 논현동 사옥 대신 광화문 근처 삼청로에 위치한 출판회관(출협 건물)으로 출근길이 바뀌었다. 출협 업무는 일이 없는 듯하면서도 이런저런 문제들과 해결을 기다리는 과제들이 넝쿨처럼 주렁주렁 매달려 있었다.

출협 회장으로서 내 첫출발의 마음가짐은 '답게'였다. 대한출판문화협회 회장은 650여 회원사들의 대표이기도 하지만, 비회원사들을 위해서도, 나아가 출판계에 종사하는 모든 이들을 위해 봉직하는 지도자가 되어야 한다는 책임감이 몰려왔다. 이제 그들을 위하여 일하여야 한다. 나는 지도자가 섬김과 헌신의 자세로 의무를 이행할 때 공동체 구성원에게 선한 영향력을 미칠 것이라는 나름의 소신으로 '회장답게' 처신할 것을 스스로 다짐했다.

인수인계

출협 회장 당선 직후 아쉬웠던 것은 전임 회장과 신임 회장, 그리고 임원진끼리의 인수인계 과정이 거의 없다는 점이었다. 어떤 일이든 전임자로부터 인수인계를 어느 정도 구체적으로 받으면 시행착오를 줄일 수 있고, 또 업무 적응 시간도 단축할 수 있다. 협회가 처한 전반적인 국면과 타개책에 대해 함께 의견을 교류하고 전달 받는 관행이 반드시 필요하다는 생각이 들었다. 이것은 앞으로 꼭 개선되어야겠다.

개인적인 생각으로는, 새 협회장이 당선되더라도 곧바로 회장 업무를 맡을 것이 아니라, 취임 일자를 3월 첫 주부터 하는 것은 어떨까 싶은 생각이 들었다. 선거는 2월 하순경에 하게 되지만 전임 회장이 2월 말까지는 업무를 관장하며 서로 인수인계 작업을 하도록 한다. 회장

취임 일자를 공식화할 필요가 있다고 생각한다.

그리고 취임식도 어느 정도 격식을 갖추는 것이 좋을 듯싶다. 취임식을 치르면서 회원사와 지인들부터 축하를 받고 업무를 시작하는 것이 일정한 형식을 갖춰 책임감을 내면화하는 절차로 여겨진다. 안타깝게도 협회는 그런데 쓸 만큼의 재정적 여유가 없다. 그래서 비용은 신임 회장이 직접 내거나 후견인들이 충당을 해주어야 할 것이다.

지금까지는 총회에서 신임 회장이 결정되면 당선 소감을 발표하자마자 그 시간부터 회장 직무를 하게 되어 있다. 만약 선거에 경합이라도 붙으면 자신이 당선될지도 확실히 모르는 상황이었다가 당선되는 순간 바로 의사봉을 넘겨받으며 업무에 들어가게 된다. 이는 너무 촉박한 감이 있어 보인다.

이렇듯 신임 회장은 아무것도 모른 채 엉겁결에 공식 업무에 돌입하게 된다. 대부분의 후보들이 당선부터 생각하지, 당선된 이후의 일들까지 조목조목 준비하지는 않을 것이다. 사실 이 책을 처음 기획하게 된 배경 중 하나도 차기 회장과 집행진에게 협회 업무, 지난 기간과 최근의 출판계와 협회 상황을 인수인계하려는 목적이었다.

소통

나는 당선된 후 무엇을 가장 먼저 해야 할까를 곰곰이 생각했다. 그것은 '소통'이었다. 3년을 지낸 지금도 업계 내의 소원한 관계가 여전한 듯하여 아쉬움이 있지만, 회장으로서 나는 우선적인 중점을 소통에 두었다. 협회장으로서 무슨 일을 하든지 그것이 먼저라고 생각했다.

모두가 하나가 되어야 어떤 일이든 이루어지지 않겠는가. 갈라진 목소리로는 아무에게도 도움이 되지 못한다. 특히 어려운 상황일수록 하나가 되어야 한다. 협회 회원사들이 하나가 되고, 여러 출판단체가 하나의 목소리를 낼 수 있다면 무슨 난제든 뚫고 나갈 수 있으리라.

당장 출협 내부부터 소통이 되어야 한다. 회원사들에게 협회를 알리고 도움을 요청하려면 먼저 소통의 도구가 필요했다. 그래서 〈출협통〉이라는 소식지를 만들었다. 매월 말 발간하여 회원사들에게 회장의 업무 내용과 협회가 당면하여 처리하는 일들을 알리려는 목적이었다.

적지 않은 회원사들이 협회가 무슨 일을 하는지 잘 모르고 있다. 단체에 회비를 내는데 협회가 자신들을 위해서 무엇을 하는지 모른다면 회비가 아까울 것이다. 〈출협통〉을 3년 동안 31회에 걸쳐서 약 2페이지로 펴내 650여 회원사와 2,000여 납본하는 비회원사에게 팩스와 이메일로 보냈다. 회원이든 아니든 출판계의 문제는 공유해야 할 듯싶었다. 출판사 사장님들이 얼마나 읽고 계시는지 궁금했다. 친분이 있는 사장님들로부터 협회 소식을 전해줘서 고맙다는 말씀을 들으면서 협회를 알리는 좋은 도구가 되고 있다고 확신하게 되었다.

소통을 위해서 또 추진한 일은 출판계 단체장들의 모임을 갖는 것이었다. 출판계를 둘러싸고 있는 문제에 대하여 함께 머리를 맞대면 쉽게 해결할 수 있지 않겠는가 하는 생각에서였다. 처음 만나서 분기마다 모임을 갖기로 정했는데, 아쉽게도 1년을 채 넘기지 못했다.

당시 한국출판인회의 박은주 회장은 나보다 1년 먼저 출판인회의 회장직을 수행하고 있어서 여러 일을 함께 의논하는 데 좋은 파트너였다. 박 회장은 업계가 필요한 일들을 파악하고 있었고 열심도 갖고 있었다. 어느 날 갑작스럽게 박 회장이 회사 내부 문제로 인해 단체장직

출협 기관지 〈출판문화〉(월간)와는 별개로 회원사와의 소통을 위해 발간한 소식지 〈출협통〉

까지 그만두는 일이 벌어지지 않았다면, 아마도 출판계 두 단체의 수장이 머리를 맞대고 당면 문제들을 함께 추진하는 좋은 모습을 보여주었을 것이다.

각 단체장들이 한자리에 모여 어떤 일을 논의한다는 것은 쉬운 일이 아니었다. 이해득실도 서로 다르고, 대립관계도 있고, 서로 머리가 되려는 욕심이 있는가 하면, 다른 단체 일에는 아예 관심조차 없는 단체장들도 있었기 때문이다. 심지어 약간의 반목도 생기면서 참석하지 않겠다는 분까지 있었다. 그래도 출판단체의 장이라면 범 출판계가 하나가 되도록 노력을 지속해야 한다는 생각에는 변함이 없다.

집행진의 구성

협회장이 되어 먼저 해야 할 일은 신속한 업무 파악이었다. 협회 내부에서 진행되고 있는 일도 있고, 협회와 타 기관이 함께하는 업무도 있다. 당선이 되었으니 문체부 장관을 예방하고 실장, 국장을 만나 인사를 나누는 것도 해야 할 일이다. 또 국회 교문위원들도 예방할 필요가 있었다.

가장 우선적으로 해야 할 일은 회장을 도와 함께 일할 세 명의 부회장과 여덟 명의 상무이사진을 정하는 일이다. 나는 가능한 한 나와 함께 일할 사람을 공모에 의해 선임하기로 마음먹었다. 그리고 나를 지지하지 않았던 사람도 부회장과 상무이사진에 넣어 다양성과 화합을 도모하고자 노력하였다.

공모 내용을 모든 회원사에게 보내는 회장의 첫 편지와 함께 알렸다. 회장의 핸드폰으로 직접 추천해주기를 요청하고 '청빈위원회'를 거쳐서 뽑도록 했다. 많은 분들이 좋은 분들을 추천해주셨다. 그런 과정을 거쳐서 첫 임원진들은 대부분이 회원들의 추천에 의해서 적임자로 여겨져서 모신 분들, 나를 변함없이 도와줄 분들, 그리고 나를 지지하지는 않았지만 함께 일하면 좋겠다고 생각되는 분들을 골고루 모시게 되었다.

이분들과 함께 앞으로 3년 동안 협회 일을 꾸려가겠다고 생각하니 더없이 소중한 한 분 한 분이라는 생각이 들었다. 각기 업무를 분담하니, 이제 의논할 상대가 생겨서 든든했다.

당시 협회를 이끌어가는 국장직은 공석으로 현 장영태 국장이 대행 체제로 끌어가고 있었다. 회장이 되니 국장이 되고자 자천하는 분도 있었고, 또 적합한 인물이라고 추천해주는 분도 있었다. 그러나 나는 협회장이 새로 왔다고 해서 외부 인물을 영입하는 것은 그다지 바람직

01 제48대 회장 입후보 선거 팸플릿
02 제48대 출협 회장에 당선되다
03 당선 직후 의장직을 맡아 회의를 진행하다

스럽지 않다고 생각하였다. 내부 승진은 일하는 사람들에게는 중요한 사기 진작 요소가 될 것이고, 무엇보다 업무를 잘 알고 있으리라 생각되었다. 장 국장은 인품으로 보아 직원들의 신망을 받으며 훌륭히 국장직을 수행할 것이라는 믿음이 갔다. 부회장과 총무 담당 상무이사를 주축으로 한 인사위원회를 구성해서 장영태 국장 체제로 하고 각 부서 책임자들을 임명하였다.

또 새로운 이사들을 위촉해야 했다. 예전과 달리 출협의 인기가 많이 시들해져서 90명의 이사들을 구성하는 일이 쉽지 않았다. 1980년대와 1990년대에는 서로 이사를 하려고 했는데…. 결국 75명 정도를 위촉하는 데 그쳤다. 어떻게 하면 회원사들이 협회에 더 많은 관심을 갖고 참여하도록 할 수 있을까? 임원 구성 단계부터 협회의 위상과 과제에 대해 안타까운 생각이 들었다. 조금은 착잡한 마음이었다.

함께 만드는
출판계 리더십

관심과 참여

'사랑'의 반대는 '미움'이 아니라 '무관심'이라는 말이 있다. 안타깝게도 우리 협회 회원사들 중에는 협회에 무관심한 분들이 있으며, 또 일부 회원사들은 관심과 열정이 지나쳐 무리한 요구를 하는 분들도 있다.

나는 회장이 된 이후 동서문화사 고정일 사장님으로부터 자주 전화를 받았다. 목소리도 크시고, 한 번 전화기를 잡으면 평균 30분은 기본이시다. 자주 전화를 받다 보니 언제인가부터는 다음 스토리도 짐작이 갈 정도로 같은 말씀을 참 오래도 하신다.

내가 이런 고통스럽기조차 한 전화를 참을성 있게 받게 된 데는 아마도 1996년부터 20년 동안 서울중앙지방법원 조정위원으로 활동한 것이 큰 훈련이 되었으리라. 조정위원이 조정을 잘하는 방법 중 하나는 경청이다. 잘 들어줌으로써 원고와 피고 사이에 쌓였던 분노를 가라앉히고 협상 테이블에 앉게 하는 것이 우선이다. 고정일 사장님도 오랫동안 정성스럽게 들어주면 마지막에는 "잘하라구…"로 끝을 맺으셨다.

나는 이런 고정일 사장님이 좋다. 그만큼 업계 사정이나 협회의 돌아가는 일들에 관심을 많이 갖고 계시다는 것이기 때문이다. 출판사업을 하다 보니 이것저것 답답해졌고, 이것을 업계의 수장이라고 생각되는 회장에게 털어놓고 싶으셨으리라. 고 사장님은 몇 십 년 전 일부터 오늘 아침 신문에 난 출판계 사건에 이르기까지, 정력적인 목소리로 내게는 말할 시간도 주지 않고 계속 말씀하신다. 나는 고 사장님으로부터 때로 업계의 오래된 이야기를 듣기도 했다. 한편으로는 피곤하기도 했지만, 협회에 무한한 관심과 사랑을 갖고 계신 고정일 사장님은 고마운 분이다. 이런 분들이 여럿 계신다.

그런데 이와는 대조적으로 협회에 무관심한 회원사도 적지 않다. 특히 일부 대형 출판사들, 학습지나 학습참고서를 전문으로 발행하는 회사들이 출협에 보다 관심을 가져주었으면 좋겠다.

일본은 고단샤(講談社)를 비롯한 대형 출판사들이 힘을 모아서 하나로 뭉쳐 업계의 문제를 해결해간다. 부러운 일이다. 이에 비해 우리나라 대형 출판사들은 각자도생의 원칙을 고수한다. 매출 규모에서 우리나라를 대표하는 회원사들이 협회에 보다 적극적인 관심을 가져주어야 한다. 물론 모든 회원사들이 관심을 갖고 참여를 해주어야 하겠지만….

또한 출협이 여는 각종 행사에 전임 회장님들이 참석하지 않는 것도 아쉬운 일이었다. 임기 중 너무 열정적으로 일하다 보니 지쳐서, 회장 직을 마치면서는 협회에 다소 무관심해지신 것 같다. 나도 그럴지 모르겠다. 그런데 자매 협회나 다름없는 한국잡지협회의 행사에 가보면 분위기가 사뭇 다르다. 거기는 전임 회장들로 한 테이블이 넘쳐난다. 출협은 회장 선거로 인하여 함께 자리를 못할 정도로 반목의 골이 깊었을지도 모르겠다. 하지만 이제부터는 선거는 선거고, 선거가 끝나면 다시 '우리는 하나'로 돌아갔으면 좋겠다. 나는 특별한 일이 없는 한 협회에서 부르면 언제든 오겠다는 다짐을 한다. 혹시 협회에 도움이 된다면 그리고 내 힘으로 할 수 있는 일이라면 기꺼이 할 생각이다.

현재 출판을 둘러싼 환경은 참으로 녹록지 않게 돌아가고 있다. 예를 들면 저작자 단체와 각종 이익단체들은 출협과의 관계에서 예전과 달리 법으로 무장하여 대립하고 있다. 협회는 이런 대립 국면에서 오히려 비무장상태로 전투를 하고 있다는 생각이 든다.

결국 회원사들의 무관심 속에서 업계에 심히 중대한 사안들이 졸속으로 처리된다면 누구의 머리 위로 포탄이 떨어질까? 결코 남의 일이 아닌 바로 나의 일, 우리 회사에 닥치는 문제가 된다. 급변하는 사회에서 다가오는 각종 현안들에 대하여 이제는 함께 머리를 맞대고 대처해야 한다. 협회에 관심을 갖고 힘을 실어주어야 하는 이유 중의 하나다.

출판 관련 단체, 왜 하나가 되어야 하는가

대한민국에는 출판단체가 참 많다. 지난해 어떤 행사에 참여했을 때 모 여성 국회의원과 명함을 교환하다가 질문을 받았다. 우리나라 출판계에는 왜 그렇게 협회가 많으냐고? 어떻게 다르냐고? 잠시 답변이 궁

색했지만, 출판의 다양성과 몇몇 협회의 특징을 이야기해주었다.

출판계에 단체가 이렇게 많을 필요가 있을까? 현재 출판계에는 문체부에 등록된 협회 성격의 사단법인 단체만 여덟 개가 있다. 대한출판문화협회, 한국출판인회의, 한국학술출판협회, 한국과학기술출판협회, 한국아동출판협회, 학습자료협회, 한국아동출판협회, 그리고 몇 년 전에 설립된 한국중소출판협회가 있다.

여기서 각 단체가 어떻게 생겨났는지 역사적인 배경을 보자는 것은 아니다. 다만 이렇게 단체가 많이 생겨나 상대적으로 출협의 힘이 대단히 약화되었고, 출판계 전체가 정부나 다른 분야 단체들에 대응하는 데 그 영향력이 지속적으로 줄어들고 있다는 점에 주목해야 한다.

몇 가지 예를 들면, 정부는 적은 지원금들을 협회들에 배분한다. 대한출판문화협회가 가장 많이 받는데, 서울국제도서전의 부스 임대료 경감에 쓰이는 지원비와 해외도서전 지원비 명목으로 15억이 채 안 되는 보조금을 받는다. 다른 한 단체에게도 국제 행사나 공익사업비 지원 명목으로 얼마간의 예산을 지원한다. 대단히 적은 금액들로 일부 협회에게는 그마저도 전혀 없어서 아쉬운 소리를 한다.

또한 각종 상을 시상하는 데 있어서도, 예전에는 출협에서 일괄 접수받아 처리하던 것을, 언제부터인가 개인을 비롯하여 모든 단체에서 문체부로 직접 추천하도록 하여 문체부가 선정한 심사위원들로 하여금 시상자를 선정하도록 해 발표하고 있다. 이렇게 하다 보니 재작년에는 발행인이 아닌 사람들이 이 상을 받아, 상을 제정한 취지와 어긋난다고 많은 출판인들이 항의하기도 하였다.

또한 한국중소출판협회가 사단법인으로 등록되어 발족되었을 때 여기저기서 이해를 못하겠다는 반응도 있었다. 당연하다. 현재 우리나라 출판사 모두가 중소기업 규모가 아닌가. 문체부는 처음에는 여러 조직들이 있는 것이 좋았을지 모르겠지만, 이제는 문체부조차도 골머리를 앓고 있는 듯 보인다.

출판 단체들이 하나가 되는 방법은 없을까? 물론 이미 만들어진 협회를 없앤다는 것은 대단히 어려운 일이다. 그렇다면 이런 방법은 어떨까. 모든 출판사들이 대한출판문화협회에 가입하고, 또 필요에 따라 자기 분야 협회에도 가입할 수 있게 한다. 그리고 각 분야 협회에 등록된 회원 수에 비례하여 대한출판문화협회 이사 수를 나누어 정하고, 회원들이 회장을 뽑고, 각 단체의 장들이 출협의 부회장을 맡는 식으로 하여 분야마다의 목적과 이익을 추구해나가는 것이다. 단체마다 다른 목소리를 내어 업계의 영향력을 감소시키는 방식이 아니라, 큰 협회를 중심축으로 삼아 작은 협회들이 협력하는 상생 구조를 만들자는 것이다. 그리고 회원사가 내는 회비는 출협과 여타 단체가 2/3와 1/3로 나누어 운영하면 되지 않을까 한다. 현재의 여타 단체들은 소속 회원사들의 이익과 친목을 위해 공존하면서 출협을 중심으로 출판계가 힘을 하나로 결집할 수 있지 않을까 생각한다.

출판계 리더십은 어떻게 만들어지는가

출협은 권력기관이 아니다. 출판협회의 장은 아무런 권력도 갖고 있지 않다. 다만 민간단체의 대표자로서 업계가 원하는 것을 주장할 뿐이다. 협회의 일 중 상당 부분은 관(정부 및 산하기관)을 설득하는 것이다. 그렇지만 관이 말을 들어주지 않고 무시해버리면, 민은 성토를 한다. 한

마디로 주장을 관철하기 위하여 관을 성가시게 한다. 이런 때 협회의 힘이 필요하다. 그 힘은 오직 '하나된 목소리'에서 나올 수 있다.

관의 입장에서 보아도 상황은 분명하다. 대표성이 없거나 약한 단체장이 주장한다면 관심을 적게 가질 것이다. 출판업은 많은 영역에서 관으로부터 정책적인 역동성과 추진력을 보장받아야 하는 업종이다. 비단 우리와 관련된 문체부와의 접촉에서만이 아니라 우리를 둘러싼 모든 타 조직이나 기관들과의 협상에서 강력한 힘이 기반되어야 한다.

출판계가 하나가 되는 것, 이것이 가장 큰 리더십의 원천이다. 회원들의 관심과 참여, 또 여러 단체가 존속하지만 하나의 목소리를 내는 것만이 지속적인 출판계 발전에 필요한 정책과 제도를 구현해나가도록 관을 독려할 수 있다. 강력한 리더십은 그냥 생기지 않는다. 그리고 그 리더십이 뒷받침되었을 때 업계에 필요한 정책과 제도를 끌어낼 수 있다. 바른 정책과 제도 없이는 출판의 미래를 장담하기 어렵다.

못다 이룬
독서운동의 꿈

출협 48대 회장직을 맡으면서 제대로 된 독서운동을 펼치지 못한 것은 큰 아쉬움 가운데 하나다. 출판협회 회장으로서 국민 독서운동보다 더 중요한 일이 또 있겠는가.

취임 첫해에는 세월호 사건으로, 두 번째 해에는 메르스 사태로 인하여 업계와 협회는 실의에 빠져 있었다. 특히 2015년에는 메르스 사태로 인해 큰 규모의 행사들이 줄줄이 연기되면서 한 해 동안 서울국제도서전을 두 번 준비하는 초유의 경험을 하기도 했다.

더구나 협회는 두 명의 감사가 소위 '베이징도서전 부정 의혹'을 문제삼아 감사원, 파주시, 문체부 등 여러 곳에 투서를 일삼아 문체부의 지원도 잠시 중단되는 등 협회 업무를 마비시키는 사건에 휘말렸다. 나는 전임 회장 임기 중에 일어난 일들로 인해 임기 3년 내내 귀중한 시간과 의욕과 기회를 모두 허비했다. 아무튼 어떤 이유에서든 그 와중에도 독서운동은 펼쳤어야 했다.

나는 독서운동의 일환으로 출판회관 강당에서 매월 마지막 주 토요일 오후 5시에 북 콘서트를 열었다. 시작은 삼청동이지만, 가능하다면 앞으로 전국 서점들과 연계하여 전국 단위 행사로 발전시킬 계획이었다.

매월 마지막 주 토요일, 출협 강당에서 열린 삼청동 북 콘서트 포스터

협회의 독서 담당 권오순 상무가 실무를 맡아서 2년 동안, 최순실 사건으로 삼청동 지역이 군중 속에 파묻혀 개최하지 못한 한 번을 제외하고는 매월 거르지 않고 북 콘서트를 열었다. 지금도 매번 70~100여 명 정도가 참여하고 있다. 물론 무료 콘서트인데, 이제는 정기적으로 이 행사를 기다리는 사람도 있다고 한다.

전국 단위 독서운동의 가까운 예로는 2005년에 출협(박맹호 회장님)이 조선일보와 함께 "거실을 서재로"라는 캐치프레이즈를 내걸고 가정 독서운동을 전개한 것이 대표적이다. 당시 출협에서는 직원을 신문사에 파견 근무시키며 언론사의 독서운동을 적극 지원했다. 그때 많은 사람들이 큰 호응을 해 거실을 서재로 꾸몄다.

내가 만일 이런저런 일에 치이지 않고 독서운동을 펼쳤다면 어떤 형태였을까. 나는 서슴지 않고 "가방에 책 한 권을"이라는 캐치프레이즈를 걸고 사회운동을 펼쳤을 것이다.

1980년 초봄, 나는 처음으로 일본 땅을 밟았다. 도쿄 신주쿠에 위치

한 호텔에서 아침을 맞이한 첫날, 창밖으로 총총히 발걸음을 옮기는 거대한 출근 인파를 볼 수 있었다. 사방에서 밀려오는 그 거대한 인파가 지하철 입구로 빨려 들어갔다. 나는 그곳에서 당시 우리에게는 없던 하나의 특징을 발견할 수 있었다. 대부분의 남성이 양복 차림이었는데 그들의 손에는 여성과 마찬가지로 가방이 들려 있었다. 나는 어떤 섬뜩함을 느꼈다. 언뜻 보기에 그것은 군국주의의 다른 모습이었다. 군복을 입고 칼과 총을 찬 사람들 대신에 양복과 가방의 비즈니스맨 부대로 바뀐 것이다. 숨조차 잠시 멈추게 한 전율이었다.

그런데 그들의 가방 속에는 무엇이 들어 있을까? 책이다. 그리고 메모장, 필기도구, 도시락 등이 들었을 것이다. 항상 책을 생활화하기 위해서는 가방이 있어야 한다. 언제든 꺼내 읽을 수 있도록 말이다. 당시 일본 지하철에서는 독서하는 사람들을 언제나 쉽게 볼 수 있었다.

그로부터 35년이 지난 한국의 모습은 어떤가. 여의도 증권가나 소공동 등에서 넥타이를 맨 인파를 많이 볼 수 있다. 대부분은 간편복 차림의 출근 복장이다. 그것이 잘못되었다는 것은 결코 아니다. 우리의 여름은 일본보다 더 덥고 습도도 높다. 한반도는 어느새 아열대성 기후로 변해버렸다. 간편복 차림의 출근이 필요할 수도 있다. 그러나 많은 사람을 만나 협상하고 회의를 하는 비즈니스맨의 몸가짐으로는 어쩐지 어설프다는 생각이 든다.

요즈음 젊은이들이 백팩을 매고 출근하는 모습을 흔히 볼 수 있다. 아마 그 안에 책과 메모장 등이 들어 있으리라 기대한다. 메모장, 필기도구, 책은 지식인이 갖추어야 할 필수품들이다. 스마트폰에도 메모장 기능이 들어 있으니 그것을 이용할 수도 있으나, 간편하게 뒷주머니에 들어가는 수첩에 아무렇게나 생각난 것을 적는 편리함과 자유로움에는 못 미친다. 손으로 메모장에 생각난 아이디어를 적어놓는 것, 이런 아날로그형 인간은 요즘 희귀한 존재가 되어버렸다.

메모장의 유익함은 다시 한 번 강조하지 않을 수 없다. 갑자기 어느 순간에 생각나는 일들, 그런 생각과 느낌은 붙잡아두지 않으면 스쳐 지나가버린다. 이미 지나가서 기억되지 못하는 것은 내 것이 아니다. 우리 뇌는 엄청난 용량을 지녔지만, 그때그때 모든 정보들을 다 저장하기에는 역부족이다. 메모장에 '생각', '메모', '아이디어' 등으로 구분하여 기록해놓고, 나중에 자신의 블로그 등에 정리해두면 훌륭한 스크랩이 된다. 언제든 불러내 생각의 도구로 활용할 수 있다.

내가 협회 회장을 한 번 더 한다면(그럴 일은 없겠지만) 이 독서운동을 꼭 펼치고 싶다. "가방에 책 한 권을." 비즈니스맨들에게 가방을 들고 그 안에 메모장과 책을 갖고 다니게 하자는 운동이다. 그래서 우리 사회의 1천만 비즈니스맨들이 책을 가까이 하게 하고 싶다.

사실 협회장이 되면서 독서운동으로 실천해나가고자 했던 것들 중에는 '세대별 독서운동'도 있었다. 지금의 60대는 한 세대 전의 60대와는 상당히 다르다. 내 주변을 보면 친구들의 독서 열기가 대단하다. 책을 항상 옆에 끼고 사는 친구도 있고, 그 정도까지는 아니라 해도 책을 상당히 가까이 한다. 노년에 알맞은 독서운동, 비즈니스맨에게 적합한 독서운동, 청소년과 어린이에게 환영받는 독서운동을 전개해나갔으면 했다.

학생들에게는 교육부와 협의하여 아침 독서운동을 전국적으로 전개해나가면 좋을 것이다. 아침에 학교에 가면 15분 정도 책을 읽는 독서 시간을 만들자. 현재는 학교장 재량으로 아침 독서를 하고 있지만, 이것을 전국적으로 의무화시킬 필요가 있다. 수험 준비에 여념이 없는 청소년들에게 양서를 읽게 하고, 읽은 것을 생각하면서 차분하게 하루를 시작하게 하는 좋은 프로그램으로 정착시킬 수 있을 듯싶다.

어린이나 주부들을 위한 독서 프로그램은 어떨까? 협회가 연령대별로 어린이 독서를 위한 추천서 목록을 선정하고 알려서 엄마가 어린이에게 읽어주는 가정 독서운동을 전개해나가면 좋을 것이다. 한 살부터 열 살 정도까지 매 연령대마다 100권 정도씩 읽을 만한 책을 선정해주면 열 살 때까지 최소한 1,000권의 책은 읽는 독서하는 가정, 독서하는 나라가 될 텐데…. 바로 지식 강국, 생각하는 국민, 위대한 대한민국이 되는 지름길이다.

독서는 습관이지 않은가. 어려서부터 가정에서 독서하는 습관을 기르도록 도와주는 것, 그것이 정부와 협회가 꼭 해야 할 일이다. 그리고 가능하다면 각 가정에서 구입하는 책에 대해 일정 부분 국가가 지원해주는 방안도 도입하면 금상첨화일 것이다.

여기 2016년 〈세계시민〉 겨울 7호에 기고한 글을 소개한다.

독서 선진국으로 가는 길

한 나라의 독서문화는 그 나라의 문화적 수준을 가늠하는 중요한 잣대다. 선진국들의 경우 대부분 어릴 때부터 체계적으로 독서 교육 환경을 구축해 국민의 문화적 소양을 키우고 다양한 책 문화 행사 등을 통해 저변을 넓히는 데 힘쓰고 있다.

우리나라는 올해 광복 71주년을 맞았다. 잃었던 우리글과 말을 찾은 지

71년이 지났지만 독서 선진화는 여전히 요원하다. 작년 문화체육관광부가 발표한 '2015 국민독서실태 조사'에 따르면 성인의 연간 독서율은 65.3%로 2년 전인 2013년(71.4%)에 비해 6.1% 감소했다. 잡지·만화·교과서·참고서·수험서를 제외한 종이책을 단 한 권도 안 읽은 비율이 10명 중 3.5명이라는 뜻이다.

스마트폰 보급률 세계 최고를 자랑하는 한국은 휴대전화나 인터넷에 하루 평균 4시간 넘게 투자하지만 독서 시간은 평균 30분이 되지 않는다. 학생들은 입시를 위한 수단으로 책을 읽지만 대학에 들어가면 이내 책을 놓는다.

독서 선진국이 되기 위해서는 무엇보다 어릴 때부터 책을 읽고, 듣고, 대화하는 습관을 기르는 것이 중요하다. 앞의 조사결과를 보면 어릴 때 부모가 그림책을 자주 읽어준 학생일수록 현재의 독서량이 높게 나왔고, 성인 역시 초중고 학생시절에 부모나 교사로부터 독서를 권장받은 경험이 많을수록 현재의 독서량이 많았다. 직장인 가운데는 직장에 도서실이 있거나 권장 도서목록이 있으면 그렇지 않은 직장인보다 독서율이 20.8% 높았고 연간 독서량 또한 3.4권 많았다.

책을 읽고, 함께 대화하는 것도 독서습관을 키우는 비결이다. 같은 조사를 보면 평소 주위 사람들과 책 이야기를 자주 하는 사람은 11.8%에 불과한 반면 독서 이야기를 하지 않는다는 비율이 60%를 넘었다. 독서 대화를 자주 한다는 사람은 연간 독서량이 많을수록 높게 나타났다. 다른 사람들과 함께 책을 읽는 독서 모임 참여율도 3.4%에 불과했다. 함께 책을 읽고 대화를 나누는 것이 독서 능력 함양에 도움이 된다는 얘기다.

외국 사례를 보면 독서 선진국인 영국의 경우 1992년부터 '북 스타트 프로젝트(Book Start Project)'를 추진하고 있다. 부모와 아기에게 좋은 친교 수단인 그림책을 선물함으로써 아기가 책과 친해지고 독서를 평생습관으로 만들어가는 독서 육아 사업이다. 영국 태생의 세계적인 대문호 셰익스피어의 사망일을 기념해 제정된 '세계 책과 저작권의 날'인 4월 23일에는 어린이 독서 캠페인인 '북토큰(Book Token)' 행사가 열린다. 모든 어린이들에게 1파운드짜리 북토큰을 선물로 주고 일정액 할인 가격으로 책을 구입하게 하는 제도이다. 이외에도 영국에서는 '전국 어린이 책 주간'을 비롯해 책과 놀이를 결합시킨 어린이들을 위한 독서 행사가 1년 내내 열린다.

북유럽의 핀란드 가정에서는 저녁식사 후에 부모와 아이들이 함께 책 읽는 시간을 갖고 아이들이 잠들기 전에 책을 읽어주는 것이 중요한 하루의 일과다.

미국에서도 공공도서관을 중심으로 어린이에게 책을 읽어주는 서비스, 동화책 작가와 정기적인 만남, 독서 레크리에이션, 독서클럽 운영으로 아이들이 한시도 책에서 멀어지지 않도록 노력한다.

독서문화를 만들 방안은 무엇인가

처음 출판계에 발을 내디딘 1970년대 우리나라 출판시장은 '종이에 잉크만 바르면 팔린다'는 말이 나올 정도로 호시절이었다. 학교, 공원, 버스 등 도시 곳곳에서 손에 책을 쥔 젊은이들을 어렵지 않게 찾아볼 수 있었다.

하지만 요즘 버스나 지하철을 타면 책 읽는 사람을 보기가 정말 어려워졌다. 어딜 가나 스마트폰을 들여다보는 사람들이 태반이다. 물론 '스마트폰이나 인터넷 등 뉴미디어의 발달'이나 '책 읽을 시간이 없어서'와 같은 이유를 독서량 감소의 대표적인 이유로 꼽을 수 있겠지만, 무엇보다 과거에 비해 종이책을 만날 수 있는 기회가 현격히 줄어들고 있다는 데 문제의 심각성이 있다고 본다.

옛날에는 크고 작은 서점들이 지금의 프랜차이즈 커피숍만큼이나 가까이에 있었고, 그 동네서점은 단순히 책을 파는 가게만의 의미가 아니었다. 20대들이 만나는 장소였던 100년 역사의 종로서적도, 고시촌의 상징이었던 광장서적도 30여 년의 역사를 뒤로하고 사라졌다. 이처럼 지역을 대표하던 유서 깊은 서점을 비롯해 1996년 5,378개로 정점을 찍은 전국 서점 수는 2015년 1,600여 개로 20년 새 70%가 넘게 감소했다. 그리고 지역 서점의 급격한 감소는 좋은 책을 접할 수 있는 기회가 줄어드는 결과를 가져왔다.

현재 출판시장은 유통구조의 변화와 독서량 감소로 큰 위기를 겪고 있다고 해도 과언이 아니다. 그렇다면 대한민국의 이러한 독서문화 현실을 타개할 방법은 진정 없는 것일까? 이보다 더 나빠질 수 없는 현재의 상황을 호전시키기 위해서는 보다 근본적이고 구체적인 해법이 필요하며, 개인과 사회, 단체 어느 한쪽의 일방적인 노력에 의해서 해결될 수 있는 일도 아니다. 오랫동안 출판 일을 하고 있고, 무엇보다 자신의 일을 자랑스러워하는 여러 출판인들을 대표해 몇 가지 방안을 제안하고자 한다.

첫째, 제도적 노력이다. 출판 생태계를 해친 근본적인 원인이 과도한 할인 경쟁과 사재기, 도서정가제 파괴라는 점에서 정부와 업계는 제도적인 노력이 필요하다. 프랑스, 독일, 일본 등 선진국들은 이미 '완전 도서정가제' 시행으로 지식문화 생태계를 지키려는 노력에 앞장서고 있다.

다행히 우리나라도 2014년 11월 21일 정가의 15% 이내로 할인을 규제하는 개정 도서정가제법을 시행 중이다. 1년을 점검하며 현 도서정가제에 대한 여러 평가들이 나오고 있는 가운데, 가격 거품이 제거된 착한 책값을 산정하는 가능성을 보여주고 있어 긍정적이다. 3년 후 다시 조정할 수 있는 법이니, 앞으로 개선할 점을 보완해서 완전 도서정가제법을 확립하여 안정된 출판 유통 구조망을 구축해야 한다.

둘째, 동네서점을 활성화하는 일이다. 이를 위해서는 단순히 책만 파는 것이 아닌 동네서점만의 차별화된 전략이 필요하다. 이미 몇몇 동네서점은 새로운 변신을 통해 제2의 전성기를 구가하고 있다. 대표적인 예로 2011년 홍대에 문을 연 카페를 겸한 동네서점인 '땡스북스'는 미니 전시회뿐만 아니라 북 포럼 개최 등으로 차별화를 꾀하며 승승장구하고 있다. 한편 1층에는 놀이방, 2층에는 서점으로 구성해 아이들이 놀이방에서 신나게 놀고 책을 구경할 수 있도록 한 대구 '해맑은 어린이 서점', 청소년 인문학 교실, 프랑스 어문 공부모임 등 다양한 문화 행사를 진행하는 '길담서원' 역시 차별화된 전략으로 동네 사랑방 역할을 톡톡히 해내고 있다. 이렇듯 남다른 개성으로 경쟁력을 갖춘 동네서점들이 많이 생겨야 좋은 책을 접할 기회가 늘어난다.

셋째, 독서하는 사회 분위기를 조성하는 것이다. 이를 위해서는 책과 함께하는 국민 독서운동이 전개되어야 한다. 과거 MBC 느낌표 '책책책 책을 읽읍시다'라는 교양 프로그램은 전 국민적으로 인기를 끌었다. 이 프로그램에서 처음 소개된 《괭이부리말 아이들》은 방송 이후 150만 부나 팔리며 책에 대한 국민들의 관심을 넓힘과 동시에 출판계의 숨통을 틔워주는 역할을 해주었다. 이처럼 국민 독서운동을 촉진시킬 수 있는 프로그램을 통해 다시금 책에 관심을 갖고 책 읽는 습관을 권장하는 사회적 분위기를 마련해야 한다.

넷째, 정부 차원에서 출판과 독서운동 캠페인(광고)을 벌여야 한다. 광고의 파급효과는 대단하다. 과거 우리나라가 새마을운동을 시작해서 국민의 의식과 생활을 계몽했듯이 책이 한 개인과 사회에 끼치는 긍정적인 메시지를 영상에 담아 홍보하는, 말 그대로 공동의 이익을 위한 정부 차원의 독서캠페인 광고 시행이 절대적으로 필요하다. 최근 방영되고 있는 금연광고(폐암 한 갑 주세요!)는 애연가들의 금연 서약 기여에 공로가 큰 대표적인 공익광고이다. 심리적인 효과를 겨냥한 책 읽기의 중요성과 영혼을 살찌우는 독서의 중요성을 알리는 공익광고가 지속적으로 전파를 탄다면 자연스럽게 책 읽는 문화가 형성될 것이다.

다섯째, 앞에서 말한 것처럼 독서는 습관이 중요하다. 따라서 북 스타트 운동, 학교 내 독서운동, 가정 내 책 읽는 분위기 조성이 필요하다. 학교 내에서 아침 독서운동을 벌여 어릴 때부터 책 읽는 습관을 갖도록 한다. 교내 독서 관련 행사(독후감 대회 등) 및 시상식을 부활시켜 꾸준히 전개해나감으로써 책 읽는 학생들을 격려하고 지원해야 한다. 학교 폭력이 난무한 요즘 등교 또는 하교 시 5분에서 10분 정도를 할애해 명언이나 명시, 감동적인 한 문단 책 읽기 같은 프로그램을 운영해 좋은 글과 좋은 책으로 학생들의 관심을 유도하고, 정서를 함양하는 데 도움을 주는 실질적인 독서 교육을 시작해야 한다.

책은 개인은 물론 사회와 국가의 미래를 여는 창이다. 21세기 문화융성과 같은 거창한 목표가 아니더라도 대한민국의 미래를 위해 독서문화를 정착시키는 일이 시급하다. '책 읽는 대한민국', '독서 르네상스', '읽어라 대한민국'과 같은 말들이 구호로 그치지 않으려면 먼저 정부와 출판인들이 노력하여 사회 분위기 조성과 함께 오늘의 대한민국을 만들어낸 원동력인 열심히 독서하고, 끊임없이 배우려는 우리 국민의 기질과 저력을 다시금 살려내야 한다.

– 고영수(대한출판문화협회 회장), '국민 독서문화 정착을 위한 제언'

〈세계시민〉, 2016 겨울 7호

협회의 위상

대한출판문화협회의 위상

왜 협회의 위상이 튼실하여야 하는가. 모두가 알다시피 협회는 개별 출판사들이 하지 못하는 정책적 제안을 하고 회원사들에게 이익이 되는 공동의 과제를 힘을 모아 해결하는 곳이다. 따라서 협회 위상이 낮고 협회장이 권위가 없으면 어떠한 일도 제대로 추진해갈 수 없게 된다.

현재 출판계를 대표하는 대한출판문화협회에 대한 출판인들의 생각은 어떨까? 다수의 출판사들이 협회에 관심이 별로 없는 듯하다. 어쩌면 굳이 말 많고 시끄러운 동네에 발을 담그기 싫은지도 모르겠다. 사실 지난 10여 년 동안 협회 내부에 소란스러움이 없지 않았다. 또 출판사들은 나름대로 같은 분야의 사람들이 모여 있는 협회에 가입해서 서로 친목을 다지기에 충분하므로, 굳이 모든 분야를 아우르는 대한출판문화협회까지 신경 쓸 필요가 없다는 생각이 있는 것 같다.

대한출판문화협회는 2017년이면 창립 70주년이 되는 조직이다. 해방되던 해에 설립된 전통 있는 협회로서, 아마도 민간단체 중에서는 가장 오래된 조직일 것이다. 출협은 그동안 실질적으로 대한민국의 출판문화 전반을 이끌어왔다. 여기까지 오는 데에는 역대 출판인들의 헌신적인 수고와 노력이 바탕에 있었다.

협회는 1900년대는 물론이고 2000년대 초까지만 해도 그 권위와 위상이 매우 컸던 것으로 출판인들은 기억한다. 예를 들면 '책의 날'을 제정하여 유공자들을 발굴하여 훈장을 비롯한 각종 정부 포상과 협회장상을 시상하며 출판인들의 사기를 진작시켰다. 또한 매년 서울국제도서전을 개최하여 출판문화의 발전상을 대내외에 과시하고 국민 독서운동에도 기여하였다. 각종 법안이나 출판시장의 변화에 대해서도 선도적으로 대응해나갔고, 정부와 협력해서 정책적인 방안들을 강구했다.

그리고 출판인들이 저금리로 차입하여 출판사업에 활용할 수 있도록 출판금고(현재의 한국출판문화진흥재단)를 설립하여 정부로부터 당시로서는 제법 큰 누계 260억 원의 자금을 지원받았다. 나아가 출판에 대한 체계적인 연구를 위하여 한국출판연구소를 설립하였다. 오랫동안 매년 여름이면 경영자 세미나를 개최하며 단합된 모습을 보여주기도 했다. 역대 장관들이 세미나 장소에 축사를 하러 찾아왔다. 서울의 심장부에 위치한 지금의 협회 건물은 1970년대 당시 출판인들의 힘으로 마련한 것이다.

어디 기억나는 것들이 이 정도뿐이겠는가. 대의를 위해 언제든 합심하고 헌신했던 선배 출판인들은 정말 훌륭하고 위대했다. 출판인들 스스로가 만든 힘이었고 위상이었다.

그럼 2016년 출협의 위상은 어떠한가? 안타깝게도 오늘의 대한출판문화협회의 위상은 심각할 정도로 추락해 있다. 정부는 아직도 출판계의 제일 맏형격으로 출협을 대해주고 있지만, 출협과 부조화가 되는 경우에는 다른 협회들과 공조해서 일한다. 굳이 출협이 아니어도 함께할 조직은 얼마든지 있다는 식이다.

출협과 한국출판인회의에 대해서 출판계는 스스로 위상을 정립해야 한다. 벌써 한국출판인회의가 출범한 지도 거의 20년이 되어간다. 그동안 서울북인스티튜트(SBI) 설립을 통한 출판인 양성과 교육, 출판 유통질서 확립 등 많은 일들을 한국출판인회의 나름대로 잘해왔다. 설립 당시로 거슬러 올라가보면, 1998년 외환위기 속에서 단행본 출판사들의 생존을 위해서 불가피한 창립이었으리라 생각된다. 출협을 주로 이끌어온 기존 학습참고서와 전집물 출판사들로부터 단행본 회사들의 요구가 외면당하는 상황에서 서점의 부도 등에 대처하는 데 강력한 구심점이 필요했을 것이다. 그동안 긍정적인 면도 많았다고 생각한다.

그러나 오늘의 출판 현실에서 볼 때 가장 안타까운 것은 출판계의 목소리가 여럿으로 분산되다 보니 어느 모로 보나 한 울타리 안에서 내는 목소리보다 못하다는 것이다. 그래서 우리는 이쪽저쪽 할 것 없이 너무 많은 것을 잃어가고 있다. 그것은 우리 모두의 손해다.

대한출판문화협회와 한국출판인회의라는 출판계의 대표 단체를 외부에서는 마치 서로 앙숙관계처럼 보기도 한다. 정부도 언론도 그렇게 보는 시각이 많다. 누가 더 선명성이 뚜렷한지 경쟁하는 것처럼 보인다. 사실상 많은 출판사들이 두 단체의 회원이다. 나도 단행본 출판사로서 두 단체에 오래전부터 가입되어 있다. 아무튼 내가 출협 회장이되어 느끼는 것은 현재와 같은 모양새로 두 단체가 존재하는 것은 시너지 효과보다는 잃는 것이 더 많다는 것이다.

문화체육관광부 산하에는 대한출판문화협회를 비롯하여 여덟 개의사단법인 등록 출판단체가 있다. 어느 단체는 서로 반목하기도 한다.그러다 보니 전통적으로 전체 출판인들이 결속을 다지며 함께했던 경영자 세미나 등도 아예 사라져버렸다. 모두 끼리끼리 놀게 되었다.

아무리 뛰어난 리더십이었어도 결과적으로 반목과 분열을 가져왔다면, 그래서 하나되는 힘을 잃어버렸다면 그것은 바람직했다고 말하기어렵다. 오늘날 출판계의 위상이 사회적으로 추락한 데는 우리들 스스로의 분열이 가장 큰 원인이다. 한목소리를 낼 수 없는 업계는 그 무엇도 이룰 수 없음을 실감한 협회장으로서 안타까움이 컸다.

출판계가 하나되는 길

가능하다면 지금이라도 출판계의 모든 조직을 하나로 통합하면 좋겠다. 그러나 기존 조직들이 이미 비대해졌거나 다양한 이해관계로 통합되기 어렵다면, 대한출판문화협회를 대표 단체로 정하고 모든 단체와연합 형태로 구성하는 방안을 생각해볼 수 있을 것이다. 앞의 절에서도 언급했지만 꼭 실현시켜야 한다고 여겨 다시 강조하고자 한다.

모든 출판사들은 출판계의 일원으로서 대한출판문화협회에 무조건가입하고, 해당 출판사가 속하는 분야나 이해관계 등에 따라서 또 다른 단체에도 가입하는 방식이다. 그래서 각 단체에 등록된 회원 수에 비례하여 대한출판문화협회의 이사 수를 나누어 정한다. 각 단체의 장들이 출협의 부회장을 맡고 이들 부회장들 중에 한 명을 회장으로 뽑는 식으로 하여 각 분야의 친목과 업계의 이익이 되는 사업을 함께 추구해나간다. 회비는 출협이 2/3, 연관 단체들이 1/3로 나누어 운영하면 되지 않을까. 소속 단체의 이사들은 회비를 더 내면 좋을 것이다.

이렇게 하면 출협이 출판계 대표 단체로서 규모의 경제를 통해 출판계의 다양한 이해와 이익을 총괄적으로 대변하고, 연관 단체들은 나름의 이익과 친목을 위해 병존하면서 힘을 하나로 결집할 수 있지 않을까 생각한다. 실제로 추진하다 보면 각론에서 여러 어려움이 표출될지 모르겠지만 적어도 총론적으로는 가능한 일일 것이다.

출판계의 리더십은 타율적으로 주어지는 것이 아니라 스스로 만들어가야 한다. 한 출판사의 역량으로는 대처하기 어려운, 급변하는 출판 환경에 공동체의 힘을 모아 대응할 때 기회비용은 줄이고 출판의 비전은 더 키울 수 있다. 머뭇거리기에는 출판을 둘러싼 주변 환경이 너무 빠르게 변화를 맞이하고 있다. 결단과 협력으로 새로운 희망의 시대를 만들어나가야 할 때다.

출판계 선후배 소통으로
울창해지는 출판문화

먼저 밟은 발자취가 길이 되어 오늘에 이르렀으니, 그 길을 따라 내일로 나아갈 것이다.

10월 11일 '책의 날'을 범 출판계 잔칫날로 만들자

학원 김익달(1916~1985) 선배님을 아는 출판인이 얼마나 있을까? 아마도 젊은 출판인들은 잘 모를 것이다. 지금 60대 출판인들이 1세대 출판인들을 겨우 기억하는 정도다. 다시 돌이켜보아도 해방 직후인 6.25 전후의 출판계 어른들의 면면을 보면 정말 대단하신 분들이 많았다는 것을 깨닫게 된다.

2016년 8월 22일부터 29일까지 대한출판문화협회는 학원밀알장학재단과 함께 서울시청 시민청 갤러리에서 〈학원 김익달 탄생 100주년

기념 전시회〉를 주최했다. 앞서 6월에는 고인을 기리기 위한 기념식과 세미나가 열렸다. 대한출판문화협회가 함께한 행사로 보이지만, 실제로는 학원밀알재단이 모든 행사를 기획하고 준비해서 실행하였다.

김익달 선생은 어떤 분이던가. 학원 김익달 선생은 한국 출판문화의 선구자로서 〈학원〉, 〈여원〉, 대백과사전, 〈농원〉 등 시대를 이끄는 획기적인 출판물을 잇달아 내놓았다. 특히 1952년 창간된 청소년 대상 잡지인 〈학원〉지의 대중성과 영향력은 당시 일간지 발행부수의 갑절을 판매하여 '학원 세대'라는 말로 그 시대가 정의될 정도였다. 더구나 6.25 전쟁 중에 학원장학회를 설립하여 생전에 405명의 학업을 뒷바라지하며, 칠십 평생을 출판문화의 발전과 인재 양성에 바쳤다.

'학원 세대'라는 시대의 조어까지 만들어낸 월간 〈학원〉지의 창간부터, '책의 제왕'이라 일컬어도 좋을 한국 출판사상 첫 '대백과사전'의 발간, 새마을운동 태동 전에 이미 농촌 근대화와 계몽의 꿈을 실현시키고자 발간한 〈농원〉지의 창간, 그 외에도 〈여원〉, 〈독서신문〉, 〈주부생활〉 등 시대를 선도하는 출판물을 연달아 내놓으셨다. 선생은 진정 시대를 앞서 나아간 출판문화인이자 이상주의적 개척자였고, 장학사업을 통한 인재 양성의 실천가이자 한 시대를 넘어 다음 시대를 여는 데 가교를 놓은 선각자이셨다.

어디 김익달 선배님만 계시겠는가. 우리 출판계의 대부이신 을유문화사의 정진숙 어른으로부터 이병준(민중서관), 최영해(정음사), 김광수(어문각), 이종익(신구문화사), 한만년(일조각), 서재수(삼중당), 김원대(계몽사), 조상원(현암사), 김성재(일지사), 안원옥(박영사) 등 이외에도 많은 분들이 우리 출판계와 사회에 우뚝 서서 엄청난 기여를 하셨다.

이제는 모두 고인이 되셨지만 이들을 기리는 모임이 있으면 좋겠다고 생각한다. 그리고 이분들과 함께 아직도 현역에서 왕성하게 활동하는 어른들을 존경하며 모든 출판인들이 같이 어울리는 신명나는 잔치를 벌이면 좋겠다. 매년 10월 11일 '책의 날'을 출판계의 큰 잔칫날로 만들자. 요즘에는 유네스코에서 세계인의 독서 진흥을 위해 1995년에 정한 4월 23일 '세계 책의 날(세계 책과 저작권의 날)'에 보다 많은 행사들이 열리고 있다. 이에 대해 문체부가 정작 우리나라 고유의 '책의 날'에는 전혀 예산 지원을 하지 않는 반면에, 사실상 남의 잔치였던 '세계 책의 날'에는 전폭적인 예산 지원을 하기 때문이라는 출판인들의 불만이 있다. 그러나 출협에서 정한 '책의 날'은 우리 민족의 영원한 문화유산인 팔만대장경의 완간일을 기념하기 위해 1987년에 제정한 것으로 '세계 책의 날'보다 8년이나 앞선다. 이제 역사와 전통을 만들어나가려는 노력이 필요하다. 기념일도 그렇고 출판계 선배들에 대한 기억도 마찬가지다. 상업주의에 찌든 출판계에 훌륭한 출판 철학과 출판문화의 맥박이 이어지도록 '책의 날'을 '출판 정신의 날'로 승화·발전시켜야 할 것이다.

명예회원 제도

작년(2016년)에 현역으로서 가장 원로이신 장왕사 이대의 회장님께서 이제 출판 활동을 못 하신다고 협회 회원 탈퇴서를 제출하셨다. 올해로 97세이시다. 협회 상무이사회의에서는 특별히 회비를 납부하지 않고도 회원으로서 자격을 유지하도록 명예회원으로 모셨다. 생존해 계신 분으로서 출판계 활동을 더 이상 하지 못하시는 어른에 대한 예우가 필요하다. 상무이사회의에서 정하여 모셨지만, 명예회원에 대한 자격 여부는 아직 상세히 정리하지 못했다.

이밖에도 출판 활동을 하는 곳이 아닌 기업들에도 문호를 개방하여 후원회원이나 특별회원 제도를 운영하는 등 정회원이 아닌 회원 제도의 정비와 확충이 필요하다고 본다. 출협이 정부 인가를 받은 사단법인이므로 협회의 제반 활동은 당연히 출판사들이 중심이 되어야 하겠지만, 출판문화의 확산과 융복합 환경에서 책과 관련된 생태계의 발전을 위한 다양한 채널의 협력 네트워크를 구축하려면 시대 변화에 걸맞은 회원 제도의 변화도 모색되는 것이 바람직하다.

구순 축하 파티

2015년에 교학사 양철우 회장님께서 구순을 맞이하셨다. 구순이라니 대단하지 않으신가. 더욱이 회장님께서는 현역으로 일하고 계신다. 협회 상무이사회의에서 양 회장님을 잘 아는 출판인들과 함께 조촐한 잔치를 열어드리기로 하였다. 양 회장님께 우리의 뜻을 전달하였더니 좋아하셨다. 몇 사람이 준비위원을 맡아 약 서른 명이 참석하도록 명단을 만들고, 그중 희망하는 사람에 한해 일인당 20만 원의 회비를 모으기로 하였다. 협회장 이름으로 은행 계좌를 별도로 만들어 입금을 받기 시작하였다. 연락을 한 첫날에 바로 대여섯 명이 입금해주었다.

그런데 다음날 양 회장님으로부터 전화가 왔다. 그런 행사가 싫으니 무조건 중단하라는 것이었다. 갑작스런 심경의 변화였다. 다음날 아침 8시가 되기 전에 교학사 사무실로 찾아가 뵈었다. 역시 막무가내셨다. 이유는 묻지 말라는 것이다. 후배들에게 피해를 주지 않겠다고 하신다. 역정까지 내셨다.

결국 서른 명 정도로 구성하려 했던 준비 모임은 포기했다. 나중에 들려오는 이야기로는 양 회장님의 주변 사람들이 행사를 준비하던 이들의 의도를 왜곡시키며 후배들에게 부담을 주는 일이니 하지 말라고 강력히 만류했다고 한다. 결국 처음 계획은 무산되었다.

몇 달이 흘러 그래도 그냥 있을 수는 없었다. 출협 회장단을 중심으로 몇 사람이 서가도(書架圖)를 그리는 유명 여류 화가에게 부탁해 양 회장님이 만드신 교학사의 책을 그려서 증정하기로 하였다. 그리고 그림이 완성되자 한 음식점에서 전달해드렸다. 양 회장님은 대단히 기뻐하셨고, 그날 술 한 병을 직접 가져오셔서 함께 마시며 식대도 손수 내주셨다.

지금 생각해보아도 몇 사람보다는 좀 더 초청인의 범위를 넓혀서 양 회장님을 잘 아는 후배들이 십시일반 나누어 즐거운 축하 자리를 마련해드렸으면 더 좋지 않았을까 생각된다.

출판계는 이런 잔치의 경험을 여러 번 갖고 있다. 예를 들면 민음사 박맹호 회장님의 팔순 잔치를 비롯하여 후배들이 선배님의 건강과 장수를 기리는 잔치를 열어드리는 행사가 다수 있었다. 참 좋은 일이라고 생각한다.

지금도 우리가 잘 모르는 훌륭한 선배 출판인들이 많으리라 생각한다. 다른 업종과 달리 우리는 문과 예를 중시하는 분야가 아닌가. 선후배가 마음을 모아 존경하고 또 끌어주는 아름다운 출판계가 되었으면 좋겠다.

출협의 역대 회장님들이 출판계와 협회에 중요한 일이 있을 때 자리를 함께하여 의견을 내주신다면 권위 있는 어른들의 말씀으로 업계가 바른 길로 나아가는 데 나침반이 될 수 있겠다. 할 수만 있다면 출협 회장이 심부름꾼이 되어서 역대 회장님들이 출협의 잔치에 함께하시고 서로 소통하도록 했으면 좋겠다.

두 분의 회장님이 영면하시다

나의 회장 임기 중에 두 분의 전임 회장님이 별세하셨다. 제36~37대 임인규 회장님과 제45대 박맹호 회장님이시다. 다시 한 번 "삼가 고인의 명복을 빕니다."

2015년 4월 2일 임인규 회장님께서 타계하셨다는 소식이 전해졌다. 오랫동안 투병 생활 중이시다는 소식은 들었지만, 안타깝기 그지없는 비보였다. 향년 76세에 마감하신 생이기에 더욱 그러했다. 고인은 출협의 제36~37대(1984~1987년) 회장을 비롯해 한국출판연구소 이사장을 거치시며 출판계 내에서 주요한 족적을 남기셨다. 많은 문인, 학자, 정치인들과의 교류는 호탕하고 리더십 강한 고인을 정치계로 입문(1988년 민주정의당 전국구 의원)시키는 계기가 되었으며, 이후 1992년 대통령비서실 정책조사보좌관을 역임하는 등 정치인으로서의 활동 또한 남다르셨다.

2017년 1월 22일(일) 0시 4분. 박맹호 회장님께서 영면하신 시간이다. 교회에서 일을 서둘러 마치고 오전 11시경에 서울대학교병원 장례식장으로 찾아뵈었다. 일요일 아침 시간이었지만 벌써 많은 사람들이 고인을 애도하기 위하여 찾아오고 있었다. 나는 조문객들 중에 출판인들을 맞이하였다. 23일에도 빈소를 함께 지켰다. 그리고 경황 중에 급히 준비하여 '출판인 박맹호 선생 추도의 밤'을 열었다. 고인에 대한 묵념, 그리고 내가 인사말을 하고 출판인회의 윤철호 회장이 고인에 대한 소개를 하고, 이기웅 사장님을 비롯하여 김언호 사장님, 최선호 사장님과 몇 분이 추모의 말씀을 하고, 정은숙 사장이 박 회장님이 남기신 글을 낭독하였다. 영상을 준비하여 고인 생전의 모습을 상영하였다. 정병규 선생이 유족을 대표하여 인사말을 하였다. 사회는 한철희 사장이 진행하였다.

발인은 1월 24일(화) 오전 6시. 나는 그 시간에 협회로 갔다. 협회의 간판등을 비롯하여 현관과 사무실 전등을 모두 밝혔고, 현관문을 활짝 열었다. 고인을 맞이하기 위해서였다. 장영태 국장을 비롯하여 부장과 차장, 과장이 이미 나와서 대기하고 있었다. 운구차가 협회 앞으로 서서히 다가왔고, 우리는 길게 늘어서 고개를 깊이 숙이고 회장님을 맞이하였다. 눈시울이 뜨거워졌다.

"회장님~, 편안히 가세요. 비록 몸은 가셨어도 회장님은 영원한 출판인으로서 우리들 곁에 영원히 계실 것입니다. 회장님의 출판에 대한 소명의식을 받들어 우리가 잘해내겠습니다."

장지는 경기도 용인시 이동면 묘봉리이다. 영하 10도가 넘는 날씨임에도 햇볕이 잘 드는 양지여서 그다지 추위를 못 느낄 정도였다. 그런 일에 문외한인 내가 보아도 좋은 자리임을 느낄 수 있었다. 그곳에 모시고 돌아오는 길에 많은 생각이 들었다. 출판인 박맹호 선생의 삶, 내가 추구하는 삶이 바로 그런 삶이 아니던가.

사간회

출판계 원로 모임으로 1982년에 창립된 사간회(思刊會)가 있다. 창립 당

2014년 사간회 어른들께서 협회를 방문하시다

시에는 해방 직후부터 출판 활동을 펼쳐 오늘날 찬란한 출판문화의 기초를 닦은 분들의 친목 모임이었다. 당연히 출협이 친정집 역할을 했다. 사간회 선배님들은 1년에 한두 번 야유회를 가신다. 협회장은 그날 함께 가거나, 가지는 않더라도 배웅을 하면서 잘 다녀오시도록 금일봉으로 찬조해드린다. 협회의 직원들이 배석하여 불편함이 없도록 보좌한다.

출판계에는 출판 분야나 관심사, 친분 관계에 따라 다양한 모임들이 존재한다. 그 가운데 사간회의 존재는 각별하다. 출판계 원로 선배님들의 친목 모임이면서, 출협과 역사를 함께하는 정신적 후원자 그룹이기 때문이다. 크고 작은 모임들이 업계를 움직이는 현역들의 중추 단체와 호흡을 함께하며 선후배 관계가 보다 공고해지기를 희망한다.

왜
'완전한 도서정가제'인가

'완전한' 도서정가제가 필요하다

우리나라에서는 지금 개정 도서정가제가 시행되고 있다. 내가 출협 회장으로서 임기 중 업적이라 한다면, 2014년 5월 도서정가제법을 국회에서 통과시킨 것이다. 이 제도로 인해 거의 광란의 할인판매가 멈췄고 서점들이 조금씩 살아나고 있다. 이 제도는 10%의 가격 할인에 5%의 경제적 이익을 더할 수 있도록 되어 있다. 그러나 실시 이후에 여러 가지 편법이 자행되고 있어서, 실제로는 15%의 직간접 할인율은 기본이고, 여기에 제휴카드 할인, 문화체육관광부의 문화융성카드(오프라인 서점에서 15% 추가 할인), 경품, 무료 포인트, 무료배송, 전자책의 '10년 대여' 방식의 대폭 할인 등 각종 할인의 천국이나 다름없다. 이것을 정가제라 부르기조차 민망하다.

2014년 11월부터 개정 시행 중인 '강화된' 도서정가제가 이 정도이니 이전의 할인 광풍이 얼마나 심했는지는 말할 필요조차 없다. 반값은 물론이고 80% 할인하는 책까지 등장했다. 이런 현실에서도 여전히 정가제 논란이 계속되고 있다. 틈만 나면 할인을 확대해야 한다는 목소리가 소비자는 물론이고 출판계 내부에서조차 끊이지 않는다. 책이 안 팔리는 원인이 오로지 정가제 탓인 양 착각한다.

그렇다면 왜 '완전한' 도서정가제가 필요할까. 그것은 한마디로 전국에 산재한 지역서점을 살려서 독자들로 하여금 책을 접하는 접점을 많이 만들고, 독서를 습관화시키기 위해서다.

문화 선진국이라는 프랑스의 예를 통하여 그 필요성을 살펴보고자 한다. 프랑스는 도서정가제가 잘 정착된 나라다. 프랑스 정부는 1981년 중소서점을 지키기 위해 도서를 정가에 판매하고 할인판매를 금지하는 '랑법'을 제정했다. 당시 문화부 장관이던 자크 랑의 이름에서 따온 별칭이다. 프랑스 정부는 심지어 온라인서점의 무료배송까지 금지시키고 있다.

2016년 3월 파리도서전에서 만난 오드레 아줄래(44세) 프랑스 문화부 장관은 이렇게 말했다.

"프랑스에서 문화는 심장이고, 그 중심에 책이 있다. 프랑스 정부는 1980년대 초부터 도서정가제를 통해서 시장의 안정화를 꾀했다. 지난 40년 동안 프랑스는 도서시장을 안정적으로 운영해왔기 때문에 독서하는 문화가 자연스럽게 정착되었다."

우리나라의 경우를 보면 1990년대만 해도 비교적 잘 지켜졌던 도서정가제가 국제통화기금(IMF) 관리 체제 이후인 2000년대에 들어서면서 인터넷서점에는 10%의 할인이 가능하도록 특혜를 주고, 오프라인 서점은 정가를 지키도록 출판진흥법 조항을 만들었다. 프랑스 정부의 정책과는 전혀 다른, 반대 방향으로 간 것이다. 그 결과 16년 정도가 지난 지금 인터넷서점 몇 개가 1조 원이 넘는 매출을 기록하고 있으며, 전국에 있던 지역서점들은 대다수가 사라졌다. 당시 6,000개 가까이 있던 서점이 지금은 1,500여 개만 남았을 정도다. 몇 그루의 나무를 살리기 위해 숲을 불태워버린 셈이다.

이제는 책을 만들어도 독자들을 만날 수가 없다. 책을 읽어야 한다는 의식조차 없어진 사회가 됐다. 늦었지만 완전 도서정가제를 도입해 출판계를 살려야 할 때다.

오드레 아줄래 장관의 이야기를 들으며, 책은 시장원리에 의해서 싸게 팔고 싸게 사는 게 적합하지 않다는 것을 거듭 확인했다. 파리도서전에서는 어느 출판사에서도 할인을 하는 곳이 없고, 깎아서 사겠다는 관람객도 없었다. 문화상품에 정당한 대가를 지불해야 한다고 생각하는 듯했다.

완전 도서정가제로 가는 과정까지 지금 우리 출판계는 가장 어두운 새벽을 거치고 있다. 지금 좀 못 살겠다고 예전의 혼란했던 시기로 되돌려서는 안 된다. 정부에서 바른 독서정책을 세우고, 그 바탕 위에 완전한 도서정가제를 통해서 시장 안정을 꾀하고, 지역서점에서 책을 만나는 접점을 많이 만들어야 한다. 우리 국민들이 어렸을 때부터 책 읽는 습관을 갖게 된다면 출판계의 여러 현안들이 쉽게 해결될 것이다. 이 같은 기본이 안 되어 있으면 모든 게 '밑 빠진 독에 물 붓기'가 될 가능성이 크다.

2017년 출판문화산업진흥법 개정에 주목하자

2017년 출판문화산업진흥법 개정 때 도서정가제가 어떻게 결정되는가에 따라 출판계의 향방이 달라진다. 아니, 나라의 문화융성의 기로가 결정된다. 출판계를 살릴 궁극적인 해법이 실현될 것인가 말 것인가의 분기점이기 때문이다. 이때 완전 도서정가제가 도입된다면 10년 안에 전국 방방곡곡에 서점이 살아나고, 출판문화가 부흥기를 맞을 것이다. 그러나 현행 도서정가제보다 후퇴하게 되는 경우 지난 2년 넘게 견디었던 인고의 시간마저 헛되게 되고, 다시 무질서한 시장 상황이 펼쳐지며 출판산업은 크게 후퇴될 것이다.

문체부 출판 담당 공무원들은 누구보다도 이에 대한 확고한 인식이 필요하고 소신이 있어야 한다. 그래서 공정거래위원회나 소비자단체 등을 설득할 수 있어야 한다. 공정거래위원회 역시 무엇이 진정으로 공정한 경쟁인지, 시장보호책인지 인식하여야 한다. 소비자 단체들도 무엇이 궁극적으로 소비자에게 이익이 되는지 잘 판단하여야 한다. 출판계는 이를 관철시키기 위하여 똘똘 뭉쳐야 한다. 출판인의 의견이 나뉘어 있으면 아무것도 성취할 수 없다. 인터넷서점 역시 이에 대해서는 대승적 차원에서 생각해야 한다. 함께 시장의 활성화를 꾀하며 동반성장하는 방안이 필요하다.

프랑스에 도서정가제를 정착시킨 랑법

랑법이 프랑스 서점과 출판문화 발전에 어떠한 기여를 했는지, 여기서는 "전멸할 뻔한 작은 책방들은 어떻게 살아났나(한경미, 〈오마이뉴스〉, 2011. 8. 8.)"라는 해외 리포트 기사를 통해 그 이해를 도모하고자 한다.

기사 전문을 소개한다.

프랑스에서는 어디서나 책을 접할 수 있다. 도시이건 시골이건 새로 도
착하는 기차역의 간이서점을 비롯한 다양한 서점과 대형 문화상품 판매
공간, 대형 할인매장 등 프랑스인이 책을 접할 수 있는 장소는 부지기수
다. 바로 이런 이유로, 전반적인 경제 침체에도 불구하고 프랑스의 서적
시장은 1년에 평균 3%의 성장률을 보이고 있다. 그러나 프랑스의 서적
시장이 늘 이렇게 활기찬 모습을 보인 것은 아니었다.

프랑스 서적시장의 활성화에 커다란 역할을 한 것은 도서정가제다. 프랑
스에서도 1970년대까지는 책이 다른 제품들처럼 자유경쟁 가격제도 아
래 있었다. 그 결과 대형서점의 마구잡이 할인정책으로 작은 서점들이 위
기에 몰렸다. 그러자 작은 서점 주인들과 소규모 출판사 운영자들이 목소
리를 높였다. 결국 1981년 미테랑 정부가 들어서면서 도서정가제 법안인
'랑법'이 채택되는데, 이로써 작은 서점들도 살 방법이 마련되었다.

당시 도서정가제가 도입될 수 있었던 것은 '책은 다른 제품과 다른 문화
상품'이라는 인식이 있었기 때문이다. 이에 따라 프랑스에서는 문화 살
리기 정책의 일환으로 도서정가제법이 만들어졌다. 이 법이 채택되지 않
았다면 작은 서점들이 거의 전멸했을 것이라는 게 서점상들의 하나 같은
의견이다. 당시 정가제가 도입되지 않은 음반의 경우 지금은 소규모 가
게가 전멸한 사실에서도 이를 엿볼 수 있다.

30년 전 만들어진 랑법, 작은 서점을 구하다

도서정가제법이 순탄하게 정착한 것은 아니었다. 법 제정 직후 대형 문

화장품 판매 공간과 대형 할인매장은 이 법에 저항했다. 자본력에 자신이 있던 이 업체들은 법을 무시하고 이전처럼 할인율을 20%까지 높였다. 그러자 프랑스 정부는 1982년 12월 도서정가제법을 위반하면 벌금을 내게 하겠다고 한데 이어, 1985년에는 처벌 강도를 높이는 방안을 발표했다. 위법 사례가 발생할수록 정부가 법을 더 강화하고 엄격히 적용한 것이다.

랑법 1조는 도서정가제법을 모든 도서에 적용하고 서점상에게 5%의 할인을 허용한다는 내용을 담고 있다. 서점상은 보통 단골고객에게 책값을 할인해주는데, 열 권을 사면 5% 할인해주는 것이 통례다.

랑법에는 도서정가제를 적용하지 않는 예외조항도 있었다. 랑법 3조는 독서를 권장하는 의미에서 공공도서관이나 국가기관 혹은 기업 소속 도서실 등에 납품하는 책과 학습용 책에 한해 자유가격제도를 허락했다.

그런데 1990년대 들어 이 예외 규정을 악용해 공공도서관에 들어가는 책의 할인율이 점점 높아졌다. 많은 서점이 높아진 할인율을 받아들이고 이윤을 줄여야 했다. 이를 거부하면 영업 실적이 저조해지는 일도 생겨났다. 1992~2003년 사이에 공공도서관 납품 서적의 할인율은 15.5%에서 18.5%로 높아졌다. 이 기간 중 공공도서관의 도서 구매가 두 배로 늘었음에도 서점들이 이들 단체에 책을 판매해 버는 금액이 영업 실적에서 차지하는 비중은 22%에서 19%로 하락하였다.

프랑스 정부는 이런 상황을 개선하기 위해 2003년 6월 공공도서관에 들어가는 책의 최고 할인율을 9%로 하도록 법을 개정했다. 이로써 상황이 조금 안정이 되는 듯했다. 그러나 같은 시기에 일부 지역 자치단체에서 고등학교 학습용 서적을 무료로 지급하는 일이 발생했다. 학습용 서적에도 최고 할인율 규정을 적용하자는 의견이 대두됐으나, 학습용 도서 출판사들이 '그렇게 하면 시장의 불균형을 초래할 수 있다'고 반발해 실행되지 못했다.

이 밖에도 랑법에는 특별 할인 조항이 명시되어 있다. 발간된 지 2년이 지났고 서점에서 6개월 이상 보유하고 있는 책에 한해서는 서점상이 자유롭게 할인율을 정할 수 있게 한 것이다(랑법 5조). 그러나 한 서점상은 실제로는 이런 할인을 적용하는 서점이 거의 없다고 밝혔다. 발간된 지 2년 이상 된 책을 6개월 이상 보관하고 있는 서점상이 거의 없으며 그전에 이미 출판사에 책을 반납하기 때문이라는 것이다.

아울러 랑법 7조는 도서 판매 장소 이외에서 도서 할인판매 광고를 하는 것을 금지하고 있다.

프랑스의 도서정가제법은 많은 상인들에게 책 판매를 허용하였다. 판매구조가 서로 다른 상인들이 상점 한구석에 책을 갖다 놓고 파는 것은 어려운 일이 아니다. 가격경쟁이 필요 없기 때문에 자신의 가게에 적합한 책 선별 등 나름의 판매 전략만 갖추면 된다.

베스트셀러와 실용서 이외의 책들을 살리려면 철저한 도서정가제가 필수

프랑스에서 책을 구매할 수 있는 곳은 크게 세 가지로 나뉜다. 첫 번째가 서점, 두 번째가 프낙(FNAC)이나 비르진(Virgin) 등의 대형 문화상품 판매 공간, 세 번째가 까르푸 등의 대형 할인매장이다. 여기에 인터넷 구매나 통신판매 등을 포함하면 도서 구입 경로는 더욱 다양해진다.

프랑스인들이 책을 살 때 가장 많이 이용하는 장소인 서점은 전체 도서 판매의 17.7%(이하 2007년 TNS-Sofres 여론조사 자료)를 차지하고 있다.

발간된 지 오래되어 구하기 힘든 책이나 문학, 예술, 사회과학, 철학 등 전문서적이 주로 서점에서 판매된다. 여기에 백화점 내 서점의 판매량(0.3%)과 신문상과 '문방구 서점'의 판매량(6.4%)을 합하면 넓은 의미의 서점에서 판매되는 책은 전체 도서 판매량의 24.4%에 이른다.

프랑스인들의 두 번째 도서 구매 장소는 대형 문화상품 판매 공간으로 도서 판매량 중 21.2%가 이곳에서 팔린다. 프랑스에는 이런 장소가 400여 군데 되는데, 주로 신간이나 판매실적이 좋은 책이 구비되어 있다. 파리의 프낙에는 10만여 권, 지방의 프낙에는 1만 5,000~5만여 권, 르클레르 문화 공간이나 지방의 비르진 같은 곳에는 2만~3만여 권이 구비되어 있다. 이런 대형 문화상품 판매 공간은 주로 CD, DVD, 도서 등을 취급하는데 이중 책이 전체 판매실적의 20~35%를 차지한다.

프랑스인들이 책을 사는 세 번째 장소는 까르푸 같은 대형 할인매장이다. 이곳에는 대개 5,000~2만여 권이 구비되어 있다. 주로 문고판, 청소년용 책, 사전류, 실용서, 학습용 책이다.

프랑스 도서 판매량 중 공공도서관이나 학교 등 단체에 파는 비율은 10%, 도서 할인판매점(잘 팔리지 않아 출판사에서 할인을 결정한 책을 취급하는 곳인데, 출판사에서 할인을 결정하는 건 매우 드문 일이다)이나 중고서점은 1.4%에 해당한다.

또한 인터넷 도서 구매가 최근 급속하게 성장했다. 아마존, 알라파즈 등의 사이트를 통해 책을 산 실적이 2000년에는 프랑스 도서 판매량의 0.9%였으나 2007년에는 8%로 증가했다. 그러나 이것은 통신판매만 하는 도서 판매망의 인터넷 구매도 포함한 수치로, 이를 제외하면 실제 인터넷을 통한 도서 구매율은 7%에 못 미친다. 인터넷 판매에도 도서정가제가 적용되기 때문에 굳이 인터넷으로 몰릴 이유가 없기 때문이다.

긴 안목으로 보면, 책을 지속적으로 할인하는 시스템은 순환이 빠른 베스트셀러나 처세술 등의 실용서만 살아남게 하고 순환은 느리지만 영구적인 가치를 내재한 책들을 도태시킨다.

이와 달리 도서정가제가 법으로 규정된 프랑스에서 서적상들은 가격경쟁에서 상당 부분 자유로워져, 발간된 지 오래된 책, 문학과 예술 등 전문서적을 오랫동안 판매하는 등 자신만의 판매 전략을 구사할 수 있는 여지가 많다.

프랑스의 도서정가제 법은 작가, 출판인, 도서산업 종사자, 서점상, 독자 등 많은 이에게 환영받는 시스템으로 정착했다. 프랑스처럼 도서정가제를 실시하는 나라는 여럿 있다. 한국서점조합연합회의 2005년 자료에 따르면, OECD 회원인 서른 개 국가 중 열여섯 개 나라가 도서정가제를 실시하고 있다.

한국도 이 열여섯 개 국가 중 하나이지만 한국의 도서정가제는 여러 가지 틈새가 많아 사실상 유명무실하다는 비판이 많다. 이와 달리 프랑스의 랑법은 도서정가제를 규정한 법률의 전형으로 꼽힌다. 랑법이 제정된 후 독일을 비롯한 유럽의 주요 국가들이 자국의 도서정가제를 법으로 규정한 것에서도 이 점은 잘 드러난다.

- 한경미, 〈오마이뉴스〉, 2011. 8. 8.

해외도서전의
한국관 행사

대한출판문화협회는 우리나라 출판계를 대표하는 단체다. 출협은 국내에서 열리는 서울국제도서전을 주관하여 개최하며, 또 해외 여러 나라의 도서전에 참가하여 한국관 부스를 열기도 한다. 지난해에는 여덟 개 나라의 도서전에 참가했다.

그리고 주요 국제도서전에 주빈국으로 초대되어 행사를 크게 열기도 한다. 우리나라는 2005년에 프랑크푸르트도서전을 비롯하여, 2014년에 영국(런던), 2016년에 프랑스(파리)도서전에 주빈 국가로 초대되었다. 그 외도 일본과 중국 등 주요 국가에서 우리나라를 자국의 도서전에 주빈국으로 초대하였다.

그만큼 한국의 위상이 높아졌고, 우리의 도서출판 시장의 비중이 국제무대에서 커졌음을 의미한다.

왜 참여하는가

일부 출판인 중에는 "요즘에는 인터넷으로 저작권 거래가 이루어지는데, 귀중한 혈세를 낭비하면서 왜 남의 나라 도서전에 참가하는가"라고 말하는 사람도 있다.

해외 국제도서전에 우리가 한국관을 마련하는 이유는 참가 출판사들이 해당 국가 출판인들과 직접 대면하며 교류의 폭을 넓히고, 우리의 책과 문화를 널리 알리기 위해서다. 특히 개별 출판사들의 참여가 어려운 경우, 출협은 출판사들로부터 출품 도서를 위탁받아서 진열하고 그들이 관심을 갖도록, 나아가 저작권 계약이 이루어지도록 노력하고 있다.

이러한 국제적인 노력은 단기적 효과를 노리기보다는 지속적으로 꾸준히 참여하여 교류를 확장하고 현지의 필요를 파악하는 등 장기적으로 봐야 한다.

여러 기관들의 중복 참여는 중단되어야

다만 최근의 해외 도서전시회에 가보면 다소 의아하고 안타까운 풍경을 볼 수 있다. 해외도서전에 국내 각 기관들이 모두 독자적으로 부스를 마련하고 있는 것이다. 한국문학번역원, 한국출판문화산업진흥원, 한국콘텐츠진흥원, 때로 한국만화영상진흥원까지 제각각 부스를 내 출전하고 있다.

이 부스들이 전시장 여기저기에 위치하여 시너지 효과도 나지 않고 있다. 또 한 가지 지적한다면, 타 기관들의 지원과 협회에의 지원은 차이가 많다. 출협은 극히 적은 지원금을 받고 각 부스를 출판사 부담으로 설치해야 한다. 그러나 타 기관들은 어떤가, 부스 임대료와 인테리어, 장치비는 물론이고 직원들의 여비와 현지 사용 비용까지 지원한다.

이렇게 중복으로 각 기관들이 도서전에 나가는 이유가 무엇인지 알수 없다. 효과도 없이 기관마다 많은 혈세를 낭비하고 있는 것이다. 문화체육관광부에서는 이런 예산들을 출협에 지원해서 참여 출판사들의 부담을 줄여주도록 노력해야 한다. 출판인들이 현지에 가서 그 나라 문화와 풍습을 이해하고 그들과 출판 교류를 할 수 있도록 지원해주어야 한다.

참고로 2016년도의 일본 도쿄국제도서전은 전례 없이 독자 중심 도서전(B2C)으로 전환하여 개최하였다. 일본도 심한 불황에 도서전 참여 업체가 현저히 줄어들어 도서전 규모가 많이 축소되었다. 이런 상황에서 도쿄국제도서전을 다녀온 협회 간부들은 앞으로 우리나라가 참가하지 않는 방안을 제안했다. 도쿄국제도서전 한국관의 경우 정부 지원 없이 3,000만 원 정도 소요되는 비용을 협회가 대부분 자부담으로 하고 있기 때문이다. 회장으로서 한정된 협회 예산을 생각하면 이해가 되기는 하지만, 그래도 이웃나라 일본과의 특수관계를 고려하고 출판 선진국에서 배운다는 입장에서 참여를 해야 된다고 생각한다. 한국이 도쿄국제도서전에 참여하지 않으면 일본도 서울국제도서전에 참여하지 않을 가능성을 배제하기 어렵다. 교류는 주고받는 것이다.

일본만이 아니다. 전 세계의 대표적인 국제도서전에 참여하여 우리 책을 알리고, 우리나라 출판인들을 많이 내보내야 한다. 여러 기관들이 중복 참여하여 낭비하는 요소를 없애고, 체계적으로 예산 집행을 한다면 못할 것도 없다. 정부에 해외도서전 참가 예산을 대폭 늘려줄 것을 요청해야 한다.

런던도서전 주빈국

나는 출협 회장으로 재직하는 동안 2014년 영국 런던도서전, 2016년 프랑스 파리도서전에 주빈국으로 초대되어 출전하였다. 또 2015년에는 인도 뉴델리국제도서전에 포커스 컨트리로 참여하였다.

2014년에 한국이 주빈국으로 참가한 런던도서전은 각국 출판사와 저작권 에이전트들의 저작권 수출입 거래(B2B)에 역점을 두고 있다. 독일 프랑크푸르트도서전 다음으로 활발하게 저작권 거래가 이루어지는 곳이다. 영국은 영어라는 강력한 무기를 가지고 세계 출판시장과 출판정책을 주도하는 나라다.

런던도서전 주빈국 행사에 정부에서는 유진룡 장관이 참석하였고, 황석영 작가 등 삼십여 명의 작가와 저자가 참여하였다. 또 네이버의 지원으로 약 스무 명의 기자들과 함께 갈 수 있었다. 영국 내 한국문화원에서 주빈국 참가 축하 리셉션도 열어주어서 두 나라의 출판·문화계 인사들이 따뜻한 교류의 시간을 나눌 수 있었다.

장관이 해외 유명 도서전에 참여해서 현장을 본다는 것은 대단히 중요하다고 생각한다. 다만 런던도서전이 우리와는 달리 관련 기업 간 거래(B2B)에 중점을 두고 있고, 강력한 영어권 국가로 우리 시장을 공략 대상으로 삼는 나라인 점이 아쉬움으로 남지만, 활발한 도서전 풍경을 보는 것만으로도 정부의 할 일들을 체득하지 않았을까 싶다.

파리도서전 주빈국

2016년은 대한민국과 프랑스가 국교를 맺은 지 130년이 되는 해다. 이를 기념하여 양국 간 문화교류의 하나로 파리도서전에 주빈국으로 출전한 것이다. 몇 년 전 프랑스는 서울국제도서전에 주빈국으로 참여했다. 양국 문화 행사로는 가장 크고 중요한 것이었다.

파리도서전 한국관은 아름다운 인테리어로 프랑스 대통령으로부터 극찬을 받았다. 또 오드레 아줄래 문화부 장관으로부터도 찬사를 받았다. 한국관에 온 많은 프랑스인들이 한국의 문화와 책에 지대한 관심을 가졌다. 프랑스 대형서점의 관계자는 한국관 내에서 프랑스어로 번역된 한국 작가들의 책을 전시 기간 동안 1만 5,000권이나 팔았다며 놀랍다고 자랑했다.

파리도서전은 전형적인 독자 대상 도서전이다. 프랑크푸르트도서전이나 런던도서전에 비해서 우리가 배우고 벤치마킹할 것이 참 많은 도서전이다. 도서전은 저녁 10시까지 열리는데, 사람들로 인산인해를 이루었다. 특히 대부분의 부스에 많은 저자들이 참여하는 모습이 퍽 인상적이었다. 독자들은 신간, 저자, 출판사 기획 전시를 보기 위해서 몰려온다. 도서전에서도 서점과 마찬가지로 모두 정가로 책을 팔았다.

우리와 함께 갔던 한국 작가 서른 명이 작가와의 대화를 하거나 사인회가 있을 때는 프랑스 독자들의 줄이 길게 늘어섰다. 프랑스인들의 책에 대한 열정은 참으로 대단했다. 이러한 열정은 어떻게 만들어졌으며, 어떻게 유지되는가를 연구할 필요가 있다.

파리도서전에서 큰 아쉬움이 있었다. 그 중요한 행사에 한국의 주무 부처 장관이 참석을 하지 않은 것이다. 뿐만 아니라 현지의 한국 대사도 없었다. 대사 회의가 있어서 본국으로 귀국했다는 것이다. 프랑스에서는 대통령과 각부 장관들 모두가 참여하는 자리에, 정작 스포트라이트를 받는 주빈국에서는 장관과 대사조차 불참한 것이다. 답답한 마음이 들었다. 우리나라 실정에서는 파리도서전을 벤치마킹해야 하는데 이런 귀중한 기회를 놓치다니. 문득 이것도 국운이라는 생각까지 들었다. 열 마디 말로 하는 것보다 실제로 프랑스 국민들의 독서 열기를 보고, 정부는 어떤 정책을 세우고 추진해가야 하는가를 생각하면서, 한국에 돌아가서 위로부터 지시를 내려야 하는데 바로 그런 위치에 있는 분이 오지 않은 것이다. 우리 정부에서는 장관 대신 실장이 참가했다. 결례였다. 프랑스 정부에 적절한 대응 파트너가 없었다. 그 때문에 출협 회장이 장관 몫까지 하느라 분주했던 도서전이었다. 다음은 파리도서전을 다녀온 후 신문에 실린 글이다.

'신선한 충격', 이것은 지난 3월 16일부터 20일까지 개최된 프랑스 파리도서전을 다녀온 출판인, 작가들, 그리고 취재기자들의 한결같은 소감이었다. 이번 파리도서전에는 한불 수교 130주년을 기념하기 위해 대한민국이 주빈국으로 초대되어 우리나라에서 삼십여 명의 작가들, 그리고 스무 명에 이르는 취재기자들, 많은 출판인들이 대거 참여하였다.

이들은 한결같이 프랑스 정부와 국민들의 책에 대한 가치 인식이 근본적으로 우리와는 너무나 다르다는 점에 우선 놀랐다. "프랑스인들에게 책이란 무엇인가?" 이에 대한 명쾌한 답을 프랑스 문화부 장관의 입을 통해서 알게 되었다.

파리도서전 기간 동안 매일 전시장을 찾은 오드레 아줄래 문화부 장관은 자국의 출판문화 발전과 관련해 "프랑스에서 문화는 심장과 같다", "그 문화의 한가운데에 책이 있다"고 말하였다. 한 나라를 선진국으로 이끈 문화의 힘이 바로 책에서 비롯됨을 천명한 명언이었다.

계속해서 우리 기자들의 질문이 있었다. "이렇게 파리도서전이 발 디딜 틈이 없을 정도로 성공적인데 정부는 어떤 지원정책을 펴고 있는가?" 장관은 거침없이 대답했다. "1980년대부터 도서정가제를 통하여 출판시장의 안정화를 꾀했고, 지역서점과 도서관을 적극 지원하여 독자들이 책과 자주 접할 수 있도록 하였으며, 어렸을 때부터 책 읽는 습관을 키우기 위해 노력한다."

이번 파리도서전에는 1,200여 개의 출판사가 참여했고, 3,700여 명의 저자들이 참석하여 20여만 명의 독자들을 만난 책의 잔치였다. 어떤 부스에서도 책을 싸게 팔지 않았고 할인해 달라고 하는 사람도 없다. 도서정가제의 필요성 여부로 아직도 왈가왈부하고 있는 한국에 시사하는 바가 대단히 크다.

그럼 "프랑스 출판사들은 왜 도서전에 참여하는가?" 이에 대한 답을 프랑스 출판협회 회장과의 대화에서 들었다. "출판사의 도서전 참여는 독자에 대한 서비스이자 의무다. 저자들은 도서전을 통하여 독자와 자유롭게 의견을 나누는 시간을 갖는다. 그리고 독자들은 도서전에서 출판사들의 책을 한곳에서 보고 선택할 수 있으며, 저자를 만나며 또 책 관련 다양한 행사에 참여할 수 있기 때문에 방문한다."

이제 6월이 되면 서울국제도서전이 열린다. 한국도 프랑스와 마찬가지로 전형적인 B2C(기업과 소비자 간 거래) 시장이다. 서울도서전에서 우리 출판사들은 자사 책을 사준 독자들에게 서비스 차원에서 만남의 장소를 제공해야 한다는 의무감을 갖고, 저자들은 내 독자들에게 얼굴을 보여주어야 한다는 소명의식이 있어야 하지 않을까.

정부에게도 한마디 묻지 않을 수 없다. '우리에게 있어 문화는 무엇인가?' 대통령이 문화융성을 주창하고 있지만, 과연 책 읽는 문화가 없이 국가의 미래가 있겠는가. 출판을 살리고자 하는 정부의 강한 의지가 절실하다. 정책이 바로 서야 출판이 산다. 출판이 바로 서야 나라가 산다.

– 고영수(대한출판문화협회 회장), '우리에게 책이란 무엇인가?',

〈서울신문〉, 2016. 3. 28.

01 2014년 영국의 한국문화원에서 열린 런던도서전 주빈국 기념 리셉션
02 2014년 기념 리셉션에서 열창하고 있는 세계적인 소프라노 조수미 씨
03 2014년 런던도서전 한국관 오픈식에서 영국도서전 인사들과 함께

04 2016년 파리도서전 주빈국관인 한국관을 방문한 프랑수아 올랑드 대통령이 방문 사인을 하고 있다
05 2016년 파리도서전 주빈국인 한국관을 두 번이나 찾은 프랑스 오드레 아줄래 문화부 장관
06 2016년 파리도서전 한국관 오픈식에서 파리도서전 인사들과 함께
07 2016년 파리도서전 한국관 오픈식에서 기념사를 하고 있다

터키도서전 주빈국

2017년 6월에 열리는 서울국제도서전의 주빈국은 터키다. 그로부터 5개월 뒤인 11월에 열리는 터키도서전의 주빈국은 대한민국이다. 양국이 서로 교차하여 주빈국 행사를 하기로 한 것이다. 터키의 치안이 다소 불안하긴 하지만, 바깥에서 보면 우리나라만큼 불안한 나라가 또 있을까. 도서전 교류에서 터키는 우리보다 훨씬 적극적이었다.

출판 규모 측면으로만 보면 우리나라가 터키보다 다소 앞서 있다. 우리에게 좋은 기회가 될 수 있다고 생각한다. 중동으로 가는 길목으로서 해외 저작권 판매를 적극적으로 하는 출판사들에게는 새로운 기회의 땅이 될 수 있으리라 여겨진다. 아랍권에 우리 문화를 알리는 귀중한 기회다.

역경 속에 치른
서울국제도서전

매년 6월 서울 코엑스에서 열리는 서울국제도서전은 국민들의 독서율을 진흥시키고, 국내외 저작권 거래를 활성화시키고자 열리는 국내에서 가장 큰 책 관련 행사다. 대한출판문화협회가 주관하며 국내 출판사뿐 아니라 해외 많은 나라에서 유수의 출판사들이 참여하는 국내 유일의 국제도서전이다. 나는 회장 임기 중 3년 동안 실질적으로는 네 번의 행사를 치렀다.

서울도서전의 성격

현재 국제도서전에서는 예전처럼 직접 찾아가서 저작권 거래를 하는 비율이 상당히 줄어들었다. 실제로 국제 저작권 거래가 활발한 주요 도서전인 프랑크푸르트도서전, 런던도서전, 그리고 미국도서전(아메리카 북 엑스포)의 경우에도 도서전 행사장에서 계약이 성사되는 건수가 감소했고, 참여사는 물론 관람객도 상당히 줄어든 현실이다.

아시아 각국의 주요 도서전시회도 부진을 면치 못하고 있다. 일본 도쿄국제도서전은 2015년에는 도서전시회 내에 크리에이티브 존이라는 것을 만들어 개인 창작자들의 홍보 공간을 만드는 등 부스 참여자 유치에 적극 노력하더니, 2016년에는 도서전 개최 시기를 9월로 옮기고 일반 관람객의 방문 증대를 위해 더 노력을 기울이는 방향으로 선회했다. 그러나 여전히 해외 출판사들의 참여 유치와 관람객 수의 저조함을 반전시키기에는 역부족인 상황으로 보인다.

우리나라 도서전도 해외 출판사들의 유치를 크게 활성화한다는 것은 쉽지 않은 일이다. 출판에 있어서 주요 선진국들과 견주어볼 때 우리나라는 아직 변방 국가에 머무는 상황이다. 해외 출판사들이 우리에게 저작권을 팔러 오기보다는, 우리 출판사들이 주로 해외도서전을 적극 참관하고 계약을 하러 가는 입장이기 때문이다.

이는 앞으로 서울국제도서전의 성격을 어떻게 가져갈 것인가에 대해 심각하게 고민해야 함을 뜻한다. 국제 저작권 거래를 서울국제도서전에서 크게 기대하기 어렵다면 프랑스 파리도서전처럼 자국 국민들을 위한 독서운동의 일환으로 도서전을 개최한다는 목표도 생각해볼 필요가 있다. 현실적으로 우리에게는 이러한 방향이 실현 가능하고 옳은 선택이 될 것이라고 생각한다.

그렇다고 굳이 지금까지 유지해오던 '국제'라는 이름을 벗어버릴 필요는 없을 것이다. 비록 지금은 해외 출판사들의 참여가 저조하지만, 보다 장기적인 관점에서 보면 지속적으로 해외 참가사 유치 기조를 유지할 필요성이 있다. 우리의 책들이 점차 수출이 늘어가는 추세이므로, 한국 출판 콘텐츠의 가치를 평가해주는 아시아권 국가들을 중심으로 참가사를 적극 유치해야 할 것이다. 저들이 우리 도서전에 부스를 설치하면서 자신들의 문화를 홍보할 수 있게 장을 마련해주는 것도 서울도서전을 다채롭고 흥미롭게 만드는 한 방법이다. 관람객을 위해서도 더없이 좋은 문화교류의 장이 될 것이다.

출협 회장은 2월 말에 당선되어 그해 6월에 서울국제도서전을 치러야 하는데 이는 자신만의 색깔과 콘셉트를 담기에는 누구에게나 너무 짧은 시간이다. 이미 전임 회장단에서 만든 계획대로 행사를 치를 수밖에 없다. 그래서 협회 사무국 내에 도서전 사업부를 두어 상시적으로 준비해가는 체제로 만들 필요가 있다.

도서전에서는 할인을 가능하게 하자는 제안

2014년 서울국제도서전의 주빈국은 '오만'으로 결정되어 있었다. 우리에게는 너무 생소한 아랍 국가였지만, 도서전에 임하는 그들의 준비는 꽤 치밀했고 자국 문화를 알리기 위해 많은 노력을 기울였다.

2014년 4월 말에는 국가적 재난인 세월호 사건이 발생하여 사람들의 마음도 가라앉았고 국내 경기도 매우 침체되어 있었다. 그해 출판시장은 5월 임시국회에서 개정 도서정가제법이 국회를 통과하여 6개월 후인 11월부터 시행하게끔 되어 있었다. 불과 몇 달 뒤부터는 책을 할인하지 못한다는 생각이 있어서인지(실제로는 정가의 15%까지 직간접 할인이 가능하도록 되어 있다), 그해 도서전에는 출판사들이 대거 참여하였다. 그리고 전시장에서 거의 광적인 할인판매가 이루어졌다. 일부 출판사는 재고 처분을 하며 며칠 동안 상당한 현금도 만지고 창고를 비우는 즐거움을 가졌다. 어찌되었건 출판사도 대거 참여하고 독자들도 한 보따리씩 책을 사가는 도서전이어서 외견상으로는 성공적으로 보였다. 하지만 나는 그렇게 생각되지 않았다. 며칠 동안 중고떨이 시장을 운영한 듯한 씁쓸한 심정이었다.

2014년 개정 도서정가제법에 적용할 시행령을 만들면서 당시 문체부 미디어 담당관은 서울국제도서전에서만큼은 도서정가제 적용을 하지 말고 할인이 가능하도록 하면 어떻겠느냐는 제안을 하였다. 그러나 나는 그것이 우리 출판계에 결코 도움이 되지 않는다고 생각하였기에 반대하였다. 물론 나도 알고 있다. 만일 1년 중 서울도서전에서만 특별 할인을 허락한다면 아마 참가사와 관람객이 모두 넘치는 활기찬 도서전이 될 것이라는 생각이 들었다. 1년 내내 어느 곳에서도 싸게 팔거나 살 수 없는데, 6월의 코엑스에서 열리는 도서전에서는 마음껏 싸게 팔거나 살 수 있다면 반응이 가히 폭발적이지 않겠는가. 아마도 코엑스 전관을 임차해도 참여 출판사가 넘칠 것이다.

그러나 내가 반대한 이유는 근본적으로 책을 정가에 사고파는 인식이 우리 사회와 국민들에게 정착되어야 하는 마당에, 그런 식의 합법적인 할인이 이루어진다면 어렵게 만들어놓은 개정 도서정가제법에 대한 역공이 예상되었기 때문이다. 실제로 개정 도서정가제는 3년 동안 시행해가면서 다시 방향을 잡아서 조정하기로 된 법이다. 2017년 11월에는 개정 방향을 결정해야 한다. 할인에 대한 향수를 갖고 출판계가 후퇴한다면 출판·서점계는 물론이고 대한민국의 문화융성은 물건너갈 것이라고 생각했다. 그리고 각 지역에서 각종 도서전의 이름으로 덤핑 판매가 기승을 부릴 것이고, 만일 이를 한 곳으로 한정시킨다면 헌법소원감이 될 것이다. 책은 할인해서 사고파는 물건이 아니라는 인식을 국민들이 갖도록 해야 한다고 보았다.

2015년과 2016년의 서울도서전에는 대형 출판사와 특히 문학 출판사의 참여율이 극히 저조해 도서전 운영에 상당한 어려움을 겪었다. 도서전에서 재고떨이 할인판매를 할 수 없게 되자 이름 있는 출판사들이 아예 도서전에 불참한 것이다. 나의 고집에 대한 톡톡한 대가였다.

내 주장이 다소 우직해 보일 수도 있겠지만, 완전한 도서정가제만이 이 나라의 출판산업과 문화를 선진국으로 도약하게 만든다는 나름의 확신을 갖고 있었다. 그리고 그 확신은 지금도 변함이 없다.

2014년 서울국제도서전은 이대철 사장님(당시 출협 상무이사)이 집행위원장을 맡아서 수고해주셨다. 세월호 사건으로 어려움이 많던 상황이었기에 아마 이 사장님이 아니었으면 행사를 성공적으로 치르기 어려웠을 것이다. 감사하다.

2015년 메르스 사태와 서울국제도서전

2015년은 실질적으로 한 해에 두 번이나 도서전을 치른 해였다. 6월 서울도서전을 불과 20여 일도 채 남겨놓지 않은 어느 날이었다. 중동호흡기증후군, 소위 메르스 사태로 인하여 다들 사람들이 많이 모이는 곳을 파하고, 외출까지 삼가야 하는 초유의 사태가 벌어졌다.

중동에 다녀온 어떤 사람이 낙타로부터 옮겨온 병원체를 치료받은 유명 병원에서 격리되지 않아 많은 사람들에게 전염되는 사태가 벌어진 것이다. 이미 전염된 사람을 추적하여 만났던 사람들을 다시 추적해 격리시키는 어려운 해결법밖에 없어 모두들 사람이 많이 모이는 곳에는 가기를 꺼려하면서 전국이 얼어붙었다.

오바마 대통령과 단독 회담을 갖기로 예정했던 박 대통령의 미국 방문이 취소되는 사태까지 벌어졌다. 서울국제도서전 개최 일주일을 앞두고 어떻게 해야 할지를 문체부와 의논하니 회장이 판단해서 결정하라는 답이 돌아왔다. 며칠간 고심하다가 결국 도서전을 10월로 연기하기로 하였다. 만일 도서전 개최를 강행했다가 수많은 사람들에게 병원체가 퍼진다면 그 뒷감당을 해낼 자신이 없었기 때문이다.

코엑스 측과 상의하니 10월 중순에 코엑스 3층에 당초 예정된 1층 태평양관보다는 작은 면적이지만 아쉬운 대로 도서전 개최가 가능한 공간이 있다고 했다. 이미 팸플릿과 포스터, 티켓 등 모든 준비가 완료되어 있었고, 프로그램까지 다 준비된 상황이었다. 해외 출판사들도 전시할 책들과 자료들을 보냈고, 해외 초청 연사와 참여 출판사 직원들의 비행기 예약들이 완료된 상태였다. 일부는 벌써 한국에 입국해 있었다. 그런데 모든 것을 10월로 연기해야 했다. 이로 인해 많은 애로사항이 생겼다. 한 가지 예를 들면 2015년 주빈 국가는 이탈리아였다. 주한 이탈리아문화원 안졸라 조에 원장을 방문하여 사태의 앞뒤를 이야기하고 10월에 개최할 터이니 협조해 달라는 요청을 하였다. 처음에는 이탈리아 측에서는 기일이 연기되면 주빈국 행사를 하기 어렵다고 하였다. 빌다시피 하여 손실 일부를 보전해주는 것으로 협상이 진척되었다.

4개월 뒤인 10월에 도서전을 개최하였다. 코엑스 1층이 아닌 3층의 구석 공간이었다. 6월에 참가하기로 했던 출판사들 가운데 10월 도서전에는 참가를 취소한 곳이 적지 않았다. 그러나 상당수의 참가 취소에도 불구하고 전체 전시 공간이 축소되면서 도서전 개최에는 별로 문제가 되지 않았다. 이탈리아는 주빈국으로서 역시 예술의 나라답게 아름답고 실용적인 부스를 꾸며 우리의 체면을 세워주었다.

언론에서도 도서전 성공 여부에는 별로 관심이 없었다. 참가 인원이 줄었지만 메르스 사태로 어쩔 수 없었다는 것을 이해해주었다. 정부에서도 별로 신경을 쓰지 않았다. 10월은 국정감사 기간이라는 이유로 장·차관이 바쁘다며 국장이 개막식에 참석하였다. 역대 최하위급 관료가 참석한 테이프 커팅이었다. 이탈리아 대사 등 해외 부스의 대표들이 정부 관료 대신 출협 회장에게 정중히 브리핑을 해주었다.

나는 10월 11일 '책의 날' 행사를 제 날짜에 해야 한다는 소신을 그해 서울도서전에서도 실천했다. 예전에는 대개 그 언저리 날짜의 편한 날에 행사를 열었다. 도서전 행사 마지막 날 코엑스에서 '책의 날' 행사를 치렀다. 이 자리에는 문체부 차관이 참석했다.

2015년 서울국제도서전의 홍보대사는 조정래 작가께서 맡아주셨다. 그리고 한 해에 두 번 치른 것과 다름없었던 2015년 서울도서전은 비룡소 박상희 사장님이 집행위원장을 맡아서 진행해주셨다. 역시 아동출판을 하시고 디자인을 전공한 분답게 포스터 등 모든 것들을 아름답게 디자인해 멋지게 도서전을 장식해주셨다. 한 해 동안 같은 일을 두 번씩이나 할 수밖에 없었음에도 즐거이 맡아주신 박상희 사장님께 정말 미안하고 감사한 마음이다.

2015년에는 서울국제도서전 추진단장이라는 직책으로 김정연 단장에게 도서전 기획과 진행을 전반적으로 맡겼다. 장소와 날짜의 이전으

로 그 기량을 마음껏 펼칠 수 없었지만 열심히 하여 나름 성공적인 도
서전을 추진하였다.

2016년 서울국제도서전

2016년 6월 15일부터 19일까지 제22회 서울국제도서전이 열렸다. 예
년과 같이 일요일을 포함해서 5일 동안이다. 장소는 코엑스 A홀, 표어
는 "책으로 소통하며 미래를 디자인하다", 홍보대사는 신달자 시인이
었다. 전시 규모는 20개국, 355개사, 652개 부스였고, 컬처 포커스 국
가로 프랑스, 스포트라이트 컨트리로 이탈리아가 참여했다.

전년도에 이탈리아가 주빈국이었는데 바로 다음 해에 컬처 포커스
국가로 참여하겠다고 해주어 감사했다. 전년도에 도서전이 가을로 연
기되면서 자기들의 기량을 마음껏 보여주지 못했다는 생각에서인지,
큰 비용을 들이지 않고 도서전을 통해 자국 문화를 알릴 수 있다는 계
산에서였는지는 알 수 없었지만, 어떻든 안졸라 조에 이탈리아 문화원
장은 자국 문화를 알리는 데 대단히 적극적이었다. 마침 프랑스가 한
불 수교 130주년을 맞아 컬처 포커스 국가를 희망하였기에 이탈리아
는 스포트라이트 컨트리로 참여토록 하였다.

김동휘 부회장이 집행위원장을 맡아 서울도서전 전반을 진행하였
다. 김동휘 집행위원장은 '시'를 올해의 큰 주제로 내걸고, 홍보대사로
신달자 시인을 모셨다. 처음에 나는 도서전이 너무 정적으로 흐를 것
이 내심 염려가 되기도 했지만, 집행위원장의 뜻을 따르기로 하였다.

내 생각이 기우였음을 행사 당일에 알 수 있었다. 테이프 커팅 형식
으로 진행된 이날 개막식에는 김종덕 장관이 참석하였고 출판인 출신

으로 국회의원이 된 소병훈 의원도 자리를 빛내주었다. 이탈리아 대사와 프랑스 대사를 비롯한 외국 손님들, 그리고 출판단체장들이 거의 참석하여 내빈들이 두 줄로 서서 테이프 커팅을 해야 했다. 칠곡군에서 한글을 막 배워서 시를 쓰시고 책을 내신 할머니들 삼십여 분도 모셨다.

이날 개막식에서는 신달자 시인의 서울도서전 개막 축시 낭송이 있었다. 이어서 칠곡군에서 오신 할머니들을 대표해서 두 분이 나오셔서 자작시를 낭송해주셨다. 제목이 〈시가 뭐고?〉였다. 이제 막 한글을 깨우치셨다는 할머니들의 시 낭송을 들으면서 삶에서 우러나온 할머니들의 시상이야말로 더없이 깨끗하고 순수하다는 것을 느꼈다. 어느 시인들이 이처럼 삶을 진솔하게 표현할 수 있을까. 여기 신달자 시인이 서울도서전 개막식에서 낭송해주신 기념시와 칠곡군 할머니들 대표가 나오셔서 낭송하신 자작시를 소개한다.

지금은 2016년 6월

대한민국

국제도서전이 열리는 날입니다

하늘하고도 답답하고

바람과도 미진하여 마음을 열지 못한 사람 있거든

나팔꽃과 붉은 맨드라미꽃과 앉은뱅이 채송화하고도

말을 트지 못한 사람 있거든

국제도서전에 와 책과 악수를 하십시오

서로 목을 껴안고 가슴을 대고

서로 어루만지며 저 깊이 쌓여 우리의 그리움을 누르고 있는 벽을 허물고

서로 마음을 나누며 사랑하십시오

우리는 오늘 주인입니다

저 멀리서 바다 건너 대한민국 도서전에 손님으로 오신 분들

이미 우리가 알고 있는 책들이며

처음 보는 책들이 귀하게 오셔서 자리를 지키고 있습니다

오늘 우리는 책의 나라 주인입니다

오늘 우리는 책의 나라 역사의 주인입니다

우리는 이미 천년도 더 가는 목판인쇄로 황홀한 금속활자로

그렇지요 천년을 더 가는 종이를 만들어 책을 만든 나라 아닙니까

우리의 천년 종이에는

쓰러지고 일어서고 일어서고 달리고 뛰는

대한민국의 정신이 깃들어 있습니다

그렇습니다 인간은 책을 만들었습니다

세계는 지금 하나입니다

첨단문명과 과학이 우주를 넘나들며 인간을 위협하는 시대에

문명과 과학을 쓰다듬고 안아주는 책이야말로

인간을 지키는 마음이며 정신이 아닙니까

세계는 서로 등을 밀고 어깨를 껴안으며 인간의 나약함을

인간의 외로움을 인간의 탐구심을 함께 달래고 일으켜야 합니다

함께 인간이 만든 문명과 과학에 넘어지는 허리를 부축여 일으켜 세워야
합니다

오늘 우리는 책의 나라 주인입니다
어서 오십시오 서로 말을 나누고 아픔을 나누고 내일을 의논합시다
그래서 책이 인간의 정신을 높이는 극치의 역사라는 것을 서로 말합시다
그리고 인간의 행복을 만들어갑시다

그렇습니다
말하고 답하고 우리 지구촌의 사람 사람들이
지구촌의 사랑 사랑을 가슴을 터놓고 말합시다
책이라는 인간의 사령탑 위를 함께 달려가며 노래합시다

　　　　　　　　　　　– 신달자, 〈말하고 답하라 책하고 소통하라 – 국제도서전에 부쳐〉

논에 들에 할 일도 많은데
공부 시간이라고
일도 놓고 헛둥지둥 왔는데
시를 쓰라 하네
시가 뭐고?
나는 시금치씨 배추씨만 아는데

　　　　　　　　　　　　　　　　　　– 소화자, 〈시가 뭐고?〉

집행위원장으로 수고하신 김동휘 부회장은 참 따뜻하고 열정적이

다. 그리고 치밀하고, 출판감각이 뛰어난 분이다. 그는 우리나라에서 가장 많이 해외도서전에 참가하여 전 세계에 가장 많은 우리나라 도서를 수출하고 있는 출판인이다. 집행위원장의 아이디어와 추진력에 힘입어 예전에 하지 않았던 다양한 프로그램과 이벤트가 서울도서전 기간 내내 이루어졌다. 예를 들면 초중고생을 대상으로 하는 독서 골든벨과 예전에 없었던 폐막식을 제대로 격식을 갖추어 가졌다.

서울국제도서전 폐막식 행사는 6월 19일(일) 오후 3시에 전시장 안에서 이루어졌다. 회장의 폐막 인사말에 뒤이어 신달자 시인의 폐막 축시 낭송, 그리고 동도중학교 학생 열세 명의 시 낭송 시간을 가졌다. 나도 회장으로서 평소 암송하고 있던 새뮤얼 울만의 〈청춘〉 시를 낭송하였다. 떡과 차를 준비하여 폐막식을 끝내고 관객과 함께 다과를 즐겼다. 그때쯤 방송에서는 도서전 폐막을 알리는 멘트와 음악이 나가고 있었다.

서울국제도서전의 개선을 위하여

2016년 서울국제도서전이 성공적으로 개최되었다고 언론에서 평을 받았지만, 내 판단으로는 70점 이상은 줄 수 없을 정도로 많은 아쉬움과 문제점이 있었다.

첫째, 출판사들의 참여의식 고취가 필요하다. 2016년 서울도서전의 가장 큰 아쉬움은 부스 참가사가 적었다는 점이다. 특히 비교적 규모가 있는 출판사가 많이 빠졌다. 굳이 이유를 묻는다면, 도서정가제 강화로 할인판매가 제한되면서 책이 많이 팔리지 않을 것이기에 적자가 예상되고, 불황으로 직원 수가 감축된 상황에서 직원들의 반대가 크기에 어쩔 수 없다는 사장들의 변명을 들을 수 있었다. 충분히 이해는 간다. 그러나 우리 도서전에 우리가 참여하지 않는다면 어떻게 할 것인가. 프랑스의 파리도서전에서 보듯 도서전시회는 작가와 출판사가 참여하여 독자에게 그동안 만든 책들을 선보이며, 작가와 대화의 장을 마련하여 출판 활성화를 기하는 장이다. 우리나라는 작가가 도서전에 참여하는 것을 그다지 반기지 않는 풍토로 이어져왔다. 전반적으로 도서전을 바라보는 출판계 시각의 교정이 요구된다.

한편 서울도서전에서 큰 출판사들의 불참이 마치 출협과 출판인회의의 불화에 의해 그렇게 된 것인 양 기자들 앞에서 이야기하며 내년부터는 잘 조율하겠다고 말하는 공무원이 있었다. 다수의 출판사가 참여하지 않은 책임을 업계에 떠넘기며 행사 자체는 잘 치렀다는 면피용 발언이었다. 실제 불참한 출판사들 중에 두 단체의 불협화음으로 인해 참여를 안 한 회사가 있는지 묻고 싶다. 아무튼 우리 출판계가 먼저 서울도서전에 대한 시각이 달라져서 참여가 늘었으면 좋겠다.

둘째, 별도로 개최하던 '디지털 북페어 코리아'를 서울도서전과 통합해 개최해야 한다. 2016년 서울도서전에서는 '디지털 북페어 코리아'가 한국출판문화산업진흥원의 주관으로 함께 열렸다. 디지털 북페어는 참여사에게 부스를 무상으로 제공하고, 디지털북을 공모하여 당선작에 수천만 원씩 상금을 주고 있다. 전시장 임차료뿐 아니라 인건비 등 모든 운영비가 국고로 지원되는 등 서울도서전에 비해 지원에서 절대적인 우위를 점하고 있다. 서울도서전도 이런 지원이 있다면 당연히 참여사들에게 적은 참가비만 받아 많은 출판사들을 유치할 수 있을 것이다. 또한 실제로 '디지털 북페어 코리아'에는 자체 관람객은 거의 없는 반면, 대부분 서울도서전에 온 관람객들에 의존하는 실정이었다. 정부 예산을 지원하면서 별도의 이름을 붙여서 디지털만을 특별히 나누어 운영하는 방식은 개선되어야 한다. 출협이 이를 함께 운영하여 모든 측면에서 시너지 효과를 가져오도록 해야 할 것이다.

셋째, 재무구조 악화에 따른 개선책 마련이 필요하다. 2016년에는 서울도서전의 부스 판매가 저조하여 이를 만회하기 위하여 문체부의 협조하에 여러 지방자치단체의 참여가 있었다. 문체부 국·과장님께 고마움을 전하고 싶다. 또 소형 부스를 만들었고, 책 예술관을 운영하여 디자인 중심의 코너를 운영했다. 별도의 세미나장을 구하기도 어려워 도서전시장 내에 여러 세미나 장을 마련하였다. 이런 부스 운영은 재무구조의 악화를 초래했다. 도서전 운영이 출협에 도움이 되는 구조가 되어야 하는데, 오히려 마이너스를 줄 수밖에 없다면 곤란하다. 따라서 정부의 지원을 늘리거나, 부스 판매를 독려하는 방법을 강구해야 할 것이다. 저작권센터의 운영도 선진국들처럼 사용자 부담의 원칙으로 적절한 사용료를 받는 방안을 고려해야 한다. 저작권센터 이용도 결국 출판사들의 부스 사용과 마찬가지임에도, 비즈니스 공간을 무료로 이용하도록 하는 것은 형평성의 원칙에 어긋난다.

넷째, 도서전 개최 장소 문제를 해결해야 한다. 2016년 서울도서전이 끝나자, 출협 상무이사회의에서는 2017년 개최 장소를 일산 킨텍스로 결정했다. 킨텍스는 부스 임차료가 적고 주차비도 저렴하며, 파주시로부터 지원도 받을 수 있을 것이라는 중론에 의해서였다. 그러나 다음날 문체부로부터 브레이크가 걸려왔다. 2017년에는 무조건 코엑스에서 해야 한다는 문체부의 하명이었다. 다른 곳을 고려하려면 2018

01 2014년 서울국제도서전에서 주빈국인 오만 전시관의 테이프 커팅
02 2014년 서울국제도서전 개막식 행사에서 홍보대사 조정래 작가와 함께
03 2015년 서울국제도서전 홍보대사 황선미 작가와 함께
04 2015년 서울국제도서전에서 주빈국인 이탈리아의 마르코 델라 세타 대사와 함께

년 개최 분부터 상의하자고 한다. 서울도서전이 지방으로 이전해가는
데는 정부 지원을 받는 행사이므로 약간의 문제가 있는 듯싶다.

　다섯째, 각 분야별 전문 세미나와 강연회 개최 등을 통해 서울도서
전을 특별한 고급문화 축제의 장으로 만들어가면 좋겠다는 생각이 있
었다. 예를 들면 건축 관련 종사자들이라면 강연을 듣고 직접 만나보
고 싶어 하는 최고의 국내외 건축 전문가들을 불러 전시장 기간 내에
세미나 등을 개최하게 하면 어떨까? 다섯 명을 초청하여 하루에 릴레
이 강연을 하도록 하면 이 분야의 많은 전문인, 비즈니스맨, 대학생들
이 도서전을 찾을 것이다. 세미나 비용 등은 이들에게 특별 부담(1~2만

05 2016년 서울국제도서전 개막식 테이프 커팅
06 2016년 서울국제도서전에서 시 낭송을 하고 환담을 나누는 칠곡 할머니들
07 2016년 서울국제도서전 홍보대사 신달자 시인과 함께
08 2016년 서울국제도서전에서 열린 백일장 우수상 수상자들과 함께

원 정도)으로 갹출한다. 사람들의 관심이 많은 스무 개 분야를 설정하여
각 분야에 다섯 명씩, 백 명의 연사들을 유치한다. 중고생 위주의 전시
회에서 비즈니스맨이나 전문가 집단의 전시회로 확대해가는 전략으로
사용하면 좋을 듯싶다.

현재 서울국제도서전의 입장료는 일반(대학생 포함)은 5,000원, 초중

고생은 3,000원이다. 물론 사전등록은 무료다. 초중고생은 그대로 두고, 전문 세미나 등의 특별 티켓을 판매하면 좋겠다.

한편 도서전 내 외국관이 있는 곳의 중앙에 작은 광장을 만들어서 각국의 문화를 소개하는 음악회나 식음료 행사 등을 준비하여 외국관에도 관람객들이 관심을 가질 수 있도록 유도할 필요가 있다. 참여하는 나라의 대사관이나 문화원과 접촉하여 미리 도서전에 이벤트를 만들어 달라고 부탁하는 것도 필요하다.

2017년 서울국제도서전에 대하여

2017년 서울국제도서전은 전년과 같이 코엑스 A홀에서 열릴 예정이다. B홀에서는 역시 '디지털 북페어 코리아'가 함께 개최된다. 출판계의 참여를 독려하기 위하여 부스비를 대폭 낮출 방안을 연구해야 하겠다. 아울러 A홀에도 B홀에서 열리는 '디지털 북페어 코리아' 수준의 지원 예산 책정이 강구되어야 할 것이다.

2017년 서울국제도서전 주빈국으로 터키가 정해졌다. 2016년 11월에 터키 상공회의소 대표들과 출판협회 임원들이 우리 협회를 방문했다. 이 자리에서 터키를 알리는 문화 행사를 많이 열어주도록 요청하였다. 물론 2017년 11월에 우리나라가 터키도서전에 주빈국으로 참여해야 하므로 반대급부의 부담이 있기는 하다.

2012년 베이징도서전
주빈국 사업 관련 소송 전말

제48대 대한출판문화협회 회장직을 3년 동안 수행하면서 가장 어려웠고 기억하기 싫은 사건을 꼽는다면, 오래 생각할 필요도 없이 '2012 베이징국제도서전 주빈국 사업 관련 소송'과 관련된 지칠 줄 모르는 진정서와 고소고발 사건일 것이다.

사건의 발단

이 사건의 발단은 출협의 전임(제47대) 감사 세 사람(정종진, 이준직, 이방원)이 2012년 베이징국제도서전 주빈국 행사에서 '횡령 등의 의혹'을 제기하면서 시작되었다.

이는 전임 윤형두 회장 재임 시에 일어났다. 윤형두 전 회장은 2014년 2월 총회(고영수 회장이 신임 회장으로 선출된 총회)에서 세 감사의 문제

제기에 대하여, 차기 집행진이 특별위원회를 구성하여 규명해줄 것을 요청하였다.

신임 제48대 집행부는 이를 밝히고자 출판사 대표들로 특별위원회를 구성하였다. 그러나 두 차례의 회의를 진행하던 중 이번 회기에도 감사를 맡은 두 감사(이준직, 정종진)의 거부(특정인과 가까운 사람들로 구성된 위원회는 받아들일 수 없다는 이유)로 중단되었다. 이들의 반발에 특별조사위를 재구성하였다. 새로 구성된 특위위원들은 "특별위원회에서 내린 최종 판단에 대하여서는 누구도 이의를 제기하지 않는다"는 것을 받아들여야 조사에 착수할 것이라고 하였고 이에 대해 또다시 문제 제기를 한 사람들이 승복하지 않자, 특위위원들이 '그렇다면 할 필요가 있는가'라고 반발하며 중단되었다.

정말 골치 아픈 일이었다. 지금 새삼스럽게 생각을 들추는 것 자체가 역겹다. 그럼에도 임기 중 거의 3년 내내 있었던 일이기에 그 과정과 결과를 기록으로 남긴다.

2015년 2월 9일 출협 강당에서 가진 3차 이사회에서 정종진 감사는 문제 제기에 대하여 책임을 지겠다고 밝혔다. 당시 의사록 녹취 일부다.

정종진 감사: (전략) 감사 쪽에서 이의를 제기해서 어느 한 쪽에 대해서 데미지가 입혔다고 하면, 그 부분이 사실이 아니라고 하면, 똑같은 데미지를 이의를 제기한 감사들도 책임을 져야 한다. 어떤 사람을 음해를 하고 그것이 잘못된 사실인데도 불구하고 내가 제기를 해서 그 사람이 그동안에 많은 고통을 받고 명예가 훼손이 됐을 텐데, 가만히 있을 수 있겠는가? 거기에 대해선 책임을 지겠다. (후략)

정종진 감사: (전략) 처음 문제 제기가 됐던 총회 이후 거의 1년이 지났으며, 내용증명으로도 요청을 했다. 15일까지 결론 도출이 안 되면 외부로 가며 그 결과에 따라서 나오는 것은 어느 쪽이든지, 문제를 제기한 쪽이 되었든, 아니면 문제를 안고 있는 쪽이 되었든 책임질 수밖에 없다.

전·현직 감사 3인의 대정부 진정서 제출

2015년 2월 23일에 전·현직 감사 세 사람은 문화체육관광부에 진정서를 제출했다. 지난 베이징국제도서전에 출협 집행부가 이런저런 비리를 저질렀으니, 조사를 해 달라는 요청이었다.

처음에 나는 동종업계에 있으면서 함께 협회를 지켜나가야 할 사람들에 의해서 이런 일이 과연 있을 수 있는 것인지, 상상이 가지 않아 무척이나 당혹스러웠다. 문체부 출판과는 협회사무국에 관련 자료를 요청하고, 협회는 성실하게 답변에 응했다.

2015년 4월 21일 문화체육관광부 출판인쇄산업과로부터 협회의 업무에 대한 개선사항을 지시받았다. 협회는 앞으로 해외도서전 등을 운영하는 데 있어서 보다 선명하게 입찰 방식이나 심사 방식 등을 개선하겠다는 방안을 제출했다. 그렇게 일단락되는 듯싶었다.

그러나 2015년 6월 19일 문화체육관광부 감사관이 협회를 찾아왔다. 그리고 재조사가 실시되었다. 이미 문책성의 개선 통지를 하였음에도 다시 재조사를 한다는 것은 상식에 맞지 않았다. 이들 전·현직 감사들이 문체부 출판과의 개선명령 수위에 불만을 갖고, 감사원, 파주시청 그리고 문체부 장관 등 여러 사정 당국에 다시 진정서를 제출하여 문체부 장관의 특별 지시로 재조사에 들어간 것이다.

그런 와중에 문화체육관광부로부터 그간 출협이 담당하던 해외 국제도서전에 대한 지원을 전면 중지하겠다는 의사가 전해졌고, 마침 한국전자출판협회의 예산 유용 비리와 맞물리면서 출협에 대한 불신과 의구심이 커져만 갔다. 2015년 7월 7일, 이들 3인이 발송한 〈베이징 도서전 2012 주빈국 관련 비리 정부 감사 결과 보고〉라는 문서를 받아본 많은 출판사 대표들이 출협에 대한 우려와 염려의 전화를 많이 해 주셨다. 참으로 난감했다.

문화체육관광부의 23,156,200원 국고 환수 조치

문화체육관광부 감사관실에서는 지난번 내렸던 개선 요구사항에 덧붙여 23,156,200원의 국고 환수 조치를 내렸다. 출협이 공사업체를 대신해 추가 비용을 지출할 근거가 없었다는 것이다. 그러나 이는 베이징국제도서전을 준비하는 과정에서 전시장이 오후 5시에 마감하는데, 이 시간으로는 주빈국관 공사를 마치지 못하니 9시까지 공사할 수 있도록 마감시간을 연기해 달라는 공사업체의 요청에 의해 며칠 동안의 야간 사용료를 중국 측에 지불했던 것이었다. 출협과 베이징국제도서전 당국이 전시장 임차계약을 했고, 용역업체는 공사계약만 수주하였으니, 전시장 사용 연장으로 부과되는 금액은 누가 내야 되겠는가. 당연히 출협이 부담해야 할 몫이었다.

나는 회장으로서 고민을 했다. 상무이사회의에서는 문화체육관광부 감사과의 결정에 대해 부당성을 성토하며, 이것은 우리가 불필요한 돈을 준 것도 아니고, 우리의 주장이 절대로 잘못된 것이 아니니 돈을 내지 말고 강하게 밀고 나가자는 의견들이었다.

문화체육관광부 출판인쇄산업과 공무원들의 입장도 말이 아니었다. 자체 조사로 끝내려 했는데, 계속되는 출협 감사들의 진정서에 장관이 직접 감사관실에 조사를 지시하여 국고 환수 조치까지 내렸으니… 담당 부서인 출판인쇄산업과 역시 감사관실의 눈치를 보지 않을 수 없었으리라. 지금도 출판인쇄산업과 공무원들께 미안한 마음을 갖고 있다.

출협의 돈으로 국고 환수금을 낸다면 회원들이 낸 회비를 쓰는 것이 아닌가? 협회 회비를 벌금이나 다름없는 국고 환수금으로 사용할 수는 없다는 생각이 들었다. 문화체육관광부는 서둘러 해결해줄 것을 강온 양면책으로 압박해왔다. 물론 그 일이 내가 재임하기 이전에 발생했으므로, 전임 회장이셨던 윤형두 회장께 내주실 것을 요구할까도 생각하였다. 그러나 그것은 나중 문제이고 당장은 해결이 먼저였다. 2015년 8월 25일, 나는 현직 회장으로서 나와는 무관했던 과거의 일에 개인 사비로 23,156,200원을 정부에 납부하였다.

검찰에 고소된 최선호 회원에 대한 무혐의 결정

나는 문화체육관광부에서 요구하는 돈도 냈으니 이제 어느 정도 골치 아픈 일이 끝났다고 생각했다. 이제부터는 지난 일을 털어내고 오로지 앞으로의 일에만 신경 쓰자고 생각했다. 그러나 그것은 순진한 생각이었다.

2015년 9월 16일 3인의 전현직 감사는 출협 회원들에게 〈베이징도서전 2012 주빈국 관련 비리 법적 조치 보고〉라는 서신을 또 발송하였다. 그 서신에는 협회가 비리로 문화체육관광부로부터 제재를 받았으며 회장이 몰래 사비로 환수금을 납부했다고 적혀있었다. 마치 비리를 감추기 위해 '비밀스럽게' 돈을 냈다는 뉘앙스였다. 자신들(감사들)의 억지스런 문제 제기로 인해 협회가 문체부에 국고 환수를 명령받아 회장이 대납한 것이 무슨 자랑거리라도 되기에 회원들에게 떠벌리는지… 참으로 어처구니가 없었다. 자신이 몸담고 있는 협회를 괴롭히는 이들의 참 의도는 무엇일까 궁금하기도 했다.

그리고 그들은 2015년 9월 17일자로 종로경찰서를 통해 업무상 횡령으로, 47대 임기 중 부회장으로 베이징도서전 집행위원장이었던 최선호 회원을 검찰에 고소하였다. 그들은 아마도 협회가 문화체육관광부로부터 경고와 제재를 받고, 국고 환수 조치까지 당했으니 어떤 확신이 생겼는가 보다.

그로부터 거의 6개월 동안의 조사가 이어졌다. 그리고 2016년 4월 29일 최선호 회원을 '혐의 없음' 통보를 받았다. 그러나 이들은 다시 서울고등검찰청에 항고를 신청하였다. 2016년 8월 8일 서울고등검찰청으로부터 '항고 기각' 결정이 내려졌다. 여기서 끝나지 않고 그들은 대검찰청에 재항고를 신청하였다. 대검으로부터도 2016년 12월 '재항고 기각' 선고를 받았다. 최선호 회원을 향한 그들의 억측과 의심은 모두 법적으로 근거가 없는 것으로 판명되었다.

회원 제명 처분

2016년 9월 26일(월) 12시 프레스센터에서 출협 이사회가 열렸다. 그리고 이사회가 열리기 직전에 같은 장소에서 열린 상무이사회의에서 논의된 안이 이사회에 상정되었다. 세 명의 회원(이준직, 정종진, 이방원)에 대한 제명 안건이 표결에 붙여졌다. 총 서른두 명의 참석 이사 중

스물아홉 명이 찬성하고 세 명이 반대하여 제명안이 가결되었다. 협회에 대해 매우 심각한 명예훼손을 끼쳤고, 특정 회원을 검찰 고발하여 무혐의를 받기까지의 고통에 대한 책임을 묻는 이사들의 당연한 결정이었다. 협회의 존속과 발전을 위해서는 이런 사람들이 회원의 자격을 가져서는 안 된다고 생각한 것이다.

'회원제명결의효력정지가처분 신청인용결정'

이사회에서 제명결의안이 통과된 지 얼마 안 있어, 협회는 정종진·이준직으로부터 2016년 11월 8일자로 회원 제명 결의 효력정지 가처분 소송을 서울지법으로부터 접수받았다. 변호사를 위촉하여 사실 그대로의 답변서를 제출했다. 그러나 법원은 이사회의 제명 처리안이 정식 안건으로 상정되지 않은 절차상의 하자 등을 들어서 이들이 제기한 '회원제명결의효력정지가처분' 신청인용결정을 내렸다.

사견(私見)

출협은 문화단체다. 그리고 출판인은 문화인이다. 지난 3년 동안 나는 이 사건으로 너무 시달렸다. 나와 협회는 많은 것을 잃었다. 그 시간이 정말 안타깝다. 다시는 이런 일이 우리 출협에 있어서는 안 된다. 공동체를 무너트리는 적은 바깥에 있는 것이 아니라 우리 내부에 있다는 생각이 들었던 사건이다. 사사로운 감정싸움도 이만 내려놓고 모두가 협력하면 참 좋겠다.

어찌 보면 법원의 이런 결정은 회장으로서는 감사할 일이기도 하다. 사실 이유 여하를 막론하고 회장의 위치에 있으면서 회원을 제명한다는 것이 명예로운 일은 아니지 않는가. 이사회에서 이사들의 결정으로 이들의 제명안이 통과되었지만, 그날 하루 종일 마음이 언짢았다. 어찌되었건 지나온 모든 일들이 나를 단련시켰고, 아무도 크게 상처받지 않음에 감사하다.

협회 살림의
이모저모

협회가 하는 일들

① 정책과 법제 개선

협회는 회원사의 이익을 위해 필요한 출판 관련 정책을 정부에 제안하거나 계발하고, 입법화하려 노력한다. 환경 변화에 따라 새로 입법되는 사안들도 정부 요청 등에 의거해 출판단체로서 의견을 표명한다. 이는 개별 출판사들은 하기 어려운 일이다. 사회가 복잡해짐에 따라 특히 여러 분야에서 이익단체들과 충돌하는 일이 적지 않다. 이에 정부 해당 부처는 물론이고 입법기관과 접촉해 발 빠르게 대응하여야 한다.

② 도서전 행사 주관

협회는 서울국제도서전을 매년 주관하여 독자와 저자, 출판사가 만나는 장을 마련한다. 또 해외 유명 저자와 국내 저자, 전문가들을 초빙하여 각종 세미나를 개최한다. 다양한 프로그램으로 국민들의 책에 대한 인식을 새롭게 하며 독서와 구매 수요로 연결되도록 노력한다.

협회는 또 해외의 여러 나라에서 개최하는 국제도서전에 참가하여 우리 문화와 책을 알리고 저작권 교류를 추진하며, 우리 출판사들에게 해외 진출의 교두보를 마련해주는 역할을 담당한다. 2015년의 경우 프랑크푸르트도서전 등 여덟 개 국제도서전에 대한민국 국가관을 설치하여 참가했다. 특히 유명 국제도서전에 주빈국으로 출전하여 한국 문화와 한국 도서의 우수성을 알리는 계기를 마련해왔다.

③ 독서운동

협회는 국민들에게 독서가 생활화되고 습관화되도록 각종 캠페인을 전개한다. '세계 책의 날(4월 23일)' 행사 참여, '책의 날(10월 11일)' 행사와 북 콘서트 개최도 이의 일환이다.

④ 납본대행 업무

협회는 회원사뿐만 아니라 대한민국의 모든 출판사로부터 국립중앙도서관과 국회도서관으로의 납본을 대행하고, 이를 통해 납본대행 통계를 작성하여 출판 통계로 활용한다. 2015년 납본대행 실적은 국립중앙도서관에 10만 1,750책, 국회도서관에 5만 3,040책이었다.

납본은 모든 출판사에게 법으로 정해진 의무다. 책을 발간하고 30일 이내에 해야 한다. 출판사가 폐업하는 경우에도 국립중앙도서관에 한 번 납본한 책들은 계속 보존·이용되므로 반드시 납본이 필요하다.

⑤ 추천과 도서 보급

협회는 정부 포상을 위한 출판 유공자 추천이나 각종 심사 등을 위한 위원을 추천한다. 또한 '올해의 청소년 교양도서 선정·보급사업', '한국도서 해외전파사업' 등 자체 사업을 통해 양서를 국내외에 보급하는 데 앞장선다.

⑥ 국제교류

협회는 국제출판협회(IPA) 회원으로 가입한 국내 유일의 단체로서 연차 총회에 대표단을 파견하며, 그 총회를 서울에서 2008년에 개최한 바 있다. 매년 3,000만 원가량의 회비를 납부하고 있으니, 이에 상응하는 조직 내 위치를 확보할 필요가 있다. 회장단의 변동과는 상관없이 꾸준히 참여하는 인력을 확보하고, 이들을 통하여 세계 출판계의 흐름을 출판인들에게 보고토록 할 필요가 있다.

또 우리 협회는 아시아태평양출판협회(APPA)의 회원으로서 매년 500만 원의 회비를 내고 있다. 오랫동안 한국이 회장국 역할을 하기도 했다. 그러나 현재 이 단체는 각국의 출판단체가 대표성을 갖고 참여하고 있지 못하다. 실제로 동호회 성격을 벗어나지 못한 채 유명무실하게 운영되고 있다. 굳이 앞으로 참여할 필요성이 있을까 싶다. 한편 출협에서는 기타 외국 출판단체의 방한 접견 등 한국 출판계를 대표하여 국제교류를 하고 있다.

⑦ 회원의 고충 관리

협회는 회원 출판사의 어려운 문제들을 풀어주기 위해 노력한다. 특히 세무, 노무, 저작권 관련 전문인(변호사, 세무사 등)을 두어 자문을 받을 수 있으며 업계에 각종 문제가 발생할 경우 선제적으로 대응하여 처리하고 있다.

⑧ 기본 사업 추진과 회원의 교류 증진
기관지(월간 〈출판문화〉)와 《출판연감》 발행, 회원 수첩 등 홍보와 출판사업을 시행하고 있으며, 협회 회원사들은 회원으로서 서로 교류함으로써 정보를 얻고 친목을 다질 수 있다.

협회의 주요 행사
① '책의 날' 행사
매년 10월 11일은 '책의 날'이다. 1987년에 대한출판문화협회가 팔만대장경 완성일을 기념해 정한 날이다. 전에는 엄연히 정해진 '책의 날'이 있음에도 프랑크푸르트도서전 참관 등을 이유로 10월 중 편한 날을 택하여 행사를 치르기도 했다. 2014년부터는 가능한 한 그 의미를 상기시키기 위해 10월 11일을 지키기로 상무이사회의에서 결정해 바로 그날 행사를 하고 있다. '책의 날' 행사가 공로자 표창뿐만 아니라 출판계 선후배들의 대화합과 축배를 드는 축제의 장이 되었으면 좋겠다.
　아래의 글은 2016년 10월 11일 세종문화회관 세종홀에서 가진 '책의 날' 행사의 기념사다.

　존경하는 출판인 여러분!
　오늘은 제30회 '책의 날'입니다. 우리 출판인의 날입니다. 여러분과 함께 자축하고 싶습니다. 다함께 축하를 나누십시다. 옆자리에 계신 동료 출판인을 보시면서 다음과 같이 격려의 축하 말씀을 서로 나눕시다. "책의 날, 축하합니다."

오늘 이 자리를 빛내주시기 위해, 귀한 시간 내주신 조윤선 문화체육관광부 장관님, 더불어민주당 소병훈 의원님을 비롯한 내외 귀빈 여러분, 감사합니다.

아울러 양서 출간을 위해 애쓰신 공로를 인정받아 정부 포상을 받으시는 수상자 여러분, 축하드립니다. 또한 출협이 수여하는 '한국출판공로상'과 '관련 업계 출판 유공자상'을 받으시는 수상자 여러분, 그리고 올해의 '모범장서가'로 선정되신 애서가 여러분, 축하의 인사를 드립니다.

"책은 마음의 밭을 갈아 생각의 깊이를 더하고 슬기의 높이를 돋군다. 우리는 책으로 좁은 울을 넘어서 오랜 때와 먼 곳을 보고 뛰어난 삶과 만나며 올바른 길을 찾는다."

지난 1987년 팔만대장경의 완간일(10월 11일)을 기리고, 더불어 선조들의 출판 정신을 계승하기 위해 제정한 '책의 날을 받드는 글'의 첫 구절입니다. '책의 날' 제정의 의미를 가장 잘 함축하고 있는 이 글은 인간에게 있어 책의 가치와 의미가 무엇인지를 깨닫게 합니다.

때론 한 권의 책 속에서 만난 소중한 글귀가 위로가 되기도 하고, 수많은 위인들의 가르침이 지침이 되어, 우리의 생각과 행동의 방향을 제시해줍니다. 아울러 책을 통해 튼실해진 한 개인의 바른 사고는 개인뿐만 아니라 우리 사회를 건강하게 살찌우는 원동력이 됩니다.

그럼에도 불구하고 작금의 우리 국민의 독서량은 매우 저조한 실정입니다. 책을 읽지 않는 개인은 성장할 수 없으며, 책과 출판산업을 우선시하지 않는 사회는 더 이상 미래를 꿈꿀 수 없습니다.

미디어 환경과 라이프스타일의 변화 등을 운운하며 종이책 시장의 위기를 말하고 있지만, 21세기 창조경제, 문화융성을 구현하는 소중한 인프라 또한 '책'을 원소스로 하는 텍스트의 다양성에서부터 비롯되며, 출판 산업이야말로 국민의 안녕과 품격을 높이고, 나아가 국가의 경쟁력 제고를 위해 주목하고 육성해야 할 벤처산업입니다.

바라는 것은 오늘 이 뜻 깊은 기념일을 통해 다시 한 번 책과 출판, 그리고 출판산업과 출판인의 역할을 재정립해보는 시간이 되었으면 하는 바람입니다.

아울러 창조경제, 문화융성을 이끄는 원천이자 핵심인 출판산업의 경쟁력 강화 방안이 정부의 확고한 출판 진흥 육성책을 통해 실현되기를 소망합니다.

때마침 '출판문화산업진흥 5개년 계획'을 수립하고 있는 즈음에, 모쪼록 작금의 출판 위기를 타개할 진정한 출판 진흥 정책이 마련되기를 바라마지 않습니다.

존경하는 출판인 여러분!

사색의 계절, 가을입니다. 깊어가는 가을, 책과 함께하는 풍요롭고 행복한 시간 보내시기 바랍니다. 오늘 바쁘신 중에 귀한 시간 내주신 내외 귀빈 여러분께 다시 한 번 감사드리며, 영예의 수상자 여러분, 진심으로 축하드립니다. 감사합니다.

매년 책의 날에 '책의 날을 받드는 글'이 낭독된다. 2014년에는 비룡소 박상희 대표가, 2015년에는 교학사 양철우 회장님이, 2016년에는 남산당의 권현진 대표가 낭독하였다. 되도록 연세가 많으신 현역의 선배님이나 역사가 오래된 출판사의 대표, 또 여성 대표에게 낭독을 의뢰하였다.

행사는 2014년과 2016년은 세종홀에서 개최하였다. 2015년에는 도

01 2016년 출판인 신년 교례회에서 출판계 원로들이 떡을 썰고 있다
02 2016년 4월 청계천에서 열린 '책의 날' 행사에서 황교안 국무총리와 함께
03 2015년 '책의 날' 행사에서 서울도서전 주빈국이었던 이탈리아의 문화원장 '안졸라 조에'에게 감사패를 증정하다
04 2014년 '책의 날' 유공자 표창
05 2015년 방콕에서 열린 국제출판협회 총회에서 지영석 회장과 함께

서전과 함께 코엑스에서 개최하였다. 전에는 상을 주는 행사만으로 단조롭게 마쳤으나, 2014년부터는 오프닝 행사로 성악가들을 초대하여 격조를 높였고, 식사도 준비하여 상을 받으시는 분들 그리고 가족 친지들과 출판인들이 함께 오찬을 나누도록 준비했다. 다만 몇 명이 참석할지 몰라 뷔페식으로 준비했는데, 연로하신 회원들이 늘어감에 따라 상차림식으로 바꾸어가면 더 좋을 듯싶다.

책의 날에는 정부가 주는 상 이외에 협회 회장상이 있다. 출판공로상으로 기획, 편집, 영업, 관리 부문에 상을 주는데, 전에는 부문별로 한 명을 주었는데, 제48대에는 특별한 하자가 없는 한 신청 회원사에게 대부분 상을 주었다. 이렇게 하면 상의 남발에 대한 염려가 있겠으나, 협회에 자사 직원을 신청한 회원사 사장의 권위도 세워주는 것이라고 생각되었기 때문이다.

또 관련 업계 출판유공자상도 있다. 인쇄 부문, 제책 부문, 서적상 부문으로 세 명에게 수여한다. 각 단체 협회에 의뢰하여 피추천자에게 상을 수여했다.

모범장서가상도 세 명에게 수상한다. 6월에 열리는 서울도서전 행사 등을 이용하여 미리부터 홍보를 하여 전국의 장서가들이 많이 응모할 수 있도록 하면 좋겠다.

② 신년 교례회

매년 정초에는 신년 교례회를 갖는다. 대개 두 번째 주 화, 수, 목 중에서 하루를 정하여 오후 5시경에 행사를 한다. 지난해 10월에 열린 상무이사회에서 신년 교례회를 모든 출판단체들이 함께 갖자는 의견이

제시되어 설왕설래하였으나, 언제나 그렇듯 단체 간의 이해관계로 쉽지 않을 것이란 결론에 도달하여 의견 개진으로 만족했다. 정말 아쉽다. 누구든 먼저 마음의 벽을 허물고 서로를 받아들이는 자세를 갖췄으면 한다. 2018년부터는 모든 출판인이 모여서 함께 신년 교례회를 가지면 좋겠다.

③ 경영자 세미나

전에는 출판협회의 연중 큰 행사로서 하계 세미나가 매년 개최되었다. 중단된 지 이미 오래되었지만, 출판인들의 교육과 친목을 다지는 이 행사가 부활되었으면 좋겠다. 물론 모든 단체들이 연합하여 참여하는 행사가 되어야겠다.

회관 관리와 발전 방향

협회는 대한민국의 중심지이자 청와대에서 매우 가까운 광화문 요지에 자체 건물을 갖고 있다. 나는 우리 출판계 선배들이 무척 자랑스럽다. 어렵던 1970년대에 모든 회원들이 힘을 합하여 이렇게 좋은 위치에 멋진 건물을 마련한 것은 놀라운 일이다.

협회 건물인 출판회관은 4층 높이 정도로 고도 제약을 받는 약점이 있다. 또 엘리베이터가 없어서 4층 임대가 잘 안 나간다. 최근에 한국출판협동조합이 자체 건물(한국출판콘텐츠센터)을 마련하고 회의실들을 갖춤으로써 많은 출판 관련 기구들이 그곳을 이용함에 따라 4층 강당 이용률이 더 떨어진 면도 없지 않다.

협회 강당 대관은 2014년에 91건, 2015년에 77건이었으나, 2016년에는 45건에 불과하다. 2층에 있던 한국출판문화진흥재단은 자체 구입한 임대용 건물로 옮겨갔고, 4층에 있던 한국출판연구소는 마포 한국출판협동조합 신축 건물로 이전하였다.

2016년에 엘리베이터 설치 문제를 심도 깊게 조사하고 견적도 받았다. 지하에 큰 보일러가 설치되어 있어서 그 부분을 이전하고 교체해야 하며, 전기 시설도 바꿔야 하는 등 손을 대면 이런저런 공사로 적어도 수억 원 이상이 소요될 것으로 추산되었다.

이것도 조사만 마치고 실행하지 못한 아쉬움이 있다. 건물을 보다 쾌적하고 편리하게 유지하여야 하는데 재원 마련이 쉽지 않다. 그 정도의 액수는 많다고 보면 많겠지만 우리 협회 회원사들이 모금하면 별로 큰 액수도 아니다. 협회가 하나로 뭉쳐져서 보다 관심과 참여가 높아지면 우리 업계의 힘으로 충분히 가능한 일이라고 생각한다.

나는 협회 건물을 문화체육관광부와 잘 협의하여 출판박물관으로 만들면 어떨까 생각하고 그 가능성을 타진해왔다. 지자제(종로구)와 상의하면 지자제는 관내에 박물관을 유치하는 것이기에 적극적으로 찬성할 것이고, 지자제가 승낙하면 정부로부터 지원을 받을 수 있다. 이 일이 성사된다면 아마도 출판인들이 보유하고 있는 고서 등의 서적을 출연 받는 것도 필요할 것이다.

그리고 이에 대한 비용으로 200억이나 300억 원 정도의 지원을 받아, 출판사들이 많이 모여 있는 마포구나 서울의 적절한 곳에 건물을 마련하는 것을 추진해보면 어떨까 생각해보기도 했다. 협회가 재정적으로 자립할 방법이 될 수 있겠다 싶었기 때문이다. 이것은 어디까지나 개인적인 생각일 뿐이다.

협회 직원의 인사관리

협회의 직원은 협회 발전에 매우 중요한 사람들이다. 회장과 임원들은 3년 동안, 그것도 비상근으로 한 달에 몇 번씩 와서 일하는 것이고, 대부분의 업무는 직원들에 의해 이루어진다. 지금 협회에는 국장을 비롯한 직원들이 오랜 경험으로 비교적 일들을 잘 수행하지만, 새로운 활력을 불어넣을 필요도 있다. 해외사업부를 전시사업부로 전환하여 국내외 도서전 등을 맡도록 함으로써 전문인력을 양성하고 경험을 축적해가야 한다.

① 근무 환경

현재 직원들의 처우는 열악한 편이다. 협회 재정에 여유가 없어서 어쩔 수 없었지만, 보다 능력을 발휘할 수 있도록 합리적 처우도 함께 도입되어야 할 것이다. 또한 3년마다 회장이 바뀜으로써 인사고과나 처우 개선이 매년 고르지 못한 점도 있다.

② 능력제 채용

현재 해외사업부 등 일부 부서에 보다 유능한 직원의 채용이 시급하다. 장기적으로 볼 때 저작권법에 대응하기 위해서나 해외와의 교류 활성화를 위해서는 적절한 지식과 경험을 갖춘 직원이 보강되어야 할 것이다.

③ 교육

직원들에게 업무 교육뿐 아니라 인성 교육을 병행해 시킴으로써 맡은 바 업무에 최선의 성과를 거두도록 하여야 한다.

협회의 재정 문제

협회의 재정은 상당히 취약하다. 현재 협회에는 정규직 직원이 열세 명이 있다. 이들 외에 회관 관리 등으로 필요한 인력과 서울국제도서전 등 일정 기간 동안 필요한 인력들이 계약직으로 일한다.

협회의 여러 지출 중에서 인건비는 정규직만 2014년의 경우 466,000,000원, 2015년의 경우 483,627,000원 등이 지출되었다. 고정 인건비가 이런 정도이니 제반 비용까지 더하면 협회 운영에 상당한 예산이 필요함을 알 수 있다. 48대 회장으로 재직하는 동안 협회 재정이 보다 개선되지 못한 점은 아쉬운 일이다.

① 회비 수익

협회는 회원사들의 회비로 운영된다. 많은 회원사들이 성실하게 납부해주고 있다. 그러나 일부 회원들은 회비를 장기 연체하고 있다.

이사의 정족수는 90명까지 가능하나, 현재 48대 이사회는 70명 안팎에 불과하다. 이사에 대한 인기가 예전만 못하고 시들해졌다. 이사들의 회비도 많은 도움을 줄 텐데 그렇지 못했다. 신규 회원의 가입 증대, 회비의 납부 독려, 이사를 정족수까지 늘리는 등 여러 노력이 필요하다.

② 납본대행사업 수익

우리 협회는 현재 국립중앙도서관의 납본사업을 위탁받아 시행하고 있다. 사실상 한 권당 납본사업에 따른 이익은 매우 낮아서 납본사업 자체만으로는 적자일 정도로 사업성이 높지 않다. 그러나 우리 협회 회원사들의 협조로, 정부가 지급하는 납본보상금의 일부 또는 전부를 협회에 기부하는 회원사들이 많다. 이들의 기여로 납본사업에서 수익이 발생하고 있다.

2016년부터는 국립중앙도서관의 도서 납본 전량을 협회가 대행해 이로 인한 수익이 다소 늘었다. 이에 반해 국회도서관의 경우는 납본 보상금을 전액 출판사에 돌려준다. 국립중앙도서관 납본에 대해서만 보상금을 기부하기로 처음에 약정했기 때문이다.

앞으로 매년 갖게 되는 국립중앙도서관과의 협상에서 납본대행 수수료를 인상해야 한다. 현재 금액으로는 도저히 채산이 맞지 않는다. 또한 회원사들에게 납본보상금을 전액 협회에 기부해주십사 요청해야 한다. 국회도서관 납본 물량도 보상금을 협회에 기부해주시도록 정중 하게 요청했으면 한다.

③ 임대 수익

협회의 현재 임대 수익은 미약한 수준이다. 그러나 임대에 초점을 두고 건물 개선을 하면 상당 부분 수익을 낼 수도 있을 것이다. 2016년에는 검토에 그쳤지만, 엘리베이터를 설치하여 현재 1층에 있는 납본실을 4층으로 옮기고, 1층 일부에 스타벅스 같은 커피숍을 유치하면 높은 임대 수익을 기대할 수 있으리라는 의견이 있었다. 다만 아름답고 중후한 멋을 지닌 이 회관 안에 커피숍을 들여놓기 위해서는 먼저 회원사들의 동의가 있어야 할 듯싶다.

④ 각종 행사 수익

협회는 서울국제도서전 등 여러 사업을 펼쳐 약간의 수익을 창출하여
왔다. 그런데 2015년 협회의 주요 사업 중의 하나인 서울국제도서전
이 중동호흡기증후군(일명 메르스)으로 인해 행사가 6월에서 10월로 연
기되어 개최되었다. 한 해에 두 번의 행사를 치른 꼴이다. 모든 인쇄물
과 자료들, 그리고 해외 초청 인사들의 비용 일부까지 상당한 돈이 초
과로 지출되었다.

  거기에 도서정가제 강화 시행의 영향으로 대형 출판사들의 참여가
뚝 떨어졌다. 2015년에 이어서 2016년에는 부스 참여도가 더 낮아졌
다. 긴급 처방에 나선 문화체육관광부의 지원으로 부스 일부를 지방자
치단체나 관련 단체 등에게 나눠주었고, 북디자인 업체들의 참여를 유
도하기도 했다.

  소위 '2012년 베이징국제도서전 비리 소송 사건'으로 인하여 문화체
육관광부는 2015년부터 국내외 도서전의 결과 보고서를 외부 회계기
관의 실사를 받아 제출하도록 요구하였다. 도서전 개최를 통해 협회에
최소한의 수익을 보전할 수 있던 재원이 상실된 것이 아쉽기만 하다.

⑤ 기부금

협회라는 조직은 상당 부분 기부금으로 큰일을 치른다. 어떤 행사를
치르는 데에도 회원사들의 기부금 협조가 원활한 행사 추진의 동력이
된다. 예를 들면 협회 건물을 마련한다든지, 2005년의 프랑크푸르트도
서전 주빈국 행사를 치른다거나 했을 때 많은 출판인들이 기꺼이 기부
금을 쾌척해주었다.

그런데 최근 10년 가까이 우리 협회 내부가 무척이나 시끄러웠다. 일부 회원사들은 그러한 기부금 뒤에 다른 어두운 거래가 있을 것이라는 험담을 하기도 했고, 자신의 비용과 시간을 들여 일하는 협회의 임원들을 음해하는 일도 빚어졌다. 이러한 비난을 받으면서 누가 협회에 기부를 하고, 관심을 가지며 봉사하려 하겠는가. 안타까운 일이 아닐 수 없다.

협회는 건물 보수에도 돈이 필요하다. 만약 협회 이전을 생각한다면 제법 큰 예산이 든다. 정부에서 보조를 받기 위해서는 우리가 먼저 적정한 행동으로 솔선수범을 해야 한다.

신임 출협 제49대 회장께 드리는 제언

대한출판문화협회 제49대 회장님께!

먼저 출협 회장으로 당선되신 것을 진심으로 축하드립니다.

저는 이 지면을 통하여 지난 3년간 48대 회장 임기를 수행하면서 가졌던 문제점과 아쉬움, 그리고 저의 견해를 말씀드리고자 합니다.

제가 회장직을 맡았던 지난 3년은 국가적으로 상당히 위중한 기간이었던 것 같습니다. 2014년에는 국가적 재앙인 세월호 사건이 있었고 출판계에는 광란의 정가 파괴, 할인경쟁 등으로 어려움이 있었습니다. 2015년에는 메르스 사태로 서울국제도서전을 두 번 준비하는 어려움을 겪었고, 2016년에는 최순실 국정 농단 사건이 나라를 마비시켰는데, 특히 우리의 주무부처이기도 한 문화체육관광부가 그 광풍의 중심에 있었습니다.

협회는 이런 외적 요인 말고도 47대 회장 시절에 일어난 소위 '2012 베이징 도서전 사건(무혐의 결론)'에 대해 협회의 전·현직 감사들이 여러 사정기관에 진정서를 내며 문제화시킨 일로 무척 난처하고 어려운 지경에 처하기도 했습니다. 아무튼 저와는 무관한 일로 임기 3년 동안 참으로 골치가 아팠습니다.

49대 회장님은 임기 동안 그런 문제에 시달리지 않기를 바라며, 이 책의 1부에서 협회에서 일어난 제반사항들을 나름 정리하였습니다. 제가 회장이 되어 처음 1년은 갑작스럽게 생긴 문제들로 허송세월을 한 듯싶어서 최소한의 업무들은 미리 아시는 것이 좋을 것 같아 기록하였습니다. 참고해주시면 감사하겠습니다. 몇 가지 유념하면 좋을 것들을 말씀드리고자 합니다.

1. 무엇보다 회장님의 임기 동안 출판문화산업진흥법 개정에 신경을 써주셨으면 합니다. 도서정가제를 어떻게 할지 정하는 문제이기 때문입니다. 저의 경우는 회장이 되기 전까지는 신념이나 확신이 부족했지만 회장이 되고 나서, 특히 파리도서전을 통하여 문화 선진국에서 어떤 출판정책을 펴는가를 보고 확실한 답을 얻게 되었습니다. 출판계를 살리고 나라의 문화융성을 기하기 위해서는 반드시 완전한 도서정가제가 확립되어야 합니다. 그렇게만 되면 전국에서 오프라인서점들이 다시 살아나고, 출판시장이 활성화되어 출판계가 크게 부흥할 것입니다.

그러나 넘어야 할 산이 너무 높고 큽니다. 우선 주무부처인 문화체육관광부가 확고한 신념을 가져야 하는데, 그렇지 못한 현실입니다.

그런 신념을 심어주셔야 합니다. 문화부가 경제부처인 기획재정부나 공정거래위원회를 설득할 수 있을 정도로 이론적 배경을 충실하게 갖춰야 합니다. 또 강력한 반대편에 있는 소비자를 설득시킬 수 있어야 합니다. 그리고 당사자 중의 하나인 인터넷서점도 설득해야 하는 중차대한 문제가 남아 있습니다. 게다가 우리 출판계 내부에서도 극히 일부이지만 가격할인으로 사업에 도움을 받는 업체들의 반대가 극심할 것입니다. 회장님의 굳은 심지로 이 모든 것을 이겨나가야 합니다. 그러나 회장님께서 완전한 도서정가제를 이룩한다면 회장님의 이름을 프랑스처럼 법명에 넣어 불러도 좋을 것입니다. 아시는 것처럼, 프랑스에서는 도서정가제법을 당시 이를 강력히 추진했던 문화부장관의 이름을 따서 '랑법'이라 부르고 있습니다.

2. 저작권법 개정 문제가 회장님 임기 동안에 대두되리라 생각합니다. 현재 저작권법은 출판인들보다 훨씬 더 법으로 무장한 법대 교수들의 주도하에 연구되고 있습니다. 저작권자의 권리는 강화하면서 출판권자의 권리는 계속 무시됨으로써 출판인들에게 자칫 불리한 조항들이 삽입될 여지가 너무 많습니다.

저작권법을 연구하는 이들 교수들에게 출판인들이 주장하는 것들이 마치 출판사의 이익만을 추구하는 것처럼 비춰져서는 안 될 것입니다. 저작권법은 저작권자와 출판인들이 함께 상생하기 위한 것이 되어야 한다는 인식을 심어주어야 할 것으로 생각됩니다. 또한 저작권법 개정안을 상정할 때 우리 업계의 숙원인 판면권 조항을 비롯한 여러 사항들이 반드시 삽입되도록 해야 할 것입니다.

2016년 11월에 더불어민주당 노웅래 의원을 만나 판면권에 대한 법안 상정을 약속받고 개정안 준비에 들어갔습니다. 가능하면 여야 합의로 법안을 상정하고 2017년에는 반드시 판면권을 입법화시켜 우리 출판인들의 숙원을 풀어주시기 바랍니다.

3. EBS의 상업출판 행위는 우리 출판계 특히 참고서업계에 치명적인 타격을 준 것을 잘 아실 것입니다. EBS만이 아니라 많은 공공기관들이 잘못된 것이라는 의식조차 없이 상업출판 행위를 하고 있습니다. 저의 48대 회장단에서는 이 문제를 결코 간과해서는 안 된다는 판단 아래 회의 결과 EBS는 섣불리 문제 제기를 했다가는 자칫 업자들의 아우성으로 들릴 여지가 있으니 우선 타 공공기관부터 조사하고 공론화하자는 데 의견을 모아서 활동을 전개해왔습니다. 또 EBS 문제를 다루지 못한 이유 중의 하나를 굳이 든다면, 이 문제를 해결하기 위하여 반드시 협조를 받아야 할 문체부 공무원들과의 불협화음이 있어서 추진할 수가 없었습니다. 협회 감사들의 진정서 사건으로 인해 문체부 출판 담당 공무원들과의 불편함이 다른 일들을 도모하는 데 사사건건 발목을 잡았습니다.

나는 이 문제를 오래전부터 헌법재판소로 가져가야 한다는 소신을 갖고 있습니다. 2016년 연말에 새로운 국장이 부임하셔서 이 문제를 꺼낼 수 있었습니다. 이분은 쉽게 이해하고 해결책을 모색하는 데 앞장서주실 것을 약속하셨습니다. 그래서 지난 연말에는 직접 당사자인 참고서업계를 비롯한 출판인들과 법률 전문가와 함께 논의하기도 하였습니다. 저는 얼마든지 가능하리라 생각합니다. 회장님 임기 중에

EBS를 비롯한 공공기관의 상업출판 행위를 막는 데 적절한 시기라고 생각합니다. 기대하겠습니다.

4. 협회의 재정과 운영에 대한 문제점을 앞에서 정리해보았습니다만, 수익 구조를 개선하는 데 특히 신경 쓰실 일이 많을 것 같습니다. 납본 보상금 상향 등 회원들을 설득하는 사업을 통해 회원사들의 적극적인 관심과 참여를 가져올 수 있다면 잘될 것이라 생각합니다.

그리고 현재의 광화문에 위치한 협회 건물을 지자체(종로구)와 도모하여 출판박물관으로 사용하게 하고, 대신 200~300억 원 정도를 받아 새로운 건물을 마련하는 것도 생각해볼 수 있는 시나리오입니다. 물론 출판 원로들과 상의해서 결정할 일입니다만 지난해 문체부에 의사 타진을 하기도 했는데, 길이 있다는 조언을 받았습니다. 그러나 나라 전체가 심각한 위기에 직면하여 의논이 중단되었습니다. 협회 재정을 튼실하게 하고, 출판박물관도 보유하는 방법 중의 하나라고 생각합니다.

5. 2017년은 국가적으로는 대선이 있는 해입니다. 주제넘은 생각입니다만, 업계의 맏형으로서 출협이 어떤 특정 정당을 지지하는 식의 정치 세력화가 되어서는 안 된다고 생각합니다. 출판협회는 여느 일반 단체와는 다르다고 봅니다. 출협은 어떤 경우에도 중립적인 위치를 고수함으로써 출판계 전체의 이익을 항시적으로 도모할 수 있어야 할 것입니다. 회장님께서는 이 점을 유념하셔서 일부 출판인들의 주장이 있더라도 반드시 중립적인 위치에 있으셔야 할 것입니다. 다시 한 번 출

협의 49대 회장이 되신 것을 경하드립니다.

건강하시고, 큰 업적 남기시기를 기원합니다.

출협 48대 회장 고영수 드림

2장

출판인과 함께하는 생각 2

출판 환경과 발전 방향

오늘의 출판
상황 진단

서점 생태계의 붕괴

"단군 이래 최악이다. 이보다 더 나쁠 수가 없다."

몇 년 전부터 출판인들이 입버릇처럼 하는 말이다. 어쩌다 이렇게 되었을까. '책을 만들어도 깔 곳(서점)이 없다'는 것이 출판사 불황의 주원인이다. 1996년도에 약 5,500개에 육박했던 전국 서점 수는 불과 20년이 채 안 된 지난 2015년도에 약 1,600개로 줄어들었다.

왜 이렇게 서점이 줄어들었을까? 그 기간 동안 적어도 크게 성장하지는 못했다 해도, 아니 스마트폰의 영향 등으로 다소 준 것은 이해한다 해도 서점이 거의 1/4로 줄어든 까닭은 무엇일까? 우리는 그 파국의 진원지를 정부 정책에서 찾을 수 있다.

1998년 겨울, 대한민국은 혹독한 국제통화기금(IMF) 관리체제로 들어갔다. 그리고 김영삼 정부에 이어 새롭게 김대중 정부가 들어섰다. 국민들에게는 우울한 나날이었고, 새 정부는 탈출구를 찾기 위해 동분서주했다. 대통령은 국가의 미래 먹을거리를 찾기 위하여 애썼다. 그리고 찾았다. 바로 IT산업이었다. 빌 게이츠도 초청하여 그의 말을 경청했고, 인터넷의 발전으로 변화될 산업에 역량을 집중하여줄 것을 각 부 장관에게 지시했다.

성장동력으로서의 성과는 크게 빛났고, 한국은 이제 IT 강국으로 세계를 선도하는 나라 가운데 하나가 되었다. 국가의 현안을 해결하기 위한 추진력이 훌륭했다.

그러나 이 정책에 출판인으로서는 참으로 큰 아쉬움이 있다. 한국의 출판문화 환경은 이때부터 붕괴의 조짐이 나타났기 때문이다. 대통령의 이런 생각은 당시 절대적으로 신임을 받았던 문화부 장관에게도 전해졌을 것이고, 그리고 실제 추진의 책임자급인 유진룡 문화산업국장(2013년에는 문화체육부 장관 역임)의 정책 실행에도 영향을 미쳤다.

1990년대 후반까지만 해도 우리나라 서점에서는 도서정가제가 비교적 잘 지켜졌다. 사람들이 책을 여러 권 구입하면 조금 깎아주는 서점이 있기는 했지만, 시장의 교란이 일어나 서점이 어려움에 처하지는 않았다.

그런데 문화부 관리들에게 미국의 아마존닷컴이 시야에 들어왔고, 우리도 IT산업을 도입하여 아마존닷컴과 같은 인터넷서점을 키워야 한다는 생각에 이르렀을 것이다. 그들은 강력한 의지로 출판계의 반대를 무릅쓰고 인터넷서점에게만 특별히 10%의 할인을 허락하지만 오프라인서점은 할인을 못하도록 막았다. 2003년 2월부터 시행된 '출판 및 인쇄 진흥법'에서 인터넷서점 육성을 위해 강력한 특혜를 준 것이다.

이제 막 걸음마를 떼기 시작한 인터넷서점이 정부가 부축해주는 손을 잡고 무럭무럭 성장했다. 점점 할인 폭이 커졌고, 경품도 늘어났고, 또 배송량이 많아지며 배송시간도 빨라졌고 무료라는 강력한 무기도 집어넣을 수 있었다. 지금 인터넷서점의 매출은 1조 원 이상 규모로 커졌고, 거대 공룡기업이 되었다.

그리고 15년이 흘렀다. 전국의 작은 동네서점들이 하나둘씩 없어지더니, 급기야는 지역을 대표하는 중견 향토서점들이 문을 닫고, 도심의 서점들은 비싼 임대료를 감당하지 못해 지상에서 철수하고 지하로 내려가고 있다. 백화점마다 입점했던 서점들이 대부분 사라졌고, 경쟁력을 잃은 도심 사거리의 서점 자리는 커피숍들이 차지하게 되었다. 한마디로 인터넷서점이라는 나무 몇 그루를 키우기 위해 전국에 산재되어 있던 서점이라는 숲의 생태계를 불태워버린 것이다.

이것은 절대로 불황이 불러온 사태만은 아니다. 인터넷이나 휴대폰이 독서를 막는 데 큰 영향을 미치고는 있지만, 이렇게 파괴적으로 서점을 사라지게 한 것은 바로 잘못된 정책 때문이다. 맥주회사 두세 곳만 있으면 대한민국 국민을 모두 취하게 할 수 있는 것처럼, 인터넷서점 두세 곳만 있으면 대한민국의 문화융성이 되는 것인가.

무너진 도서정가제의 폐해를 바로 알아야 한다. 우리는 그것을 현실로 목도하고 있고, 또 어쩔 수 없는 현실로 자괴감을 느끼고 있다. 왜 이 이야기를 실명까지 거론하면서 하는가. 절대로 그분들에게 누를 끼치기 위해 하는 말이 아니다. 정책 담당자가 새로운 정책의 순기능만 보려 할 때 얼마나 심각한 폐해가 생길 수 있는지, 산업의 선순환과 생태계 전체의 발전을 도모하는 정책의 역할이 얼마나 중요한지를 말하려는 것이다. 그분들은 오로지 나라 살림을 키우기 위해 정말 열심히 했을 것이라 믿는다. 올바른 정책만이 산업을 살리고 나라를 부강하게 한다. 그러지 않을 경우 '방향을 잘못 잡은 열심'은 오히려 나라를 망하게 할 수도 있다.

잘못된 정책이라면 지금부터라도 바로잡아야 한다는 것을 말하고 싶다. 심각한 출판 불황에 다른 이유는 전혀 없다는 것이 아니라, 도서정가제의 붕괴가 출판산업 붕괴의 시발점이며, 그것을 바로잡아야 다른 정책이 먹힌다는 점을 말하고 싶은 것이다.

초기 도서정가제가 무너진 데에는 공정거래위원회의 책임도 크다. 공정거래위원회가 아직도 출판시장에서 자유경쟁 체제만을 주창하며 정가제의 무용론을 주장한다면, 치약과 책의 상품 특성을 모르고, 문화산업이 무엇인지를 모르는 공무원 집단이라는 비난을 면치 못할 것이다.

프랑스 문화부 장관의 이야기를 다시 꺼낸다. "프랑스 정부는 출판 문화를 키우기 위해 어떤 지원을 하느냐"는 중앙일보 이지영 기자의 질문에 대해, 오드레 장관은 1980년대 초부터 도서정가제를 통하여 시장의 안정화를 꾀하여 출판산업을 지원하였다는 점을 언급했다. 정부의 정책이 얼마나 중요한지를 보여준다. 프랑스는 출판산업을 육성하기 위하여 1980년대부터 완전 도서정가제를 시행하여 시장의 안정화를 꾀했고, 그로부터 30년이 지나서는 시장의 질서를 해칠 수 있는 인터넷서점의 할인과 무료배송마저 금했는데, 우리나라는 2000년대에 들어와서 인터넷서점을 키우기 위해 정부가 나서서 도서정가제를 깨뜨려 전국의 작은 서점을 파괴하는 데 앞장선 것이다.

근본적으로 도서정가제를 실시하지 않고서는 다른 진흥책을 써봐야 별로 실효성이 없다. 서점이 적정한 마진을 얻지 못하는데 누가 서점을 경영하려 하겠는가? 완전 도서정가제에 대한 인터넷서점의 반대는 생존이 달린 문제라 그렇다 치더라도, 아직도 일부 시민단체나 심지어 출판업계 일각에서조차 완전 도서정가제 도입에 대하여 의구심을 갖고 있다. 정가 따로, 판매가 따로인 할인판매와 할인구매에 익숙해져 있기 때문이다.

전국의 서점 수는 불과 1,500여 개로 줄어들었고, 몇 개의 대형서점을 제외하면 그나마도 장사가 안 되어 쩔쩔매는 실정이다. 이런 마진으로 버티는 것이 용할 뿐이다. 서점을 살리고 출판사를 살리고 문화 융성을 가져오는 방법이 있는데 아무도 귀담아 듣지 않으니 답답하다.

교육제도의 파행

교육정책의 개선 없이는 대한민국의 미래를 논할 수 없다. 여기서 대한민국의 미래에 대해 굳이 이야기할 필요는 느끼지 않지만, 그것이 출판문화 융성에도 지대한 영향을 미치기 때문에 말하지 않을 수 없다.

한국인의 독서습관은 청소년기, 즉 중학생과 고등학생 시절에 거의 단절된다. 유아나 초등생의 경우 부모들이 본인은 책을 안 읽어도 자녀에게만은 책을 읽혀야 한다고 생각하기에 책을 읽어주거나 사주는 경우가 많다. 그러나 중고등학생이 되면서부터는 입시 준비에 빠져서 독서는 불필요한 것, 아니 해서는 안 되는 것으로 간주되고 있다.

부모들은 중고생 자녀가 소설이나 다른 책이라도 읽고 있으면, 학과 공부해야 할 시간을 낭비하는 것으로 여겨 못마땅하게 생각한다. 학과 공부와 책 읽기가 완전히 다른 영역으로 분리되어 있음은 참으로 안타까운 일이다. 요즈음은 그런 현상이 초등 고학년으로까지 내려가서 독서율이 뚝 떨어지고 있다고 한다.

수능을 준비하는 학생들의 모습을 보면 큰 걱정이 앞선다. EBS는 노무현 대통령 때부터 조금씩 수험공부방으로 변하더니, "EBS 교재만 보면 수능 준비는 끝난다"는 이명박 대통령 시절의 EBS 만능론으로 공룡이 되었다. 기존 학습참고서 출판업계가 초토화된 것은 말할 것도 없다. EBS 교재에서 수능 문제를 70% 이상 연계 출제한다고 하니 수험생들이 거기에 매달리지 않을 수 없다. 그리고 4지선다형으로 답을 몰라도 잘 찍기만 하면 된다는 의식을 갖게 만들었다.

그럼 다른 나라들은 어떤가? 다시 프랑스의 예를 들면, 프랑스는 대학 수능시험인 바칼로레아에서 간단한 질문 한 개를 던진다. 그리고 여러 장의 종이를 나누어주고 수험생들이 그것에 대하여 자신의 생각을 정리하여 제출하도록 한다. 이 시험에는 처음부터 하나의 정답이란 존재하지 않는다. 어떤 수험생의 주장도 존중된다. 다만 채점자는 기승전결에 맞게 논리적이고 타당하게 썼는지, 설득력이 있는지, 자신의 생각이 잘 정리되어 있는지, 문맥은 맞는지 등을 본다. 당연히 책을 많이 읽어야 좋은 문장을 쓸 수 있다.

수능시험이 있는 날이면 저녁에 프랑스 사람들은 집에서 가족들이 그 문제를 갖고 토론을 한다고 한다. 그리고 주요 방송에서는 각계 인사들이 나와서 "나는 이렇게 생각한다"고 주장을 펼친다. 우리나라 시험이 몇 개를 맞혔느냐를 묻는다면, 프랑스는 어떻게 생각하느냐를 묻는 시험인 것이다. 교육은 '생각하는 힘'을 길러주어야 한다. 생각하는 힘은 원천적으로 독서에서 나온다. 그리고 독서하기는 어렸을 때부터의 습관에서 길러진다.

여기에서 우리의 편의주의를 비판하지 않을 수 없다. EBS가 수능 만능 방송이 되어서도 안 되고, 더욱이 EBS가 자체적으로 교재를 만들어 판매하는 것은 출판사들과의 공정경쟁을 어기는 것이다. 이 문제는 헌법재판소 소원감이다. 출판사에게 방송권을 주지 않으면서, 방송권을 갖고 있는 방송사에게는 독점적인 교재 발행권을 주면 안 되는 일이다. EBS 교재에 대한 문제는 '공공기관의 상업출판 행위'에서 다시 다루겠다. 아무튼 대학 수능시험의 개선 없이는 학생들의 독서습관이 길러지기 어렵고, 성인이 되어서도 독서 생활화에 어려움을 겪을 수밖에 없다.

그러나 그게 어디 쉬운 일인가. 역대 정부에서 논술 도입 등 적지 않은 시도를 했다. 하지만 채점하기 쉬운 편의성 등을 내세워 객관식 출제 방향으로 다시 돌아가 버렸다. 독서환경을 조성하여 책 읽는 습관을 들이도록 하고, 출판 생태계를 복원하려면 수능제도의 개선이 필수적이다. 그것은 나라의 앞날에 지대한 영향을 미칠 것이다. 이보다 더 급한 일이 무엇이겠는가.

출판산업 경쟁력,
어떻게 키울 것인가

출판은 사양산업 아닌 미래 먹거리산업

모든 투자에는 미래가 담보되어 있어야 한다. 기업도 수익이 나는 분야에 투자하고 국가도 미래의 먹거리산업에 전력을 다하게 되어 있다. 그렇다면 출판산업은 국가의 미래를 위해 국민 혈세를 쏟을 만한 가치 있는 산업인가? 이 분야에 투자를 하면 나라의 미래가 긍정적으로 달라지는 전략적인 산업인가?

정부가 새롭게 출판문화산업 진흥 5개년 계획을 수립한다고 한다. 학회에 연구용역을 주고 각 단체에서 관계자들을 불러 회의를 하고 있다. 그러나 정작 출판사들과 출판단체들의 반응은 시큰둥하다. 왜 그럴까? 왜 자신들의 미래를 위해 투자하고 육성해준다는 데 싸늘한 반응일까? 간단하다. 기대가 없기 때문이다. '보나마나'라고 생각한다.

출판업계는 정부의 정책과 행정을 그다지 신뢰하지 않는다. 출판계의 생각은 정부의 시각과 크게 방향이 다르기 때문이다. 정부 정책은 2000년대 초부터 출판산업을 디지털화하는 데에만 초점을 맞추어 왔다.

이 정책 방향은 오랫동안 문화체육관광부에서 국장을 거쳐 장관에까지 올랐던 유진룡 전 장관의 책임이 크다. 그에게는 아마도 아마존 닷컴과 같은 기업을 한국에서도 육성하겠다는 꿈이 있었으리라. 그래서 인터넷서점에만 10% 할인하도록 특혜를 주고 전국의 오프라인서점들은 정가제를 고수하도록 만들지 않았던가. 그가 문체부의 출판문화 관련 부서에서 영향력을 가졌던 지난 15년 동안은 전국에 산재한 서점들이 몰락의 길로 접어든 기간과 일치한다. 종이출판은 사양산업 취급을 당했고, 하루빨리 종이출판에서 디지털출판 강국으로 육성하고자 하는 것이 그와 정부의 정책 방향이었다.

그러나 현실은 어떤가. 문화산업 일선현장에서 사업을 영위하는 대부분의 출판사 경영자들은 출판의 미래를 그렇게 보지 않았다. 디지털출판은 시간이 지나면 우리 곁에 가까이 다가오겠지만, 종이출판은 적어도 우리 시대에는 계속될 것이며 종이출판이 발전해야 디지털출판도 성장할 것이라는 생각이 지배적이다. 이러한 현실 인식과 정책 지향성의 괴리는 결코 무시할 만한 것이 아니다. 정부가 출판산업을 바라보는 눈이 어둡다는 말이기 때문이다.

정부는 "출판산업은 사양산업인가?"라는 질문에 먼저 답해야 한다. 성장산업이 아님에도 육성 계획을 세운다면 모순되는 것이고, 문화산업이니 어쩔 수 없이 해야 하는 것으로 규정한다면 거기에 맞는 정책을 구현해야 할 것이기 때문이다. 아쉽게도 우리 정부는 그렇게 생각하지 않는 것 같다. 따라서 정책 당국자의 확고한 인식 재고가 필요하다. 결론을 미리 말하면, 출판산업은 결코 사양산업이 아니다. 출판은 국가가 육성·발전시켜야 할 기간산업이자 벤처산업이다.

최근 대한민국의 미래 먹을거리가 서비스산업이라는 말이 회자되고 있다. 출판은 한국표준산업분류에서 과거에는 제조업으로 분류되다가 '출판, 영상, 방송통신 및 정보서비스업'으로 대분류가 바뀌었다. 경제협력개발기구(OECD)는 문화산업과 교육 등을 지식서비스산업으로 규정하고 있는데, 출판은 문화콘텐츠산업과 교육의 뿌리산업이라는 점에서 부가가치가 높은 지식서비스의 원천이다. 정부는 이 점에 주목할 필요가 있다. 바로 출판이야말로 미래 먹거리산업인 셈이다. 원 소스 멀티 유스로 문화 전반에 지대한 영향을 미치는 산업이다. 또한 자원 빈곤 국가인 우리나라가 두뇌를 기반으로 한 참신한 기획과 아이디어로 세계 시장에서 승부를 볼 수 있는 산업이기도 하다.

뿌리 깊게 박혀 있는 '출판은 사양산업'이라는 인식의 대전환 없이는 정부의 어떤 중장기 계획도 공염불에 불과하다. 먼저 출판이 문화산업이자 동시에 미래의 기간산업, 벤처산업이라는 인식하에 획기적인 출판 진흥 지략을 함께 도모해야 한다.

완전 도서정가제는 출판산업 육성의 필수요건

나는 대한민국의 출판산업 육성에 대한 내 신념이 그다지 틀리지 않았다는 것을 프랑스 문화부의 오드레 아줄래 장관으로부터 확인하였다. 2016년 파리도서전 주빈국으로 참가해 갖게 된 프랑스 문화부 장관과의 면담에서, 오드레 장관은 프랑스 국민의 왕성한 독서문화를 키우기 위해 어떤 정책을 펼쳤는가에 대한 세 가지의 답을 분명하게 이야기했다.

그의 첫 번째 답은 이것이다.

"프랑스 정부는 1980년대 초부터 도서정가제를 통하여 시장의 안정화를 꾀했다."

1980년대부터라고 하면 30년이 넘게 일관된 정책을 펴왔다는 이야기다. 또한 시장의 안정화를 위해 자유경제 체제에서 시장이 원활하게 돌아가도록 만들어왔다는 것이다. 쉽게 말해 시장의 각 주체들이 충분한 이익을 갖도록, 즉 작은 서점들이 충분한 이익을 내며 존속하고 책을 공급하는 출판사들도 적절한 이익을 내며 출판 활동을 하도록 한 것이다.

몇 개의 인터넷서점을 육성하기 위해 전국에 산재한 서점을 대부분 사라지도록 방치한, 마치 몇 그루의 나무를 키우려고 숲을 불태운 듯한 우리나라의 문화 행정과는 사뭇 다른 정책을 프랑스 문화부는 일관성 있게 추진하여온 것이다.

참고로 프랑스는 인터넷서점이 무료배송을 하지 못하도록 금지시키고 있다. 공정한 경쟁이 아니기 때문이다. 소위 '랑법'이라 불리는 프랑스의 완전 도서정가제법이 오늘의 프랑스 독서문화를 정착시켜온 것이다.

잘못된 길은 되돌아가야 바른 길과 만날 수 있다. 출판문화 융성을 위해 우리도 이번에야말로 할인 없는 완전한 도서정가제를 도입하여 시장의 안정화와 발전을 모색해야 한다. 그렇게 된다면 앞으로 10년 안에 전국 서점이 1990년대의 6,000개 수준으로 복원될 것이라 장담한다.

먼저 문화체육관광부가 도서정가제에 대해 올바른 시각을 가져야 한다. 그리고 공정거래위원회가 바른 시각을 갖도록 설득해야 하고, 시민단체들에게 그것이 궁극적으로 시민(독자)들에게 이익이 된다는 점을 인식시켜야 한다. 인터넷서점들에게도 공정경쟁을 해야 함을 알려야 한다.

무너진 집터에 집을 짓는 일은 빈 땅에 집을 짓기보다 더 어렵다. 낡은 것들을 철거해야 하는 번거로움이 따르기 때문이다. 그러나 그것만이 살길이라면 해야 한다. 완전 도서정가제가 전제되지 않은 상태에서의 다른 진흥책은 마치 언 땅에 물 붓기와 같아서 예산만 낭비할 뿐이다.

국민이 책을 접할 수 있는 환경부터 만들어야

지역서점과 도서관 지원을 통해 국민이 어디서나 책을 읽을 수 있는 환경을 만들어야 한다. 2017년 예산이 400조 원이 되었다고 한다. 이 가운데 문화 예산은 얼마이며, 출판이나 국민 독서를 위한 예산 지원은 얼마일까.

공공도서관에 책을 구입하는 예산이 부족하다고 해서 2015년에 문화체육관광부와 출협을 비롯한 출판단체들이 도서관에 책을 기증하는 업무협약(MOU)을 맺었다. 책의 가장 큰 시장인 도서관이 책을 기증받기를 바라고, 그것을 문화체육관광부가 주선하여 종용하는 것은 어처구니없는 일이었다. 도서정가제의 강화 시행으로 공공도서관의 도서 구입량이 줄어서 그렇다니, 주무부처의 요청에 의해 울며 겨자 먹기로 따라주었다. 그리고 출협과 한국출판인회의가 회원 출판사들에게 기증 요청을 하여 두 단체가 20만 권 가까이 책을 모아 기증하였다. 도서관 도서구입비를 증액해서 풀어야 할 문제를 출판사 기증으로 해결하였다.

꿈을 꾼다. 전국 공공도서관의 책 구입 예산을 1년에 1천억 원으로 증액해주면 좋겠다. 신간이 없는 도서관은 독서실에 불과하다. 정부가 예산을 늘려 도서관에 신간을 더 들여놓아야 한다. 또 동네마다 서점이 있는 나라를 꿈꾼다. 그러나 서점이 전국 방방곡곡에 생기려면 먼저 정책과 제도를 바꾸고, 책을 읽고, 책을 사는 문화가 바탕이 되어야 한다. 완전 도서정가제로 서점이 충분한 마진을 확보하도록 하고, 서점을 경영하는 사람이 문화의 게이트키퍼라는 자부심을 갖도록 해야 한다.

공공건물 등에 서점을 설치하며, 일반 건물에 서점이 들어서면 건물주에게 세제 혜택을 주는 방안, 국민들의 도서 구입 시 세제 혜택을 주는 방안, 서점에 대한 전폭적인 지원 등이 필요하다.

독서습관을 기르는 교육제도

습관은 하루아침에 만들어지는 것이 아니며, 또 한 번 굳어진 습관은 바꾸기가 쉽지 않다. 좋은 습관은 우리에게 큰 축복이지만 나쁜 습관은 재앙이 되기도 한다. 성숙한 어른들조차 이미 몸에 밴 잘못된 습관으로부터 스스로 빠져 나오기가 대단히 어렵다. 하물며 아이들은 어떠하겠는가.

국민에게 독서하는 습관을 갖게 하는 것은 매우 중요하다. 스마트폰에 광적으로 빠져 있는 사람들의 모습이 비정상적으로 보이지 않는가. 길거리에서 걸을 때나 심지어 계단을 내려갈 때도 스마트폰에 머리를 숙이고 있는 사람들이 적지 않다. 지하철에서는 거의 모든 사람들이 스마트폰에 경배하는 모습이다. 이들의 모습을 보면, 어쩌면 독서습관을 되찾기에는 이미 골든타임을 잃어버린 것이 아닌가 싶을 정도다.

독서습관은 어려서부터 길러야 한다. 어린 시절부터 책을 좋아하게 만들어야 한다. 이스라엘 사람들은 어린이들이 《성경》을 좋아하도록 책장을 넘길 때마다 꿀을 찍어 먹도록 했다는 말을 들었는데, 자녀가 책을 좋아하도록 만들고자 하는 바람에서였으리라.

가장 좋은 것은 유아기부터 엄마가 책을 함께 읽어주면서 놀아주고 재우는 것이다. 아이는 엄마와 놀던 재미있는 도구를 평생 잊지 못한다. 결국 독서 교육이 잘되려면 가정에서부터 출발해야 하고, 이를 위해서는 사회적 계몽이나 운동이 필요하다.

청소년 시절의 독서습관은 학교 교육에 의해서 이루어진다. 교육제도에 의해 지대한 영향을 받는다. 우리의 학교 교육이 어떻게 진행되고 있는지 다시 점검해보아야 한다. 실제로 청소년기에 들이지 못한 독서습관을 어른이 되어 갖기는 거의 불가능하다. 이미 책보다 다른 것에 익숙한 사람을 책으로 불러들인다는 것은 매우 어렵다. 그만큼 어린 시절에 독서습관을 길러주는 것이 중요하다.

출판 경쟁력 키우는 획기적 정책 세워야

거품 할인도 없는 책 가격을 책정하고 전국 어디서나 같은 가격으로 판매하는 '완전한 도서정가제'에 의해 동네서점들이 적정한 이익을 확보하면서 유지되고, 국민들이 책 읽는 습관을 키운다면 책을 만드는 출판사에게 이보다 더 좋은 환경이 있을 수 있겠는가. 정책은 그런 방향으로 만들어가야 한다. 출판은 독서환경을 전제로 하는 비즈니스이기 때문이다.

더 나아가 출판의 경쟁력을 제고시켜야 한다. 경쟁력을 키운다는 것은 상대가 있는 법이다. 좁은 국내에서 경쟁력이라고 하면 각종 미디어들끼리, 또는 출판사끼리 좁은 시장을 나누어 갖는 것을 가리킨다. 이제 눈을 바깥으로 돌려야 한다. 우리 출판은 세계 시장에서는 지극히 변방 국가에 불과하다. 아무래도 영어권 나라들이 세계를 이끌어가고 있다. 비단 언어의 문제만은 아니라고 본다. 저자와 독자와 시장 규모가 모두 크기 때문에 가능한 일이다.

그렇다면 우리 출판의 세계 진출이 가능할까. 쉬운 일은 아니나 얼마든지 가능성은 있다고 생각한다. 우선 세계 시장에 나가려면 해외 거대 출판사들에 맞서 경쟁할 수 있을 정도의 기업 규모가 되어야 한다. 적어도 2~3천억 원 이상의 매출을 기록하는 단행본 출판사가 있어서 연간 순익이 몇 십억 원 이상이 되어야 큰 기획물을 세계 시장에 내놓을 수 있을 것이다. 이런 대형 출판사가 적어도 세 개 이상 있고, 중견 출판사가 그 뒤를 이어 나가는 출판 군단의 모습을 그려본다.

산업 발전의 모습은 정책의 그림자다. 이런 출판 군단의 모습을 그리려면 이를 실체로 만들 수 있는 정책이 선행되어야 한다. 정부는 현재 하고 있는 1인 출판 지원 정책과 함께 중견 출판사의 육성책을 세워야 한다. 그리고 세계 출판시장을 상대로 한 대형 기획에 도전할 수 있도록 정책자금을 지원해줘야 한다.

한편 정부는 우리나라가 모든 측면에서 일본 문화에 점점 예속되어 가는 것을 알고 있는지 모르겠다. 출판에서도 마찬가지다. 다양한 문화를 받아들이는 것은 나쁘지 않을지 모르지만, 우리 출판의 저급함과 이웃나라 출판물의 범람, 그리고 이런 출판물이 알게 모르게 국민 정서에 끼치는 악영향은 실로 안타까운 일이다.

강력한 국제 경쟁력을 갖춘 출판사들이 늘어나야 세계적으로 국격이 올라가고 글로벌 콘텐츠 시장에서 한국 문화가 확장될 길도 열린다. 정부는 출판사들의 좋은 기획에 대하여 대대적인 지원으로 출판의 선진화를 꾀하여 문화 대국으로 나가는 활로를 만들어야 한다.

공무원에 대한
기대와 실망

지금도 나는 대한민국 경제 발전의 1등 공신을 꼽으라고 한다면 단연코 공무원들이라고 생각하고 있다. 국민이 우매하고 경제에 대한 지식과 경험도 미천하던 시절, 관이 주도하여 이만한 성장을 이끌어낸 것은 우수한 공무원들의 공이 아니겠는가. 더구나 예전에 우리 공무원들은 항상 박봉에 시달려왔다. 아마도 일반 국민들의 공무원들에 대한 시각도 나와 크게 다르지 않을 것이다.

사실 출판사 사장들이 사업자 입장에서 공무원을 만날 일은 별로 없다. 나도 그랬다. 하지만 어찌하다 협회 회장을 맡다 보니 공무원들과 함께해야 할 일들이 많았다. 때로는 협력할 일도 있었고, 때로는 서로 의견을 달리하여 밀고 당기기도 했다.

그렇게 지난 3년 동안 공무원과 일하면서 공무원에 대한 나의 인식은 이전과는 많이 달라졌다. 우리나라 공무원에 대하여 안타까운 마음이 들고, 나라의 미래가 걱정스러워졌다.

'민관'이라는 용어에서 '민'은 업계와 협회이고 '관'은 문체부 공무원을 지칭하는 말이다. 말이 좋아 민을 앞에 붙여서 사용하지, 실제로 모든 면에서 관이 주도권을 쥐고 있다. 대부분의 결정권을 관이 갖고 있으며, 무엇보다 업무 추진을 위한 필수적인 예산을 그들이 쥐고 있다. 따라서 관이 협력해주지 않는다면 민은 그저 아우성만 칠 뿐이다. 관은 민의 아우성에 귀 기울여주려 노력하기는 하지만, 실행까지의 과정에서 서로 간의 의견 차이가 클 때가 많다. 물론 여건이 허락하지 않을 때가 많기 때문일 것이다.

나는 여기서 오늘의 공무원에 대해 다소 시니컬하게 지적하고자 한다. 그렇다고 이것이 특정인을 폄하하기 위한 것은 결코 아니다. 누구를 인신공격하려는 것은 더더욱 아니다. 다만 우리 업계를 떠받치고 있는 정부 부처가 변화해주기를 바라는 절체절명의 심정으로 말하는 것이다.

임시 정류장

내 생각에는 우리 협회가 속한 부서는 다른 곳으로 가기 위한 공무원들의 정거장인 듯싶다. 배속되어 얼마 있으면 무척 힘들어하며, 곧 다른 곳으로 옮겨간다. 그만큼 이곳에 적응하기가 어렵다는 이야기다.

공무원들이 이렇게 된 데는 아마도 우리 출판인들에게 일차적인 책임이 있을 것이다. 여러 단체로 나뉘어져서 온갖 요구가 시시때때로 들어가고 말이 많은 동네, 이런 곳이 출판 동네다. 글쟁이들이 많아서 자기주장이 강하고, 툭하면 언론과 접촉하여 껄끄러운 기사가 나가서 담당 공무원들이 윗사람들로부터 주의를 받을 수밖에 없다. 공무원으로서는 처신하기 참 어려운 곳이 바로 출판 관련 부서인 듯싶다.

더구나 출판인들이 개별적으로 공무원을 만나 부탁할 일이 거의 없기에 공무원에 대한 존경심도 부담도 별로 없다.

그리고 다른 업종들에 비해 출판인들은 정치색이 분명한 사람들이 많다. 기존 정치권과 반목하다 출판계에 들어온 사람들도 있고, 현 정부와 뜻을 같이하는 사람이나 각을 세운 사람들도 있다. 공무원들이 다소 껄끄럽게 생각하는 여야 정치인들과 친숙한 사람들이 많다는 점도 부담스러울 수 있다.

또 내 임기 중에는 정종진, 이준직 두 감사가 진정서를 내서 협회를 감사하고 업무 시정 지시를 하였음에도 다시 감사원, 문체부장관 등에 진정서를 내어서 문체부 감사과에서 재조사를 받게 하였다. 이 과정에서 주무부처인 출판 담당 공무원들의 애로가 참 많았고, 협회를 감싸고돈다는 음해성 유언비어 등에 시달리기도 했다. 협회장으로서 본의 아니게 피해를 받으신 여러분께 죄송함을 표한다.

아무튼 출판 분야를 담당하는 공무원들은 처신하기가 쉽지 않을 것이다. 그래서 이런저런 일들로 계속 시달리다 보면 기회가 닿는 대로 다른 부서로 이동할 생각을 하게 되는 모양이다.

또한 박근혜 정부의 인사 난맥을 이유로 들 수 있겠다. 한마디로 제도가 그들을 기회주의자로 만든다. 나의 회장 임기 동안 문체부 고위 공무원들의 인사이동만 보아도 그렇다. 장관이 세 번이나 바뀌었다. 1년에 한 명꼴로 바뀐 셈이다. 유진룡 장관, 김종덕 장관, 그리고 조윤선 장관이다. 차관도 세 명이 바뀌었다. 또한 우리나라 출판산업 정책을 사실상 책임지고 있는 국장이 네 명이나 바뀌었다. 실무를 전담하고 있는 과장도 세 명 바뀌었다. 한마디로 함께 일하는가 싶으면 수시로 바뀐 셈이다. 자신이 언제 다른 곳으로 발령 날지도 모르는데 누가 소신 있게 일을 추진할 수 있겠는가. 이해가 가기도 한다.

전문성의 결여

문체부 출판과에는 전문가, 소위 프로가 없다. 출판을 체계적으로 공부한 사람도, 출판의 미래에 대하여 깊이 생각하거나 고민하는 사람도 없는 듯싶다. 한 나라의 문화정책과 출판정책은 일반적인 행정이나 산업정책과는 다르다. 몇 십 년을 바라보며 일관성 있게 추진해나가는 장기 비전과 그것을 뒷받침하는 전문성이 있어야 한다.

문체부의 인사이동을 보면 대개 전혀 다른 부서에서 이곳으로 발령나서 온다. 어느 부서나 비슷할 것 같지만, 출판정책은 다른 분야들과는 사뭇 다르다고 생각한다. 문화정책은 길게, 아주 길게 일관성 있게 추진해나가야 한다. 경제정책이나 과학기술처럼 변화에 신속한 대응이 요구된다기보다는, 오히려 정부가 중심을 잡고 좌우로 치우치지 말고 국민 독서율 향상과 출판문화 발전을 위해서 꾸준히 지원하며 밀고 나가야 한다.

우리 출판 담당 공무원들이 국내외 출판 상황과 흐름 등을 읽어내는 지식과 안목을 갖도록 제도가 뒷받침해줄 수는 없을까?

비전과 소신의 부재

작년 여름의 어느 날, 협회 접견실에서 문체부 고위 공무원과 현안 문제들을 논의하였다. 공문으로 요청하기보다는 그래도 주무부처에 먼저 상황을 설명하고 공식적인 문서로는 가능한 부드럽게 전달하고자 하는 의도에서였다.

회장의 입장에서 주로 이런저런 사항들을 요구하는 자리였다. 그중 하나는 출판진흥 5개년 계획을 세우는 데 출협의 입장을 정리해서 전달하는 것이었다. 앞으로의 계획을 세우기 위해서는 지난 5개년 계획 가운데 어떤 건이 성사되고, 되지 않았는지 업계와 함께 되돌아보는 공청회 자리가 먼저 있어야 할 것이다. 그저 때가 되었으니 계획을 세우고, 문서로 무언가를 만들어놓는 식의 형식적인 행정이 될 것이 염려되었다.

다음 5개년 계획에는 도서정가제에 대한 개정 문제가 크게 대두된다. 2017년 11월까지(개정법 시행일로부터 매 3년마다) 개정을 논하기로 법에 정해져 있기 때문이다.

그래서 그에게 물었다.

"도서정가제에 대해 어떻게 생각하십니까?"

그의 대답은 짧았다.

"잘 모르겠습니다. 공부하는 중입니다."

솔직한 대답이었다고 생각한다. 그러나 한편으로 속이 매우 허해짐을 느꼈다. 출판계에 절대적으로 필요한 이 제도를 가장 강력하게 밀고 나가야 할 부처의 책임자가 이런 애매모호함에 빠져 있다면 '완전한 도서정가제'를 추진한다는 것은 참으로 어려운 일이 아닌가?

대한민국 문체부에는 출판정책이 없다. 누구도 문화적 비전을 제시하지 못한다. 이런 이유나 책임을 오직 특정 개인에게만 돌릴 수는 없다고 본다. 실질적인 책임을 지고 있는 출판 담당 고위 공무원들은 모두 우수한 인재들이다. 엘리트들이다. 어려운 고시를 패스했고, 맡은 바 업무를 수행하여왔기에 그 자리에까지 오르지 않았겠는가. 어떻게 보면 이것은 우리 공무원들의 총체적인 문제가 아닐까 걱정이 되었다.

아무튼 문체부의 출판 담당 공무원들이 비전을 분명히 갖고 국가 백년대계의 문화융성 계획을 세워 소신 있게 일할 수 있도록 시스템을 만들어야 한다. 전문성과 문화정책에 대한 소신을 갖춘 공무원상은 불가능한 것일까. 국가의 문화융성이 한두 해에 이루어질 일은 아니다. 중앙부처 공무원들에게 한 부서에서 겨우 몇 개월, 평균 1년 정도를 근무하게 하면서 몇 십 년의 정책을 세우고 추진하라 한다면 어불성설이다.

한국의 관료사회에 대해 혹평하고 싶지는 않다. 서두에 말했지만 한국의 관료는 우리나라 경제 성장의 핵심 축이었고 사명의식이 투철한 집단이었다. 한국의 성공 신화에는 우수한 관료의 몫이 포함되어 있다. 나는 오늘의 관료들이 갖고 있는 고립감과 피해의식, 보상보다는 문책이나 당하지 않으려고 전전긍긍하는 관료사회에 만연한 복지부동의 구조적 문제가 조속히 해결되어야 한다고 강력하게 주장하는 것이다.

사실 나는 2016년 10월 말에 있었던 소위 최순실 국정 농단 사건을 접하며, 나의 출협 회장 임기 3년 동안의 공무원들에 대한 부정적인 생각들의 원인과 의구심이 다소나마 풀렸다. 최순실 사건은 한마디로 대한민국 국민의 자존감을 무너뜨리고, 국가 지도자에 대한 신망을 공중 분해시키며 지지와 존경심이 한순간에 사라지게 한 사건이다. 이는 대한민국 역대 대통령 중에 국민의 존경을 받는 지도자가 없다는 '지도자 결핍'에 대한 한국인의 안타까움을 다시 한 번 되씹게 한 슬픈 사건이었다.

국가 지도자는 먼저 공무원들의 정체성을 혼란스럽게 만들어서는 안 된다. 지도자는 공무원을 통하여 국민의 자부심, 정체성을 키워나가야 하기 때문이다. 더욱이 최순실 사건에서 상당 부분의 국정 농단이 문화체육관광부를 중심으로 이루어졌던 것을 생각하면, 문체부 공무원들이 어떤 환경에 처했었는지, 얼마나 일하기 어려웠을지 안타까운 마음이 든다.

또 하나 더 지적한다면, 대부분의 출판사가 서울에 있고, 국회와 여타 기관들이 서울에 있는데 반해, 문체부는 세종시로 가고, 한국출판문화산업진흥원은 더 멀리 전주 지역으로 내려갔다. 이런 지리적인 제약으로 빚어진 공무원 사회의 불편함과 시간 낭비는 앞으로 어떻게든 해결해나가야 할 것이다. 그러나 이미 큰 틀에서 전국 방방곡곡에 정부조직과 공공기관들이 흩어져 있으니 어찌해야 할지 큰 숙제다. 비단 문체부만의 문제는 아닐 것이다. 하루빨리 모든 사무와 행정이 원활하게 돌아갈 수 있도록 해야겠다.

출협의 49대 새 집행진이 구성되면, 회장단과 문체부 출판 담당 공무원들이 조속히 간담회를 갖고 함께 원탁에 앉아 얼굴을 익히며 현안 문제들을 서로 논의하면 좋을 것이다.

공공기관의 상업출판 행위 실태와 문제점

공공기관은 국민의 필요성에 의해서 국민의 세금으로 운영하는 대국민 봉사기관이다. 하지만 이 나라의 일부 공공기관들은 민간 출판사들이 하는 영리적이고 상업적인 출판 활동을 버젓이 하면서 민간 영역을 침범하고 있다. 여러 차례에 걸친 문제 제기에도 시정할 생각은 전혀 없어 보인다.

공공기관의 상업출판 행위는 과연 우리 출판인의 주장대로 올바르지 않은 것인가? 올바르지 않다면 무엇이 잘못된 것이며, 우리 업계에 주는 피해는 얼마나 큰 것인가? 이런 공공기관의 상업출판 행위는 왜 태동되어 우리 사회에 깊게 자리 잡게 되었는가? 과연 출판계의 힘만으로 그것을 막을 수 있을 것인가? 이러한 물음들이 계속 이어진다.

사실 공공기관의 상업출판 행위에 대한 대응에 있어서 출협 회원사간에 의견이 매우 분분했다. 이해관계의 유무에 따라 보는 시각이 다르고, 심지어 직접적인 이해관계가 매우 밀접한 분야 내의 회원사들 간에도 서로 대립되는 입장을 보여 어떻게 해야 할지 갈피를 잡기 어려웠다.

아무튼 원성의 목소리가 보다 더 크다는 판단 아래, 대한출판문화협회는 전반적 상업출판 행위를 전수조사하여 그 실태를 파악하여 문제점을 도출하고, 이를 바탕으로 대책을 모색해보고자 〈공공기관의 상업출판 행위 실태와 문제점 및 대책 연구〉를 위한 연구용역을 한국출판학회에 의뢰하였다.

연구용역을 하는 데 있어서 가장 큰 쟁점 중의 하나는 공공기관의 상업출판 행위를 조사하는데 'EBS'를 포함시킬 것인가 여부였다. 너무나 대립이 팽팽하였다. 대부분 EBS의 문제점을 지적하고 있었다. 다만 지금 섣불리 잘못 건드리면 사회적으로 출판계가 비난만 받는 등 화근이 더 커진다는 의견과 사실상 그곳이 타깃이니 직접 건드려야 한다는 의견이 충돌했다. 결국 단계적으로 하되, 이번에는 EBS를 제외한 공공기관들의 상업출판 행위 실태를 조사하는 것으로 정해졌다.

그리고 그 연구결과에 대한 설명회를 2015년 4월 27일 출협 강당에서 회원들과 공유하고, 공공기관의 상업출판을 전면 금지하는 법적 장치 마련을 촉구하였다. 한국출판학회의 조사결과에 의하면, 기획재정부가 지정한 302개 공공기관을 대상으로 상업출판 행위를 전수조사한 결과, 공공기관 전체의 8.6%에 해당하는 26곳에서 상업출판을 하는 것으로 밝혀졌다. 소관 부처별로는 국책 연구기관이 많은 국무조정 산하 공공기관(12개)이 가장 많고, 이어서 교육부(3개), 문화체육관광부(2

개), 특허청(2개), 미래창조과학부, 외교부, 행정자치부, 산업통상자원부, 고용노동부, 문화재청(이상 각 1개) 순으로 나타났다.

이날 연구용역의 책임자였던 동원대 부길만 교수는 연구결과 발표를 통해 "공공기관에서는 공공성과 공익성을 벗어나 민간 영역을 침범하는 상업출판 행위를 광범위하게 기획하고 시행함으로써, 출판산업을 위축시킬 뿐만 아니라 민간 경제에도 좋지 않은 영향"을 주고 있다고 말하며, "국민의 세금으로 운영되는 공공기관에서 생산한 콘텐츠는 민간 출판사에 위탁하여 출판하게 함으로써 출판산업 발전과 민간경제 활성화에 기여하는 것이 바람직하다"고 주장했다.

이와 관련하여, 책과사회연구소 백원근 소장은 다음과 같이 언론에 문제를 제기하기도 했다.

한국고전번역원은 한문 고전 번역을 과업으로 삼아 고전번역총서 등을 출판해왔다. 그런 한편으로 어린이도서 《장복이 창대와 함께하는 열하일기》, 교양도서 《이충무공전서 이야기》, 《악학궤범》의 완성 과정을 그린 《최고의 소리를 찾아서》라는 소설에 이르기까지 대중도서를 수십 종이나 발행했다. 옛 선비들의 잠언을 소개한 신간도 나왔다. 《주석학개론》 같은 번역서도 여럿이다. 이런 일은 민간 출판사들과 전혀 다르지 않은 상업적 출판 행태를 보여준다. 작년에 정부 예산을 185억 원이나 받아 쓴 공공기관이 할 일이 아니다.

지난해 292억 원의 국민 혈세를 쓴 한국학중앙연구원은 《한국학자료총서》를 비롯해, 청소년도서 출판사들에게 맡겨도 좋을 《청소년을 위한 세종 리더십 이야기》 등에 이르기까지 그간 1,700여 종의 책을 펴냈다.

2013년과 2014년에는 《윤리학에서 본 유학》, 《용을 그리고 봉황을 수놓다》가 학술원의 우수학술도서로 선정되었다. 정부 예산으로 만든 책을 정부 예산으로 선정구입한 것이다. 공공기관이 민간 출판사들의 출판 기회와 선정 기회까지 대신해 수상의 영예를 누렸다.

앞의 두 곳을 포함해 한국국방연구원, 대외경제정책연구원, 한국노동연구원 등은 출판 전담 부서까지 두고 있다. 유가 출판물을 기관 홈페이지에서만 직판하거나(한국산업인력공단, 한국승강기안전관리원), 홈페이지에 파일 제공을 하지 않는 경우(코트라, 한국문화재재단 등), 5만 원부터 9만 원까지 높은 정가를 책정하는 경우(한국특허정보원, 코트라) 등 문제가 한둘이 아니다.

– '민간 출판사 기회 가로채는 공공기관들', 〈한겨레〉, 2016. 1. 8.

해외 다른 나라들은 실상이 어떨까. 일본, 독일, 미국, 영국 등 해외 선진국의 경우 공공기관에서 만들어낸 콘텐츠는 전적으로 민간 출판사에 위탁하여 출판하는 게 일반적이다.

공공기관의 발간 자료는 국민 세금으로 만들어진 만큼 원칙적으로 홈페이지에 디지털 자료를 무상으로 공개해야 한다. 민간 출판사들과 중복되는 영역의 출판은 하지 말고, 부득이하게 유가 도서로 제작할 경우 민간 출판사에 위탁하여 발행하는 게 순리다. 정부는 공공기관 관련 법규에 공공기관의 상업 행위 금지 규정을 서둘러 신설해야 한다.

사실 한국출판학회의 조사에서 배제된 정부기관이 더 있음을 지적하고자 한다. 우리나라 대법원(법원행정처)은 판례편찬과라는 전담 부서를 두고 판례를 비롯한 법률서적을 전문으로 출판하고 있다. 아마도 민주국가에서 이런 행태를 보이는 사법부는 우리나라밖에 없을 것이다. 미국의 LEXIS, WEST LAW, 독일의 URIS, 일본의 제일법규나 신일본법규 등의 출판사는 판례를 일반인이 알기 쉽게 가공하여 공급하는 회사로서 그 규모가 수천 명의 직원을 보유하고 있을 만큼 거대 기업들이다.

그러나 우리나라는 대법원이 이를 직접 가공하고 공급함으로써 민간 영역의 출판이 모두 사라지게 하는 손실을 가져왔다. 대법원은 자기들의 입맛에 맞는 판례만을 일반인들에게 공개하는 편법도 자행하고 있다. 공산주의나 독재국가에서나 있을 법한 일들을 대한민국 법원은 아무런 문제의식조차 없이 행하고 있는 것이다.

EBS를 이번 조사연구에 넣지는 않았지만, 솔직히 다른 모든 공공기관보다 EBS에 의한 폐해가 가장 크고 강력하다는 것이 출판인들의 인식이다. 우리나라 교육제도가 바뀌지 않으면 안 된다는 것이 지식인들의 한결같은 생각 아닌가. 그리고 그 중심에 EBS가 있다. EBS가 독점적인 특혜를 통해 독점적인 출판권을 행사함으로써 우리 출판계가 심대한 피해를 입고 있다는 점을 분명히 밝힌다. 이것은 가히 헌법재판소 소원감이다.

다만 국민들의 대입 수능시험에 대한 정서와 위정자의 생각이 문제다. 후진적 생각이 바뀌지 않는 한 출판계의 주장은 한낱 업자들의 주장으로밖에 비쳐지지 않을 것이다.

우리 출판계도 생각을 바꾸고 자정 노력을 기울여야 한다. 책값이 너무 과다하여 힘들다는 학부모들의 목소리에 귀를 기울여야 한다. 결국 이런 목소리가 EBS에 힘을 실어주어 그와 같은 출판 행위를 하게 만드는 단초를 제공한 것이 아닐까 싶다.

공공기관이 본연의 역할이 아닌 출판 활동을 하면서 공공성이 아닌 상업성을 추구하고, 과외(출판) 활동에 정부 예산을 낭비하며, 민간 영역의 출판 활동을 침해한다는 점에서 심각한 사안이다. 그러나 이에 대한 문제 제기가 연구조사와 업계 내 설명회 수준으로만 그쳐, 언론의 관심이나 정부의 개선책 발표를 끌어내는 데까지 이르지 못한 아쉬움이 크다.

공공기관의 비공공적 출판 행위는 다양한 출판물의 생산을 막고, 독과점적인 출판 체제를 조장하며, 경우에 따라서는 국민에 대한 정보 공개의 의무를 저버리는 등의 폐해가 심각하며, 이는 전형적인 후진국에서나 이루어지는 후진국 병이다. 이를 퇴치해야 산업 전체가 활성화될 수 있음을 널리 알려야 한다.

서점과 도서관을 키워야
출판이 산다

서점과 도서관은 국민 독서환경에서 실핏줄과 같은 역할을 담당한다. 사람들에게 책을 많이 읽게 하기 위해서는 무엇보다도 생활 주변에서 쉽게 접하게 해야 한다. 주변에 서점이 없고 도서관이 없는 환경에서 책을 읽고 독서를 습관화한다는 것은 어불성설이다.

서점의 증감 추세

지난 20년 사이에 동네서점의 70%가 사라진 것으로 나타났다(《문화일보》, 2016. 3. 9.).

한국서점조합연합회가 최근 발간한 《2016 한국서점편람》에 따르면 2015년 말 현재 도서만 판매하는 순수 서점은 1,559개로 2013년 말 대비 66개(4.1%)가 줄어들었다. 서점은 1996년 전국 5,378개로 정점을 찍은 뒤 20년 동안 70% 이상 감소한 상태다. 문구류·북카페 등을 겸업하는 서점을 포함한 일반서점의 숫자는 2,116개로 2013년 말 대비 215개(9.2%)가 줄어들었다. 다만 순수 서점 감소 추세는 2011년 대비 2013년 127개 감소에 비해 다소 둔화됐지만, 여전히 동네서점이 버티기 어려운 현실에서 감소세가 이어지고 있다.

지역별로 살펴보면 서울과 6대 광역시 서점이 1,178개로 전체의 55.7%를 차지했고, 지방은 44.3%에 그쳐 지역별 편차를 보였다. 서울 7개 구를 비롯, 대구 등 약 38개 지역에서는 서점이 다소 증가하며 타 지역과 대조를 이루었지만 대전(44곳), 광주(30곳), 부산(23곳)은 서점이 많이 감소한 것으로 나타났다.

특히 인천시 옹진군, 경북 영양군·울릉군·청송군·봉화군, 전남 신안군 등 6곳은 서점이 한 곳도 없는 '서점 멸종 지역'이며, 전남 나주시, 경북 문경시 등 43곳은 서점이 단 한 곳뿐인 '서점 멸종 예정 지역'으로 대책 마련이 필요하다.

−〈문화일보〉, 2016. 3. 9.

한국서점조합연합회가 표현한 대로 '서점 멸종 지역'이 늘어나면 대한민국의 문화적 불모지는 그만큼 커질 것이다. 서점이 전국 각지에서 운영될 수 있도록 여건을 조성하는 것이 문화정책의 우선순위가 되어야 한다.

서점이 희망이다

출판과 책 유통의 핏줄인 서점을 획기적으로 늘릴 수는 없을까? 최소한 정점을 찍었던 1996년의 5,378개 이상으로 회복시키고 싶다. 전국 어디를 가나 중심지에 위치해 성업 중인 지역서점과 복잡한 사거리에 서점들이 즐비한 도시 풍경, 우리가 꿈꾸는 대한민국의 모습이다.

서점도 사업이다. 정부의 지원만으로 특정 사업을 살릴 수는 없다. 자본주의 사회에서 사업은 경제 논리로 풀어야 한다. 이익이 나서 집세도 낼 수 있어야 하고, 종업원 급여도 주어야 한다. 비용을 다 제하고도 투자금을 은행에 넣는 것보다 훨씬 많은 수익이 나야 서점을 경영하고자 하는 사람이 많아지고 서점 숫자가 늘어날 것이다.

도서정가제가 지금보다 한발 더 앞으로 나아가 완전한 정가제가 정착되어서, 지역서점이 적정 마진을 갖도록 해주어야 한다. 2017년 11월, 현행 도서정가제 조항을 개정하는 시점이 다가온다. 반드시 이를 반영토록 해야 한다.

동네서점 활성화는 고용 증대 정책에도 기여한다. 청년 실업률이 9%대로 심각하다. 그런가 하면 50~60대의 고용 대책도 대안이 필요하지 않은가. 퇴직한 지식인층을 흡수할 수 있는 가장 좋은 직업이 서점이다. 5,000개의 서점이 만들어지면 적어도 2~3만 명 이상의 고용 창출 효과를 기대할 수 있다.

서점을 경영하는 사람에게 사회가 지식인으로서의 대우를 해주자. 서점인은 흔한 커피숍이나 24시간 편의점과는 다르게 문화콘텐츠를 다루는 전문성을 갖춘 지식인 사업가다. 적어도 우리 출판인들이 받는 정도의 대우를 사회로부터 받아야 한다.

서점에 대한 지원은 여러 가지가 있을 수 있다. 우선 사업소득에 대한 세제 혜택, 공공건물 등의 저렴한 임대, 서점으로 임대한 건물에 대한 세제 지원으로 건물주들이 서점 유치를 선호하도록 하는 방안, 서점인을 위한 교육 지원 등을 들 수 있겠다.

색다른 동네책방들의 출현

2014년 11월, 10%의 할인이 가능한 부분 도서정가제가 시행된 이후 전국 곳곳에서 서점들이 생겨나고 있다. 할인율이 아직은 다소 높은 도서정가제 환경하에서도 말이다. 마치 산불로 온통 타버린 곳에서 새로운 싹들이 돋아나는 듯하다. 그리고 그런 서점들이 나름대로 독특한 특징을 갖고 영업을 함으로써 경쟁력을 갖추고 있다.

몇 군데 예를 들어보자. 유명 인사와 출판 전문가들이 잇따라 소규모 서점을 열고 있다. 신간이나 베스트셀러 대신 주인 취향에 맞춰 선별한 책을 소개하는 동네책방 바람이 불면서다. 방송인 노홍철 씨는 해방촌에 서점을 내서 특성화로 경영하고 있다. '그녀는 프로다. 프로는 아름답다' 등 명카피를 선보여 광고계의 전설로 불리는 최인아 전 제일기획 부사장도 최근 서점 주인이 됐다.

동네서점에 새바람이 불고 있다. 대형서점, 온라인서점에 밀려 기존 동네서점이 하나둘 사라지기 시작하였는데, 최근에는 새로운 작은 서점이 곳곳에 생겨나고 있다. 퇴근길에 맥주 한잔 걸치며 책을 고를 수 있는 서점부터 독립출판물로 이름난 서점까지 저마다 색깔이 뚜렷한 게 특징이다. 이런 서점의 주인들은 대개 책을 좋아하는 것은 물론이고 책을 직접 만들어보기도 한 젊은이들이다. 임대료가 싼 곳을 찾아 생각지도 못한 곳에 서점을 연 경우도 많지만, 요즘 같은 시대에 큰 문제는 아니다. SNS·인터넷 등으로 입소문이 나면, 지도를 보고 찾아오거나 전화·온라인으로 주문하는 손님이 얼마든 생겨날 수 있기 때문이다.

이런 특색 있는 작은 서점이 최근 부쩍 늘고 있다. 독립출판물을 유통하는 서점(복합문화공간 포함)만 꼽아도 서울·부산·대전·대구·강릉·제주 등 전국에서 현재 약 40곳에 달한다. 흥미로운 건 이중 절반가량이 지난해와 올해 문을 연 점이다. 전반적으로 지역서점이 급감해온 추세에서 단연 눈에 띄는 현상이다.

작은 서점이 늘면서 테마도 분화되는 추세다. 또 이처럼 작은 서점은 각종 문화 강좌가 활발한 것도 공통된 특징이다. 새로운 동네서점들이 기존에 문화 소비층의 발길이 닿지 않던 곳에 문을 여는 것 역시 주목할 만하다. 이를 통해 주변 지역이 활성화되는 효과도 기대할 수 있을 것이다.

– 이후남, '술 한잔하며 책 고르세요… 색다른 동네책방', 〈중앙일보〉, 2015. 3. 3.

서점이 여기저기서 살아나는 현상을 눈여겨보아야 한다. 그리고 이들이 정착할 수 있도록 적극적으로 지원해주어야 한다. 2014년 11월부터 시행해온 개정 도서정가제 강화의 긍정적 효과가 서서히 나타나기 시작하는 것이다.

서점, 현대인의 힐링센터

인터넷서점은 집에서 편하게 주문할 수 있는 장점을 갖고 있다. 하지만 오프라인서점을 방문했을 때 독자(소비자)들이 느끼는 경험과는 사

못 다르다. 얼굴을 맞대는 관계는 특별하지 않은가. 서점은 책의 향기와 기운이 있는 곳이다. 수북하게 쌓인 다양한 책들을 보면, 각기 마음껏 자기 멋을 꾸미고 노래 부르러 나온 합창단 같지 않은가.

서점에서 사람들은 평안함을 느낄 수 있고, 꿈을 꿀 수 있으며, 지혜와 지식을 얻을 수 있고, 사랑하는 사람을 생각하며 위하는 마음도 갖게 된다. 서점, 그곳이 바로 현대인의 유토피아다. 서점이 현대인의 유토피아로 자리 잡게 만드는 것, 그것이 정부와 출판계, 서점업계가 함께할 일이다.

도서관이 늘고 있다

서점이 사라져가는 지역에 도서관이 늘어나는 모습은 그나마 다행스런 현상이다. 정부는 도서관을 늘리려고 노력을 기울이고 있지만 예산 지원이 쉽지 않은 모양이다. 전국의 공공도서관은 2005년 514개에서 2016년 1,019개로 지난 10여 년 사이에 약 두 배 증가했다. 서울시의 경우 2007년에 66개이던 공공도서관 수가 2015년에 135개로 역시 두 배 이상 증가했다. 그러나 선진국들에 비해서는 아직도 우리나라 공공도서관의 숫자나 장서량이 턱없이 부족하다.

각 지방자치단체가 서로 도서관 늘리기 경쟁을 벌이게 할 수는 없을까? 요즈음 지방자치 단체장들이 독서에 관심이 많아지는 것도 매우 고무적인 일이다.

문화체육관광부는 2014년부터 매년 독서진흥에 앞장서는 지자체 한 곳을 선정하여 '대한민국 독서대전'을 개최하고 있다. 첫해에는 군포, 2015년에는 인천, 그리고 2016년에는 세 번째로 강원도 강릉이 개최지였다. 지난해 가을 강릉대도호부 관아에서 열린 독서대전에는 많은 출판사들이 참여하였으며 각종 전시회와 독서 콘퍼런스 등을 개최하였다. 이 행사에는 책을 사랑하는 강릉 시민들은 물론 강릉시를 찾은 관광객들도 많이 참여하였다. 참 좋은 기획이다.

단순히 도서관의 개수를 늘리려 하기보다는 주민들에게 친화적으로 다가가는 도서관을 만들면 좋겠다. 언론에 소개된 일본의 지방도서관 사례를 보자. 우리도 지방에 이런 도서관들을 만들어 지역 주민들의 이용을 늘리고 지역문화를 관광자원화할 수 있으면 좋겠다.

지난주 일본 여행 중 규슈(九州) 사가(佐賀)현에 있는 다케오(武雄)라는 동네에 들렀다. 온천과 3000년 수령의 삼나무가 있는 인구 5만의 작은 도시. 그런데 역을 나서 시내 한복판을 돌아다녀도 지도를 든 관광객 몇몇을 제외하곤 사람의 그림자가 보이지 않았다. 길을 묻고 싶어도 물을 행인이 없는 상황. 아, 이 동네 사람들은 다 어디 가 있는 거야.

곧 답을 알게 된다. 잔잔한 시골 풍경에 급격히 질리는 도시녀 본색이 발동, "이런 동네에 스타벅스는 없겠지?"라고 중얼대던 참이다. 나 찾았냐는 듯 저 멀리 스타벅스 간판이 모습을 드러냈다. 걷다 보니 나지막한 2층 건물 주변에 사람들이 가득했다. 봄빛이 완연한 테라스에서 책을 읽고 있는 할아버지·할머니, 잔디를 뛰노는 아이들과 엄마, 홀로 커피를 마시며 독서 삼매경에 빠진 젊은이들…, 다케오 시립도서관이었다.

1층 전체를 높다란 천장에 고급스러운 가구와 인테리어 소품으로 꾸며진 세련된 서점이 차지하고 있다. 일본 최대 음반 렌털업체인 츠타야(TSUTAYA)가 운영하는 책방 겸 CD&DVD 대여점이다. 한편에 스타벅스가 있고, 그 옆엔 커피를 마시며 자유롭게 책을 볼 수 있는 널찍한 공간이 마련돼 있었다. "도서관은 어딘가요?"라고 직원에게 물으니 여기가 도서관이란다. 1층 벽면과 2층 서가에는 서적분류표를 붙인 시립도서관 장서 20만 권이 빽빽이 꽂혀 있다. 이 책들도 누구나 꺼내 읽을 수 있고, 서점 계산대에서 도서관 책의 대여와 반납도 함께할 수 있다. 도서관이자 서점이고, 열람실이면서 카페인 셈이다.

알고 보니 이곳은 일본의 명소였다. 이전에는 시에서 운영했지만, 2013년 4월부터 민간업체 츠타야가 위탁 운영을 맡고 있다. 오후 5시면 문을 닫던 도서관은 퇴근길 직장인들도 들를 수 있도록 오후 9시까지 문을 연다. 연간무휴라 휴일에도 시민들이 몰린다. '한번 가봐야 할 도서관'으로 소문이 나면서 지난해 이용자가 100여만 명에 달했다. 이중 40만 명은 다케오 시가 아닌 다른 지역에서 온 사람들. 도서관 하나가 지역 경제를 살리고 있다는 말도 나온다.

공공기관을 상업화한다는 아이디어에 반대의 목소리도 높았다고 한다. 하지만 직접 가본 이라면, 절로 책을 읽고 싶게 만드는 이곳의 따뜻하고 독특한 분위기에 반할 수밖에 없을 것 같다. 틀을 깨는 과감한 시도로 지역 주민들의 편한 쉼터이자 모임 장소, 공부방이 된 도서관. 기차 시간도 늦추며 저녁까지 머물다 몇 권의 책을 사 들고 돌아왔다.

– 이영희, '시골 도서관의 작은 실험', 〈중앙일보〉, 2015. 3. 25.

작은도서관

최근 주민자치센터에 작은도서관들이 많이 설치되고 있다. 반가운 일이다. 동(리) 단위나 면 단위에 도서관들이 생겨나 아이들과 주부들이 쉽게 책을 접할 수 있게 했다. 여기에 가능하다면 다양한 독서클럽(독서동아리)을 만들어 독서의 생활화를 기하고, 그것을 전국 단위로 활성화하여 방방곡곡에 이야기클럽을 만들면 어떨까. 우리라고 《해리포터》 같은 명작이 나오지 말라는 법이 없지 않은가.

도서관의 문제라면 역시 예산이 가장 큰 걱정이다. 정부 예산의 증가분에는 도서구입비 증액은 없었다. 책을 구입하는 예산은 한정되어 있는데 도서정가제법으로 인하여 구입 수량이 줄었다 하여 2015년도에는 문화체육관광부의 중재로 출협에 도서 기증 요청이 들어왔다. 결국 무상으로 도서관에 책을 기증하였다. 도서관은 출판사의 주요 고객이지 않은가. 그런데 책을 무상으로 달라고 하니 한심한 노릇이다. 아무튼 도서정가제법이 당초에는 생각하지도 못했던 도서관의 장서량에 영향을 끼친다니 어쩔 수 없이 협조하기는 했다. 앞으로 도서관의 장서 구입 예산이 크게 확충되어야 한다.

나는 가끔 도서관에 들러 사람들을 살펴본다. 도서관에서 '책'을 보는 게 아니고 '사람'을 살펴본다고? 물론 의아해할 수 있으나 십분 공감하는 분들도 많으리라. 책을 고르거나, 열중하여 읽고 있는 사람들의 모습이 얼마나 아름다운지를 느껴본 이들이라면 말이다.

책이 가장 많은 곳으로 통하는 '도서관'은 비단 '책'만을 볼 수 있는 곳이 아니다. 그곳은 우리의 미래를 그려볼 수 있는 곳이기도 하다. 따라서 나는 일상이 피곤하고 지칠 때 다시 한 번 나 스스로를 돌아보는 재충전의 기회가 필요할 때면 종종 도서관이나 서점을 찾는다. 딱히 책을 빌리거나 구입하기 위한 목적이 아니더라도 '도서관'에 들르면 눈과 마음이 편안해지는 그 무엇이 있다. 그것은 바로 '독서 삼매경에 빠져 있는 사람들', '책과 함께 어울려 있는 사람들'에게서 느낄 수 있는 귀한 에너지다. 그 속에서 나는 작은 희열을 느낀다. 그리고 우리 사회의 밝은 내일을, 우리나라의 희망찬 미래를 읽는다. 이렇듯 내게 있어 '도서관 풍경'은 생활인으로서의 고단한 일상에서 한걸음 물러나 한층 새로운 여유를 갖게 하는 신선한 자극제이자 엔돌핀이다.

내가 평상시 도서관에 들렀을 때 느꼈던 신선한 감동을 올해 3월 대한출판문화협회(이하 출협)가 주빈국으로 참가해 운영한 '파리도서전'의 현장에서 다시 경험할 수 있었다. 아니, 그때의 느낌은 감동을 넘어선 신선한 충격 그 자체였다.

파리도서전 기간 동안 여러 차례 전시장을 찾은 프랑스 문화부 장관은 자국의 출판문화 발전과 관련해 "프랑스에서 문화는 심장과 같으며, 그 문화의 중심에 책이 있다"고 말했다. 즉석으로 이루어진 기자의 질문에 한 치의 머뭇거림 없이 대답한 오드레 아줄래 장관의 모습도 그러하거니와 그 대답이 가히 명언이었기에 오늘의 프랑스를 있게 한 저력을 확인할 수 있었다.

장관뿐만이 아니라, 도서전 현장을 찾은 정계 인사들을 비롯한 프랑스인들은 책을 문화로 즐길 줄 아는 국민들이었다. 철저히 B2C를 지향하는 파리도서전은 정부를 비롯해 출판사와 저자, 작가, 출판 관계자 등 그 누가 먼저라고 할 것 없이 혼연일체가 되어 도서전에 참여해 즐기며, 책문화를 향유하고 있었다.

출판사와 관람객 참여 독려를 위해 힘쓰고 있는 우리 도서전 준비 과정과 너무나 비교되는 모습이었기에 만감이 교차했다.

우리 국민에게 있어서 책과 독서, 그리고 문화의 의미는 무엇인가. 이해 득실을 떠나 책과 함께하는 책 문화 축제의 장 마련을 위한 노력에 개인 과 단체, 정부가 온전히 힘을 쏟을 수는 없는가! 하루아침에 변화를 이끌 어낼 수는 없겠지만, 행동의 변화를 만드는 좋은 환경, 즉 책 읽는 문화 조성이 그 어느 때보다도 시급하다는 생각을 했다.

결국 이를 이루기 위해서는 출판계와 도서관계가 하나돼 공동의 목표를 갖고 실천해나가야 한다.

출협은 정부의 독서문화진흥기본계획에 따른 범국민 독서환경 조성과 독서생활화운동에 적극 참여한다는 계획 아래 독서운동을 추진하고 있 다. 아울러 양서출판 활성화로 독자들에게 감동과 희망을 줄 수 있는 좋 은 책 출판을 지원하기 위한 여러 방안 마련을 위해 힘쓰고 있다. 또한 우리 출판계는 이 모든 일들이 도서관과의 상호협력 아래 이루어지기를 소망한다.

무엇보다도 출판과 도서관은 지식 인프라의 생산과 구축을 주도해온 동반 자다. 특히 국회도서관과 출협은 그동안 긴밀한 협력관계를 맺어왔고 향 후 그 관계의 지속은 우리나라 출판문화 발전에 더 크게 기여할 것이다.

국내에서 생산되는 모든 출판 자료가 총망라돼 있는 곳. 정치·경제·사 회·문화 전반을 아우르는 모든 자료를 출판계는 도서관에 제공하고, 우 리는 도서관에 축적된 자료, 즉 책을 통해 개인과 사회, 더 나아가 나라 밖의 세상과 만난다. 그것은 진정 나 자신의 삶을, 우리 사회를 전율케 하는 값지고 의미 있는 일이다.

개인의 비전을 키우는 세상, 국가의 미래를 열어주는 세상, 그 세상은 바 로 '책'을 통해 만날 수 있다. 그리고 그 세상의 문은 도서관의 문턱을 넘어 책장을 넘기는 순간 열리게 된다.

오늘도 도서관과 서점을 찾는 이, 책을 문화로 향유하는 이들이 특별해 보이는 이유, 그리고 그들의 모습을 보며 감동받는 까닭은 바로 이 때문이다. 책 속에 우리의 미래가 있기에.

- 고영수(출협 회장), '나와 도서관, 그리고 우리의 미래',
2016년 국회도서관지 기고의 글

도서관 활성화에 관한 다음과 같은 미담도 있다. 2015년 9월 20일자 〈중앙일보〉에 소개된 복남선 국립중앙도서관 사서의 재능 기부 이야기다. 아이들에게 최고의 지식놀이터를 선물한다는 생각이 너무나 훌륭하다.

국립중앙도서관 사서들은 재능 기부 모임으로 '책수레 봉사단'을 결성해 활동하는데 그 회원인 복 사서는 2010년부터 지금까지 10여 곳이 넘는 도서관에 도서 2,000여 권을 기증하고 4만 권에 가까운 책 정리를 도왔다. 강원도 태백의 꿈꾸는아이들지역아동센터, 울릉도의 선원자성지역아동센터, 경북 영양군의 석보지역아동센터 등 지역이나 복지시설의 작은도서관이 그 대상이다. 복 사서는 "아이들이 도서관을 이용할 때 낯설지 않도록 최대한 비슷한 환경을 만들어주는 게 봉사단의 목표"라고 말한다. 최고의 서비스란 도서관 이용자들의 시간을 절약해주는 것이라고 생각한다. 그의 바람은 사서의 재능 기부가 전국으로 확대되는 것이다. 그래서 아이들에게 최고의 지식놀이터를 선물하면 좋겠다는 생각이라고 한다. 얼마나 아름다운가!

시급한
저작권법 개정

협회에서는 제정 또는 개정되는 여러 법률 문제가 빈번히 논의된다. 그중에서 저작권법은 매우 첨예한 문제로 출판계와 중요한 관련성을 갖는다. 사회가 발전하면서 출판사들과 저작자 단체 등의 이해관계가 자주 충돌하고 있다. 저작권자 단체들은 우리 출판인들보다 훨씬 더 깊은 법률 지식을 갖고 우리와 대치하고 있다.

저작권법 제1조(목적)는 "이 법은 저작자의 권리와 이에 인접하는 권리를 보호하고 저작물의 공정한 이용을 도모함으로써 문화 및 관련 산업의 향상 발전에 이바지함을 목적으로 한다"고 규정하고 있다. '산업'의 이해를 반영하는 것처럼 여겨지지만, 결국은 저작자를 위한 법이다. 때문에 저작자에게 매우 유리할 수밖에 없고, 개정할 때마다 저작자의 권리는 지속적으로 향상된다. 국가가 알아서 저작자의 권리를 보호하고 있으므로 저작자는 저작권법에 대하여 특별히 관심을 가질 필요가 없다.

출판은 저작권법과 떼려야 뗄 수 없고, 저작권법에 의거하는 한 출판사는 저작권자에게 항상 불리하기 때문에 출판사가 저작권법을 깊이 알아야 한다. 저작자를 위한 법을 면밀히 알아야 문제 발생 시 대응할 수가 있다.

저작권법의 규정 미비가 출판사에게는 엄청난 피해를 줄 수 있는데도 출판계는 저작권법에 대해서는 그다지 관심이 없는 듯하다. 출판계의 가장 중요한 문제임에도 출협 내부에 저작권 전문가도 없을뿐더러 저작권 전담 직원 또한 없다. 이러한 실정은 한국출판문화산업진흥원도 마찬가지다. 사정이 이러하다 보니 정부가 출판계에 불리한 표준출판계약서를 만든다든지, 심지어 출판사를 저작자로 착각하여 저작자에게만 유리하고 출판사에게는 불리한 법 개정을 추진하는 촌극이 벌어지기도 했다. 더구나 3년마다 바뀌는 출협의 담당 상무이사가 출판계 저작권에 대한 전반적인 업무를 맡는 것은 위험하기까지 하다.

여기서 관련 법 조항과 구체적인 개선책에 대해서는 일일이 언급하지 않겠으나 다음의 여섯 가지 사항을 제안하고자 한다.

첫째, 출판계 모두가 저작권법에 관심을 가져야만 하고 또한 적극 대응하여야 한다. 저작자와 이용자 중간에 서 있는 출판계의 관심이 부족하면 저작권법의 취지에 따라 저작자와 일반 이용자를 위한 법이 만들어질 수밖에 없고, 결국 출판권에 대한 내용은 소외되는 경우가 많아지게 된다. 대표적인 예로 저작권법 제25조 제4항(수업 목적 보상금을 저자에게만 지급하고 출판사는 배제한 조항)을 들 수 있다.

둘째, 출판사 입장에서의 저작권에 대한 연구가 절실하다. 특히 출판계가 외국의 저작권법에 대한 연구자료를 축적한 것이 거의 전무하다. 결국 법은 현장의 실태와 당사자의 주장을 근거로 외국의 사례를 살펴 새로 만들거나 개정하게 된다. 확실한 연구자료가 뒷받침되지 않은 채 업계 이익만을 위한 주장은 오히려 부작용을 낳는다. 우리의 상대는 모두 법 전문가 집단임을 생각해야 한다.

셋째, 출협에 저작권 전담 직원이 필요하며, 장기적인 노하우의 축적 또한 요구된다.

넷째, 출협에 저작권 자문기구, 즉 그동안 출협이나 복전협 등에서 저작권을 담당했던 출판사 대표가 중심이 되는 기구가 설치되어야 한다. 출협은 3년마다 임원이 바뀐다. 다시 말해서 과거에 축적된 노하우가 제대로 승계될 수 없는 구조다. 저작권 분야는 어떤 분야보다 전문성이 필요한데 현재 상태로는 우리에게 유리한 저작권법의 개정을 기대할 수가 없다. 협회는 2016년 10월, 제14차 상무이사회의에서 저작권특별위원회를 두기로 했다. 이는 범 출판계를 아우르는 조직으로 상시적으로 저작권에 대한 조사와 대처방안을 연구해나간다. 이 조직은 앞으로 회장단이 바뀌어도 계속해서 연속성을 갖고 일을 추진해나가면 좋을 것이다.

다섯째, 출판계의 저작권 분쟁 사례를 모두 수집하여 발생할 수 있는 저작권 분쟁을 사전에 차단하고, 이를 바탕으로 저작권법 개정에 반영할 수 있는 연구가 절실하다. 출판사의 저작권 분쟁 사례는 중요한 자료이나, 대부분 그 분쟁 사실을 감추어 자료 축적이 어려운 상황이다. 이 역시 출협이 나서야 한다.

마지막으로, 앞으로 저작권법을 개정하려 할 때, 출판계는 판면권이 반드시 삽입되도록 주장하여야 한다. 판면권이란 도서 편집의 기본 요소인 '언어, 이미지, 디자인'을 기반으로 교정·교열 등 독자의 가독성을 높이기 위해 기울인 출판사의 노력을 보호하고자 하는 '저작인접권'이다. 편집(판면: Arrangements)은 잠자는 원고에 생명력을 불어넣는 작업으로서 독자의 가독성을 높이는 제2의 창작임을 인식시켜나가야 한다. 악보를 누가 연주하느냐에 따라 곡의 완성도가 달라지듯, 저자의 원고도 출판사가 어떠한 노력을 기울여 어떻게 판면을 편집하는가에 따라 상품 가치가 달라진다. 우리나라 저작권법에서 음악은 저작인접권을 인정하면서 출판은 인정되지 않는 것에 출판인들은 분개하지 않을 수 없다.

디지털 환경과
출판의 과제

미래를 논할 때 과학기술 발전이 인류 사회에 미치는 영향 중에서도 출판환경의 변화는 가장 흥미로운 주제 가운데 하나다. 미래에 과연 종이책이 존재할 것인가, 인류는 지식과 정보를 얻는 책이라는 매체를 무엇으로 대체할 것인가가 관심거리다.

책의 영역은 지금도 급속히 그 수면이 낮아지고 있다. 법률출판에서 법령이나 판례의 검색은 이미 오래전에 책의 영역을 벗어났고, 백과사전을 필두로 한 각종 사전류는 드물게만 종이책으로 발간되고 있다. 대중음악 책은 노래방 기기에게 자리를 내주었고, 각종 길 안내서인 지도는 차량에 설치된 내비게이션에 밀려 어느 날 갑자기 사라졌다. 출판 선진국들에서는 여전히 지도책이 살아 있지만….

이미 일부 영역에서 종이책의 영역이 완전히 사라지고 있음에도, 또 미래는 종이책보다는 다른 디지털 미디어로 대체될 것이라는 모든 사람들의 공감에도 불구하고 출판계는 여전히 종이책 사수에 매달리고 있는 형국이다. 일부 웹툰이나 웹소설 등 오락성이 짙은 콘텐츠들이 디지털 영역에서 선전하고 있지만, 이 분야는 기존 출판의 영역이 아니다. 대부분의 출판물들은 디지털화에 그다지 큰 기대를 못하고 있다. 정부로서도 어떻게 하면 이쪽 시장을 활성화시킬까 고심하지만, 뾰족한 방법이 없다. 단편적으로 전자책을 제작하는 데 제작비를 지원해주고, 우수 콘텐츠를 시상해주는 식으로 활성화를 기대하는 정도다.

출판계의 고민은 무엇인가

종이책 시장이 줄어드는 만큼 전자책의 수요가 따라주지 않고 있다. 일부 출판사들은 종이책을 출시한 후 전자책으로도 내고 있지만 판매는 종이책의 10분의 1에도 못 미친다. 아직 소비자들이 전자책 리더기를 많이 갖고 있지 않고, 무엇보다도 종이책으로도 키우지 못한 독서인구를 전자책 영역으로 확대시키기에는 역부족이기 때문이다. 전자책에 익숙한 독자들은 나름대로 출판계에 불만을 토로한다. 읽을 만한 콘텐츠가 전자책 목록에 없다는 것이다.

어찌되었건 출판계는 당장의 이익이 적더라도 꾸준히 전자책 타이틀을 늘려가야 할 것이다. 번역서에 묶인 전자책 제약도 풀어가도록 노력하는 등 종이책 매출이 줄어드는 만큼 디지털출판의 매출이 증가하도록 종이책과 전자책을 유기적으로 결합시켜나가야 한다. 다양한 독자층의 수요에 대응할 수 있는 공급 방식과 포트폴리오를 갖추는 것이 출판사업의 기본인 시대다.

정부의 역할

정부는 나름대로 노력해왔지만 시장의 변화를 읽는 데 둔감했고, 무엇보다 손쉬운 진흥책에 매달려왔다. 우선 타이밍이 중요함을 말하고 싶다. 시장이 형성되기 전에 선제적으로 시장을 창출해가려면 몇 배의 힘이 든다. 한 건 한 건의 디지털 변환에 매달리기보다는 업계가 시장을 형성해나갈 수 있도록 플랫폼 구축을 지원해주자.

이제는 종이책을 단순히 전자책으로 바꾸는 전자출판 컨버전스 개념에서 멀티미디어 전자책이 개발되도록 지원해주어야 한다. 이런 경우 해외 수출을 전제로 한 글로벌 아이템의 개발을 유도할 수 있을 것이다. 현재 우리 출판계 실정에서는 막대한 비용을 들여서 멀티미디어 전자책을 개발할 여력이 있는 출판사가 없기 때문에 정부의 시범적인 지원이 필요하다. 매년 시장을 선도할 아이템 열 개를 공모하여 신기술 개발과 세계 시장을 두드리는 두 마리 토끼를 잡도록 해주면 어떨까.

정부는 디지털환경을 조성해주는 신작로를 만들어야 한다. 개별 회사가 할 수 있는 일들을 지원하는 것이 아니라, 개별 회사가 하기 힘든 것을 해줘야 한다. 아울러 올바른 방향에 대한 탐색을 지원해야 한다. 해외 사례도 조사하고, 업계의 소리도 경청해서 추진해나가면 될 것이다. 현재와 같은 전자출판에 대한 지원사업은 실효성의 기대보다는 예산 낭비가 더 우려된다.

앞에서 시기의 중요성을 이야기했는데, 종이책이냐 전자책이냐 하는 것보다 양질의 콘텐츠 개발이 중요하다. 종이책이 활성화된다면 어느 시기엔가는 전자책이 저절로 활성화된다는 것은 자명한 일이다.

도서관의 전자책 서비스

국립중앙도서관 한 곳에서 구입한 전자책을 전국 도서관에서 무료로 볼 수 있게 하자는 안이 이야기되고 있다. 획기적인 국민 편의를 위한 생각이라고 누군가로부터 제안된 듯싶으나, 계란을 먹기 위해 닭을 잡아먹는 우화가 연상되는 정책이다. 그런 환경에서 저자는 어떻게 인세를 받고 생활할 수 있으며, 출판사는 어떻게 새로운 책을 공급할 수 있겠는가. 인세에 의존하는 저자와 영리를 목적으로 한 모든 출판사들을 없애려는 발상이라 하겠다. 공급자 입장에서 요구하는 것이 아니라 시장의 메커니즘을 무시한 발상이라고 생각한다. 도서관은 많을수록 좋다. 전자책도 기본적으로 각 도서관에 납품이 되고 이용에 따른 적절한 요금체계가 연구되어야 할 것이다.

디지털 출판기구 설립

2015년 초부터 문화체육관광부의 중재 아래 우리 업계가 공동으로 새로운 기구를 만들자는 움직임이 있었다. 기존의 한국전자출판협회가 내부 문제로 인하여 정부의 제재를 받아 제 기능을 못하자 문체부로서도 새로운 기구가 필요했던 것 같다.

대한출판문화협회의 제안은 현재 문체부에 등록된 사단법인이 모두 참여하여 기구를 만들고, 회원사의 숫자에 비례하여 이사 수를 뽑아 그 안에서 회장을 뽑자는 안이었다. 디지털 시대에는 종이책 시대의 전철을 밟지 말고 서로 흩어짐 없이 하나의 디지털협회를 만들어가자는 취지의 제안이었다.

그러나 한국출판인회의는 대한출판문화협회와 출판인회의가 5대 5

로 하여 새 단체를 세우자는 안을 주장하였다. 출판인회의의 주장을 여타 다른 단체들이 수용할 리가 없었다. 결국 합의가 안 되어서 기구는 설립되지 못했다. 미래의 출판계 전체를 위해 어떻게 하는 것이 좋을지 심사숙고해볼 문제다.

또 굳이 새로운 단체를 만들어야 할지도 검토 대상에 넣어야 한다. 출판계가 하나가 된다면, 기존 조직 내에 전자책 관련 특별 상설기구를 두어도 될 것이라는 생각이 든다. 조직이 시간이 지남에 따라, 또 운영하는 사람에 따라 원래의 목적과 업무 한계를 벗어나서 전혀 엉뚱한 방향으로 흘러가는 것을 보아왔기 때문이다.

한국복제전송저작권협회의 변화와 출판계

1990년대 초부터 복사기가 급속히 보급되고 복사의 질이 향상되면서, 대학가 부근 문구점에서는 학술도서를 중심으로 불법 복사(불법 복제)가 판을 쳤다. 이에 출협은 불법 복사를 근절하기 위하여 단속반을 운영하여 복사업소를 단속하고 고발하기로 하였다.

그러나 단속원에게 문을 열어주지 않는 등 준사법권이 없는 단속은 별 성과가 없었으며 때로는 주거 침입으로 고소를 당하기도 하였다. 어쩌다 단속을 하더라도 저작재산권을 가지고 있지 않은 출판사 입장에서 고소를 하는 절차도 까다로워 거의 실익이 없었다. 따라서 출협은 문화부에 꾸준히 출협에 준사법권을 부여해달라고 요구하였고, 문화부는 저작권이 없는 출협에게 준사법권을 부여하는 것은 부당하다며 거절하는 상황이 반복되었다.

문화부는 한국문예학술저작권협회(이하 '문저협')에 단속반을 만들고 준사법권 부여를 검토하려 했고, 출협은 문저협의 구조상 불법 복사 단속보다는 출판사의 저작권 위반에 대한 단속에 신경을 더 쓸 것이라는 부작용이 예상되어 반대하였다. 결국 2000년 4~6월에 절충안으로 호주, 독일 등에서 시행하고 있는 방식을 참조하여, 출협과 문저협을 중심으로 복사권 전담 기관을 만들어 복사 자체는 양성화하면서 불법 복사를 근절시키는 방향으로 한국복제전송저작권협회(이하 '복전협')의 설립을 구상하게 되었다.

출협은 복사의 합법화라는 문제로 이해 당사자인 학술출판협회와 과학출판협회 양 단체와 논의한 끝에, 어차피 단속으로 불법 복사를 근절하는 데는 한계가 있으므로 복사의 가이드라인만 잘 설정한다면 장기적으로 양성화가 좋을 것이라는 의견에 합의하였다. 이에 2000년 7월 전액 국고 지원으로 복전협이 설립되었고, 문화부는 5년간 그 운영을 지원하기로 약속하였다.

문화부는 2000년 1월 복전협 설립을 위한 법적인 뒷받침으로 저작권법 제30조(사적 이용을 위한 복제)를 개정하면서 단서 조항을 삽입하였다. "다만 공중의 사용에 제공하기 위하여 설치된 복사기기에 의한 복제는 그러하지 아니하다." 몇 자 안 되는 내용이지만 담고 있는 내용은 상당한 것이어서 저작권계에서는 불법 복사의 근절 뿐 아니라 엄청난 사용료 징수를 기대했다. 개인 집에 있는 것을 제외한 거의 모든 복사기, 즉 정부기관, 각종 단체, 학교는 물론이고 유치원, 기업체 등에 설치된 모든 복사기는 공중의 사용에 제공하기 위하여 설치된 복사기기이므로 사용료를 징수할 수 있는 법적 근거가 마련된 것이다.

복전협은 출협과 문저협, 그리고 음악저작권협회(이하 '음저협') 등 여섯 개 단체가 회원인 사단법인으로 출발하였다. 설립 당시에 출협과 문저협은 문서상에는 없지만 복전협의 여러 정황을 고려하여 몇 가지 원칙에 합의하였다. 이사장은 외부 인사를 모셔오고 양 단체가 부이사장을 맡기로 하며, 집행기구인 이사의 수도 대략 정했다.

또한 출협 내부에서도 부회장 중 한 명이 부이사장을 맡고 출협 조사연구 담당 상무와 이해 당사자인 학술출판협회와 과학출판협회 회장이 이사로 들어가는 것 등으로 의견을 모았다. 단체 선거 등의 부작용으로 전혀 문제가 없었던 것은 아니지만, 16년이 지난 지금까지도 이러한 원칙이 비교적 잘 지켜지고 있는 것 같다.

다만 근래 여러 저작권 단체가 가입하여(언론재단, 사진협회, 미술협회 등) 회원사가 열한 개가 되었으며, 또한 새로 가입한 단체가 이사 자리를 요구하고 있다. 문화체육관광부도 같은 입장이라 복전협 내에서 출협의 위상이 많이 흔들리고 있는 추세다. 게다가 출협에서 선임된 이사는 여느 단체와 달리 너무 자주 바뀌면서 저작권에 대한 지식의 부족으로 여러 문제를 낳고 있다.

내 생각으로는 차기 집행부에 부이사장은 출협의 부회장이 나가더라도, 이사 세 명은 학술출판협회와 과학출판협회의 회장이 아닌 두 단체에서 양성한 저작권에 해박한 지식을 가진 사람, 그리고 오랫동안 복전협을 담당했던 출협 직원 중 한 명을 선임하는 방안을 제안하고 싶다.

또 최근 복전협이 당초의 구성과 달리, 여러 저작권 단체들이 계속하여 가입함으로써 출협이 갖고 있던 지분(위상)이 상대적으로 크게 떨어지고 있다. 이것은 중대한 문제로서, 사안마다 표로 결정을 할 때 저작권단체들에 휘둘릴 염려가 있는 것이다. 출협은 출판권자와 저작권자가 균등한 5대 5의 지분을 요구하여야 할 것이다. 쉽지 않겠지만, 만약 이에 응하지 않는다면 출판단체들은 별도로 출판권자의 이익을 대변하는 단체를 만들 수밖에 없을 것이다. 우리 출판권자의 권익은 누가 대신해서 지켜주지 않기 때문이다.

출범 당시 복전협의 수입은 다른 나라의 사례를 볼 때 실로 엄청날 것이라 추정했다. 하지만 예상은 빗나갔다. 법적 근거나 복사기기 보급의 문제가 아니라, 여전히 대부분 불법 복사를 하고 있기 때문이다.

복사 이용 허락 계약을 체결한 복사업소는 832곳에 이른다. 정확히 전체 복사업소 중 어느 정도인지 모르겠으나 미미한 것임에는 틀림없다. 특히 학교 안에서의 불법 복사는 거의 치외법권 지역으로, 심지어 학생회가 불법 복사로 비용을 조달할 정도이니 실로 심각한 문제가 아닐 수 없다.

또 하나의 문제는 헤아릴 수 없이 많은 공중의 사용에 제공하기 위하여 설치된 복사기, 즉 기업체나 관공서 등에 설치된 복사기기 중 기업체 단 네 곳(유한킴벌리, 풀무원 등)과 관공서 열여덟 곳(정부부처로는 문화체육관광부 한 곳)만이 복사 이용 허락 계약을 체결하고 있다. 국회는 물론이고 법원이나 검찰청, 국립도서관까지 거의 모든 관공서가 불법 복사를 하고 있는데도 아마 불법인지조차 모르고 있는 것 같다. 수십만 개의 기업체 역시 같은 실정이다. 복전협과 함께 출협이나 저작권단체가 일본의 사례처럼 고소·고발 등을 통해 보다 적극적인 대응을 하지 않으면 안 된다.

복전협은 저작권법 제25조 제5항에 근거하여 수업 목적 보상금과 수업 목적 지원보상금의 징수 단체로 지정되어 있다. 수업 목적 보상금은 2015년부터 각 대학으로부터 학생 수에 비례해서 징수하고 있고, 수업 목적 지원보상금은 2016년부터 초·중·고를 대상으로 징수하고 있다. 위 보상금은 앞으로 상당히 늘어날 것으로 보인다.

다만 이 두 제도의 시행으로 많은 피해가 우려되는 출판계에 보상금을 전혀 지급하지 않고 있는 것은 중대한 문제다. 매우 심각한 문제이지만 저작권법 제25조(학교 교육 목적 등에의 이용) 제4항의 "보상금을 해당 저작권자에게 지급해야 한다"라는 규정에 따라 출판사에게는 지급할 수 없다고 한다. 이 법 조항은 1980년대 중반에 들어간 것으로 추정되며, 정확히 알 수 없지만 아마도 수업 목적 보상금이나 수업 목적 지원보상금 제도가 시행될 것을 출판계가 전혀 예상하지 못한 상태에서 얼떨결에 들어간 문구로 보인다. 어쨌든 이 조항이 출판계의 발목을 붙잡고 있는 상황이다. 다행히 저작권단체와 전문가들도 안타까워하고 있는 만큼 서로 적극 협력하여 서둘러 저작권법 개정에 총력을 기울여야 할 것이다.

이해 당사자인 출판권자를 배척하는 현행 수업 목적 보상금 제도와 같은 문제를 보면서 다시 한 번 생각한다. 출판계가 하나가 되어 세상 돌아가는 것을 주시하며 우리의 권익이 우리도 모르는 사이에 침탈되지 않도록 출협에 힘을 실어주어야 한다. 출협 역시 능동적으로 이에 상시적으로 대처해나가야 한다.

출판 관련 기구의
역할 제고

한국출판문화산업진흥원

한국출판문화산업진흥원(이하 진흥원)이 출범한 것은 2012년이다. 그런데 이 기구는 새롭게 만들어진 것이 아니고 전신인 한국간행물윤리위원회(이하 간윤)를 리모델링한 조직이다. 가장 중요한 인적 기반이 간윤이기 때문이다. 2005년 출협 박맹호 회장 시절, 새롭게 진흥기구를 만들어서 출판산업 진흥을 뒷받침하고자 했던 출판계의 적극적인 의지는 정부에 의해 왜곡되었다. 기구 신설의 뜻이 없는 정부의 벽을 넘지 못하고, 역사 속으로 사라졌어야 할 간행물 검열 조직의 리모델링 수준으로 진흥원이 설립된 것이다.

지금도 진흥원 조직에는 '간행물윤리위원회'가 여전히 역사의 흔적처럼 남아 있다. 출판을 진흥하자고 만든 조직에 '유해성 심의'와 '청소년

보호'를 목적으로 일종의 검열기구를 잔존시키는 것은 이 조직의 한계를 잘 보여준다. 법도 그렇다. 출판문화산업진흥법에는 '간행물'은 있어도 '출판물'이란 용어조차 없다. 아직도 '간윤 시대'가 끝나지 않았다.

대다수 출판인들은 진흥원이 출판계를 위해 얼마나 필요한 일을 하는지 전혀 체감하지 못하고 있다. 여러 가지 일을 하고는 있지만, 그러한 사업들이 출판산업 발전에 기여하고 있다는 생각을 할 정도까지는 아니다.

물론 진흥원은 상당히 많은 지원사업을 시행하고 있다. 2016년 출판 관련 국고 예산 385억 원 가운데 대부분이 진흥원을 통해 집행되었다. 그러나 조직 유지를 위한 예산과 이른바 '세종도서(우수도서 선정·배포)' 예산 등을 제외하면 대부분의 사업들은 자투리 예산에 지나지 않는다. 그것을 선심 쓰듯 골고루 쪼개서 시행하는 실정이다. 예를 들면 서점의 문화활동이나 교육 프로그램 등을 지원하는 예산은 연간 2억 원도 되지 않는다. 서점이 그렇게 중요하다면서 고작 2억 원으로 대한민국 서점을 육성할 수 있다고 믿을 사람은 아무도 없다.

예산 문제의 핵심은 그 다과(多寡)만이 아니라, 쓰임새가 핵심사업 위주로 가지 않고 나눠주기 식에 매몰되어 있다는 점이다. 진짜 중요한 일과 하지 않아도 무방한 일을 구별하여 집행해야 될 것이다.

추진력도 대단히 미흡하다. 2016년 국정감사에서 김민기 의원(더불어민주당 용인시을)은 제3차 출판문화산업진흥 5개년 계획(2012~2016년)의 스물세 개 정책과제(중과제) 중 제대로 시행된 것은 네 개에 불과하다고 지적했다. 열한 개 과제는 부분적으로 시행되는 데 그쳤고, 여덟 개 과제는 미시행 상태로 방치되었다고 질타했다. 그나마 시행된 사업들은 기존에 시행되던 사업이거나 유사 사업이 있었던 경우에 그쳤다는 분석이다. 출판통계정보시스템 구축, 기업의 출판 메세나 활성화(기업의 기부금 조성을 통한 출판 활동 지원), 대중매체의 책 정보 제공 확대 등 대단히 중요한 사업들은 비시행 사업으로 분류되었다. 이 사업들은 손조차 대지 않았다는 것이다.

지난 5개년 계획은 문화체육관광부 장관의 이름으로 진흥원장이 발표했다. 정부와 진흥원이 출판계, 국민에게 한 약속을 그처럼 지키지 않는데 문화체육관광부와 진흥원에 대한 신뢰도가 높을 까닭이 없다.

진흥원은 핵심정책에 대한 철학도 부족하다. 예를 들어 도서정가제 문제를 보자. 당초에 문화체육관광부나 진흥원은 도서정가제에 대해 대단히 미온적이었다. 문화정책, 출판정책을 추진하는 곳이 맞는지 의심이 들 정도였다. 초대 이재호 원장은 취임 데뷔 무대이기도 했던 5개년 계획 발표 자리에서, 도서정가제 추진 의사를 묻는 기자의 질문에 '이런저런 의견이 있으므로 원점에서 검토해야 한다'는 취지의 발언을 하여 물의를 빚기도 했다. 국회에서 정가제 강화 개정안을 낸 최재천 의원이 예산 편성을 무기로 문화체육관광부를 강도 높게 압박하면서 비로소 정부와 진흥원은 '정가제가 필요하다'는 소리를 내기 시작했다. 그러나 2014년 출판문화산업진흥법 개정 시행 이후 일관되게 '현행 유지'만 고수할 뿐 '완전한 정가제 시행' 주장에 대해서는 난색을 표명해왔다. 진흥원을 설립해서 출판 진흥을 해보겠다는 생각은 순진한 이상주의였단 말인가.

약 60명이 넘는 직원을 거느린 진흥원이 해야 할 일은, 예산도 얼마 안 되는 사업들을 쪼개서 지원하느라 바쁜 '행정조직'의 역할이 아니다. '정책개발과 전략기구'가 되어야 한다. 출판계와 더불어 현안 해결과 출판의 미래를 위한 치밀한 조사연구를 하여 정책과제를 만들고, 채택된 과제를 예산과 열정을 투입해 완수함으로써 당장의 '소소한 지원'이 아니라 출판 생태계의 '비전과 미래'를 키우는 인프라 구축에 매진해야 한다. 그래서 진흥원 직원들은 기본적으로 현장을 이해하는 전문가 조직이자 업계를 위해 봉사하는 조직이어야 한다.

진흥원이 제대로 발전하려면 의사결정 구조부터 달라져야 한다. 업계에서 이사 몇 명을 추천받아 형식적인 이사회의를 1년에 몇 번 하는 정도로는 업계와의 '화학적 결합'이 어렵다. 또 출판계와 전혀 관계없는 이사가 본인들도 어떤 조직인지 모른 채 참여하였기에 회의에 거의 나오지 않는다고 한다. 사업은 정부와 진흥원의 행정 편의주의 방식으로 추진하면서, 마치 이사회 조직을 들러리 자문기구처럼 여기는 것은 문제다. 아무리 원장 독임제(獨任制) 기구라고 하지만, 이사회에 실질적인 권한이 부여되어야 한다. 그래야 원장에게도 힘과 권위가 실린다. 출판계 주요 단체장을 당연직 이사로 위촉하여 수시로 주요 현안을 논의하고 진심으로 출판계 현장의 문제를 해결하는 조직으로 탈바꿈하길 바란다. 그렇지 않다면 진흥원을 만든 목적은 오간 데 없어진다. 출판단체 위에 불필요한 옥상옥(屋上屋)을 만들어서 출판계의 힘을 약화시켰다는 비난이 더 이상 나오지 않도록 진흥원의 환골탈태를 바란다.

한국출판문화진흥재단

한국출판문화진흥재단(이하 재단)은 1969년 (사)한국출판금고로 설립된 이래 약 260억 원의 기금으로 양서 출판자금 융자, 출판계 지원(서울도서전 지원, 청소년도서 보급 지원, 모범장서가 선정 지원, 연구소 지원) 사업 등을 꾸준히 해왔던 공익 법인이다. 나는 출협 회장의 자격으로 지난 3년간 재단 이사회 회의에 참석해왔다. 출협 회장은 재단의 당연직 이사이기 때문이다.

2014년 3월, 출협 회장 자격으로 참석한 첫 회의에서 나는 재단의 개혁을 강력히 요구했다. 어려움을 겪는 출판사들을 위해 융자 이율을 대폭 내릴 것과 이사회의 문호를 개방해야 한다는 것이 주요 내용이었다. 그러나 그 자리에서 내 발언은 큰 반발에 직면했다. 돈을 쌓아놓지 말고 쓰기 위해 융자 금리를 내리자는 제안도 그렇겠지만, '고여 있는 물'과 같은 이사회 조직을 개혁하자는 나의 주장이 상당히 오랜 기간 이사로 봉직해온 분들의 감정을 건드린 셈이다.

어떻든 재단이 공익기구이므로 나는 어려워진 출판환경을 고려하여 금리를 대폭 낮추고 또 현재 보유하고 있는 기금이 대출로 소진되어야 정책적인 출판자금을 더 끌어올 수 있지 않겠는가라는 생각으로 금리 인하를 주장하였던 것이다. 또한 몇몇 인사들이 장기간 이사 자리를 차지하거나 외부사업 지원에 폐쇄적인 것은 문제이므로 혁신이 필요하다고 보았던 것이다.

재단이나 출판연구소는 사실상 출협이 발의하여 만든 '큰집 작은집' 같은 형제 조직들이다. 그래서 1990년대까지만 해도 출협 회관(출판문화회관)에 있는 출협, 출판금고, 출판연구소를 가리켜 출판계 3대 단체라 부르기도 했다. 연구소에서 정책 개발을 해서, 금고가 돈을 대고, 출협이 실행한다는 협업 구조가 있었던 것이다.

재단만이 아니라 많은 출판 관련 기구들이 어려움을 겪고 있다. 그런데 설립 취지나 목적을 구현하기 위한 노력, 즉 출판문화 발전에 기여한다는 기본 방향을 잃어버리면 기구의 존립 의의를 설명하기 어려워진다. 내 표현 방법이나 제안 능력이 부족했을 수는 있지만, 사실 이는 나만이 아니라 많은 출판인들의 의견을 전달한 측면이 더 강하다. 좀 더 개방적이고 출판계 발전에 도움이 되는 조직이 되기를 바라는 마음이 아니었다면 쉽게 하기 어려운 발언이기도 했던 것이다.

재단은 기금을 맡긴 시중 은행의 예치금리 하락, 상대적으로 낮은 재단의 대출금리와 저조한 융자 실적으로 운영에 어려움이 많다. 건물을 구입하여 은행 이자보다는 수익이 좋은 임대 사업을 하는 것도 그 반증이다. 또한 과거 기금 적립 때 문예진흥기금 등의 지원을 받아 정부의 도움을 받았다는 이유로 문화체육관광부가 당연직 이사를 파견하고, 아직까지도 거의 3년 단위로 낙하산 인사를 통해 실무 책임자인 국장을 내려 보내는 바람에 순수 민간조직의 위상도 지켜지지 않고 있다. 그렇다고 해서 변화의 필요성이 사라지는 것도 아니고 발전 방향이 달라질 수는 없다.

앞으로 재단이 할 일은 많다. 1970년대에 '중앙도서전시관'을 광화문 한복판에 운영하여 대형서점 설립의 전기를 마련한 것처럼, 출판산업과 출판문화 발전의 산파 역할을 지속해나갔으면 하는 바람이다. 지속적인 재원 확충을 통해 출판계와 출판사업에 필요한 자금을 지원할 수 있도록 역량을 강화하고, 각종 공익사업을 개발하여 기능과 역할을 증대시켜나가기를 진심으로 바란다.

한국출판연구소

나는 한국출판연구소의 이사를 여러 차례 역임했다. 그런 과정에서 연구소의 자체 발전 계획을 수립하도록 이사회의에서 제안하기도 했다.

한국출판연구소는 1986년에 설립된 우리 출판계의 싱크탱크 조직이다. 지난해 30주년을 맞이하였지만 기념행사가 없어서 아쉬웠다. 연구소가 말 그대로 우리 출판산업에서 싱크탱크의 기능을 수행하려면 안정적인 재원과 조직(전문 연구인력) 역량이 필수적이다. 하지만 근본적인 영세성을 극복하지 못한 채 오늘에 이르고 있어서 안타까움이 많다. 연구소는 한국출판문화진흥재단에서 운영비와 조사연구 사업비 일부를 보조받지만 운영이 어렵기는 마찬가지다.

그간 연구소는 소규모 조직임에도 국민독서실태조사, 출판산업실태조사, 《출판사전》 발행, 정부 연구용역 보고서와 자체 연구보고서 발행, 출판포럼 개최, 한국출판평론학술상 운영 등 다양한 사업을 했다.

연구소는 출협이 발의하여 만들었고, 초대 연구소 이사장을 출협 회장(임인규 회장)이 역임했으며, 출협이 주최한 1993년 '책의 해'의 기념사업으로 연구소와 함께 시작한 국민독서실태조사가 정부 승인통계 사업으로 발전하였으며, 2015년까지 모두 60회 이상 출협과 공동으로 출판포럼을 개최하여 출판계 담론 형성에 기여하는 등 출협과 수많은 사업을 함께했다. 분명히 출협도 연구소가 필요하고, 연구소도 출협이 필요하다. 단지 출협이 창립의 모체가 되었다거나 같은 건물에 오랜 기간 동거해서가 아니라, 출판산업 현황을 엄밀히 파악하는 조사연구 기능 없이는 출협도 자기 역할을 제대로 하기 어렵기 때문이다. 그런데 그러한 동반자 관계가 언제부턴가 흔들리더니 이제는 결별에 가깝게 멀어진 것은 참으로 안타깝다.

앞으로 연구소의 기능 강화와 지속적인 발전을 위해 출판계와 한국 출판문화산업진흥원, 정부 차원의 지원이 반드시 필요하다. 이를 바탕으로 출판계가 나아가야 할 크고 작은 방향과 정책 대안을 강구했으면 한다. 민간연구소는 관변연구소나 진흥원의 조사연구 기능 강화와 비할 바가 아니다. 정부와 진흥원이 제 역할을 하지 못하는 이 시대에 역량 있는 민간연구소를 출판계가 보유한다는 것은 엄청난 자산이라 하겠다.

모든 업종에서 연구개발 역량이 곧 미래 경쟁력이다. 이것은 업계 전체나 한 기업에 있어서나 마찬가지다. 개별 출판사들은 자사의 매출과 비즈니스를 위해 조사연구 조직이나 연구개발 역량, 기획 역량이 필요하지만, 출판계 전체로 보아서는 출판산업의 변동과 미래 발전 방향에 따른 시장과 기술, 법제와 정책 영역의 세세한 연구 과제들이 너무나 많이 요구된다. 누가 이 일을 대신해주지 않는다. 그래서 출판연구소를 키우는 것은 출판계 미래를 위한 최소한의 공동 투자라 할 것이다. 진짜 우물을 이용했던 과거에도, 수돗물을 이용하는 현재도 함께 이용할 수 있는 '공동의 우물(상수원)' 없이 마을 공동체, 지역 공동체는 유지되기 어렵다. 협회의 역할이 그런 것처럼, 연구소에 대한 공동의 투자와 연구결과의 공동 활용은 선택이 아닌 필수 영역이다. 함께 대안을 마련했으면 한다.

출판의 미래,
주목해야 할 변화와 기회

미래의 명암에 대한 시각

사람들은 미래에 대해 호기심과 불안감을 동시에 갖고 있다. 그런데 우리는 미래에 대하여 '언제까지'라고 단정하여 말할 수 있을까? 특히 출판의 미래에 대하여 말한다면 '어느 시점'을 기준으로 삼아 토론할 것인가? 미래에도 종이책이 존재할 것인가 사라질 것인가를 논하는 자리에서도 기간 설정은 필요하다.

비단 미래를 논하는 자리가 아니라 하더라도, 지나온 인생을 돌이켜보면 확신에 차서 한 결정과 행동들이 한참 후에 돌이켜보면 그다지 잘한 결정이 아니었음을 깨닫는 경우가 적지 않다. 지금 옳다고 생각하는 것이 꼭 정답이 아닐 수도 있다는 사실을 많이 경험해서 그런지, 미래에 대하여 나름의 생각을 피력하는 것은 자신이 없고 몹시 두려운 일이다.

 '출판의 미래'에 대해 말한다면, 언제부터를 미래로 정하여 논할까? 3년 후 혹은 10년 후, 아니면 30년 후, 아니 더 나아가 100년 후의 미래를 논할 것인가? 나는 여기서 100년 후의 미래 출판이 어떻게 될 것인가를 논하는 것은 피하고 싶다. 100년 뒤라면 나를 포함해서 지금 출판계에서 함께 이 문제를 논의하는 동지들에게는 사후 시대가 될 것이고, 따라서 너무 먼 훗날처럼 생각되기 때문이다. 다만 픽션으로 마음껏 즐거운 상상은 해볼 수 있을 것이다. 다음 그다음 세대의 이야기이니까 말이다.

 빌 게이츠는 그의 저서 《생각의 속도》에서 "앞으로의 10년은 지나간 50년의 변화보다 더 클 것이다"라고 말했다. 그 책이 발간된 지도 벌써 20년이 거의 되어간다. 세상은 그의 말대로 되었는가? 과학의 발전, 특히 인터넷과 스마트폰의 등장으로 상징되는 정보통신(IT)의 발전은 분명히 인간의 삶의 모습을 크게 바꾸었다.

 바둑(구글의 알파고), 암 진단(IBM의 왓슨) 등 몇몇 분야에서는 이미 컴퓨터 인공지능이 인간을 앞서가고 있다. 점차로 사람들 사이에서 다가올 미래 사회에 대한 기대와 우려가 넘쳐나고 있다. 미국의 미래학자인 레이 커즈와일(Ray Kurzwell)은 기계가 인간을 초월하는 '특이점 (Singularity Point)'이 도래하는 시기를 2045년에서 2030년으로 예상을 앞당겼다. 기계가 인간을 초월하는 시기가 되면 대한민국은, 책과 독서, 그리고 출판은 어떻게 될까.

 '대한민국의 미래'에 대하여 우리는 행복하고 평안한 한반도를 꿈꾸면서 우리 자손들이 이상적인 삶을 누릴 것인가에 관심을 갖는다. 모두들 어두운 전망과 밝은 전망을 함께 이야기한다.

그렇다면 책과 독서, 그리고 출판의 미래가 우리 후손들의 삶에 어떤 영향을 미칠 것인가? 나는 30년 후 혹은 100년 후의 세상에서 책이 사라지든 존재하든, 책이 그들의 행복과 불행을 결정하는 주요 요인이 될까 의문이 든다. 이미 스마트폰이 책보다 삶에 더 큰 영향과 충격을 주고 있기 때문이다.

인간은 습관의 동물이다. 습관화되지 않거나 일탈한 것은 그런 방향으로 진화되고 소멸되어 기억 속에서조차 사라질 수 있다. 책을 읽는 습관이 점점 사라져간다면 언젠가 책은 없어질 수도 있다. 즉 100년 뒤의 인류는 지금의 종이책을 100년 전 사람들이 지혜나 지식, 정보나 즐거움을 얻기 위해 사용한 '불편한 종이 뭉치' 정도로 생각할지도 모른다.

여기서 한 가지 궁금증이 생긴다. 현생 인류에게 영혼의 양식이던 책이 100년 후에 없어진다면, 100년 후의 인류는 어떻게 그들의 영혼을 맑고 아름답게 만들며, 어디서 자양분을 얻어 성장할지 궁금하다.

과학의 발전이 모든 변화를 주도하고 있으니 역시 과학, 특히 생명과학의 발전에서 그 해법을 찾는 것이 가능할지도 모르겠다. 유전자 변이로 나쁜 유전자를 제거하고 순수하고 아름다운 인자로 교체하면 굳이 책을 통해 평생에 걸쳐서 순화시키는 노력을 하지 않아도 될 것이다. 인간이 생각하는 것을 읽어내는 컴퓨터가 도서관의 책들이 모두 들어간 AI(인공지능) 기능을 통해 정보를 수집하고 판단해주어 인간은 손쉽게 새로운 지식을 뇌에 입력하게 되어 굳이 책을 찾지 않아도 될지 모른다.

아! 안타깝다. 그렇게 생각하니 100년 후쯤에는 정말 책이 없어질지도 모르겠다는 예감까지 든다. 책과 더불어 살았던 삶이 주마등처럼 기억 속에 스쳐간다. 어린 시절 부모님이 잠자는 나의 이불 속에 넣어주셨던 《정의의 사자 라이파이》, 《엄마 찾아 삼 만리》는 최고의 선물이었다. 학창시절에 밤늦도록 책 위에 여러 가지 색연필로 밑줄을 그으면서 공부했던 참고서들, 그 시절 언젠가 《데미안》을 읽고 그 깨우침에 공명하며 서성거리던 발걸음이 기억난다. 이처럼 도저히 버릴 수 없는 아름다운 추억들이 인간의 영역에서 사라질 수도 있겠구나.

'거실을 서재로', '가방에 책 한 권을'과 같은 독서 캠페인 구호를 100년 뒤의 사람들이 이해나 할 수 있을까. 책이 무엇이라고, 독서가 뭐 그리 대단한 것이라고 왜 그런 캠페인까지 벌였는지 상상하려들 것인가.

과학이 발전하면 인간의 삶이 더 나은 세상으로 바뀌어가야 할 것이다. 과연 과학의 발달로 책이 사라지는 세상이 온다면 그게 좋은 세상일까? 판단하기가 쉽지 않은 문제다. 과학은 이런저런 모습으로 온갖 분야에서 고삐 풀린 말처럼 마구 달리고 있다. 미래가 긍정적일지 부정적일지는 아무도 모른다. 그저 깊은 미지의 늪 속에 빠져들고 있는 것이다.

그러니 앞으로 10여 년 뒤 레이 커즈와일이 시기를 앞당겼던 2030년, 기계가 인간을 뛰어넘는 시점까지의 미래를 함께 생각해보자. 이렇게 하는 것이 좀 더 현실적인 미래 예측이 되지 않을까 생각한다.

4차 산업혁명 시대와 출판

3차 산업혁명은 인터넷혁명의 시대였다. 그동안 인터넷은 우리 삶에 지대한 변화를 가져왔다. 그런데 불과 20년이 지나지 않아 이미 우리는 그다음 혁명의 물결에 떠밀려가고 있다. 바로 4차 산업혁명이다.

사물인터넷(IoT), 인공지능, 로봇, 생명과학 등 4차 산업혁명을 선도하는 과학기술의 급속한 발전 속도로 볼 때 영화나 공상만화가 그리는 미래 모습이 머지않은 시대에 현실화될 것이다. 우리 사회 전반에 4차 산업혁명의 파도가 거세게 밀려오고 있다.

모든 과학기술의 변화가 그렇듯, 4차 산업혁명은 국민의 삶을 더욱 풍요롭게 하고 미래 성장 동력을 창출하는 계기가 될 것이다. 변화의 크기로 볼 때, 4차 산업혁명은 인류의 삶을 송두리째 바꾸려 하고 있다. 사회환경 변화의 속도가 너무나 빨라서 우리 사회를 어떻게 변화시킬지 예측하기조차 어렵다.

세상이 뒤집어지고 있다. 그래서 다른 분야의 기업들은 입을 모아 혁신을 강조하고 있다. 신시장 개척과 연구개발(R&D) 투자를 강화하고 있다. 최근 글로벌 경기 침체와 경쟁이 심화되는 상황에서 현실에 안주하는 기업들은 종말을 맞고 있기 때문이다.

그런데 다른 업계가 이렇듯 엄청난 태풍과 지진해일 속에서 치열한 생존 노력을 기울이고 있을 때 우리 출판계는 멀리서 밀려오는 해일을 전혀 의식하지 않고 있는 듯하다. 혹시 우리 출판계는 '변화 문맹'이지 않을까?

미래 사회에서 책과 출판의 역할

엄청난 변화가 멀리서부터 밀려오고 있다. 이 변화의 파고에 사람들은 어떻게든 적응하려들 것이다. 그럼 적응력을 기를 수 있는 방법이 무엇이 있을까? 여러 가지가 있을 것이다. 그 가운데 가장 확실한 대안은 지식과 지혜, 유연한 사고력을 키우기 위해 책을 읽는 일이다.

4차 산업혁명과 관련하여 출간되는 책이 늘고 있다. 독자들의 관심이 이미 그쪽으로 가고 있기 때문이다. 그러나 출판산업의 측면에서 어떤 변화가 도래할 것인가에 대해서는 아직까지 논의된 적이 거의 없다. 빅데이터, 인공지능, 사물인터넷이 출판 지형을 어떻게 바꿀 것인지에 대하여 우리는 잘 모른다. 빅데이터는 이미 대기업의 마케팅에 일부 사용되고 있고, 좀 더 시간이 지나면 아마도 많은 분야에서 영향을 미칠 것이다.

4차 산업혁명의 주요 초점은 인간의 손길을 대체하는 환경이 촉진될 것이라는 점이다. 사람들은 기존의 일자리를 기계에 내주고 새로운 일자리를 찾아야 할지 모른다. 인간만이 할 수 있는 일이 무엇이 있을까? 아마도 인간의 창조력은 기계가 대신할 수 없을 것이다. 예술을 할 수 있을까? 물론 흉내를 낼 수는 있겠지만, 인간의 영역이나 역할이 훨씬 클 것이다.

책은 어떤 문제에 대해 대안을 제시하는 '언어 문자의 솔루션'이다. 어떤 환경에서 필요한 다양한 생각의 준거를 제공하는 콘텐츠의 제공이 그 역할이다. 변화의 속도가 빨라질수록, 삶의 조건이 변화될수록 원하는 솔루션은 보다 다양해진다. 다품종 소량생산의 출판 방식은 그 속도가 더욱 빨라질 것이고, 종국적으로는 세분화된 수요자의 요구에 부응하는 '맞춤형 출판'으로 갈 것으로 예측된다. 물론 책의 부가가치는 높아지고 그만큼 단가는 비싸질 것이다. 즉 인공지능을 이용해서 맞춤형으로 개인들을 위한 책을 만들어줄 수 있다.

변화가 없는 사회에서는 출판도 고정되어 있다. 하지만 변화가 빠른 사회에서는 그러한 변화에 적응하기 위해 늘 새로운 콘텐츠가 필요하다. 출판은 독자들의 수요에 맞춰서 변화해야 한다. 독자 개인에게 특화된 맞춤형 출판, 소규모 독자들을 위해 콘텐츠가 세분화되어 공급되는 '마이크로 출판'이 부각될 것으로 여겨진다.

현재의 상황을 보아도 그렇다. 세분화된 수요에 출판이 적절하게 대응하지 못하는 현실이 산업 발전의 제약을 초래하고 있다. 누구에게든 맞는 책을 제공하려면 각 분야별로 여러 출판사가 협업하여 공동의 사이트를 만들어 대응하는 방식의 플랫폼 구축이 필요하다.

출판업은 기존의 제조업에서 플랫폼 사업으로, 콘텐츠 유통업의 역할을 강화해야 할 것이다. 스스로 지식을 생산하는 것이 아니라 출판 콘텐츠로 독자들이 편리하게, 먹기 좋게 제공하는 콘텐츠 유통사업자로 변신을 거듭해야 한다. 특정 분야의 전문적인 콘텐츠 영역을 개발하여 제공하는 것이 구체적인 그림이다.

인간과 기계가 공존하며 발전하는 시대가 올 것이다. 출판의 매체 형태 변화보다 그 기능이나 역할이 보다 중요한 시대가 다가오고 있다. 다양한 형태로 진화된 디지털 출판이 출판의 미래를 만들어갈 것이므로, 이에 대한 업계의 준비와 협업 구조 마련이 선행되었으면 한다.

인구구조 변화와 출판

대한민국은 고령 사회에서 초고령 사회로 세계에서 가장 빠르게 이동하고 있다. 10년 뒤인 2026년이 되면 65세 이상 고령 인구가 1,191만 명으로 예상된다. 통계청의 자료에 따르면 2014년에 태어난 한국인의 기대수명은 82.4세였다. 한국인의 기대수명은 1960년부터(52.4세) 2014년까지 연평균 0.56세 늘었다. 일본(0.29세), 미국(0.17세), 영국(0.19세) 등 다른 나라와 비교가 안 될 정도로 빠른 속도다.

이처럼 노인들이 급증하는 추세라면, 고령 인구 독자를 대상으로 하는 실버출판(또는 시니어출판)의 활성화를 기대할 수 있겠다. 한국의 경우 아직 고령자 대상의 출판시장 형성이 거의 안 되어 있다. 기존의 노년 세대는 고등교육을 받지 못해 노년에 거의 책을 읽지 않았다. OECD 조사에서도 한국 노년 인구의 독서율은 가장 낮게 나타났다. 그러나 앞으로의 노년 세대는 이제까지와는 다를 것으로 예상된다.

노인이 된다고 해서 인간의 다양한 욕구들까지 노화되거나 사라지는 것은 아니다. 노인 역시 다양한 기본 욕구를 갖고 있으며 여전히 꿈도 갖고 있다. 어린이책이 있는 것처럼 고령자책도 시장이 커질 것이다. 시각이 약해지는 노년 독자층을 위해 큰 활자책(대활자본)으로 읽기에 적합한 콘텐츠를 제공하면 어떨까. 다양한 내용이 가능할 것이다.

다음으로 생각해볼 문제가 저출산과 1인 가구의 확대다. 저출산은 우리 사회의 가장 심각한 문제의 하나로 대두되고 있다. 최근 출산율은 1.24명으로, 불과 9년 만에 초등학생 수가 159만 명이나 줄었다고 한다. 웬만한 광역시의 인구 규모다. 지금의 출산율이 지속되면 2019년부터는 한 해 출산 인구가 30만 명대로 줄어든다고 한다. 부모 세대는 한 해에 100만 명씩 태어났는데 자녀 세대는 30만 명대로 줄어드는 것으로, 한 세대 만에 출산 인구가 절반 아래로 떨어진 나라는 세계에서 우리나라밖에 없다고 하니 문제의 심각성이 이만저만이 아니다.

저출산으로 인해 어린이책 시장의 판도 변화가 이미 나타나고 있다.

아동서 시장 자체가 크게 줄어들고, 지금까지의 대량공급 체제 대신 고급화로 부모들을 공략하는 방식으로 전환되고 있다.

또한 가족 구성원의 변화도 2016년에 큰 변곡점을 맞이하고 있다. 지금까지는 4인 가구 기준에서 3인 가구로 줄어드는 추세에서, 최근에는 1인 가구 증가율이 가장 높은 것으로 조사되었기 때문이다. 이런 가족 구성의 변화에 적응하기 위하여 그에 필요한 책들이 인기를 얻고 있다. 1인 홈인테리어, 1인 요리책 등 '필요를 혼자서 해결'하는 데 도움을 주는 책들이 앞으로 더욱 활발하게 출판될 전망이다.

사회 변화는 출판의 기회

언제나 사회 변화는 출판인에게 새로운 기회다. 변화하기 위해 사람들은 고민하며 그 해결책을 책(또는 디지털 출판 콘텐츠)을 통해 얻으려 할 것이기 때문이다. 그만큼 새로운 수요가 창출될 것이고, 그에 맞춘 공급이 따르게 될 것이다.

따라서 출판산업이 사양산업이라는 말은 틀리다. 어느 분야든 사양산업은 없다고 생각한다. 다만 변화에 적응하지 못해 망하는 사양기업이 있을 뿐이다. 그러므로 일각에서 갖고 있는 출판에 대한 패배적인 사고를 버려야 한다. 오히려 출판을 벤처산업으로 여겨 새로운 기회를 모색해야 한다. 과학 문명의 진화와 사회 발전, 읽기 환경의 발달로 인한 수요자 맞춤형의 양질의 콘텐츠만 공급된다면 출판의 미래는 한마디로 그렇게 부정적이지 않다. 어찌 보면 새로운 기회가 수없이 내재되어 있다고 할 것이다. 찾는 자에게 기회는 주어질 것이다.

대한민국 출판의 미래

과학문명의 발달과 인구구조의 변화 등 사회 변화의 관점에서 출판의 미래를 보고 이를 외인(外因)이라 한다면, 우리나라 출판을 어떻게 볼 것인가는 내인(內因)이라 하겠다. 미래 예측에서는 두 가지의 상호작용을 살펴야 한다. 그리고 내인은 외인보다 더 중요한 역할을 할 것으로 생각한다.

무엇보다 출판에 대한 지도자의 생각이 중요하다. 한마디로 대한민국 출판의 미래가 밝기 위해서는 문화에 대한 깊은 안목이 있고, 뚝심과 열정을 갖고 있는 지도자가 필요하다. 경제 성장을 이룩한 지도자 뒤에 우리는 더 위대한 지도자, 문화 대통령이 필요하다. 불행히도 우리는 모두가 경제 성장에만 초점을 둔 대통령들을 보아왔다. 어찌 보면 못살던 나라를 먹고살게 하기 위해 그럴 수밖에 없었을지도 모른다. 그러나 빵 문제가 해결되었다고 해서 행복한 국민이 될 수 없다. 빵이 좀 부족해도 국민이 행복하고 품격 있는 나라가 되어야 한다. 이제 배고픔은 면했다. 내면의 성숙을 가져와야 할 때다. 그러기 위해 문화를 중시하는 지도자가 요구된다.

우리나라에도 시몬 페레스 전 이스라엘 대통령 같은 분이 있으면 좋겠다. 그는 젊은이들의 도전정신을 고취하고 창업 기반 시설을 구축하는 데 평생을 바쳤다. 우리나라 역시 우수한 인재와 산업적 바탕을 가진 나라다. 그런데도 대다수의 젊은이들은 세계무대에서 제대로 역량을 펴지 못한다. 지도자가 먼 미래를 보고, 그들이 마음껏 역량을 발휘하도록 교육과 사회 시스템을 바꿔나가야 한다.

출판 분야에서는 프랑스의 미테랑 대통령과 랑 장관이 부럽다. 그들은 진짜 문화융성이 무엇인지 제대로 아는 지도자들이었다. 프랑스인들이 책을 좋아하게 만들고, 책을 통하여 문화 전반의 식견이 높아지도록 했다. 그들은 책이란 문화상품으로 시장에서 사고파는 공산품과는 다르다는 인식을 확고히 갖고 있었다. 그리고 일관되게 출판시장의 안정화를 꾀하고 국민들의 책 읽는 습관을 키우기 위해 노력했다. 프랑스 정부는 인터넷과 휴대폰으로 인해 책 읽기가 저해되는 것을 막기 위해 노력한다.

우리가 정치인과 공무원을 중요하게 여기는 이유가 여기에 있다. 그들이 만든 법령과 제도가 사회를 어떤 방향으로 가게 할지 중요한 방향타가 되기 때문이다. 다음 지도자는 임기 몇 년의 한시적 프레임에서 벗어나 적어도 20년, 30년의 미래를 설계하는 장기비전을 가지고 우리나라를 책 읽는 나라로 만들어나가는 데 기여해주기를 바란다.

지도자들은 몇 십 년 후 우리가 꼭 지녀야 할 DNA를 만드는 일에 관심을 가져야 한다. 바로 '독서'와 '출판문화'의 육성이다. 독서를 한국인의 미래 성장동력으로 볼 줄 아는 지도자가 필요하다. 대한민국의 출판의 미래, 다시 말해 대한민국의 문화융성과 출판문화 발전은 그런 지도자가 나오느냐에 달렸다.

책에 대한 또 하나의 긍정적 신호

이런 조사연구 보고가 있다. 2016년 8월 〈중앙일보〉에 나온 기사다. 바로 책을 읽으면 오래 산다는 것이다. 미국 예일대의 공중건강 연구진이 〈사회과학과 의학〉이란 학술지에 발표한 연구논문을 보면, 50세 이상 성인 남녀 3,635명을 2001년부터 11년 동안 추적해보니 독서가

장수에 미치는 효과가 뚜렷했다고 한다.

독서를 정기적으로 했던 이들이 전혀 책을 읽지 않은 사람들보다 평균적으로 23개월 더 살았다. 사망률을 비교해보아도 책을 읽는 집단과 아닌 집단 간에 6%의 차이가 났다. 이런 차이는 여성이 남성보다 평균 수명이 길고, 만성질환이 없고, 교육 수준이 높은 이들이 오래 산다는 효과까지 감안한 것이다. 즉 성별, 질환, 자산, 교육 등이 생존에 미치는 영향을 모두 고려한 후에도 독서를 하면 더 오래 산다는 것이 연구진의 결론이다.

예일대 공중건강 연구진은 독서하면 오래 사는 이유로 "인지 관련성이 높아지기 때문"이라고 했다. 인지 관련성이란 기억력과 또렷한 정신 상태를 의미한다. 몰입적인 책 읽기 경험을 한 이들은 기억력과 정신상태가 좋아지는데, 그럴수록 오래 산다는 뜻이다.

독서가 장수에 큰 도움이 된다는 것이 과학적으로 입증되었다. 책과 출판의 미래가 매우 긍정적일 거라는 데 중요한 근거를 만들어준 연구결과로 여겨진다. 인삼의 각종 효능에 대한 과학적 연구의 뒷받침이 인삼의 판매 마케팅에 큰 역할을 한 것처럼 '독서 마케팅'에 중요한 논거로 활용해야 할 것이다. 어디 '장수' 효과에만 그치겠는가. 인지력뿐만 아니라 논리력, 상상력, 창조력, 배려심, 공감 능력 등 사람이 살면서 필수적으로 필요한 수많은 정신적 능력과 감정, 커뮤니케이션, 표현력에 이르기까지 육체적·정신적 활동의 대부분이 독서와 긴밀하게 연결되어 있다. 이를 과학적으로 규명하고 널리 알리는 일은 책 읽는 사회, 출판이 존중받는 사회를 만드는 데 반드시 필요한 일이다.

언론과 대통령께
드리는 고언

언론사에 몸담고 계신 K형께

K형!

오랜만입니다. 연초에 건네는 인사말로는 표현하기가 그다지 좋지 않아 곤란을 겪었던 병신년도 이제 다 지나갑니다. 그러고 보니 형을 만나고, 터놓고 이야기할 수 있게 된 지도 햇수로 15년은 족히 될 듯싶네요. 형도 이제 중견 기자가 되셨네요.

특히 형은 활자문화에 대한 애착이 남다르잖아요? 제 생각으로는 기자로서의 자긍심을 형처럼 갖고 계신 분도 많지 않을 것입니다. 형을 보고 있으면 신문이 영원할 것처럼 느껴졌으니까요.

그런데 형, 왜 요즘 언론계 친구들은 그렇게 활자에 대해 패배주의자가 되었는지 모르겠어요. 자기 밥그릇의 일인데 그렇게 어둡게 생각하면 밥 먹고 소화가 될지 걱정이네요.

왜 그러냐구요? 제가 우리나라 국민들 독서율이 땅에 떨어져서 1년에 9.1권밖에 되지 않으니 언론이 앞장서서 독서운동이라도 해야 하는 것이 아니냐고 주장하면, 지금 독서운동을 한다고 누가 호응이나 하겠냐고 시큰둥한 반응이 대부분이기 때문입니다.

틀린 말은 아니라고 생각되면서도, 그래도 죽은 자식처럼 냉담하게 포기할 수는 없지 않아요. 그래도 믿을 곳이 같은 활자문화권의 영원한 동지인 신문이니까요. 그래서 다시 하는 말인데, 책이나 독서에 대해 애정을 갖고 접근해야 된다고 생각합니다. 어떻게 볼 것인가의 관점과 시선이 중요하지요.

지하철과 거리에서조차 스마트폰에 모든 넋을 빼트리고 있는 우리 국민들을 구해내야 하는 것 아닙니까? 그냥 지금 이대로 괜찮은 겁니까? 신계몽운동이라도 펼쳐야 하는 것 아닙니까? 이대로 가면 우리나라가 어떻게 될까 걱정스럽지 않으세요? 직접적인 내 문제가 아니라, 이웃집 출판계 문제라구요? 형도 그들처럼 출판을 사양산업으로 생각하십니까?

결론부터 말하자면 결코 그렇지 않아요. 그리고 문화민족으로 거듭날 생각은 왜 하지 않는 거예요? 문화가 뒤처진 민족이 앞서나갈 수 있겠습니까? 옆 나라인 독서 국가 일본을 우리가 따라잡을 수 있겠어요? 없다구요? 맞습니다. 우리가 저들보다 더 책을 읽지 않는 한 절대 따라잡을 수 없습니다. 이 정도 먹고살 만큼 되었으면 이제 책을 읽어야 되는 것 아니에요? 국민을 배부른 돼지로 만들 생각이십니까? 언론의 책임이란 것이 도대체 무엇입니까?

K형!

죄송합니다. 제 주장만 너무 강하게 해서 죄송합니다. 언론이 보도할 때 속보 경쟁을 하며 빨리 보도하는 것도 중요하지만, 기사 게재에 보다 더 신중해야 할 것 같아요. 특별히 사실관계가 확실해야겠지요. 요즈음 인터넷신문 등 언론사들이 너무 많아졌잖아요. 그래서 그런지 우리 사회에 언론에 의한 피해가 적잖게 있는가 봐요. 사실과 다르게 보도되었을 때 당하는 개인이나 단체는 어떻게 대응해야 할지 난감해하더군요.

최근에 우리 출판동네에 있었던 불미스런 일도 일부 언론이 그릇된 보도를 하는 바람에 좁은 동네가 시끌벅적해졌고, 당사자는 쥐구멍이라도 찾아야 하는 어려움을 겪었답니다. 확실한 기사만을 내보내주시고 그 기사가 나갔을 때 우리 사회에 미치는 영향도 고려해주셨으면 해요. 언론이 사회를 리드해나가는 세상이잖아요.

그리고 K형!, 한 가지 주제넘게 말씀드릴 게 있어요. 요즈음 일부 언론에서 헤드카피를 왜 그렇게 저질스럽게 뽑는지 모르겠어요. 사람들의 관심을 끌기 위해서겠지요. 언론은 우리 사회를 바르게 이끌어가는 책임이 있지 않나요? 아무리 독자들의 구미에 맞추기 위해서라지만 어느 정도 품격이 지켜져야 할 것입니다. 사람의 품격이 있듯이 우리 언론도 품격이 있었으면 좋겠습니다.

K형!

언제나 막걸리와 부침개를 즐기는 형이니, 일명 김영란법(부정청탁 및 금품 등 수수의 금지에 관한 법률)이 별 걱정 없겠네요. 참, 하나 물어볼게요. 출판사들이 신문에 서평을 게재해주십사 보내드리는 신간, 그건 김영란법에 걸리나요? 문제없다고 했답니다. 우리 출판사들은 그런 것까지도 걱정해요. 이 겨울 지나고 날씨 좋은 봄날에 보십시다.

대통령께 드리는 고언

대한민국 18대 대통령님!

저는 우리나라 출판사들의 모임인 대한출판문화협회 회장 고영수입니다.

대통령께서는 지금 무척 어려운 시기를 보내고 계시겠습니다만, 국민들은 더 참혹한 심정으로 시대의 무게를 견뎌내고 있습니다. 지금은 나라의 대내외 여건도 무척 어렵습니다. 무섭게 성장한 중국 경제의 도전과 세계 경제의 침체로 고전하고 있는 한국 제조업의 위기, 북한의 핵 개발 위협과 도발, 미국 트럼프 대통령의 국수주의적인 사고로 예상되는 외교 마찰, 세계에서 유례를 찾아볼 수 없는 저출산과 인구 고령화 문제로 대한민국의 미래는 앞이 보이지 않고 있습니다. 이를 극복해나갈 대통령과 정부의 리더십이 필요하지만, 그 기대를 이루기 어려운 현실입니다.

오늘 이 지면을 통하여 한 나라의 문화적 척도라는 국민독서실태와 진흥에 대하여 말씀을 드리고자 합니다. 대통령께서는 건국 이래 최초로 '문화융성'을 주창했습니다. '문화융성'이란 말에서, 문화 대국을 꿈꾸며 경제와 함께 문화에서도 선진국과 어깨를 나란히 가겠다는 참으로 훌륭한 시대적 코드를 말씀하셨다고 생각해왔습니다.

그러나 대통령의 그런 의지가 담당 공무원에게 잘 전달되어 국민의 문화 수준이 향상되었는가에 대해서는 의문이 많습니다. 국민독서실태의 수치는 갈수록 떨어져서 국민 열 명 중 네 명이 1년 동안 책을 한 권도 읽지 않고, 1995년에 5,500개이던 서점이 2015년에는 약 1,600여 개로 줄었습니다. 군 단위에조차 서점이 없는 곳이 있으며, 지하철에서 책 읽는 사람을 찾아보기 힘들어졌습니다.

이제 우리나라 국민들에게 책은 읽지 않아도 되는 것으로 간주되고 있으며, 독서운동이라는 말 자체가 진부한 단어가 되어버린 모양입니다. 안타깝게도 우리 문화정책은 표류하고 있으며 대한민국의 출판문화를 이대로 방치해서는 안 되겠다는 생각에서 고언을 드립니다.

한마디로 단언컨대, 지금 대한민국에는 출판문화 육성 정책 자체가 부재합니다. 생각하고 토론하는 문화를 가진 성숙한 국민을 만들기 위한 미래 비전도 없고, 국제 경쟁력을 갖춘 출판사를 키우겠다는 욕심도 없으며, 사라져가는 서점에 대한 대책도 없습니다. 학생들의 독서 실태에 대한 진지한 대책이나 창의적인 대안도 찾기 어렵습니다.

이러한 정책 부재는 무엇보다 책에 대한 인식의 부재에서 비롯된 것입니다. 지난해 프랑스 문화부 장관을 만난 자리에서 들은 말이 있습니다.

"프랑스의 심장은 문화이며 그 중심에 책이 있다."

"프랑스는 1980년대부터 완전한 도서정가제를 통하여 출판시장의 안정화를 꾀했고, 지역서점과 도서관의 육성을 위하여 노력하였으며, 어렸을 때부터 독서습관을 키우기 위해 각종 지원책을 폈다."

그의 짧은 이 말에 우리가 찾는 모든 답이 있었습니다. 이러한 인식과 일관된 정책으로 프랑스는 국민들이 독서와 토론을 즐겨 하며, 서점과 도서관들이 곳곳에 있고, 한마디로 책을 즐겨 읽는 문화 국민이 되었습니다.

이에 반해 우리나라에서는 지난 2000년대 초 김대중 대통령 시절, IMF를 극복하기 위해 정부는 IT산업을 육성하고자 갖가지 방안을 세우도록 지시했고, 문화부는 미국의 아마존닷컴을 보면서 오직 인터넷서점을 육성하고자 하는 정책 의지로 인터넷서점에 할인 특혜를 주면서 일반서점은 정가제를 지키도록 하였습니다.

이제 20년이 되어가는 세월 동안 인터넷서점 몇 개가 1조 원이 넘는 매출을 기록할 만큼 비대해졌지만, 반대로 전국의 지역서점은 대부분 사라졌습니다. 나무 몇 그루를 키우기 위해 숲을 불태운 격이지요. 어쩌면 이렇게 프랑스와는 전혀 다른 정책을 폈는지 모르겠습니다.

오늘의 출판환경의 황폐함은 여기서 비롯되었습니다. 정부 정책의 오류가 출판시장의 도산과 문화의 황폐화를 가져왔습니다. 이제부터라도 전국의 서점과 출판을 살리고, 독서문화를 부흥시키려면 완전한 도서정가제를 실현해야 합니다. 먼저 도서정가제를 통하여 시장의 안정화를 꾀하고 여기에 다른 지원 정책을 펴야 할 것입니다.

또 하나, 꼭 간곡히 말씀드리는 것은 대입 수능시험 방법의 개선입니다. 오늘의 우리나라 수능시험은 단답형으로 몇 개를 맞히고 몇 개를 틀렸는지 헤아리는 '찍기' 시험입니다. 이제는 생각하는 시험으로 바뀌어야 합니다. 수능시험의 개선 없이는 국민들이 성숙한 사고력을 키울 수가 없습니다. 채점하기가 어렵다는 이유로 고수하고 있는 단답형 출제 방식은 국민들이 찍는 요령에만 익숙해지게 할 뿐입니다. 학생들이 수험서가 아닌 일반 도서를 읽는 것은 공부하지 않고 딴짓을 하는 것으로 생각하는 학부모의 인식이 변화되어야 합니다.

대통령께 드리고자 하는 말씀이 어찌 이것뿐이겠습니까? 그러나 이러한 국민독서에 대한 정부의 인식 변화, 완전한 도서정가제의 실시, 생각하는 수능시험으로의 전환 등을 꼭 실현시켜 문화 강국의 초석을 다져야 합니다.

지면으로 말씀드리는 김에, 한 가지 더 주제넘은 이야기를 하겠습니다. 우리 정부 조직을 보면 문화를 담당하는 부서가 문화체육관광부입니다. 문화와 체육, 그리고 관광을 모두 합해 담당하는 부처입니다. 관광과 체육이 중요하다지만, 문화에 할애되는 장관의 시간이 너무 적은 것이 현실입니다. 문화는 먹고사는 것을 해결한 정부라면 경제보다 우위에 두어야 하는 코드여야 합니다. 미래의 한국을 생각한다면, 국민의 진정한 경쟁력을 키우려 한다면 문화를 이대로 방치해서는 안 됩니다.

1990년대에는 문화부가 있었습니다. 아마도 당시가 문화정책이 전성시대를 구가했던 시절이었던 것 같습니다. 장관이 문화융성에만 전력을 다해도 모자랄 것입니다. 참고로 프랑스는 문화부(문화홍보부) 장관이더군요. 우리도 문화에 전념하고 그 중심에 책이 있다고 말하는 소신 있는 장관이 일하고, 대통령의 문화융성 지침을 정책으로 펼치는 부처가 되었으면 좋겠습니다.

2016년 12월
대한출판문화협회 회장 고영수 드림

제2부

젊은 출판인에게

1장

차세대(2세) 출판인들과
함께하는 생각

당신의 사고는
열려 있는가

잔소리는 인류 역사와 함께 시작되었을 만큼 어른들의 잔소리는 오래 전부터 존재했다. 옛날에도 지금처럼 기성세대는 다음 세대에 대한 걱정이 많았다는 이야기다. 잔소리를 듣기 좋아할 사람은 아무도 없다. 부모의 잔소리도 마찬가지다. 대개 "내가 해봐서 아는데~, 내 경험으로는~" 이렇게 시작되는 잔소리, 이 중요한 지면이 가능한 그런 잔소리가 되어서는 안 되어야 할 터인데 하는 생각으로, 결국 잔소리를 시작한다.

요즘은 참 변화무쌍한 시대다. 과학기술에 의한 변화뿐 아니라 인구 구조, 여성의 사회 진출, 가치관 등 모든 것들이 참 빠르게 변하고 있다. 그래서 그런지 나이가 들어서 자주 뇌리를 스쳐가는 생각이 있다. '지금 내가 옳다고 생각하는 것이 꼭 정답이 아닐 수도 있다'는 것이다.

세상을 오래 살다 보니 자신감이 좀 없어져서인지도 모르겠다.

그러나 그것이 비단 변화의 시대이기 때문만은 아닌 것 같고, 나이가 많아 자신감이 없어져서도 아니다. 그것이 인생이고, 원래 인생은 또 그렇게 시행착오를 거치며 사는 것이다. 이것은 나이 들어서 얻은 큰 깨달음이다. 자신감 있게 확신에 차서 추진했던 일과 계획들이 얼마간 시간이 지난 후에 돌이켜보면 "아, 그게 아니었구나"라는 아쉬움과 회한으로 반전되어 돌아오는 경우가 많다.

내가 지금 다음 세대에게 하는 조언이 과연 이들의 세대에 맞는 적절한 조언인지에 대해서도 자신할 수 없다. 그래도 굳이 조언을 한다면 "모든 결정에는 양면성이 있다는 것, 그러므로 흑백논리에 갇혀서 살거나 결정해서는 안 된다"라는 것이다. 경영자는 폭넓게 사물에 대한 판단력을 키우고, 결정을 하기 전에 전후좌우를 비교해보아야 한다. 그리고 직원이 했든, 사장이 했든, 그 책임은 모두가 사장의 몫이라 여겨야 한다. 이 조언만은 귀담아들어주었으면 좋겠다.

나는 '열린 귀를 갖고 있는 사람'이 성공한다고 생각한다. 세 사람이 걸어도 그중에 스승이 있다는 《논어》 구절이 있지 않은가. 많은 사람이 경영에 도움을 얻고자 경영대학원이나 최고경영자 과정을 다니는 것도 그런 이유다. 그곳에서 다른 경영자는 문제에 어떻게 대처해가는지 서로 공부하고 의논한다. 다른 사람의 고민을 들음으로써 내 고민을 해결하고자 하는 것이다. 특히 그 분야에 경험이 많은 어른의 이야기를 귀담아듣도록 하자. 노인 한 명이 죽는 것은 백과사전 하나가 없어지는 것과 마찬가지라는 말이 있다. 누구에게든 항상 배우는 자세로 듣고자 하는 마음을 갖는 사람, 그는 이미 성공가도를 걷고 있는 것이다.

당신은 건강한가

나이가 일흔쯤 되니 인생에서 무엇이 가장 중요한가를 묻는다면, 이제는 말할 수 있다. 젊어서는 잘 깨닫지 못했던 것이 바로 '건강'이다. 사업을 논하고 경영에 대하여 생각하는 데 뜬금없이 건강 문제를 들고 나오는 이유는 무엇인가. 우리에게 건강만큼 중요한 것이 없다고 생각하기 때문이다.

주위에 보면 사업을 열심히 해서 제법 큰 성공을 거둔 사람이 건강을 잃어버려 안타까운 사례가 많다. 사업에 전념하다 보니 건강을 챙길 시간과 여유가 없었고, 건강에 적신호가 왔을 때는 이미 너무 늦어버려 후회막급한 경우를 종종 본다. 나는 2세 출판인들이 설령 사업에 실패한다 해도 건강만은 잃지 않았으면 좋겠다.

여기 세상에서 사업적으로 가장 성공한 사람 중의 한 명인 애플의 창업자이며, 스마트폰을 처음 만든 스티브 잡스의 유언을 소개한다.

스티브 잡스는 1955년에 태어나 2011년 56세를 일기로 타계했다. 잡스는 췌장암에 걸렸으나 처음에는 수술로 충분히 치유될 수 있었다. 그러나 잡스는 수술을 거부했다. 그 이유는 신체를 열고 그런 방식으로 영적인 것을 위반하기를 원치 않았기 때문이라고 한다. 어떻게 그런 어리석은 결정을 내렸는지 유명 전기작가 월터 아이작슨이 물었다. 그는 잡스와 이 문제를 놓고 여러 차례 대화를 했다고 한다. 잡스는 수술 대신 영적 치료와 대체의학 같은 것들에 의존했다.

잡스는 결국 9개월 후에 가족과 친구들의 권유로 수술을 받았지만, 그때는 이미 암 세포가 몸에 넓게 퍼진 후였다. 잡스는 암 치료를 받을 때까지도 질병의 심각성을 경시했고, 결국 수술을 늦춘 자신의 결정을 후회했다고 한다.

아래 글은 스티브 잡스가 췌장암으로 병상에 누워 자신의 과거를 회상하며 마지막으로 남겼던 메시지다.

나는 사업에서 성공의 최정점에 도달했다.

다른 사람들 눈에는 내 삶이 성공의 전형으로 보일 것이다.

그러나 나는 일을 떠나서는 기쁨이라고는 거의 느끼지 못했다.

결과적으로 부(富)라는 것은 내게는 그저 익숙한 삶의 일부일 뿐이다.

지금 이 순간에 병석에 누워 나의 지난 삶을 회상해보면

내가 그토록 자랑스럽게 여겼던 주위의 갈채와 막대한 부는

임박한 죽음 앞에서 그 빛을 잃고 그 의미도 다 상실했다.

어두운 방 안에서 생명보조장치에서 나오는 빛을 물끄러미 바라보며

낮게 웅웅거리는 그 기계소리를 듣고 있노라면
죽음의 사자 손길이 점점 가까이 다가오는 것을 느낀다.

이제 깨닫는 것은 평생 굶지 않을 정도의 부만 축적되면
더 이상 돈 버는 일과 상관없는 다른 일에 관심을 가져야 한다는 사실이다.
그건 인간관계가 될 수도 있고, 예술일 수도 있으며
어린 시절부터 가졌던 꿈일 수도 있다.
쉬지 않고 돈 버는 일에만 몰두하다 보면
결과적으로 비뚤어진 인간이 될 수밖에 없다.
바로 나같이 말이다.
부에 의해 조성된 형상과는 달리
하나님은 우리가 사랑을 느낄 수 있도록
감성이라는 것을 모두의 마음속에 넣어주셨다.
평생에 내가 벌어들인 재산은 가져갈 도리가 없다.
내가 가져갈 수 있는 것은
오직 사랑으로 점철된 추억뿐이다.
추억!
그것이 진정한 부이며
그것은 우리를 따라오고 동요하며
우리가 나아갈 힘과 빛을 가져다줄 것이다.
사랑은 수천 마일 떨어져 있더라도 전할 수 있다.
삶에는 한계가 없다.
가고 싶은 곳이 있으면 가라

오르고 싶은 높은 곳이 있으면 올라가 보라

모든 것은 우리가 마음먹기에 달렸고

우리의 결단 속에 있다.

어떤 것이 세상에서 가장 힘든 것일까?

그건 '병석'이다.

우리는 운전수를 고용하여 우리 차를 운전하게 할 수도 있고

직원을 고용하여 우리를 위해 돈을 벌게 할 수도 있지만

고용을 하더라도 다른 사람에게

내 병을 대신 앓도록 시킬 수는 없다.

물질은 잃어버리더라도 되찾을 수 있지만

절대 되찾을 수 없는 것이 하나 있으니 바로 삶이다.

누구라도 수술실에 들어갈 즈음이면

진작 읽지 못해 후회하는 책 한 권이 있으니

이름 하여 '건강한 삶 지침서'다.

현재 당신이 인생의 어떤 시점에 이르렀건 상관없이

때가 되면 누구나 인생이란 무대의 막이 내리는 날을 맞게 되어 있다.

예외 없이 반드시.

가족을 위한 사랑과 부부간의 사랑,

그리고 이웃을 향한 사랑을 귀히 여겨라.

자신을 잘 돌보기 바란다.

이웃을 사랑하라. 그리고 자기 자신도.

- 스티브 잡스

스티브 잡스가 남긴 이 말은 건강의 필요성을 역설하고 있다. 그렇다면 건강을 지키는 방법은 무엇일까. 나는 아주 단순하다고 생각한다. 그것은 바로 '좋은 습관을 갖는 것'에 달려 있다. 좋은 습관 몇 가지를 갖추고 있으면 분명 무병장수한다.

첫째로, 정기적인 건강검진을 하는 습관을 갖는다. 건강검진을 첫 번째로 꼽은 것은 현대인이 장수하게 된 데는 식습관의 개선도 영향을 미쳤겠지만 무엇보다 의학의 발전이 큰 기여를 했기 때문이다. 건강검진을 미리 받아 예방적 차원에서 위험요소를 막는다면 수명을 단축하는 일은 없을 것이다.

둘째로, 좋은 식습관을 갖도록 하자. 하루 세 끼를 거르지 말고, 과식하지 않으며, 골고루 영양을 갖춘 음식을 섭취하자. 아무리 바빠도 적어도 하루 한 끼는 가족과 함께 식사하자. 밥을 같이 먹는 것처럼 친밀감을 느끼게 하는 행위는 없다. 가족 사랑은 함께 즐겁게 식사하는 것에서 시작된다. 주의할 것은 식사 때는 가족 간에 어떠한 비난이나 꾸지람도 해서는 안 된다는 점이다. 아무리 순종적인 개도 밥 먹을 때 밥그릇을 건드리면 으르렁거리지 않는가.

셋째로, 운동습관을 갖도록 하자. 매일 적은 시간이라도 경직된 몸을 운동으로 풀어주자. 유산소와 근육 운동을 병행하여 근육이 몸을 지탱토록 유지하자.

마지막으로, 스트레스를 다룰 수 있는 지혜를 갖자. 사업은 스트레스가 많은 일이다. 그러니 자기만의 스트레스 치유법을 갖자. 사람에 따라 명상, 종교, 여행 등 다양한 방법이 있을 것이다. 내 경우 스트레스가 있으면 작은 백팩을 둘러메고 도심 산책을 한다. 산책을 하면서 만

나는 멋진 카페, 쇼윈도 안에 진열된 각종 물건들을 구경하고, 벤치에 앉아 낯선 사람과 대화하는 것은 운동도 되면서 스트레스까지 날려준다. 스트레스를 피할 수 없으면 즐기라는 말이 있지 않은가.

건강을 잃으면 모든 것을 잃는다. 건강을 잘 지키자. 이왕 건강을 챙길 때 나만이 아니라 가족의 건강을 함께 챙기자. 가정에 우환이 있으면 나도 건강을 지키기가 쉽지 않은 법이다.

출판 경영인의 길

당신은 왜 출판사 사장이 되었는가, 또는 되려 하는가?

당신은 2세 출판인인가?

출판사업을 시작하는 데에는 대체로 두 가지 유형이 있겠다. 첫 번째 유형은 어떤 이념적 자기실현을 위한 방편으로 출판사를 설립하는 경우다. 예를 들면 일제강점기의 출판은 독립운동이나 민족계몽운동을 위한 수단이었다. 두 번째는 경제적 이익을 추구하기 위한 출판으로서, 대다수 출판사가 여기에 해당한다. 이제 우리 사회에 계몽의 필요성이나 국가적 이념 논쟁은 어느 정도 사라진 듯싶다. 아무튼 당신은 어디에 해당하는가?

'출판사업'을 흔히 '문화사업'이라고 한다. 멋진 말이다. 우리가 출판업자라는 말 대신 출판인이라는 호칭을 즐겨 쓰는 것도 단순히 돈을 벌려고 하는 업자가 아니라 문화를 영위하며 보급하는 장인으로서의 존칭이 내포되어 있기 때문이다.

그러나 문화라는 단어에는 어쩐지 돈 버는 사업으로서의 영리기업의 냄새가 다소 허약한 면이 있을 듯싶다. 지금까지 우리 사회나 출판인 스스로 갖고 있는 기업성의 부재에서 비롯된 것이다.

나는 여기서 출판사업의 문화적인 측면과 사업적 측면을 동시에 강조하고 싶다. 좀 더 솔직하게 말하면 기업성에 높은 비중을 둔 출판사업이 되어야 한다고 생각한다. 이왕 출판산업에 들어왔다면, 열심히 하여 기업 규모도 키우고, 나아가 국제무대에도 나가자. 문화 수출 역군으로서 경쟁력을 갖춘 기업이 되면 얼마나 좋겠는가.

여러분은 어떤 과정으로 출판사 사장이 되었는가? 출판사에 근무하다가 독립하는 사람도 있을 것이고, 또 출판에 뜻을 두고 새로 사업을 시작하는 사람도 있을 것이며, 출판사 경영을 물려받은 2세나 3세 출판인도 있을 것이다.

아무튼 모든 사업이 그렇겠지만 출판사업은 정말 만만치 않다. 결코 쉽게 여길 수 없는 사업이다. 아마도 사업을 하다 보면 갈등도 많고, 회의도 많이 들 것이다. 그때마다 문화사업을 한다는 자긍심을 갖고 끈기 있게 이겨나가야 한다. 어려움을 극복하는 데에는 이것이 하늘이 내게 준 소명이라고 믿고 도전하는 불굴의 정신이 필요하다.

장인정신

출판사 사장에게 필요한 것이 기업가 정신과 함께 장인정신이다. 계속기업(Going concern)으로서 사업을 영위하겠다는 강한 의지가 필요하고 그 위에 문화사업으로서 긍지와 포부를 갖고 있어야 한다.

특히 2세 출판인들에게 말하고 싶다. 가업의 승계는 아름답고 훌륭한 일이다. 이미 어느 정도 갖추어진 시스템은 분명 큰 힘이 될 수 있다. 그러나 잠시 정신을 놓고 있다 보면 오히려 더 큰 어려움에 직면할 수 있다. 조직이란 살아 있는 생물체다. 절실함과 위기감 없이 선대에서 차려놓은 밥상을 받은 것이니, 쉽게 생각하고 노력을 게을리 한다면 그것은 큰 오산이다. 창업보다 수성이 더 어렵다.

다른 사업보다 출판은 개성이 매우 강하다. 각 출판사마다 기업에 흐르는 독특한 선대의 기업가 정신과 장인정신을 계승하여 더 큰 그림을 그릴 수 있도록 부단히 노력하여야 한다.

경영자는 고독하다

젊은이들은 무엇을 가장 큰 짐으로 여길까? 사업을 하는 사람이라면 (직접 창업을 했건, 아니면 사업을 물려받았건) 성공을 해야 한다는 무거운 중압감을 갖고 있을 것이다.

나 역시 그랬다. 1978년 5월, 내 나이 스물아홉 때 갑자기 선친이 돌아가셨다. 아버지는 56세라는 너무나 이른 나이에 돌아가셨다. 당시 나는 대학을 졸업하고 직장생활 2년이 채 안 된 햇병아리였다. 선친이 작고하시고 나서 일주일 후 나는 다니던 직장에 사표를 쓰고 지금의 직장에 출근했다.

2세 경영인이 된 것이다. 처음에는 신입사원처럼 모든 것이 생소했다. 그러나 사원으로서 회사에 입사한 것과는 사뭇 다른 분위기의 생소함이었다. 무엇보다 우선 첫날부터 크고 작은 결정을 해야 한다는 점이 큰 부담이었다. 2세 경영인에게 신입사원 연수 같은 오리엔테이션도 없었고, 직원들은 낯선 상관의 모습을 나름대로 저울질하는 듯했다. 나는 선친이 갑작스럽게 가시는 바람에 회사의 기본 상황조차 잘 알지 못했고 업무도 몰랐다. 그런데 회사를 맡고 한두 달 만에 회사가 갖고 있는 특수한 문제들이 감당할 수 없을 만큼 물밀듯이 닥쳐왔다. 제일 안타까운 일은 상의할 사람이 없다는 점이었다. 물론 직원들과 상의가 가능한 것도 있다. 그러나 대부분의 의사결정은 사장만이 할 수 있고 사장이 책임져야 하는 것들이다.

경영자는 고독하다. "이런 경우에는 어떻게 하면 좋을까?" 고민되는 크고 작은 문제들이 밀려온다. 젊은 시절에는 사회 경험이 적다 보니, 판단력도 부족하지만 인적 네트워크도 별로 넓지 않다. 모든 것을 스스로 결정하며 헤쳐나가야 한다. 자신이 최종 책임을 져야 한다. 그리고 밀려오는 고독감에 대해서도 스스로 대처할 수 있어야 한다.

세상을 살면서, 사업을 하면서 어려운 시기가 왜 없겠는가. 나도 수없이 많았다. 사업을 시작하고 처음 몇 년 동안에는 퇴근 후 텅 빈 사무실을 지키면서 당시 '생명의 전화'에 다이얼을 돌린 적도 여러 번 있었다. 사업에 뛰어든 1978년부터 몇 년 동안, 그때 다가온 사업의 곤경은 내가 도저히 감내하기 힘든 무거움이었다. 누구에게 손을 내밀 수 있겠는가. 친척, 친구들이 떠올랐지만 결국 아무도 없었다. 막막하였다. 스스로 살아가는 법과 생존법을 터득해야 했다. 무엇보다 스스로 마음 다스리는 법을 배워야 했다.

나는 40대에 들어서 크리스천이 되어 마음의 위로와 평안을 신께 구하게 되었다. 좀 더 일찍 그랬으면 좋았으리라. 나의 아들들은 오래전에 크리스천이 되었으니 얼마나 다행인가. 자신에게 뭐든지 주고 싶어 하는 하나님이 있다는 것이 얼마나 자신감을 갖게 하고 힘이 되는지 모른다. 혹시 신을 믿지 않는 사람이 인생의 어려움을 이길 수 있는 방법은 무엇일까. 의외로 쉬운 일일 수 있다. '누군가를 사랑하고, 누군가로부터 사랑을 받는 것'이다. 사랑은 어떤 고난도 헤쳐나가게 하는 무기가 된다.

내게도 사랑하는 아내가 있다. 나를 끔찍하게 아껴주는 어머니가 계시다. 눈에 넣어도 아프지 않을 아들이 태어나 나를 반겨주었다. 그들이 없었다면 당시의 곤경을 이겨낼 수 없었으리라. 어려운 삶을 살아가는 사람들에게 힘이 되고 감동을 줄 음악 한 곡을 여기에 소개한다. 나의 애창곡이기도 하다.

1960년 영국의 비틀즈는 전 세계 음악팬들을 열광시켰다. 1970년 그룹이 해산하기 직전에 세상에 내놓은 마지막 앨범 〈렛 잇 비(let it be)〉는 비틀즈만의 철학과 선율이 담긴 음악 양식을 선보이며 대중음악의 스펙트럼을 확장시켰다. 나도 비틀즈 팬이었다. 그리고 이 노래는 오랫동안 동시대 사람들, 특히 젊은이들에게 마음 깊이 감동과 전율을 던져주었다.

When I find myself in times of trouble
내가 힘든 시간을 보내고 있을 때
Mother Mary comes to me,
어머니가 나에게 다가옵니다.
Speaking words of wisdom, let it be,

나에게 지혜의 말을 건네죠. 흘러가는 대로 그대로 두렴.

And in my hours of darkness

내가 어두운 시간을 보내고 있을 때

She is standing right in front of me

어머니가 내 앞에 서 있습니다.

Speaking words of wisdom, let it be,

나에게 지혜의 말을 건네죠. 흘러가는 대로 그대로 두렴.

And when the broken hearted people

그리고 마음이 다친 사람들

Living in the world agree,

이 세상의 사람들은 모두 동의합니다.

There will be an answer, let it be.

언젠가는 답이 보일 거예요. 그러니 흘러가는 대로 그대로 두세요.

비틀즈의 운명이 종말을 향해 치달을 무렵, 홀연히 아들의 꿈에 나
타난 어머니(메리)는 폴 매카트니에게 삶의 지혜와 위로를 전한다. 노
랫말처럼 아들에게 "너무 주어진 상황을 바꾸려 애쓰지 말고 있는 그
대로를 운명으로 받아들이라"고 말한다.

의기소침해 있는 아들에게 그녀는 "다 괜찮아질 거야, 그대로 두
렴"(It will be all right, so just let it be)이라며 위로했다. 꿈속의 어머니로부
터 큰 위안을 받은 폴 매카트니는 깨어나자마자 곧바로 이 곡을 썼다
고 한다.

노래를 들으면 어머니의 사랑이 전해진다. 삶이 어려울 때 사랑하는

사람을 기억하자. 비틀즈처럼 꿈속에서든 어디서든, 그가 전하는 말을 들어보자. 그리고 let it be를 기억하자. 인생에 어려움이 닥쳐올 때, 정말 감당하기 어렵다면 있는 그대로, 흘러가는 대로 순응해가는 것도 좋은 방법이다.

특히 2세 출판인들에게 말하고 싶다. 사업을 물려받은 부담감을 과감히 떨쳐버리자. 사업을 잘해서 선대에게 잘 보여야 된다는 중압감에서 벗어나자. 사업을 하면서 너무 완벽하게 하려고 자신을 괴롭히지 말자. 그런 두려움을 내려놓자. 내 모습 그대로가 자유롭고 행복한 것이다. 선대에 너무 의존하는 것도 안 좋지만, 반대로 큰 중압감에 눌려 지내는 것은 더 좋지 않다. 인생에는 정말 죽을 것만 같은 고난이 닥치기도 한다. 그런 때는 닥쳐오는 고난에 순응하며 바람에 맡기고 삶을 노 저어 갈 수 있어야 한다.

경영자가 고독함을 이겨내는 방법 중 하나는 동업자 친구와 함께하는 것이다. 서로 동병상련이라 할까, 어려움을 굳이 말하지 않아도 동시대인은 모두가 같은 어려움을 겪게 마련이다. 협회 활동이나 혹은 골프 모임, 등산 모임 등을 통하여 출판인들과 함께할 필요가 있다.

출판사 사장이 갖춰야 할 것들

경영자의 자질이란 시대마다 다를까, 아니면 어느 시대에나 공통될까. 내 생각에는 큰 흐름에서는 같고, 세부적으로는 다른 자질이 요구될 수도 있을 것이다. 나름대로 사장이라면 갖춰야 할 것들에 대해 생각해보기로 한다.

생각은 크게, 행동은 신중하게

어떤 이유에서건 출판사 사장이 되었다면 비전과 목표가 있어야 할 것이다. 사업을 아무런 비전도 없이 밥 먹기 위해서 하는 것으로 치부해버린다면, 본인은 그렇다 치더라도 함께 일하는 임직원들은 어떤 희망을 갖고 일을 도모할 수 있겠는가.

출판업이 나날이 어려워지고 있는데 무슨 비전이 있겠느냐고 생각한다면, 갈 곳이 없는 출판사 사장이 아니라면 차라리 다른 일을 찾아보라고 권하고 싶다. 아무리 어려운 여건이 닥쳐와도 사장은 난관을 헤쳐나가야 할 책임이 있는 사람이고 그 속에서 비전을 발견하고 목표를 세워야 한다.

사람은 자기가 그리는 상상만큼 도전할 수 있다. 얼마나 큰 이상을 가졌는가, 큰 뜻을 가졌는가에 따라 출발선상에서는 거의 비슷하게 출발했지만 나중에 큰 차이가 난다는 것을 알 수 있다. 뜻을 크게 가져야 한다. 그러나 뜻이 크다고 하여 행동이나 결정도 대충대충 하라는 것은 아니다. 오히려 경영자는 매사에 신중히 결정하고, 꼼꼼히 따져보고 추진해야 한다. 돌다리도 두드리듯 건너가야 한다.

헬리콥터 감각과 줌 렌즈 감각

경영자에게 요구되는 것은 헬리콥터 능력이다. 높은 곳에 올라서 보는, 즉 매크로적인 관점에서 세상을 바라봐야 한다.

비둘기가 나는 높이와 독수리가 나는 높이가 다르다. 누가 더 세상을 넓게 보고 먹잇감을 찾기 쉬울까. 독수리는 창공 높이 날아올라 땅을 내려다봄으로써 멀리 강을, 협곡을, 산을 본다. 그사이에 작은 동물들을 발견하여 순식간에 내려와 낚아챈다. 높은 곳에서 내려다봄으로써 먹잇감을 쉽게 찾을 수 있다.

그런가 하면 경영자는 마이크로의 세계로 내려와 정글 속에서도 집단을 자기가 바라는 방향으로 움직여야 한다. 이것은 렌즈의 줌(zoom) 같은 기능이다. 뛰어난 경영자는 이러한 헬리콥터 감각과 줌 렌즈 감각, 두 가지 감각을 반드시 가져야 한다.

강점을 살려라

이는 내 마음속에 스승으로 모시는 경영학의 아버지 피터 드러커 박사의 말이다. 그의 경영학 전체에서 한 가지만 뽑으라고 한다면 바로 이 말을 선정할 것이다.

누구에게나 강점과 약점이 있다. 나의 강점 분야에 집중도를 높이자. 개인이나 팀, 조직도 마찬가지다. 직원들의 약점을 주목하지 말자. 오히려 경우에 따라서는 약점은 모른 척해주어야 한다. 강점을 살리고자 노력하며, 강점이 발휘되는 것을 막거나 그것을 약화시키지 않도록 해야 한다.

자신의 강점을 스스로 안다는 것은 쉽지 않다. 그러므로 타인에게 듣는 것이 중요한데, 그런 의미에서 정보의 솔직한 피드백이 필요하다. 또한 자신의 강점을 발견하는 계기는 '나는 이것을 할 수 있다'는 사실을 알리는 역할을 하는 일종의 업적에 있다. 여기서의 업적은 표면상의 겉치레나 자신이 얼마나 대단한가를 과시하는 것과는 거리가 멀다. 실제로 '무엇을 잘할 수 있는가, 무엇을 잘했는가'라는 성과, 업적, 결과 혹은 그것들의 싹이 강점 발견의 계기가 될 수 있다. 이렇게 발견된 강점을 약하게 만든다거나 방치해서는 안 되며 무엇보다 강점을 더욱 강화할 수 있는 무대를 찾는 것이 중요하다.

피터 드러커 박사는 "성과를 올리는 경영자는 사람들의 강점을 산다. 그들은 직원들의 약점을 중심에 두어서는 안 된다는 것을 알고 있다. 성과를 올리려면 이용할 수 있는 모든 강점, 즉 직원의 강점, 자신의 강점을 이용하지 않으면 안 된다. 강점이야말로 기회다. 강점을 살리는 것이야말로 조직 특유의 목적이다"라고 단언했다.

새로운 지식 습득에 목말라하라

급변하는 시대다. 어제의 지식은 벌써 낡은 지식이 되어간다. 평생학습 시대로서 끊임없이 새로운 지식을 받아들여야 한다. 적극적인 배움의 자세가 필요하다. 배우는 자세를 잃어버리면 그는 과거의 지식에 매여 사는 사람이 된다.

요즘 사람들은 종이신문을 외면한다. 많은 사람이 인터넷신문으로 옮겨간다. 그러나 인터넷으로는 주요 정보를 일부러 찾아 검색해야만 볼 수 있다. 아침에 탁자 위에 놓인 몇 개의 신문 읽기는 경영자에게 필수다. 한눈에 주요 기사들의 제목을 스케치하면서 업계에 관련된 것이라든가 광고, 특히 내가 관심 있는 분야의 것을 찾아 읽어야 한다. 읽은 후 신문의 해당면을 잘라 모아둘 수 있다. 나중에 한 달에 한 번씩만 정리하면 관심 분야에 대한 훌륭한 스크랩이 될 것이다. 신문을 본다는 것 정도로 남들보다 새로운 지식을 쌓고 있다고 보기는 어렵다. 오히려 그것을 보지 않으면 신문을 본 수백만의 사람들보다 정보에 뒤진다고 생각해야 옳을 것이다.

외국 신문 읽기는 더욱 가치 있는 일일 것이다. 〈일본경제신문〉이라든가 〈뉴욕타임스〉 등을 정기 구독하는 것도 바람직하다. 외국 신문 구독이 여의치 않다면 이것은 인터넷으로 봐도 좋다.

경영이든 출판이든, 아니면 관심 있는 영역의 공부를 하기 위해 전문적인 과정에 들어갈 필요도 있다. 새로운 지식뿐 아니라 좋은 인간관계도 맺을 수 있어서 일거양득이다. 때로는 후자가 인생에 더 큰 도움이 될 수도 있다. 평생 함께 갈 수 있는 친구는 고향 친구이거나 아니면 언제 어느 때고 학교에서 만난 친구뿐이다. 가능하면 인터넷으로 혼자 공부하는 방식은 지양하는 것이 좋겠다.

언어에 자유로워야

지금은 세계가 한 지붕 아래인 것처럼 가까이 살고 있다. 우리가 하는 일도 좁게 나라 안에서만 멈추어서는 안 된다. 높은 수준의 어학 실력이 있어야 한다. 물론 어학을 잘한다고 해서 사업을 잘하는 것은 아니다. 그러나 사업을 잘하려면 어학력이 요구된다. 언어 소통 능력이 없으면, 누군가에게 의존해야 하고, 그만큼 판단력에 지장을 받고, 추진하는 데 어려움을 겪게 된다. 언어는 잘했다가도 사용하지 않으면 잊어버린다. 영어와 제2외국어를 생활화할 수 있도록 하고 꾸준히 공부해야 한다.

기록하는 습관이 성공을 부른다

경영자에게 수첩은 머리를 하나 더 가지고 다니는 것과 같다. 경영자는 끊임없이 새로운 정보와 지식, 아이디어를 받아들이도록 안테나를 높이 세워야 한다. 그리고 중요한 것은 메모해놓아야 한다. 그렇지 않으면 다른 일이나 생각들로 다시 기억하기 어렵게 된다. 요즈음은 스마트폰에 기록 저장 수단이 있다. 그러나 뒷주머니에 항상 지니고 다니는 수첩이 더 요긴하고 편리하다는 생각이 든다. 쓸모의 중요성은 차후에 판단하기로 하고, 그때마다 생각나거나 긴요하게 알아두어야 할 것들을 아무렇게나 적어두는 이 메모장은 경영자의 약속에 대한, 기억하지 못해서 일어날 수 있는 것들에 대한 실수도 예방해주고, 창의력과 아이디어 노트 노릇을 충실하게 해준다.

경영자라면 자신의 고유한 수첩을 제작해서 갖고 다니는 것도 품격을 높이는 일이다.

사장실에 혼자 오래 있지 마라

사장이 자신의 사무실에 갇혀 있어서는 안 된다. 하루 종일 사무실에 앉아 직원들의 결재서류가 올라오기만을 기다리는 '결재맨'이 되어서는 안 된다. 사장은 현장을 파악하여야 한다. 직접 서점에 정기적으로 나가서 우리 책이 얼마나 잘 진열이 되었는지, 새로 어떤 신간들이 나왔는지 등, 현장 중심의 경영을 해야 한다. '현장주의'는 거시적인 안목을 뒷받침해주는 매우 중요한 기둥이다.

또 서점에 자주 들러서 서점을 경영하는 친구를 갖게 되면 자연히 객관성 있는 시장성 판단 능력도 생긴다. 일본 이와나미(岩波書店)의 초대 사장은 매일 오후가 되면 고서점가를 돌아다니면서 그가 출판할 책을 생각했다고 한다. 과거를 보면서 시대 흐름을 읽으며 기획 아이템을 구상한 것이다.

또 직원들이 근무하는 사무실에도 사장이 자주 가서 방 안의 공기를 느껴야 한다. 전화 응대하는 모습에서부터 직원들의 일하는 모습에서 문제점을 찾을 수 있으며, 함께 친근감을 갖고 일을 추진할 수 있다.

출판사 사장은 사업가이면서 예술가다

출판은 종합예술과 같은 문화사업이다. 출판의 프로세스를 보면 책의 제목을 비롯해서 모양과 크기, 표지 장정, 본문 활자, 행간, 자간, 여백의 처리 등은 예술적인 하나의 창작일 뿐 아니라 다양한 학문에 걸친 폭넓은 교양도 있어야 하는 작업임을 알 수 있다.

신문광고 문안을 만들 때도 회사의 이미지를 위해 거짓이나 과대성이 없으면서 독자에게 어필할 수 있는 문안을 짜고자 노력하여야 한다. 또 어떻게 광고가 나갈 것인가 레이아웃을 사전에 보기도 한다. 이런 모든 것들은 예술적 감각을 필요로 한다.

카피라이터의 기능이나 디자인 기능 등 광고회사에서 갖고 있는 대부분의 기능들이 책을 만드는 데도 필요하다. 물론 각 분야의 전문가를 쓰면 되지만 경영자가 어느 정도는 알아야 제대로 된 사람을 고용할 수 있다. 따라서 출판사 경영자는 높은 미술적 감각이나 학문적 교양을 필요로 한다. 이를 충족시키기 위해서는 끊임없이 관심을 갖고 배우고자 하는 노력이 있어야 한다. 그리고 그런 예술적 소양이 자기 몸의 일부가 될 만큼 즐기게 된다면 멋진 책들을 만들 수 있는 것은 물론 아름답고 품격 있는 인생을 살 수 있다.

오케스트라의 지휘자

경영자는 오케스트라를 지휘하는 지휘자와 같다. 오케스트라 각각의 구성원은 맡은 파트의 전문가들로 일일이 가르쳐주지 않아도 지휘자가 조금만 지도해주면 스스로 완벽하게 연주할 수 있어야 한다. 오케스트라에서 이런 전문가들을 하나로 만드는 것은 바로 악보다. 그러므로 경영자는 어떤 의미에서는 악보를 쓸 줄 아는 작곡가인 동시에 그 악보를 보고 훌륭한 하모니를 연출할 수 있는 지휘자나 해석자가 되어야 한다. 출판사에서도 이런 전문가로 구성된 구성원들이 일사불란하게 일할 수 있도록 만들어야 한다. 불협화음이 생기지 않으면서 가장 큰 효과를 올릴 수 있도록 비전을 함께하고 업무 프로세스를 공유해야 한다.

측은지심

베풀고 나누는 자의 기쁨을 알고 있는가. 인생을 즐겁고 기쁘게 사는 방법은 아주 간단하다. 세상에 유익을 주면서 사는 것이다. 반드시 큰 것을 나누어야만 하는 것이 아니다. 꼭 물질만이 아니다. 아침에 집을 나설 때 처음 만나는 이웃에게 웃으며 아침 인사를 건네고 먼저 앞서 가게 양보하는 것, 길을 가다가 누군가에게 큰 불편을 끼칠 것 같은 위험한 것을 보면 안전한 곳으로 옮겨놓는 것, 점심 먹고 식당을 나올 때 알지 못하는 혼밥을 먹고 있는 사람의 식대를 대신 지불해주는 것 등 누군가로부터 꼭 '감사합니다'라는 대답을 듣지 않고서도 나누려는 배려심이 행복한 마음이다.

여유가 있으면 국내외 어려운 이웃에게 기부금을 내 돕고, 직접 몸으로 도울 수 있다면 더 좋겠지만 그럴 수 없다면 로타리클럽이나 교회, 사회단체에 참여하여 작은 힘을 보태는 것도 유익하다. 학생들이 공부하는 데 어려움을 덜어주도록 장학금을 주는 것도 좋겠다. 직원들을 챙겨주는 마음을 갖고, 또 타사에서 하는 직원들을 위한 좋은 프로그램이 있으면 즉각 받아들이는 마음 자세도 좋다.

좀 더 물질적으로 큰 여유가 있다면, 사회 약자를 도울 수 있는 보다 체계적인 방법도 강구하면 좋겠다. 이타적인 마음이 인생을 행복하게 만든다. 봉사를 하다 보면 도움 받는 사람보다 도움을 주는 사람의 기쁨이 크다는 것을 느끼게 된다. 도움 줄 수 있음을 축복으로 알아야 한다. 측은지심은 리더가 필히 갖추어야 할 덕목이다.

책의 특성에 대한 이해

일책 일기업(一冊 一企業)

책은 저마다의 특성이 다르다. 아마도 책의 이런 점이 다른 업종의 제품과는 크게 다른 면일 것이다. 대부분의 기업은 몇 가지 제품을 만든다든지, 많은 제품이 있어도 몇 개의 제품군으로 나누어 영업과 홍보 등 마케팅의 단일화가 가능하다. 그러나 책은 각기 저마다의 시장성도, 문화성도 다르다. 따라서 기획의 시작부터 이런 점들을 고려하여 개별적인 마케팅 계획과 채산성을 따져봐야 한다. 뿐만 아니라 내가 펴내는 이 책이 사회에 어떤 영향을 미치고 독자에게 무엇을 전달해주는 것일까를 생각해보아야 한다. 한 권의 책을 기획할 때 한 회사를 세운다는 생각으로 신중하게 진행하자.

한 권 한 권을 일책 일기업으로 인식하고 출간하기 위해서는 과거와 현재, 그리고 미래의 시대 흐름을 통찰하는 능력을 가져야 한다. 이를 위해 노력해야 한다.

도박성이 강한 사업, 농사짓는 사업

출판은 옷장사와 비슷하다는 말을 한다. 그러나 경우에 따라서는 옷장사보다 더 힘들다고 생각된다. 옷은 팔다가 계절이 지나면 덤핑 행사장으로 옮겨진다. 다른 물건 같으면 팔다가 남은 것은 헐값에 팔아서 본전이라도 건질 방도가 있지만 책은 폐기될 때 폐품 종이값으로 처분된다. 그렇게 되지 않도록 항상 살얼음판을 딛는 듯한 마음으로 한 권 한 권에 정성을 다하여 펴내야 한다.

그런가 하면 책은 농사짓는 것과도 비유된다. 꾸준히 영역을 깊고 넓게 파다 보면 그 분야의 전문 출판사로 인정받게 된다. 출판계에는 한때를 잠시 풍미하는 베스트셀러를 능가하는 장수 상품들이 많다. 《성문 영어》와 같이 전문 분야이면서도 거의 수십 년간 스테디셀러가 되는 경우가 있고, 학술 분야나 문학 분야에서도 시류를 타지 않고 오랫동안 회사의 먹을거리 노릇을 해주는 아이템들이 있다. 어떤 경우이든 한 권 한 권에 정성을 다해야 한다.

반복구매와 충동구매

책의 특성 중 안타까운 점은 다른 물건들에는 일반적인 반복구매가 없다는 점이다. 책은 치약 같은 소비재가 아니다. 설령 책을 다 읽고 감명을 받아서 한 번 더 읽고 싶다고 해도 한 권 더 사는 일은 없다. 그래서 대부분의 도서는 대개 독자의 범위가 정해져 있고 정해진 수량 정도가 팔리고 나면 수요가 현저히 줄어든다. 일정한 수요가 제한되어 있을 수밖에 없다.

그러나 책의 이러한 상품으로서의 단점을 상쇄하는 특성도 있다. 책이란 충동구매 성향이 매우 높은 상품이다. 서점에서 책을 구경하다 보면, 당장 필요하지 않더라도 언젠가 읽을 생각으로 구매하게 되고, 디자인이나 책 모양이 아름다워 구입하는 경우도 있다. 또 배우자나 자녀에게 줄 책을 한 보따리 사들고 나오기도 한다. 책의 이러한 충동구매는 수요 확대에 크게 일조하는데, 주로 오프라인서점에서 가능한 일이다. 인터넷서점에서의 도서 구입은 거의 목적 구매에 의한 것으로 간주된다. 충동구매는 우리가 오프라인서점의 수를 늘려야 한다고 주장하는 이유 중 하나다.

다품종 소량 생산

책은 대표적인 다품종 소량 생산 상품이다. 물론 어느 책은 수십만 부에서 수백만 부를 찍기도 하지만, 대부분의 경우 몇 천 부에서 몇 백 부를 찍는 책들이 많다. 우리나라에서는 연간 약 6만 종의 신간이 발행된다. 이들의 평균 발행부수는 2,000부를 넘지 않는다. 사업적인 면에서 보면 한 종 한 종의 책이 손익분기점을 넘겨야 하는 어려움이 있다. 아마도 이런 다품종 소량 생산의 추세는 더욱 가속화될 전망이다.

원 소스 멀티 유스(One Source Multi Use)

책은 여러 가지 부차권이 동반될 수 있는 상품이다. 해외 저작권 판매뿐 아니라 영화나 연극 등에서 원작으로 사용될 수 있고, 그밖에 상품으로도 개발된다. 단순히 한 권의 책만을 기획하기보다는 넓고 다양한 이용을 처음부터 바라볼 필요가 있다.

출판사 경영자라면 책의 이런 특성을 가볍게 간과해서는 안 된다. 이 책을 만듦으로서 어떤 새로운 사업성이 전개될 수 있는지를 사전에 그려보고, 새로운 시장에 맞도록 처음부터 추진해가야 한다. 이것은 한 권의 책뿐만이 아니라 발행되는 분야를 대표하는 브랜드명에도 적용할 수 있겠다.

출판사 경영 관리

인간 중심의 경영

처음 사람을 채용할 때는 각별히 신중하자. 그리고 일단 회사에 입사한 사람은 가능한 동지적 유대를 맺도록 하자. 사람을 채용할 때는 머리 좋은 사람보다는 의리 있고 부지런한 사람이 더 좋을 것이다. 그리고 모든 사물을 대하는데 부정적인 시각을 갖고 있는 사람은 가급적 피하여야 한다.

평생을 함께하는 좋은 일꾼을 만나는 것은 경영자에게는 큰 축복이다. 아부를 잘하는 이른바 충성파의 사람은 경계해야 한다. 선의를 갖고 애사심으로 솔직하게 경영자를 비판할 수 있는 사람이 곁에 있어야 한다.

칭찬

칭찬에 인색하지 말자. 경영자의 덕목 가운데 하나가 칭찬하는 것이다. 칭찬을 보다 구체적으로 하자. 막연하고 두리뭉실한 칭찬은 의례적으로 들릴 뿐이다. 노력에 대한 칭찬을 해야지, 머리가 좋다는 식의 칭찬을 하는 것은 바람직스럽지 않다. 지적 능력은 자신이 어쩔 수 없는 것이라고 생각되기 때문이다. 칭찬은 되도록 공개적으로 하되, 질책은 단둘이 있을 때 가급적 작은 목소리로 한다. 다른 사람을 공개적으로 모욕하는 일은 삼가야 한다. 그리고 자녀들에게 하듯, 직원에게 마음의 상처를 주었다고 생각되면 저녁에 술 한잔을 하거나 차를 함께 마시면서 서운함을 달래주도록 하자.

또 누군가에게 칭찬을 하고 싶으면 직접 앞에서 하는 것보다 제3자를 통해서 하는 방법이 더 효과적이다. 제3자를 통해 들은 칭찬은 때를 가리지 않고 효과를 발휘한다. 같은 논리로 험담도 절대로 뒤에서 하지 않아야 한다.

자금 관리

모든 사업에서 망하는 이유는 단 한 가지다. 현금이 없기 때문이다. 내일 받을 돈이 아무리 많아도 오늘 들어오는 어음을 막을 현금이 없다면 그것이 부도다. 부도가 나면 파탄이다. 모든 은행 거래가 중단되고 대출이 있으면 회수에 들어가게 된다. 신용을 잃으면 아무것도 할 수가 없다. 그러므로 기업은 항상 현금 흐름이 막히지 않도록 주의해야 한다.

직원들의 급여는 그들 가정에 일정 기간 동안 필요한 수입의 재원이다. 회사에 들어올 돈이 없으면 부도가 나듯이, 직원들도 각 가정에서 필요한 돈이 제때에 공급되지 않으면 어려움을 겪게 된다. 급여는 월급이 많고 적음보다 약속된 날짜에 반드시 지급되는 것이 더 중요하다. 또 출판사의 업무 특성상 디자인이나 편집 등에서 흔히 외주를 주게 된다. 큰 회사도 있겠지만 대부분 개인적으로 외주를 받아 운영하는 경우가 많다. 이들에게 일한 것에 대한 대가의 지급은 직원들과 마찬가지로 그들의 생계수단이나 다름없다. 결제할 금액은 약속된 날짜에 지급해야 한다.

거래처 관리

출판은 전화 한 통으로 모든 제작을 마친다. 제작 담당자가 인쇄소나 제본소에 나가기도 하지만, 신간 혹은 재쇄를 찍을 때 지업사에서 인쇄소로 다시 제본소를 거쳐 창고로 입고 받는다. 모든 과정마다 전화한 통으로 가능한 것은 그동안 서로가 신뢰를 쌓아왔기 때문이다. 거래처와의 신뢰는 무형의 자산이다.

특히 디자인이나 편집 등에서 개인 사업을 운영하는 사람들과의 단가 협상에서는 항상 다른 곳보다 2~3퍼센트 정도를 더 높이 책정해서 주도록 한다. 10퍼센트 이상 높여준다면 좋아하겠지만 채산성이 맞지 않게 된다. 다른 곳보다 늘 좀 더 준다는 생각으로 일하게 하고, 또 이들을 하청업체로 생각하고 하대해서는 안 된다. 이들도 함께 어깨동무하고 일하는 동업자라는 점을 잊지 말아야 한다.

성공보다는
행복을

가정

사람들이 빠지기 쉬운 함정이 있는데, 그것은 '성공이 곧 행복'이라는 생각이다. 그러나 성공이 행복의 한 요소가 될 수는 있어도 성공한다고 해서 행복해지는 것은 결코 아니다. 때로는 성공이 행복의 요소를 깎아먹는 경우도 있다. 너무 일에만 매달려 살다 보면 인생의 중요한 것들을 잃어버리기도 한다.

우리는 경제적 부를 이룬 사람들이 그동안 가정을 소홀히 하여 배우자나 자녀들과 소통이 되지 않는 경우를 흔히 본다. 진정한 행복은 가정에 있고, 가정의 행복은 서로 사랑하는 것이다. 사랑은 관심과 배려에서 비롯된다.

사업 못지않게, 아니 사업보다 더 중요한 것이 가정이다. 가정은 피로한 일상에서 쉼을 주는 피난처이며 궁극적으로는 나를 받아들여주는 안식처다. 사업을 중시하거나 다른 것에 빠져 가정을 소홀히 하지 않도록 해야 한다. 행복은 '크기'가 아니라 '빈도'라고 한다. 가족에게 자주 '사랑한다'고 말하고 사랑을 표현하려 노력해야 한다.

취미

취미생활은 일에 몰두하는 비즈니스맨에게 꼭 필요한 것이다. 자기가 좋아하는 것, 하고 싶었던 것을 정하여 시간이 나는 대로 즐기자. 즐기다 보면 스트레스 해소책이 되고, 어느새 자기 사업 못지않게 전공이 되어버린 예도 흔히 있다.

피터 드러커 박사의 예를 들어본다. 그는 영국에 있으면서 두 가지 연애를 했다고 한다. 하나는 지금의 아내를 만난 것이고, 다른 하나는 일본 풍속화의 아름다움을 발견한 것이다. 그는 일본 풍속화를 시간 날 때마다 연구하였다. 피터 드러커는 여든 살이 한참 지난 어느 해 UCLA에서 강사 위촉을 받았다고 크게 기뻐하였는데, 바로 일본 근대 미술사 강의를 맡은 것이라고 한다. 취미로 시작했는데 이쯤 되면 인생을 풍요롭게 하는 원천 하나를 만든 것 아닌가. 평생을 즐길 수 있는 나만의 취미, 음악이나 미술, 춤, 수집 등 자기가 할 수 있는 것을 하나 이상 만들도록 하자.

여행

여행은 시간을 버리는 것이 아니라 자신을 만나는 시간이 된다. 여행은 내가 누구인가를 아는 시간이다. 여행은 사람을 성숙하게 만드는 방법 중의 하나다. 나만이 아니라 자녀에게도 여행을 권하도록 하자. 여행은 사춘기를 맞이한 자녀가 스스로를 발견하게 하고 자신의 문제를 해결해나가게 하는 좋은 방법이다. 특히 시간이 허락하지 않아서 멀리까지 여행을 떠날 수 없다면 일상 속에서 여행을 즐길 수도 있다. 내 경우 도심 산책을 통하여 바쁜 일상 속에서도 새로움을 만나려 노력한다. 항상 다니던 길에서 벗어나 낯선 곳으로 접어들어 보라. 낯선 것에 대한 친근함이 다가온다.

여행은 도전이기도 하다. 지난해 나는 동아프리카에 있는 해발 5,895미터의 킬리만자로 정상에 섰다. 해발 3,700미터부터 닥쳐온 고소증과 영하 10도가 넘는 추위를 이겨내고 정상에 섰을 때의 기쁨을 그 무엇으로 표현하랴. 사업에서 닥쳐오는 어려움과 난관을 이겨나가기 위한 인내심, 자신감은 자연에 대한 도전에서 얻어질 수 있다.

피해야 할 것들

인생을 살면서 자칫 빠지기 쉬운 유혹이 많이 있다. 무엇보다 흐트러진 사생활을 경계해야 한다. 가정을 흔드는 것은 삶의 기본을 흔드는 일이다. 특히 신뢰와 믿음은 가정을 지키는 가장 큰 요소다. 또 노름이나 도박과 같은 사행성 놀이나 게임에 몰입되지 않도록 경계해야 한다. 이런 사행성 유희는 우리의 뇌를 멈추게 만들고 판단력을 저하시키며, 가정과 재정을 파탄으로 몰아간다. 건전한 취미생활을 즐김으로써 이런 것들로부터의 유혹을 차단해야 한다.

2장

직원들과 함께 나눈 생각
〈목요편지〉

삶의 지혜

나는 2005년부터 협회장을 맡기 전(2013년)까지 약 8년 동안 회사의 인트라넷을 통하여 직원들에게 매주 〈목요편지〉를 보냈다. 직원들과 소통하기 위해서다. 주로 회사 경영에 관한 것이었지만, 가끔씩은 살아가면서 느낀 점들이나 함께 나누고 싶었던 생각들을 보내기도 하였다. 그동안 보낸 것이 300회가 다 되어서 그 양이 1,000페이지가 넘었다. 그 가운데 선별하여 여기에 싣는다.

〈목요편지〉를 시작하며

여러분, 안녕하세요? 어느새 무더운 여름도 가고 가을이 성큼 다가왔습니다. 걱정을 많이 했던 태풍 '나비'도 큰 피해를 주지 않고 지나가서 올해는 남쪽 곡창지대에 대풍을 기대해도 될 것 같습니다.

오늘부터 여러분에게 〈목요편지〉라는 이름의 편지를 보내려 합니다. 매주 목요일 아침, 이메일을 통하여 여러분에게 내 생각을 전하고자 합니다. 왜 목요일이냐고요? 월요일 아침 시간에 모두 한자리에 모이기는 하지만, 금주에 할 일만 보고하는 자리이기 때문에 서로의 생각을 나눌 시간이 없고 또 목요일쯤 되면 그 주에 일어나는 일들에 대해 여러분에게 전하고 싶은 생각이 있을 것이기 때문입니다.

앞으로 〈목요편지〉를 통해서 요즘의 트렌드, 업계 소식, 우리 회사가 갖추어야 할 미래의 모습, 인생 선배로서 전해주고 싶은 말, CEO로서의 생각, 그리고 재미있는 유머 등을 생각나는 대로 전하려 합니다.

가능하면 이 편지에 여러분의 답신이 있으면 더욱 좋겠습니다. 업계 소식이나 회사 발전을 위한 여러분의 생각, 또 일상생활 속에서의 이야기를 보내주시면 즐겁게 읽고 삶과 경영에 적용하도록 하겠습니다. 앞으로 여러분과 진솔한 이야기를 이메일을 통해 주고받음으로써 서로를 이해하고 한마음이 되기를 원합니다. 매주 기다려주세요. 그리고 답장 주세요. 내일모레가 추석이네요. 즐거운 한가위가 되기를 기원합니다.

– 2005년 9월 15일, 〈목요편지〉 제1회

즐거운 한 주 되세요

올해는 어느 해보다도 지구상에 자연재해가 많은 것 같습니다. 미국과 중남미, 그리고 중국에 허리케인으로 수많은 사상자가 났고, 지난달 말에는 인도와 파키스탄 접경 지역인 카슈미르에 대지진이 일어나 3만 명 가까이 사망했다는 소식입니다. 참으로 엄청난 재앙입니다. 불행을 당한 사람들을 마음으로나마 위로해주고, 할 수 있는 한 우리도 도움에 참여해야 하겠습니다.

월요일 아침 회의 시작 전에 모두가 한목소리로 하는 아침 인사는 특별한 의미가 있다고 생각합니다. 한 주일을 시작하는 시점에 새로운 다짐이 되고 무엇보다 함께 같은 직장에 다니면서도 바쁜 생활로 인해 서로 인사조차 나누기 쉽지 않기에 더욱 그렇습니다.

이번 주에는 "즐거운 한 주 되세요"라고 다함께 인사하였습니다. 즐거움이란 참 중요합니다. 우리가 하는 공부나 일이 즐겁고 신나면 큰 성취를 이룰 수 있습니다. 그 즐거움은 어떻게 생겨날까요? 물론 바깥의 환경에서 영향을 받을 수도 있지만, 그보다는 우리가 마음먹기에 달려 있지 않을까 생각합니다.

어느 무신론자와 신앙심 깊은 사람이 신이 있는가 없는가를 다투다가 결론을 못 내리자 가장 우수한 컴퓨터에 물어보기로 했습니다. 그랬더니 모니터에 이렇게 적혀 있더랍니다.

'G.O.D.I.S.N.O.W.H.E.R.E!'

이를 본 무신론자가 "봐라, 'GOD IS NO WHERE!' 신은 아무 곳에도 없다고 하지 않느냐"고 말했습니다. 이에 하나님을 믿는 사람은 "자네는 어떻게 그렇게 볼 수 있단 말인가. 'GOD IS NOW HERE!' 하나님이 지금 여기 우리와 함께 계시다고 하지 않느냐"고 말했답니다.

똑같은 사물이라도 관점에 따라 달리 보인다고 합니다. 우리의 일상이 모두 순조로울 수는 없겠지만, 우리가 바라보는 눈이 긍정적이고 역동적이면 어려운 일들도 쉽게 해결되고, 무엇보다 즐겁게 일하면 업무 성과도 높아질 것입니다.

최근에 출간된 《성공하는 사람들의 8번째 습관》이란 책이 있습니다. 여기서 스티븐 코비는 성공적인 삶을 위해서는 기존의 일곱 가지 습관 외에 한 가지가 더 필요하다고 말합니다.

코비 박사는 성공하기 위해서는 먼저 자신을 아는 것이 중요하다고 말합니다. 자신을 안다는 것은 자기의 PQ, IQ, EQ 그리고 SQ를 안다는 것입니다. 새롭게 SQ(영성지수)를 추가한 것입니다. 그는 자신의 내면 소리를 잘 듣고 이 네 가지를 잘 평가해야 위대함(Greatness)의 역사를 이룰 수 있다고 합니다.

우리의 삶을 성공적으로 만들기 위해서는 첫째, 스스로 규율을 만들어 바른 생활을 습관화해야 하겠습니다. 자신의 습관을 점검하는 시간을 가져보시기 바랍니다. 좋은 습관이 많을 것입니다. 그러한 습관을 키워가도록 합시다. 나쁜 습관이 있다면 그것을 제거하도록 노력합시다.

둘째, 비전을 키워가며 살아야 하겠습니다. 미래를 바라보며 사는 삶은 위대합니다. 미래를 바라보면서 지금의 시간을 열정적으로 살아야 합니다. 열정적인 삶이란 즐기는 삶을 의미합니다. 순간순간 즐거움을 갖고 사는 것입니다.

그런 면에서 이번 주 월요일 아침 우리가 나눈 "즐거운 한 주 되세요"라는 인사는 성공적인 삶을 사는 원천이 되는 말입니다. 〈목요편지〉로 다시 한 번 인사합니다.

"즐거운 한 주 되세요."

– 2005년 10월 13일, 〈목요편지〉 제5회

건강한 꿈을 꾸세요

벌써 11월입니다. 올해도 채 2개월이 남지 않았지요. 이제 내년 계획을 준비해야겠습니다. '꿈꾸는 자가 성취한다'는 말처럼 무언가를 이루고자 하는 꿈을 갖고, 그 꿈을 이루고자 함께 노력하는 모두가 되기를 바랍니다.

꿈꾸는 자는 아름답습니다. 노래를 잘 부르는 사람보다 잘할 수 있다는 꿈을 가진 사람이, 지금 공부를 잘하는 사람보다 더 잘할 수 있다는 꿈을 간직한 사람이 한층 아름답습니다. 꿈꾸는 자는 위대합니다. 숱한 역경 속에서 아름다운 삶을 꽃피운 사람들은 한결같이 원대한 꿈을 가졌습니다. 암울하던 시대에 문지기를 자청했던 김구 선생도 대한민국의 독립을 꿈꾸었습니다. 악성 베토벤은 두 귀가 먼 절망의 늪에서도 위대한 교향곡을 꿈꾸었습니다.

꿈이 있는 사람은 아름답습니다. 돈을 많이 가진 사람보다 많이 벌 수 있다는 꿈을 가진 이가 더 행복합니다. 글을 잘 쓰는 작가보다 잘 쓸 수 있다는 꿈을 안고 사는 이가 더 아름답습니다. 꿈은 인간의 생각을 평범한 것들 위로 끌어 올려주는 날개입니다. 내일에 대한 꿈이 있으면 오늘의 좌절과 절망은 아무런 문제가 되지 않습니다. 꿈을 가진 사람이 아름다운 것은 자신의 삶을 긍정적으로 바라보기 때문입니다.

인생의 비극은 꿈을 실현하지 못한 데 있는 것이 아니라 실현하고자 하는 꿈이 없다는 데 있습니다. 절망과 고독이 자신을 에워싸더라도 원대한 꿈을 포기하지 않는다면 인생은 아름답습니다. 꿈은 막연한 바람이 아니라 자신의 무한한 노력을 담아주는 그릇입니다. 노력은 자신의 원대한 꿈을 현실에서 열매 맺게 해주는 자양분입니다.

이제부터 우리의 삶을 큰 꿈과 희망으로 넘쳐나게 합시다. 그리고 그 꿈을 밀고 나갑시다. 세상은 원대한 꿈을 가진 사람들을 필요로 한다는 것을 기억합시다. 친구도, 가족도, 사랑하는 이도 원대한 꿈을 가진 내 모습을 바랍니다. 자신의 소중하고 아름다운 꿈을 잘 가꾸고 사랑합시다. 언젠가는 그 꿈이 현실로 나타날 것입니다. 우리 모두가 꿈이 있기에 아름다운 사람이 되기를 소망합니다. 11월의 아침, 여러분 모두 건강한 꿈을 꾸시기 바랍니다.

- 2005년 11월 3일, 〈목요편지〉 제7회

감사 – 세상을 행복하게 사는 비결

지난주 금요일에는 모처럼 다함께 즐거운 시간을 가졌습니다. 영화 〈무영검(shadowless sword)〉을 보고, 시원한 맥주 파티를 하였습니다. 매일 매일의 과중한 업무로 인한 스트레스를 잠시나마 해소할 수 있는 즐거운 시간이었습니다.

나는 오늘 여러분과 '감사하는 생활'에 대하여 이야기하고 싶습니다. 사실 '감사하다'는 말은 참 쉬울 것 같지만 결코 쉽지 않음을 많이 느낍니다. 우리가 사는 이 시대의 특징으로 감사가 사라진 대신 미움이나 불신, 또 투쟁이 가득한 곳으로 점점 변화되고 있다는 점을 들 수 있기 때문입니다.

벤저민 프랭클린의 말입니다. 누가 지혜로운 사람인가라는 물음에 "모든 사람으로부터 배울 줄 아는 사람"이라고 했습니다. 누가 강한 사람인가라는 물음에 "자신의 욕망을 제어할 줄 아는 사람"이라고 했습니다. 누가 부자인가라는 물음에 "자기 몫에 만족하여 감사할 줄 아는 사람"이라고 하였습니다. 여기에 그는 하나를 덧붙였답니다. "그런 사람은 도대체 누구인가"라고. 그리고 그 답은 "아무도 없다(nobody)"라는 것입니다.

감사하며 인생을 사는 것이 그만큼 어려운 것 같습니다. 왜 어려운 것일까요? 그것은 인간이 감사하며 산다는 것 자체가 인간의 본성에 역행하는 것이기 때문이라고 생각합니다.

러시아의 도스토예프스키는 인간을 "감사할 줄 모르는 두 발 달린 동물"이라고 규정하기도 하였습니다. 인간은 본성적으로 교만하기 때문에 감사를 모른다는 것입니다. 정말로 대부분의 인간에게는 비난, 원망, 불평이 감사보다 더 많은 것 같습니다.

그럼 불평불만은 왜 문제가 될까요? 이것은 다른 사람이 나에게 가까이 오는 것을 차단합니다. 그뿐 아니라 나 자신도 바깥으로 나가지 못하도록 막고 있습니다. 우리 주변의 어떤 사람들은 너무나 불평이나 불만에 차 있으면서도 그것을 의식조차 못합니다. 때로는 그런 것들을 삶의 일부로 만들어 살아갑니다. "원래 나는 그렇게 생겨먹은걸…"라고 하면서요. 그리고 화내는 것을 자기의 고유 성격인 양 잘못을 정당화하는 것을 솔직한 것으로 생각하는 사람이 있습니다. 우리의 삶에 대한 불평, 불만, 원망은 그대로 녹아서 내 인격이 되고 내 삶의 일부가 됩니다.

우리는 과거에 얽매여 있어서는 안 될 것입니다. 기억하기 싫은 과거에 얽매여 있으면 삶이 무너집니다. 과거에 묶여 있는 사람은 아무것도 배울 수 없습니다. 맺혀져 있는 것을 끊어야 감사하게 되고, 인생이 풍요롭게 됩니다.

《성경》 말씀이 있습니다. '범사에 감사하라.' 범사는 모든 일을 말합니다. 작은 일에도 감사할 줄 알아야 한다는 것이겠지요. 감사할 줄 아는 사람은 현재의 삶을 축하할 줄 압니다. 감사하는 삶은 언제나 겸손한 마음과 함께하고, 항상 새로운 것을 내 것으로 받아들일 수 있습니다.

뇌종양을 선고받은 여인의 이야기입니다. 2차 수술을 받으면서 그녀는 정말로 사랑하는 사람들 속에 둘러싸여 있음을 감사했습니다. 언제나 자기 곁을 지켜주는 남편, 엄마에게 어리광을 부리면서도 친구 같은 딸, 그리고 바라만 보아도 든든한 아들, 사랑하는 믿음의 친구들…. 그녀는 병상에서도 외롭지 않았습니다. 그녀는 자신이 받은 사랑이 너무 많은 것에 감사했습니다. 너무 행복했습니다. 그래서 그녀는 고백합니다. 나는 정말로 복이 많은 사람이라고요. 그녀는 고통 속에서도, 시한부의 삶을 살면서도 하나님 앞에 기뻐하고 감사하였습니다.

사랑하는 청림 가족 여러분!

마음속에 어떤 복을 바라십니까? 어떤 마음의 기쁨이 있습니까? 어떤 감사의 제목이 있습니까? 우리의 하루하루가 감사의 제목을 찾는 귀한 날들이 되기를 바랍니다. 내가 가진 모든 것이 하나님의 선물입니다. 우리는 때로 정말로 귀한 것을 잃은 후에야 그것이 하나님의 큰 선물이었음을 뒤늦게 깨닫게 되거든요. 지혜로운 사람은 지금 내가 누리고 있는 이 자리에서 모든 것에 감사하고, 옆에 있는 사람의 따뜻한 손을 다정히 잡아줄 수 있는 사람입니다.

- 2005년 11월 24일, 〈목요편지〉 제10회

행운을 끌어당기는 법

12월도 중순을 넘어서고 있습니다. 특히 연말이라 그런지 하루하루가 정말 빠르게 지나가는 것 같습니다.

세상일에는 운이라는 것이 있습니다. 때로는 행운으로, 때로는 불운으로 그 결과가 엇갈리는 중요한 변수가 작용하는 것을 볼 수 있습니다. 행운은 행복을 끌고 다니고, 불운은 불행을 끌고 다니지요. 행운과 불운은 따로 있는 것이 아니라 동전의 앞뒷면처럼 함께 있는 것입니다.

그러면 운도 마음먹은 대로 조절할 수 있을까요? 종교적인 잣대로는 얼마든지 가능하답니다. 나는 내가 믿는 하나님으로부터 축복을 받고 있다고 생각합니다. 그러나 여기에서 종교적 관점을 논하고자 하는 것은 아닙니다. 어쨌든 나도 운이라는 것이 있다고 생각하고 그 운을 내 편으로 만드는 것이 아주 중요하다고 여깁니다.

세상의 운을 내 편으로 만드는 법이 무엇일까요? 여기에 우리는 확률이라는 논법을 빌려올 수 있습니다. 행운을 몰고 올 확률이 높은 행동을 하고, 그런 위치에 머물고, 그런 자세를 취하는 사람에게 행운이 따른다는 확률론을 내세울 수 있을 것입니다. 전쟁이나 재앙이 있는 지역에 가지 말라는 것은 그런 지역에 가는 것이 그렇지 않은 곳에 머무는 것보다 훨씬 불행한 일을 겪을 확률이 높기 때문입니다.

우리의 일상에서 행운을 불러올 확률이 높은 방법은 무엇일까요? 먼저 아침에 일어나면 "오늘은 좋은 날"이라고 큰 소리로 외쳐봅시다. 좋은 아침이 좋은 하루를 만듭니다. 거울을 보면서 활짝 웃어보세요. 거울 속의 사람도 나를 보고 웃을 것입니다. 출근할 때 가슴을 펴고 당당히 걸어보십시다. 내가 기분 좋아 콧노래를 부르고 걸으면 그리고 먼저 "안녕하세요" 하고 손을 내밀면, 내 곁을 지나가는 사람들의 기분도 좋아질 것입니다. 마음을 활짝 열면 행운이 들어온다고 합니다.

두 번째로, 마음의 밭에 사랑을 심으십시오. 그것이 자라나서 행운의 꽃이 핍니다. 예를 들면 사촌이 땅을 사거든 함께 기뻐하십시오. 사촌이 잘되어야 나도 잘되게 마련입니다. 내 친척 중에 잘된 사람이 많은 것이 나에게 좋을까요, 아니면 어려운 사람들이 많은 것이 좋을까요? 당연히 잘된 사람이 많아야겠죠. 먼저 내 주변 사람들에게 사랑을 나누어주십시오. 그들이 나에게 행운을 가져올 것입니다.

세 번째로, 밝은 얼굴을 하십시오. 얼굴 밝은 사람에게 밝은 운이 따라온다고 합니다. 어두운 생각이 어둠을 만듭니다. 힘들다고 너무 고민하지 마세요. 좀 어렵더라도 너무 타박하지 말고 몸을 돌려서 태양을 보십시오. 그림자는 빛이 있기 때문에 생겨난답니다. 세상을 향해 축복하면 세상도 나를 향해 축복해줄 것입니다.

네 번째로 중요한 것은, 끊임없이 자신을 갈고닦는 일입니다. 우리나라 축구팀도 아시아에서 실력을 발휘하여 본선 출전권을 땄기 때문에, 지금 월드컵 본선 추천에서 운이 좋다 나쁘다는 생각이라도 하는 것이지요. 또 실력이 없으면 조 추첨이 설사 행운인 것처럼 보였다 하여도 16강에도 못 들고 밀려나겠지요. 아마 그때는 강팀들에 섞여 패한 것보다 더 씁쓸할지도 모르겠습니다.

오늘 일을 내일로 미루지 말고 성실하게 열심히 하다 보면, 행운이 미소를 지을 것입니다. 프랑스 정치가 클레망소는 '행운'은 "앉아서 기다리는 사람에게는 영원히 찾아오지 않는 것"이라고 말합니다.

2006년을 바라봅니다. 우리 다함께 열심히 준비해가십시다. 그리고 서로 마음의 문을 열고, 활짝 웃어가며, 사랑을 나눕시다. 그러면 행운의 여신도 우리에게 미소를 짓고, 좋은 일이 많이많이 일어날 것입니다.

　　　　　　　　　　　　　　　− 2005년 12월 15일, 〈목요편지〉 제13회

새해 결심 열 가지

2006년 병술년 새해가 밝았습니다. 새해 복 많이 받으세요. 새해를 맞이하여, 올 한 해 동안 할 계획들을 수첩 첫 페이지에 적어놓았습니다.

새해에는 작심삼일이라는 말에서 벗어나야겠습니다. 모두들 새해를 맞아 많은 결심을 세우지만, 얼마 지나지 않아 과거의 습관으로 되돌아가는 자신을 발견하는 경우가 많습니다.

나도 매년 반복하는 일로 그동안 달성률이 높지 않았답니다. 게으름과 타성도 원인이겠지만, 지나치게 비현실적이거나 무리한 계획 탓이기도 합니다. 여기 쉽게 지킬 수 있는 새해 결심 열 가지를 생각해보았습니다.

1. 아침에 눈을 뜨면 "아 잘 잤다, 감사합니다"라고 하늘을 향해 소리내어 외치고 힘껏 기지개를 켜고 일어납시다. 깊은 잠은 큰 휴식이 됩니다. 깊은 잠에서 새 힘을 얻고 감사하며 하루를 시작하면 경쾌하여 모든 일이 잘 풀릴 것입니다.
2. 집 안의 모든 사람에게 "안녕히 주무셨어요", 혹은 "잘 잤니? 잘 잤어!"라는 인사를 합시다. 사랑은 표현할 때 두 배가 된다고 합니다. 아침 인사 한마디가 식구들의 아침을 기쁨으로 시작하게 만들 것입니다.

3. 회사에 출근하여 먼저 보는 사람부터 "안녕하세요"를 큰 소리로 말해보세요. 일상적인 만남에서 가장 경계해야 할 것은 무관심입니다. 하나의 목표를 갖고 함께 일하는 사람들은 어느 누구보다도 귀한 이웃입니다.

4. 집에 화분을 사서 꽃을 키우세요. 가정은 에너지 재생산의 공간입니다. 세상에서 가장 편안한 곳이어야 합니다. 바깥에서 받은 상처를 가족 구성원 모두가 의사가 되어 서로를 치유하는 곳입니다. 꽃을 다듬으며 콧노래를 부르면 식구 모두가 기분이 좋아질 것입니다.

5. 단정하게 매력적으로 차려입으세요. 화려하지는 않아도, 깔끔하고 맵시 있는 옷매무새는 보는 사람들의 감각이 적극적으로 자극을 받아 당신에 대해 호감을 갖게 할 것입니다.

6. 용서하세요. 미움이나 부정적인 감정은 건강의 가장 큰 적입니다. 자신에게 상처를 입힌 사람들에 대한 미움을 지우면 당신이 건강해집니다.

7. 출퇴근 방법을 바꿔보세요. 일주일에 한 번쯤 늘 다니던 길이 아닌 다른 길을 이용해 출근해보는 것도 좋겠습니다. 거리의 새로운 간판이나 모습들이 단조로운 생활에 신선함을 줄 것입니다.

8. 가벼운 나들이를 즐기세요. 일요일 오후에 특별한 계획을 세우지 않고 그냥 가족들과 밖으로 나가보세요. 그저 움직이는 것만으로도 활력을 얻을 수 있습니다. 가족과 아무 목적 없이 여유로운 시간을 보내보는 것도 좋습니다.

9. 환경보호에 참여하십시다. 지구를 위해 뭔가 보람 있는 일을 하고 싶다면 간단히 할 수 있는 일도 매우 많습니다. 그냥 켜놓은 전등 끄기,

절전용 전자제품이나 전구 사용 등 얼마든지 찾을 수 있습니다. 우리 회사의 경우에는 종이를 많이 쓰는 직장이니, 아껴 쓰도록 노력해도 좋을 것 같습니다. 사소해 보이지만 지구를 위하는 정말 중요한 일입니다.

10. 자기 전에 "감사합니다"를 마음에서, 입속에서 되뇌어보세요. 오늘 하루의 평안에 대해서, 내가 가진 건강, 가정, 가족의 사랑 등에 대하여 감사하는 마음으로 평안히 잠자리에 들어보세요. 잠자리가 편안해져 하루의 피로가 깨끗이 풀어질 것입니다.

우리 회사의 출입구에 붙어 있는 베시 앤더슨 스탠리의 시입니다. 매일매일 무심코 지나쳤지만, 한번쯤 되새겨보고 싶습니다.

무엇이 성공인가
자주 그리고 많이 웃는 것
현명한 이로부터 존경을 받고
아이들로부터 사랑을 받는 것
정직한 비평가의 찬사를 얻고
나쁜 친구의 배반을 참아낼 줄 아는 것
아름다움에 감사하는 것
다른 사람에게서 최선의 것을 찾아내는 것

건강한 아이를 얻든
한 평의 정원을 가꾸든

사회 환경을 개선하든

세상을 보다 좋은 곳으로 만들어두고

자신이 한순간 이곳에 삶으로써

단 한 사람의 인생이라도 안락하게 되는 것

이것이 성공이다.

2006년, 우리 모두 행복한 한 해를 보내도록 하십시다.

― 2006년 1월 5일, 〈목요편지〉 제16회

거울은 먼저 웃지 않는다

2월도 하순으로 치닫고 있습니다. 내일, 금요일에는 파주로 소풍을 가기로 하여 일주일이 더 빨리 가는 듯합니다. 새로 지은 우리 회사의 파주 사옥도 볼 겸 파주출판단지도 구경하고, 헤이리 문화예술단지도 보고, 또 우리 회사의 창고도 방문하고, 맛있는 저녁식사를 하고 올 예정입니다. 시간이 좀 모자랄 것 같아서 출발 시간을 2시로 앞당겼습니다.

살다 보면 웃는 일보다 찡그리는 일이 더 많은 것 같습니다. 웃는 시간은 아주 잠깐이고, 대부분은 긴장하고 불안해하며 걱정하는 시간들이 아닌가 싶습니다.

그래서 3월에 출간될 예정인 《아버지의 웃음》이 다시 한 번 우리 사회에 웃음에 대한 신드롬을 일으키기를 기대합니다. 웃는 사회를 만들기 위해서는 먼저 우리가 웃어야 할 것 같습니다. 그래서 청림출판은 웃음과 즐거움을 사회에 주는 회사라는 말을 듣고 싶습니다. 먼저 우리가 긍정적이고 밝은 마음이 되어 웃음이 넘치는 회사가 되었으면 합니다. 여기 짧은 글을 소개합니다.

> 만담가인 우쓰미 케이코 씨,
>
> 그의 세 번째 아버지는 이발사였다.
>
> 그래서일까?
>
> 아버지가 입버릇처럼 하는 말이 재미있다.
>
> '내가 웃으면 거울이 웃는다.'
>
> 우쓰미 씨는 이 말을 좋아해서
>
> 그때부터 이 말을 자신의 좌우명으로 삼고 있다고 한다.
>
> 나도 나만의 격언을 가지고 있다
>
> '거울은 먼저 웃지 않는다.'
>
> 언제 어디서나 먼저 웃음을 보이는 삶을 살고 싶다고
>
> 나 자신을 타이른다.
>
> **— 가네히라 케노스케, '거울은 먼저 웃지 않는다' 중에서**

그렇습니다. 내가 웃어야 나의 이웃이 웃게 됩니다. 가슴을 활짝 펴고 웃는 즐거운 한 주 되기를 바랍니다.

— 2006년 2월 23일, 〈목요편지〉 제23회

선생님이 존경받는 사회

어제는 3·1절이었습니다. 요즈음의 우리 사회에 대하여 생각해보았습니다. 모두가 열심히 일하고 공부하고 노력하는데도 여전히 반목하고 시기하는 그런 사회로 비추어지는 까닭이 무엇일까 생각해보았습니

다. 갈등과 분열로 사회가 시끄럽고 삐걱거립니다.

나는 우리 사회가 갖고 있는 갖가지 문제의 근본 원인이 '선생님이 존경받지 못하기 때문'이라고 생각합니다. 여기서 선생님이라 함은 반드시 학교에서 가르치는 선생님뿐 아니라, 가정에서는 아버지 어머니요, 회사는 사장을 비롯한 윗사람들이요, 나라에서는 정치가요, 각 분야의 지도자들을 가리키는 말입니다.

옛 성인인 공자는 "세 사람이 만나면 반드시 선생님 역할을 하는 사람이 있다"라고 하였습니다. '인격을 가르치는 사람'이 선생님입니다. 우리 사회는 존경할 만한 스승이 없다고 합니다. 그러나 나는 다르게 생각합니다. 얼마 전 한인 출신 미식축구 선수로 우리의 심금을 울렸던 '하인스 워드'의 어머니 같은 부모님이 우리 주변에 무수히 많습니다. 자기 몸을 던져 철도에 떨어진 사람을 구하는 의인들이 우리 사회에는 많이 있습니다. 나는 스승이 없다고 생각하는 이런 우리의 모습을 하나의 나쁜 사회 풍조라고 봅니다. 윗사람을 존경하지 않기 때문입니다.

이런 원인의 하나를 나는 책과 독서에서 찾기도 합니다. 우리가 비행기를 타보면, 얼굴을 보지 않고도 외국 사람과 한국 사람의 구별을 쉽게 할 수 있습니다. 비행기 안에서 무엇을 읽는가를 보면 됩니다. 우리나라 사람들은 모두들 비행기 탑승 시 진열되어 있는 신문을 가져가기 위하여 난리를 피웁니다. 한 사람이 신문을 몇 개씩 가져갑니다.

우리 모두가 알다시피 모든 신문은 거의 대동소이하지요. 그럼에도 여러 신문들을 가져와 주로 사회면을 보고 발밑에 내려놓습니다. 사회 변화가 많은 나라라서 그런 게지요. 이에 반해 외국인들의 손에는 자기의 취미, 전공 서적이나 교양, 소설 등의 책이 쥐어져 있습니다. 읽다가 피곤하면 손에 들고 자고, 다시 깨어나 읽고, 그러다 보면 어느덧 내릴 때가 됩니다. 그들이 내릴 때쯤에는 상당한 페이지를 읽어 남은 분량이 얇아졌음을 알 수 있습니다. 신문에서는 새로운 정보와 오늘의 세상을 보는 시각을 알 수는 있지만, 깊은 지식이나 지혜를 얻지는 못합니다. 한 권의 책을 읽는다는 것은 한 명의 스승을 만나는 것입니다.

아무튼 우리는 자신이 닮고 싶은, 영향력 있는 선생님을 갖고 있지 않고, 선생님을 존경하지 않는 풍조 속에서 살고 있습니다. 우리에게는 인생의 등대 같은 선생님이 있어야 합니다.

회사에는 많은 경험을 갖고 있는 사장과 윗사람들이 있습니다. 이 사람들은 회사 조직 내에서의 선생님입니다. 나는 우리 회사에서만큼은 이런 풍조가 고쳐졌으면 합니다. 그러기 위해서는 먼저 사장을 비롯한 리더의 위치에 있는 사람들이 존경받을 수 있도록 노력해야 한다고 생각합니다.

선생이 선생 되기를 포기해서는 안 됩니다. "저분처럼 되고 싶다"고 주위 사람들이 이야기할 수 있도록 스스로의 자격을 끌어올려야 합니다. 회사의 지도적 위치에 있는 리더들이 존경을 받아야 회사가 잘됩니다. 사장을 비롯한 윗사람들이 직원들로부터 욕을 먹고, 본받을 것이 없다고 한다면 그 회사가 잘될 리가 없을 것입니다.

우리 회사를 사장이 존경받고, 리더가 존경받는 그런 회사로 만들고 싶습니다. 그러기 위해서 모범을 보이고, 솔선하고, 이끌어주는 리더가 되도록 노력하여야겠습니다. 우리 회사가 선배는 후배를 사랑하고, 후배는 선배를 존경하며 서로 아껴주는 아름다운 회사가 되기를 희망합니다. 그런 회사로 만들어야겠다고 다짐합니다.

- 2006년 3월 2일, 〈목요편지〉 제24회

우리 시대의 영웅

5월이 벌써 막바지로 치닫고 있습니다. 6월의 월드컵 열기가 벌써부터 뜨겁게 느껴집니다. 한편으로는 가뜩이나 얼어붙은 시장 상황이 우려스럽기도 합니다. 균형 잡힌 생활 리듬을 갖고, 또 업무 효율을 높일 수 있도록 최선을 다해야겠습니다.

오늘은 영웅, 아니 존경할 만한 인물이 없는 우리 시대의 참 영웅은 어떤 사람인가를 함께 생각해보고 싶습니다. 지난 5월 22일 세계보건기구(WHO) 사무총장으로 일하고 계시던 이종욱 박사의 갑작스런 서거 소식을 들었습니다. 이 박사는 금년 63세로 3년 전에 세계보건기구 사무총장으로 피선되어서 아직 임기를 2년 남짓이나 남겨놓고 근무 중에 갑작스럽게 뇌출혈로 돌아가셨습니다.

세계보건기구는 지구인의 건강을 책임지고 있는 국제기구입니다. 역대 사무총장은 전 국가 원수나 총리 출신들이 해오고 있을 만큼 그 중요성과 위상이 높습니다. 그래서 어느 나라에서나 그를 최고의 국빈으로 예우하는 귀한 자리입니다.

이 총장은 서울대 재학 시절 경기 안양시 나자로 마을에서 한센병 환자들을 돌봤고, 이곳에서 함께 봉사활동을 했던 일본 여성 가부라키 레이코(鏑木玲子) 씨를 만나 결혼하였습니다. 이 총장은 대학을 졸업하고 병원 개업이라는 편하고 돈 많이 버는 쪽을 마다하고, 개발도상국인 필리핀에서 봉사하는 세계보건기구의 멤버로서 첫 직업을 시작하였습니다. 지금도 그가 서울 의대 후배들에게 한 유명한 말이 전해지고 있습니다. "돈을 벌려면 의과대학을 가지 말고 경영학과를 가서 사업을 하라"는 따끔한 충고입니다.

이 총장의 업적은 새삼 이야기할 필요가 없을 정도입니다. 무엇보다 국제적 차원에서 전염병을 예방하고 퇴치하는 데 역사적 업적을 쌓았습니다. 말라리아, 폴리오, 에이즈, 중증급성호흡기증후군(사스), 조류인플루엔자(AI) 등이 모두 그의 손을 거쳤습니다. 전 세계의 소아마비 발생률을 낮춘 그를 가리켜서 사람들은 '백신의 황제'라고 부릅니다.

그가 남긴 교훈은 이것만이 아닙니다. 국제기구의 최고위직에 올랐다거나 전염병 퇴치에 남다른 역할을 했다는 사실보다 더 중요한 것이 있습니다. 그가 평생의 삶을 통하여 몸으로 보여준 개인과 국가를 넘어 인류의 보편적 가치에 기여하는 것의 의미입니다. 이것이 더 큰 교훈이고 업적이라 생각합니다.

그는 한국의 이익을 국제기구에서 대변한 '국가대표'가 아니었습니다. 누구보다 한국을 사랑했지만 그가 평생을 바쳐 일했던 분야도, 사무총장직에 있으면서 가장 큰 관심을 기울였던 것도 한국이라는 한 나라에 한정되지 않았습니다. 인류 전체의 질병 예방과 건강 향상이 그의 목표였고 삶의 의미였습니다.

물론 한국을 사랑하는 마음도 남달랐습니다. 그의 사무총장직 명함은 간단하지만 한국에 대한 자부심, 한국인이라는 사실에 대한 자긍심을 엿볼 수 있는 사례입니다. 누구나 자신의 영문 이름을 영미식으로 나열합니다. 무의식중에 영미식 틀에 우리를 맞추는 것입니다. 예를 들어 고영수인 경우 영문으로 이름을 표기할 때는 'Youngsoo Koh'라합니다. 하지만 이 박사는 세계보건기구 사무총장이 되고 나서 이러한 관례를 깨버렸습니다. 세계보건기구의 수장이 굳이 한국인임을 내세워서 국제사회에서 이득될 일이 있을까 싶습니다만, 그런데도 그는 영문 이름 표기를 한국식으로 'LEE Jongwook'으로 하였습니다.

그의 죽음에 대하여 전 세계가 애도하였습니다. 코피 아난 유엔 사무총장은 "이 총장은 모든 사람, 모든 어린이들의 건강 수호자였다"라고 하였습니다. 미국의 부시 대통령은 "세계 최고의 보건 책임자로서 수백만 명의 건강을 개선시키기 위해 지칠 줄 모르는 모습을 보였다. 그의 서거 소식에 참으로 슬프다"고 하였습니다. 전 세계인들로부터 추모 메시지가 쏟아져 들어오고 있다고 합니다. 케냐의 한 남성은 "WHO의 백신 프로그램으로 큰 혜택을 입은 사람"이라면서 "이 박사는 오늘날 전 세계 젊은이들에게 영감이자 표본이었던 인물"이라고 애도를 표하기도 했습니다.

'한국의 슈바이처', '백신의 황제'로 불리며 전 세계를 질병에서 건져낸 위대한 영웅, 위대한 한국인 한 분이 가셨습니다. 빈소를 나오면서 나는 우리 회사에서 그를 기리는 책을 출간해야겠다고 생각하였습니다. 그는 갔지만 나는 우리 주변에 또 다른 '이종욱'이 있으리라 생각하며 한국인임이 자랑스럽게 느껴졌습니다.

5월의 마지막 주, 즐겁고 활기찬 한 주가 되기를 바랍니다.

―2006년 5월 25일, 〈목요편지〉 제35회

존경하는 워렌 버핏 회장님

월드컵에서 한국 팀이 16강에서 탈락하자, 언제 그랬느냐는 듯이 그

뜨겁던 월드컵 열기가 온데간데없이 사라졌습니다. 아쉽기는 하지만, 어찌 보면 빨리 생업에 전념할 수 있게 돌아올 수 있어서 한편으로는 안도의 한숨을 쉬기도 합니다.

오늘은 세계 1, 2위 갑부인 빌 게이츠, 그리고 워렌 버핏 회장에 대한 이야기를 하고자 합니다. 보름 전쯤 신문에서 마이크로소프트사 회장인 빌 게이츠가 자신의 재산 300억 달러를 들여 자선단체를 만들고, 앞으로 회사 경영에는 손을 떼고 자선단체 운영을 맡아서 하겠다고 하는 뉴스를 접하였습니다. 기업인으로서 더없이 신선하고 부러운 모습이었습니다.

그런데 이번에 세계에서 두 번째 거부 워렌 버핏이 빌 게이츠의 이런 모습에 감동을 받아 사후에 유산을 사회로 환원하겠다는 원래의 계획을 바꾸어 전 재산의 85퍼센트에 해당하는 370억 달러를 기부하였습니다. 더욱이 버핏은 기부 재산 중 대부분에 해당하는 300억 달러를 죽은 그의 아내를 기리는 자선단체가 아닌, 친구 빌 게이츠가 더 효과적으로 관리하고 집행할 것이라는 확신으로 빌 게이츠가 세운 재단에 기부하였습니다.

이번 세계 1, 2위 자산가들의 기부 행위를 보면서 너무 멋지다는 생각이 들었으며, 미국이라는 나라의 건강함에 대하여 새삼 놀라고 부러웠습니다. 미국의 하버드대학교는 각종 기부금으로 들어온 250억 달러를 학교 재단이 보유하고 있어 이 기금의 운용으로 풍부한 장학제도를 갖추고, 또 엄청난 비용이 소요되는 각종 연구를 지원할 수 있다고 합니다.

이런 면에서 우리나라는 미국과 선진국에 도저히 견줄 수가 없습니다. 소위 선두를 달리는 재벌 회사들이 옳지 않은 방법으로 치부 행위를 하고 부정을 저질러 기업 총수가 감옥에 가거나, 또 해외 입양아 수출 세계 1위의 오명을 가지고 있으며, 국가 지원이 없으면 초중고교에서 대학까지도 경영난에 빠질 수밖에 없는 실정이 바로 우리의 현실입니다.

성서적으로 해석하면, 우리는 창조주로부터 각 사람의 능력에 맞게 재물을 키울 재질을 부여받았습니다. 《성경》에 나오는 비유입니다. 주인이 먼 길을 떠나면서 어떤 하인에게는 5달란트, 어떤 하인에게는 2달란트, 또 어떤 하인에게는 1달란트를 맡겼답니다. 5달란트를 받은 하인이나 2달란트를 받은 하인은 그것으로 열심히 일하여 두 배의 이익을 남겨 주인이 돌아오자 되돌려주니, 주인은 "착한 종아" 하며 다시 그들의 이익까지 합쳐 더 많은 자산을 맡겼습니다. 그러나 1달란트를 맡게 된 종은 내 주인이 '완악하고 곧은 사람이라' 생각하고 만일 장사하다 망하면 나를 크게 야단칠 것이라고 여겨 땅속에 묻어두었다가 주인이 돌아오자 그것을 꺼내 바쳤습니다. 그러자 주인은 "악하고 게으른 종아"라고 하면서 때려 내쫓고, 그 1달란트마저 빼앗아 이익을 많이 남겨 더 큰 자산을 맡게 된 하인에게 주었습니다.

열심히 자신의 주어진 재능을 키우고 계발하여 더 많은 것을 이룰 것을 창조주는 요구합니다. 우리가 가진 재능이나 시간, 능력을 게으름으로 허비하는 것을 창조주는 안타깝게 생각하며 심지어 매를 들기까지 합니다.

워렌 버핏은 단돈 100달러로 주식투자를 시작하여 400억 달러에 이르는 자산가로 성장하였다고 합니다. 그의 주식투자 비법은 우리 회

사에서 출간되어 소개된 바 있는 유명한 '가치 투자'입니다. 바로 한 분야의 가장 신뢰 가고 믿을 만한 기업의 주식을 장기간 꾸준히 관리하는 것입니다. 그의 투자 철학에는 깊은 '신뢰'가 깔려 있습니다.

나는 워렌 버핏 회장님을 존경합니다. 그는 큰 바위 얼굴입니다. 비록 가당찮게 보일지라도 나는 그분을 동경하며 닮아 가고자 노력할 것입니다.

우리 회사는 전체 매출액의 1퍼센트 정도를 사회에 환원하고 있습니다. 각종 장학금 지원, 어려운 이웃을 위한 지원(결손가정, 불우이웃, 장애인 등), 국내외 자매결연 어린이 지원, 교회를 통한 지원 등으로 사회가 필요로 하는 한 부분을 감당하고 있습니다.

이제 7월이 오고 있습니다. 무더운 여름에 건강에 유의하세요.

– 2006년 6월 29일, 〈목요편지〉 제40회

한가할 때 무엇을 할 것인가

유난히 긴 장마가 지속되는 여름입니다.《피터 드러커, 나의 이력서》가 올봄에 우리 회사에서 출간되었습니다. 그는 지난해 11월 11일, 95세의 일기로 타계하셨습니다. 이 책은 드러커 박사의 전작들과는 달리 순전히 드러커 개인에 초점을 맞춘 책입니다. 인간적인 면들을 낱낱이 볼 수 있는 책이지요.

사람들이 그에게 언제 은퇴할 것인지 물었습니다. 그럼 그는 "도대체 어떤 방법으로 은퇴하나요?"라고 되묻습니다. 그에게 은퇴라는 단어는 존재하지 않기 때문입니다. 2005년 죽음을 맞기 직전에도 드러커는 미국 잡지에 장편 논문을 기고하기도 했고, 과거의 논문을 정리해서《데일리 드러커》를 출간하기도 했습니다. 이 책도 우리 회사에서 곧 번역 출간될 예정입니다.

그는 정말 많은 저서를 집필하였습니다. 도대체 그의 깊고 해박한 지식은 어떻게 얻어진 것일까요. 이 책에서 그는 스스로의 수준을 끌어올리고 지적 호기심을 유지하기 위해 1년 가운데 3개월 정도를 떼어서 특정 주제에 대해 집중적으로 공부한다고 밝혔습니다.

"저술 활동과 강연 등의 일 외에 나는 매년 새로운 주제를 발굴해 3개월 간 집중적으로 공부하고 있다. 2004년에는 명나라 시대의 중국 미술에 몰두했다. 일본에 관해서는 수묵화를 소장할 정도로 잘 알면서도, 일본에 큰 영향을 끼친 중국을 잘 알지 못하고 있었기 때문이다. 나는 공부하면서 많은 것을 발견할 수 있었다."

이것이 그가 94세까지 행하던 학습법이었습니다.

그를 방문한 일본의 한 기자가 "한가할 때 무엇을 하나요"라고 물었습니다.

"한가할 때란 존재하지 않습니다. 내 경우 일을 하지 않으면 많은 책을 읽습니다. 확실한 계획을 세워서 집중적으로 말입니다"라고 답하였습니다. 참으로 귀감이 되는 말입니다.

노년에 되돌아본 인생에서 그가 젊은이들에게 꼭 들려주고 싶은 이야기 중 하나는 "기회란 과연 어디로부터 오는가?"라는 질문에 대한 답이었습니다. 이에 대해 드러커는 "인생은 포기해서는 안 된다. 엉뚱한 일에서도 기회가 주어지지 않던가"라고 말하였습니다.

우리는 지금 '지식 중심의 세상'을 살아가고 있습니다. '아침을 활용하라', '퇴근 후 한 시간을 잘 활용하라' 등의 시간 활용의 지혜를 알려주는 처세서들이 서점가를 장식하는 것도 끊임없이 자기계발을 해야 한다는 압박으로 다가옵니다.

휴가철입니다. 무더운 여름을 식히고, 쌓인 피로를 해소하는 것도 휴가의 큰 일 중 하나이겠지만, 자신을 갈고닦아 내일을 준비하는 귀한 시간이 되었으면 더 좋겠습니다. 즐겁고 보람 있는 휴가 되시기 바랍니다.

- 2006년 7월 27일, 〈목요편지〉 제44회

에티오피아 봉사활동을 다녀와서

지난 두 주 간 에티오피아 봉사활동에 참여하느라 〈목요편지〉를 두 번이나 쉴 수밖에 없었군요. 여러분의 기도와 격려 속에서 에티오피아 봉사활동을 무사히 마치고 돌아오게 되어 감사드립니다. 월요일 아침 회의 시간에 잠시 말씀을 드린 바 있지만, 다시 한 번 지난 두 주 동안 있었던 일들을 이야기하고 싶습니다.

《성경》에 '땅끝까지'라는 말이 있습니다. 그런데 이번에 제가 간 곳이 바로 땅끝이 아닌가 할 정도로 멀었습니다. 서울에서 방콕까지 5시간, 방콕에서 나이로비까지 10시간, 나이로비에서 아디스아바바까지 2시간, 그리고 아디스아바바에서 버스로 7시간을 달려간 곳은 에티오피아의 '딜라'라는 작은 소도시였습니다. 교통이 발달된 요즈음이지만 대기시간까지 무려 35시간이 걸린 것입니다.

우리 일행(한국에서 간 인원 오십세 명, 현지 코이카에서 파견 나온 의사 두 명과 간호사 두 명, 명성교회에서 나온 의사 한 명, 미국인 의사 한 명, 독일인 간호사 두 명, 현지 선교사 세 명 등 모두 육십여 명)은 장시간 이동의 피곤함도 잊고 도착 다음날부터 의료봉사, 이·미용봉사, 교육봉사로 나누어 현지인들을 돌보기 시작했습니다. 나는 의료봉사팀에 소속되어 우리를 찾아온 현지인들의 대기 줄을 세우고, 그들에게 구충제와 비타민을 나누어주고, 또 틈틈이 위생교육을 하는 일을 담당하였습니다.

현지인의 생활상은 내가 상상했던 것 이상이었습니다. 그들은 대부분 원추형의 움막 같은 곳에서 살았는데, 그곳에는 사람과 함께 소나 개 등 가축이 같이 있었으며, 물이 귀해 제대로 씻지 못하기에 더럽고 지저분하고 불결하기 짝이 없었습니다.

거의 대부분의 사람들이 머리를 감지 않아 두피에 부스럼과 상처로 피부병을 갖고 있었고 심지어 벌레가 기생하기도 했습니다. 또한 원래 곱슬머리인 특유의 머리 형태 때문에 이·미용팀은 상당한 어려움을 겪었습니다. 많은 사람들이 소위 언청이 환자로 멧돼지같이 입술이 올라간 흉한 모습을 하고 있었고, 또 갑상선을 앓아서 목에 큰 혹을 달고 다니는 이들도 많고, 게다가 열악한 환경에 어떻게 살라고 장님 환자들은 그렇게 많은지…. 신발을 신지 않아 발에 상처가 나서 병균이 침투해 다리가 퉁퉁 붓는 코끼리 다리를 하고 있는 사람들까지…. 에이즈(AIDS) 환자를 비롯해 온갖 질병에 노출되어 무방비로 시달리는 모습들이었습니다.

처음으로 의사를 만나는 사람이 대부분이어서 첫날에 500여 명, 이튿날에는 750명가량이었으나 사흘째부터는 소문이 나서 수천 명이 몰려왔습니다. 결국 철수 하루 전날과 당일은 오후 3시 무렵에 진료를 중단할 수밖에 없었습니다. 그 많은 군중들이 밀고 밀리는 가운데 자칫 사고가 생길 수도 있다는 우려가 있어서입니다. 그들은 우리가 오늘내일 진료를 마감하고 철수한다는 소문을 듣고 어떻게든 치료를 받고자

01 아이들의 눈이 보석처럼 빛난다
02 물이 없어 머리를 감지 않아 벌레가 집을 짓고 있고, 머리를 깎은 후에는 상처가 나서 소독을 해주어야 한다
03 치료를 받고자 길게 늘어선 사람들
04 너무나 많이 몰려오는 환자들 앞에 망연자실 서 있다
05 아내는 아이들을 좋아한다
06 하루의 일과를 끝내고 현지인들과 함께 즐거운 시간을 보내다

호소하고, 매달리는 모습들이었습니다.

지금도 자신의 아픈 부위를 내보이며 호소하는 그들의 참으로 안타까운 모습들이 눈에 밟힙니다. 몇몇 환자들은 수도 아디스아바바로 와서 치료받도록 조치를 했고, 또 많은 사람들에게 가지고 간 약으로 일시적인 도움을 주기는 했지만, 의료와 위생교육의 사각지대에서 육체적 고통을 받고 있는 그들을 그대로 방치하기에는 너무나 가슴 아팠습니다. 그러나 우리는 예정된 일정대로 돌아설 수밖에 없었습니다.

나는 맡은 업무상 이곳을 찾은 거의 모든 사람, 약 4,000여 명에게 구충제를 먹였습니다. 의사들 이야기로는 이들이 평소 약을 쓰지 않던 사람들이라 효과가 대단히 크다고 합니다. 적어도 내가 맡은 역할로 이들의 몸 안에 있던 기생충은 박멸할 수 있다고 생각하니 큰 위안이 되었습니다.

인간이 살면서 가장 기본적인 욕구는 바로 생존의 욕구입니다. 먹을 것, 입을 것, 그리고 병에 걸리지 않도록 보호받는 것 등입니다. 국가는 이러한 국민들의 기본 욕구에 대하여 져야 할 책임이 있습니다. 그러나 국가가 힘이 없고, 국민이 무지할 때, 그리고 바르고 강력한 지도자가 없을 때 국민은 이렇게 지옥과 같은 생활을 할 수밖에 없음을 통감하였습니다.

에티오피아는 6·25전쟁 때 한국을 위해 6,000여 명의 군인을 참전시켜 많은 피를 흘린 우방국입니다. 우리로서는 큰 빚을 지고 있는 나라이지요. 우리는 지난 몇 십 년 동안 큰 발전을 이룩해 이제는 저들을 도울 수 있는 처지에 와 있다고 생각합니다. 저들을 앞으로 어떻게 도울 수 있을까. 뜨거운 가슴이 식기 전에 서둘러 방법을 마련해야겠다는 생각이 들었습니다.

많은 것을 느끼고, 배우고, 다짐하며, 다시 일상으로 돌아왔습니다. 어느새 8월이 지나갑니다. 아니, 여름이 지나가고 있습니다. 다시 마음가짐을 새롭게 하여 일터에 임합니다. 함께 열심히 일하고 또 같이 나누는 그런 삶을 살아야겠다는 마음가짐입니다.

― 2007년 8월 29일, 〈목요편지〉 제96회

나를 성숙하게 만드는 값진 조언

매년 9월, 이맘때쯤이면 불청객 태풍이 어김없이 찾아오는군요. 태풍 '나리'가 제주 근해를 휩쓸고 급기야는 오늘 제주도 전 지역이 특별 재난지역으로 선포되었습니다. 그리고 지금 또 다른 태풍 '위파'의 영향으로 어제부터 전국에 많은 비가 내리고 있습니다. 매년 같은 피해를 당하고 있지만, 인간의 작은 지혜로는 자연의 엄청난 위력 앞에 속수무책인가 봅니다. 우리 회사 직원들, 각 가정에도 피해가 없도록 각별히 조심하여야겠습니다.

이번 주말부터 우리 민족의 고유 명절인 팔월 한가위, 추석 연휴가 시작됩니다. 고향의 부모님도 뵙고, 친지들도 만나게 되겠죠. 1년 동안 추수한 오곡백과를 먹으며, 일가친척 모두가 한자리에서 함께하는 이 오랜 전통은 참으로 귀하고 아름다운 것입니다.

문득 '효도'라는 말이 예스럽게 들리는 것은 나만의 생각일까요? 평소에 못 다한 도리를 이런 때 해보는 것도 참 좋을 것 같습니다. 혹시 부모님의 어려움을 나는 너무나 모르고 살지나 않았는지…. 여기 인터넷에 떠도는 '나를 성숙하게 만드는 값진 조언'을 소개합니다.

일본의 어느 일류대 졸업생이 한 회사에 이력서를 냈다. 면접 자리에서 사장이 의외의 질문을 던졌다.

"부모님을 목욕시켜드리거나 닦아드린 적이 있습니까?"

"한 번도 없습니다." 그 청년은 정직하게 대답했다.

"그러면 부모님의 등을 긁어드린 적은 있나요?"

사장이 다시 묻자, 청년은 잠시 생각했다.

"네, 제가 초등학교에 다닐 때 등을 긁어드리면 어머니께서 용돈을 주셨죠." 청년은 혹시 입사를 못하게 되는 것은 아닐까 걱정되기 시작했다. 그러나 잠시 후 사장은 청년의 마음을 읽은 듯 "실망하지 말고 희망을 가지라"고 위로했다.

정해진 면접 시간이 끝나고 청년이 자리에서 일어나 인사를 하자 사장이 이렇게 말했다.

"내일 이 시간에 다시 오세요, 하지만 한 가지 조건이 있습니다. 부모님을 닦아드린 적이 없다고 했죠? 내일 여기 오기 전에 꼭 한 번 부모님을 닦아드렸으면 좋겠네요. 할 수 있겠어요?"

청년은 꼭 그러겠다고 대답했다. 그는 반드시 취업을 해야 하는 형편이었다. 아버지는 그가 태어난 지 얼마 안 돼 돌아가셨고 어머니가 품을 팔아 그의 학비를 댔다. 어머니의 바람대로 그는 도쿄의 명문대학에 합격했다. 학비가 어마어마했지만 어머니는 한 번도 힘들다는 말을 한 적이 없었다. 이제 그가 돈을 벌어 어머니의 은혜에 보답해야 할 차례였다.

청년이 집에 갔을 때, 어머니는 일터에서 아직 돌아오지 않았다. 청년은 곰곰이 생각했다. 어머니는 하루 종일 밖에서 일하시니까 틀림없이 발이 가장 더러울 거야. 그러니 발을 닦아드리는 게 좋을 거야.

집에 돌아온 어머니는 아들이 '발을 씻겨드리겠다'고 하자 의아하게 생각했다.

"왜 발을 닦아준다는 거니? 마음은 고맙지만 내가 닦으마."

어머니는 한사코 발을 내밀지 않았다. 청년은 어쩔 수 없이 어머니를 닦아드려야 하는 이유를 말씀드렸다.

"어머니, 오늘 입사 면접을 봤는데요. 사장님이 어머니를 씻겨드리고 다시 오라고 했어요. 그래서 꼭 발을 닦아드려야 해요."

그러자 어머니의 태도가 금세 바뀌었다. 두말없이 문턱에 걸터앉아 세숫대야에 발을 담갔다. 청년은 오른손으로 조심스레 어머니의 발등을 잡았다. 태어나 처음으로 가까이서 살펴보는 어머니의 발이었다. 자신의 하얀 발과 다르게 느껴졌다. 앙상한 발등이 나무껍질처럼 보였다.

"어머니! 그동안 저를 키우시느라 고생 많으셨죠. 이제 제가 은혜를 갚을게요."

"아니다, 고생은 무슨…"

"오늘 면접을 본 회사가 유명한 곳이거든요. 제가 취직이 되면 더 이상 고된 일은 하지 마시고 집에서 편히 쉬세요."

손에 발바닥이 닿았다. 그 순간 청년은 숨이 멎는 것 같았다. 아들은 말문이 막혔다. 어머니의 발바닥은 시멘트처럼 딱딱하게 굳어 있었다. 도저히 사람의 피부라고 할 수 없을 정도였다. 어머니는 아들의 손이 발바닥에 닿았는지조차 느끼지 못하는 것 같았다. 발바닥의 굳은살 때문에 아무런 감각도 없었던 것이다.

청년의 손이 가늘게 떨렸다. 그는 고개를 더 숙였다. 그리고 울음을 참으려고 이를 악물었다. 새어나오는 울음을 간신히 삼키고 또 삼켰다. 하지만 어깨가 들썩이는 것은 어쩔 수 없었다. 한쪽 어깨에 어머니의 부드러운 손길이 느껴졌다. 청년은 어머니의 발을 끌어안고 목을 놓아 구슬피 울기 시작했다.

다음날 청년은 다시 만난 회사 사장에게 말했다.

"어머니가 저 때문에 얼마나 고생하셨는지 이제야 알았습니다. 사장님은 학교에서 배우지 못했던 것을 깨닫게 해주셨어요. 정말 감사드립니다. 만약 사장님이 아니었다면 저는 어머니의 발을 살펴보거나, 만질 생각을 평생 하지 못했을 거예요. 저에게는 어머니 한 분밖에는 안 계십니다. 이제 정말 어머니를 잘 모실 겁니다."

사장은 미소를 지으며 고개를 끄덕이더니 조용히 말했다.

"인사부로 가서 입사 수속을 밟도록 하게."

마침 지난 주말과 이번 주 초에 우리 회사의 '2007년 하반기 직원 채용' 면접이 있었습니다. 구인광고를 〈한겨레신문〉과 에디터 구인구직 사이트에만 올렸는데, 꽤 많은 지원자가 있었습니다. 우리 회사에 지원해주신 모든 분들께 감사드립니다. 이번 모집은 새로 신설된 부서도 있고, 기존 부서의 결원이나 확장을 위한 것이기도 합니다. 모두 열 명의 새로운 식구를 맞이하게 되었습니다.

회사 면접 때 위의 예화 같은 내용을 묻지는 않았지만, 나는 우리 회사에 입사하는 사람들, 아니 모든 직원들이 성숙하고 따뜻하며 은혜를 아는 사람이기를 바랍니다. 그런 감성적 성숙함을 가진 사람만이 아름다운 인간관계를 맺게 되고, 삶을 긍정적으로 바라보며, 세상을 넉넉하게 살아갈 수 있다고 생각합니다. 올 추석에는 우리도 부모님의 어깨를 주물러드리면 어떨까요? 즐거운 추석 연휴가 되시기 바랍니다.

- 2007년 9월 20일, 〈목요편지〉 제99회

그것 또한 지나가리라

한낮에는 푹푹 찌는 것이 초여름 날씨답지요?

요즈음 정국은 연일 암울한 상태가 계속되고 있습니다. 미국산 소고기 수입 결정의 재협상을 요구하는 촛불들이 광화문 거리를 밝히고 있고, 턱없이 오른 유가로는 도저히 운영이 안 된다고 파업을 결의한 전국화물연대, 그리고 각종 운송노조들의 업무 중단은 벌써 막대한 손실과 물류 차질을 빚고 있습니다.

도대체 이 꼬인 실타래를 어디서부터 풀어야 할지, 그 해법이 없어 답답한 심정입니다. 이런 상황이 지속된다면 과연 누구에게 득이 될까 우려스럽기도 합니다. 아무쪼록 하루빨리 정부와 이익단체들이 한마음이 되어 슬기롭게 난국을 풀어가야 할 것입니다.

여러분도 슬럼프(slump)에 빠졌던 적이 있지요? 흔히 운동선수가 슬럼프에 빠졌다는 말을 많이 듣는데, 슬럼프란 비단 운동선수에게만 있는 게 아닙니다. 슬럼프는 누구에게나 찾아올 수 있는 현상입니다. 개인도, 기업도, 또 국가에도 슬럼프가 있다고 생각합니다.

슬럼프란 확실한 원인이 파악되지 않은 채 활동이 부진한 상태가 지속되는 것을 말합니다. 이러한 슬럼프에 한번 빠지게 되면 사람들은 허둥지둥하고 서둘러 빠져나오려고 하지만, 그것은 늪과 같아서 발버둥을 칠수록 더욱 깊이 빠지는 수렁이 되어버립니다. 대체로 슬럼프는 과도한 욕심을 가져 너무 무리하게 힘을 가하는 경우나, 빠른 시간 안에 높은 성과를 내기 위하여 서두르는 경우에 많이 옵니다. 무언가에 대한 과도한 집착으로 인하여 심신의 평정이 깨질 때 나타납니다.

이런 면에서 볼 때 슬럼프는 성장을 하기 위한 과정이며, 예고된 시련이라고 볼 수도 있겠습니다. 다시 말해 슬럼프는 일종의 도약대인 것입니다. 우리에게 영웅으로 불리는 많은 슈퍼스타들은 이런 슬럼프를 잘 극복하고 결국 큰 성과를 이룩해낸 사람들입니다.

슬럼프는 우리에게 값진 선물을 합니다. 슬럼프는 리듬의 한 템포를 늦추며 다시 자신을 돌아보는 계기를 제공합니다. 슬럼프를 통하여 자신을 냉정하게 볼 줄 알게 되며, 자기 페이스를 찾게 됩니다. 슬럼프는 우리에게 고독도 즐길 줄 알게 하며, 삶의 지혜를 얻게 합니다.

슬럼프에서 벗어나기 위해서는 먼저 슬럼프에 빠져 있음을 인정해야 합니다. 그리고 자신을 믿어야 합니다. 더 이상 자신을 위축시키지 말고 스스로를 신뢰해야 합니다. 자신에 대한 확고한 신뢰 속에서 피나는 노력이 있어야만 슬럼프에서 빠져나올 수 있습니다. 때때로 우리는 슬럼프의 원인을 다른 사람이나 환경의 탓으로 돌립니다. 그러나 그것은 잘못된 것입니다. 자신을 자세히 들여다보면 슬럼프에서 벗어날 열쇠를 찾을 수 있게 됩니다.

나는 지금 새 정부가 슬럼프에 들어가 있다고 생각합니다. 새 정부의 과도하고 성급한 성과욕으로 인하여 슬럼프의 깊은 늪에 빠진 것입니다. 새 정부는 그것을 솔직히 인정하고 새롭게 시작하여야 합니다. 그렇게 하면 됩니다.

우리 회사도 역시 약간의 슬럼프에 빠져 있었습니다. 그러나 이제 서서히 그 늪에서 벗어나려 합니다. 우리가 서 있는 시장 상황과 우리의 잘잘못을 파악하고, 그래서 우리의 현주소를 정확히 알고 '할 수 있다'는 자신감을 회복하며 방향을 설정하여 재도전하고 있습니다.

누구나 슬럼프가 있지 않습니까? 여러분도 슬럼프에 빠질 때가 있습니다. 그런 때 먼저 내가 슬럼프에 빠져 있다는 것을 인정하십시오. 그 다음 자신을 냉정하게 돌아보고, 스스로를 믿고 새롭게 도전하십시오. 그러면 어느새 '슬럼프 아웃'이 되어 즐겁고 쾌활한 자아로 돌아올 것입니다.

지하철 압구정역 승강장에 걸려 있는 이야기입니다. 여러분도 읽으셨을 것입니다.

임금님이 신하들에게 명령을 내렸습니다. 백성들이 작은 기쁜 일에 세상을 다 차지한 것처럼 방자하고 교만하여지고, 또 슬픈 일이 하나 닥치면 마치 이 땅에 종말이라도 온 것처럼 큰 슬픔에 빠지는 것을 보고, 이를 해결할 수 있는 처방을 구해오라고 하였습니다. 신하들이 몇날 며칠을 머리를 맞대고 상의한 끝에 반지를 하나 만들어 임금님께 드렸답니다. 그러자 임금님이 그 반지를 받고 거기 쓰인 글귀를 보고 파안대소하며 고개를 끄덕였다고 합니다. 무엇일까요?

"그것 또한 지나가리라"라는 글귀였습니다.

슬럼프에 빠진 나, 회사, 국가… 다시 시작하면 얼마든지 이겨낼 수 있습니다.

– 2008년 6월 12일, 〈목요편지〉 제133회

열심히 살아온 당신, 축하합니다

8월의 마지막 주입니다. 8월은 올림픽 경기 관람으로 시간이 참 빨리 지나간 것 같습니다.

얼마 전 신문에 재미있는 기사가 실렸습니다. 〈워싱턴포스트〉지가 인간의 행동을 심리학적으로 분석한 학자들의 견해를 소개한 기사였습니다.

올림픽에 나간 선수들의 행복도와 만족도가 어떻게 나타나는지 물었습니다. 물론 금메달을 딴 사람이 제일 기쁨이 클 것입니다. 그런데 행복도의 순서가 금, 은, 동이 아니라 금, 동, 은의 순이었습니다. 수영과 레슬링, 체조와 육상경기에서 은메달리스트와 동메달리스트들의 수상 모습을 스포츠와 무관한 사람들에게 보여주며 누가 더 행복하게 보이는가를 물었습니다. 그랬더니 많은 사람들이 동메달을 딴 사람이 은메달을 딴 사람보다 더 행복해 보인다고 답했습니다.

은메달을 딴 사람들은 경기 직후 늘 회고형의 답변을 했습니다. "내가 다른 방식으로 경기를 했으면 금메달을 딸 수 있었을 텐데…." 그런데 동메달을 딴 사람들은 금메달과 비슷한 만족도를 보였습니다. 이에 비해 은메달을 딴 선수들은 메달권 밖에 있는 선수들과 비슷한 얼굴 표정을 보였다고 합니다.

은메달리스트들은 왜 자신의 메달에 만족하지 못했을까요? 경기가 끝난 뒤에도 계속해서 금메달의 미련을 버리지 못했기 때문입니다. "아, 내가 조금만 빨랐더라면, 내가 조금만 더 잘했더라면 금메달을 딸 수 있었을 텐데…." 이런 생각을 하며 자책하기 때문에 얼굴에 기쁨이 보이지 않았던 것입니다.

은메달을 획득한 것도 굉장한 일이지 않습니까? 그럼에도 만족도는 그리 높지 않았습니다. 반면에 동메달을 획득한 선수는 굉장히 좋아했습니다. 하마터면 메달을 전혀 받지 못할 상황과 비교하여 마음의 위로를 받기 때문입니다.

이 이야기를 들으면서 우리의 인생을 되돌아봅니다. 우리도 매번 금메달을 받을 수 있으면 좋겠지만, 인생에서 금메달을 받는 것이 그리 쉽지만은 않습니다. 그렇게 피나는 훈련을 하였음에도 아무 메달도 따지 못하고 돌아오는 선수들과 임원들의 심정으로 우리는 살고 있습니다.

우리 인생을 조금만 돌아보면 아무도 자랑할 수가 없습니다. 어떤 면에서 금메달을 따는 사람도 또 다른 면에서는 인생의 꼴찌처럼 살아갑니다.

우리의 삶에서 무엇인가 잘될 때에는 잠시 기쁘고 행복합니다. 그러나 곧 나보다 더 잘난 사람, 잘사는 사람, 더 잘나가는 사람을 만나면 마음이 뒤틀려지는 것을 수없이 경험합니다. 때로 우리는 별 볼일 없는 인생이라 스스로 탄식하며 살아가기도 합니다. 그렇게 마음속에 꿈꾸었던 인생의 목표가 달성이 안 되면 스스로 깊은 절망의 나락으로 빠져드는 것이 우리 삶의 모습입니다. 우리가 조금만 자신을 되돌아보아도 이런 경험들로 가득 차 있음을 깨닫게 됩니다.

광화문 뒤 북촌에서 이런 음식점 간판을 본 적이 있습니다.

"세상에서 두 번째로 맛있는 짜장면 집"

그 글귀는 작은 미소를 머금게 하고 정감이 갑니다. 모두가 원조를 주장하며, 또 제일 맛있다는 것을 강조하는 세상에서 한발 양보하여 두 번째를 내세우는 모습이 위트가 있다고 생각했습니다. 아마 이 음식점에서는 주인도, 손님도 조금 맛이 없더라도 '두 번째니까' 하고 이해하지 않을까 싶습니다.

언제나 삶은 우리를 긴장하게 만듭니다. 열심히 사는 사람일수록 더욱 그렇습니다. 시간과 정열을 성실하게 쏟아 붓는 사람일수록 더욱 그렇습니다. 일을 시도하면 할수록 실패가 자주 나타나기 때문입니다. 그래서 사람들은 자주 포기합니다. 조금 시도하다가 실패하면 애초의 야망과 목표는 땅에 묻어버리고, 조그만 안전판 하나를 동그랗게 그려 놓고 거기에 안주하려 합니다.

그러나 그것이 인생의 전부는 아니라고 생각합니다. 실패해도 다시 일어서야 합니다. 실패하기 때문에 다시 도전할 수 있습니다. 그것이 인생이 아닌가요.

열심히 살아온 당신,
금메달입니다. 축하합니다.
은메달입니다. 축하합니다.
동메달입니다. 축하합니다.
메달을 따지 못하였군요. 그래도 축하합니다. 박수를 보냅니다.
당신은 누구 못지않게 열심히 살아왔으니까요.

이제 그토록 무더웠던 여름도 가고, 벌써 아침저녁으로 시원한 바람이 옷깃을 스칩니다. 이 가을, 다시 마음을 가다듬고 정진하는 계절이 되기를 바랍니다.

- 2008년 8월 28일, 〈목요편지〉 제143회

캄보디아 봉사활동을 다녀와서

아름답고 청명한 9월의 가을 하늘입니다.

오늘은 이번 추석 연휴 기간을 전후하여 다녀온 4박 5일 간의 캄보디아 봉사활동에 대해 이야기하고 싶습니다. 이번 봉사활동에 참여한 우리 일행은 모두 마흔한 명이었습니다. 의사와 간호사, 약사로 구성된 열여덟 명의 의료팀, 서울역에서 노숙자들의 머리를 깎아주는 일을 하고 있는 분 등이 포함된 여덟 명의 이·미용팀, 그곳 어린이들과 함께 놀아주며 정서 함양과 교육을 담당할 열 명의 교육팀, 그리고 모든 일정과 계획을 조율하고 다른 팀들이 원활한 업무가 이루어지도록 돕는 일 등을 총괄하는 진행팀으로 구성되었습니다.

이번에 나는 팀 전체를 인솔하는 책임자로서 무거운 책임감을 갖고 임했습니다. 우리가 계획하고 간 모든 일들이 순조롭게 진행되도록 잘 뒷바라지하는 것도 중요했지만, 무엇보다 안전하게 끝마치고 무사히 돌아오는 것이 나의 가장 큰 의무였으며 바람이었습니다.

우리가 간 곳은 캄보디아 외곽에 위치한 쓰레기 매립장이었습니다. 우리나라로 치면 예전의 난지도를 연상하면 될 것 같습니다. 쓰레기들이 산더미같이 쌓여서 거대한 쓰레기 산맥을 이루고 있었습니다. 그곳에서 사람들은 무언가를 열심히 수집했습니다. 예전에 우리나라에서도 이런 곳에서 폐품을 수집하는 사람들이 있었습니다.

그런데 우리나라의 경우 전자제품이나 가구, 옷가지 등을 수집하는 이들이 많았지만, 이곳에서는 그런 폐품이 아예 보이지 않았습니다. 그들은 각종 폐비닐을 수집했습니다. 하루 종일 폐비닐을 모으면 쌀 한 되 정도를 받는다고 합니다. 그런 쓰레기더미 옆에 판잣집들이 다닥다닥 붙어 있었고, 신발도 신지 않고 옷도 제대로 입지 않은 채 돌아다니는 어린이가 많았습니다. 어른들도 식수 부족과 영양결핍, 그리고 각종 오염물질, 코끝을 찌르는 쓰레기 썩는 냄새 등으로 인하여 여러 가지 질병을 갖고 있었습니다.

의사들이 왔다는 소문을 듣고 금방 많은 사람들로 장사진을 이루었습니다. 그곳에 사는 모든 사람들이 질병에 노출된, 아니 질병에 걸려 있는 것처럼 보였습니다. 아이들의 머리는 영양 상태가 나쁘고 피부가 엉망이어서 머리를 깎는 기계가 제대로 들어가지 않았습니다.

캄보디아 어린이들과 함께

사람이 사는 데 필요한 최소한의 환경과 여건이 갖추어져 있지 않았습니다. 말이나 글로 표현하기에 너무도 딱한 모습들이었습니다. 그러나 그곳에서도 희망은 존재했습니다. 바로 어린이들의 너무도 초롱초롱한 눈망울들입니다. 아이들의 옷은 남루하고, 그나마 입지 않은 아이들도 있었고 신발도 신지 않았지만, 눈은 사슴처럼 순진하고 호수처럼 맑았습니다. "감사합니다"의 캄보디아말인 "어꾼!"을 말하는 아이들의 그 해맑은 표정을 보면서 꼬옥 안아주지 않을 수 없었답니다.

짧은 4박 5일 동안의 기간이었지만 참으로 많은 것을 깨달았습니다. 우리가 얼마나 풍요를 누리고 살고 있으며, 얼마나 감사할 것이 많은가를 새삼 느꼈습니다. 아무렇지도 않게 낭비하거나 버려지는 음식물과 각종 생활용품들을 과연 그렇게 처리해도 되는 것인가 되묻게 되었습니다. 욕심만큼 채워지지 않는 것에 대하여 몹시 낙심하며 좌절하는 우리 일상의 모습들이 얼마나 사치스럽고 어리석은지 반성하게 되었습니다.

봉사라는 이름으로 그 땅에 갔지만, 오히려 그 땅에서 많은 사랑을 받고 왔습니다. 하나님이 그곳 캄보디아 땅을, 그곳에 사는 사람들을 크게 축복하시리라는 믿음을 갖고 왔습니다. 잠도 모자라고, 고되고 힘든, 다소 무리한 일정이었지만 그다지 피곤하게 느껴지지 않았습니다.

마음은 가벼운 깃털처럼 훨훨 날아갈 것 같았습니다. 이 세상에 사랑을 주고받는 것처럼 좋은 일은 없는 것 같습니다. 참 아름답고 뜻 깊은 추석 연휴였습니다. 캄보디아 봉사활동을 다녀온 후 깨달은 다섯 가지가 있습니다.

1. 지금 화해(사랑)하자.

   사람들이 산다는 것이 그다지 길지 않다는 생각이 들었습니다.

2. 지금 기도하자.

   하나님에게 내 편이 되어달라 기도하지 말고 하나님 편에 내가 있는
   지 물어보자.

3. 지금 단순화(정리)하자.

   주변을 너무 복잡하게 만들어서는 안 될 듯싶습니다.

4. 건강과 마음의 평안을 우선하자.

   무엇을 하려 할 때마다 고려해야 할 기준입니다.

5. 지금 진실(진솔)하게 행하자.

   가식과 위선으로 오늘을 살기에는 너무 인생이 아깝다는 생각이 들
   었습니다.

   － 2008년 9월 18일, 〈목요편지〉 제146회

당신의 소질은

어제는 거래 은행인 국민은행에서 2009년도 달력을 한가득 가지고 방
문해주셨습니다. 벌써 달력이 달랑 한 장만 남았군요. 세월이 얼마나
빠른지!

　문득 지난 한 해를 되돌아봅니다. 해마다 연말이면 만들어보는 '새
해에 하고 싶은 열 가지 목표'가 올해는 어느 정도 이루어졌는가, 나름
대로 대차대조표를 따져봅니다. 부끄럽게도 대변 쪽에 훨씬 더 무게가
실리는군요.

　해마다 반복되는 과정이지만, 지난 시간을 되돌아보고 점검하며 다

시 새로운 계획을 세우는 것은 참 중요하다고 생각합니다. 그것은 한 해 동안 살아갈 목표가 되며, 이를 실행해나가려 하는 과정이 우리를 성장시키기 때문입니다.

여러분들도 지난 한 해 동안 자신이 해온 일들에 대하여 총 정리하는 시간을 가져보시기 바랍니다. 무엇을 이루었는지, 무엇을 읽었는지, 아쉬웠던 것들은 무엇이 있는지 등을 정리하는 시간이 필요합니다.

때로는 지난 한 해를 되돌아보면서 사람들은 자괴감에 빠지기도 합니다. 연초에 세운 계획이 하나도 제대로 이루어지지 않았을 수도 있기 때문입니다. 작심삼일로 끝나서 시도조차 해보지 못한 일들이 있을 때 더욱 허탈해집니다.

하지만 '나는 우유부단해서 계획을 세워보았자 제대로 되는 적이 없어!'라고 하며 새로운 목표를 세우지 않는 사람이 더 어리석고 바보같다고 생각합니다.

평생교육을 강조하는 현대인에게 있어서 '자기계발'은 1년의 목표 중에서 항상 큰 몫을 차지할 수밖에 없습니다. '자기계발'이라는 것에 대하여 생각해봅니다. 서울대 문용린 교수의 이론입니다. '자기계발'이란 자신의 '소질'과 '적성'을 활용해서 자기가 할 수 있는 일을 하는 것입니다. 사람들은 누구에게나 숨겨진 지하수가 있습니다. 그 사람만의 보물이자 광맥이지요. 부모의 역할은 자녀가 가진 지하수로부터 펌프로 물을 뽑아낼 때 '마중물'을 부어주는 것입니다.

그렇다고 모든 사람들이 부모로부터 도움을 받는 것은 아닙니다. 이 세상에는 부모의 혜택을 못 받은 사람도 참 많습니다. 꼭 부모의 역할이 아니더라도 사람들은 스스로 자신의 잠재된 능력을 개발해나가야 합니다.

사람의 능력을 간단히 몇 십 개의 문항으로 조사해서 나온 IQ수치로 가늠할 수는 없다고 생각합니다. '2의 1400억 승'이 사람이 가질 수 있는 기능으로서 사람의 두뇌에 숨겨진 능력이라고 합니다.

문 교수의 이론 주제인 '다중지능'에 의하면, 대부분의 사람들은 여덟 가지 소질(여덟 종류 IQ)군 중 하나에 속한다고 합니다. 그 여덟 가지 지능과 그러한 지능을 성공적으로 이끈 위대한 사람들을 소개합니다.

1. 신체운동지능: 타이거 우즈, 김연아, 강수진 등
2. 자기성찰지능: 프로이트 등
3. 인간친화지능: 간디, 김구 등
4. 논리수학지능: 아인슈타인, 장영실 등
5. 언어지능: 셰익스피어, 천상병 등
6. 음악지능: 모차르트 등
7. 공간지능: 피카소, 가우디 등
8. 자연친화지능: 파브르 등

우리 교육제도는 모든 과목에서 1등을 요구하는 시스템입니다. 영어, 수학도 잘해야 하지만, 음악과 미술도 잘해야 1등을 할 수 있는 방식입니다. 그러나 이는 잘못된 것이지요. 물리학의 천재로 알려진 아인슈타인에게 만약 다른 지능을 발휘하라고 강요했다면 보통 사람들보다 더 못하지 않았을까 싶습니다.

다음은 '실천'의 중요성입니다. 꿈만 꾸는 사람은 몽상가일 뿐입니다. 자신의 잠재력을 찾고, 시간을 갖고 꾸준히 열심히 개발해나가야 합니다. 아무리 김연아 선수가 신체운동지능이 뛰어났다 하더라도 지난 10년 동안의 고된 연습 시간이 없었다면 오늘의 김연아가 있겠습니까? 세상에서 제일 못생긴 발이라는 발레리나 강수진의 발을 보셨지요. 이들은 아마 꿈이 이루어지는 모습을 상상하고 노력함으로써 어려운 시기를 극복할 수 있었을 것입니다.

한 가지만 잘해도 성공적인 삶을 살아갈 수 있습니다.

세계 최고의 사람들과만 비교하니 지레 내 이야기가 아니라고 생각할 수 있습니다. 하지만 그렇지 않습니다. 꼭 세상 사람들 중에서 최고가 되지 않더라도 뭔가 한 가지를 정하고 개발해나가는 것은 삶을 살아가는 큰 이유가 될 것입니다.

"살아갈 이유가 있는 사람은 어떤 현실도 견뎌냅니다."

철학자 니체의 말입니다. 이렇게 어려운 시기일수록, 자기계발을 통하여 삶을 더욱 빛나게 하시기 바랍니다.

- 2008년 12월 4일, 〈목요편지〉 제157회

복을 부르는 생활

새해가 되면 주위 사람이나 혹은 만나는 사람에게 누구든지 "새해 복 많이 받으세요"라고 인사를 합니다. 사람들은 누구나 복을 받기를 원하며, 그래서 주위 사람들도 복 받기를 기원해줍니다. 아마도 이 세상에 복 받기를 거절하는 사람은 한 사람도 없을 것입니다.

우리가 그토록 받기를 원하고, 기원해주는 '복'이란 과연 무엇일까요? 국어사전에서 '복'의 의미는 "삶에서 누리는 좋고 만족할 만한 행운, 또는 거기서 얻는 행복"이라고 정의하고 있습니다.

옛 사람들은 수(壽), 부(富), 강녕(康寧), 유호덕(攸好德), 고종명(考終命)을 오복(五福)이라 칭하였습니다. 예전 사람들은 수명이 길지 않아서인지 '오래 사는 것'을 복 중의 복으로 여겼습니다. 두 번째로 삶을 걱정 없이 편안하게 살아갈 정도로 풍족한 재물의 소유를 복의 척도로 보았습니다. 세 번째는 강녕인데, 이는 몸과 마음이 편안한 상태를 일컫습니다. 네 번째는 유호덕, 즉 덕을 좋아하고 사랑한다는 뜻으로 다분히 철학적이고 유교적입니다. 마지막으로 고종명, 이는 첫 번째 수와 세 번째 강녕을 포함한 것으로 건강하고 평안무사한 삶을 제 명(命)대로 살다가 깨끗한 죽음을 맞이하는 것이 복이라고 생각하였습니다. 생을 마치고 임종을 맞이할 때 호상(好喪)이어야 한다는 의미입니다.

오늘날의 사람들이 바라는 '복'은 무엇일까요? 연말연시에 보내고 받는 카드나 메일을 읽어보면 "새해 건강하시고 하시고자 하는 일 모두 이루세요"가 가장 많은 글귀인 것 같습니다. 요즈음 사람들은 건강을 제일의 복으로 여기는 것을 알 수 있습니다.

다음으로 '하시고자 하는 일'을 이루라는 말은 성공하라는 뜻일 것입니다. 여기에는 각자 사람마다 소원하고 이루고자 하는 것들이 모두 담겨 있는 것 같습니다.

복은 처음에 언급한 사전적 의미에서 분명 '행운'이라고 하였습니다. 신을 믿는 사람들에게는 신이 부여해주는 것이라고 생각하고, 신을 믿지 않는 사람들은 복을 받고 안 받고에 우연성을 부여합니다.

이 글을 쓰는 나는 우리가 복을 받기 위해서는 자신이 복 받을 처신을 하여야 한다고 생각합니다. 올바르지 못한 생각이나 행동을 계속한다면 복과는 거리가 멀어질 것입니다. 나 스스로를 잘 다스리며 사는 것이 복을 부르는 생활과 가까워지는 지름길입니다.

여기에서 내가 생각하는 '복을 부르는 생활'에 대하여 몇 가지 말씀 드리고자 합니다. 먼저 감사하는 마음을 갖는 것입니다. 하루의 시작인 아침에 잠자리에서 일어나면서, 지난밤의 깊은 잠에서 깨어난 것에 대하여 감사를 드립니다. 어제의 피로를 말끔히 씻어준 단잠이 고맙고, 그 잠에서 깨어나 새로운 하루를 시작한 것이 감사한 일입니다. 어제 세상을 하직한 어떤 사람은 오늘이야말로 그가 가장 원했던 하루였을 테니까요. 지금 살아 숨 쉰다는 것만으로도 감사하는 마음이 있는 사람이라면 그 사람은 아마도 복을 받을 사람일 것입니다.

감사는 '자족'을 의미하기도 합니다. 자기에게 주어진 여건에 대하여 불평 대신 감사하고, 행복해하는 것입니다. 사람들은 감사를 통하여 가장 중요한 삶의 평안을 찾을 수 있습니다.

두 번째로 '웃으면 복이 와요'라는 말처럼 자주 웃는 것이 복을 부르는 생활입니다. 웃음은 만병통치약이라는 말이 있듯이, 웃음은 질병을 예방하고 낫게 하는 치료제이기도 합니다. 또 '웃는 낯에 침 뱉으랴'는 속담도 있듯이, 웃으면 인간관계를 크게 호전시킬 수 있어 하고자 하는 일이 잘되도록 합니다.

세 번째로, 겸손한 생활입니다. 겸손한 사람들의 생활은 우선 검소합니다. 화려한 옷차림이 아니더라도 늘 단정하여 상대방에게 안정감을 줍니다. 낭비를 줄이고, 절제된 생활을 하는 사람들은 그 마음가짐에 있어서도 타인에게 항상 낮은 자세를 갖습니다. 또한 겸손한 사람들은 자기를 돌아볼 줄 압니다. 자기의 하루하루를 점검하며, 잘못된 것을 고쳐갈 줄 아는 사람입니다.

네 번째로, 적극적이고 부지런한 생활입니다. 도전하는 자에게 성취가 있습니다. 감이 먹고 싶다면 감나무에 오르거나 장대로 감을 따는 수고를 해야지, 감나무 밑에서 무작정 기다리다가는 감을 먹을 수가 없겠지요. 또 이런 속담도 있습니다. '아침에 일찍 일어나는 새가 먹이를 찾는다'입니다. 속담처럼 게으른 자에게는 가난만이 찾아올 뿐 복이 오지는 않을 것입니다.

사람들이 건강을 잃는 것은 대부분 게으름에서 비롯된다고 합니다. 많은 사람들이 가장 큰 복으로 생각하는 건강을 얻기 위해서는 운동을 열심히 하는 부지런함과 좋은 식습관을 가지려는 적극성이 필요합니다.

마지막으로, 다른 사람들에게 좋은 일을 하는 것입니다. '베푸는 자는 복을 받는다'는 것을 모든 사람들이 진리처럼 알고 있습니다. 그러나 사람들은 베푼다는 것을 너무 크게 생각하고 있는 듯합니다. 매일 지나치며 만나는 이웃사람에게, 아침에 만나는 직장 동료에게 웃으며 아침 인사를 건네는 것도 그 사람을 행복하고 따뜻하게 만드는 베푸는 일입니다.

다른 사람들에게 애정과 관심을 갖고 힘들고 어려움이 있을 때 조금 거들어주는 것, 위로해주는 것은 참 좋은 일입니다. 적어도 오늘 하루 한 가지는 누군가에게 좋은 일을 하겠다는 마음가짐으로 아침을 시작한다면 이미 그는 복 받을 준비가 되어 있는 사람입니다.

새해가 되었습니다. 새해, 여러분 모두 복 많이 받기를 기원합니다. 그리고 우리의 하루하루 일상에서 항상 복을 받을 준비, 복을 부르는 생활을 하시기 바랍니다.

- 2009년 1월 8일, 〈목요편지〉 제162회

재능이 없는 사람이 더 많이 성공한다

엊그제는 우리의 고유 명절인 '설'이었습니다. 지금의 풍경과는 사뭇 다르긴 하지만, 어린 시절 설의 풍경을 생각해봅니다. 어른들에게 세배하고 떡국 먹고, 그리고 일가친척들이 많이 모여 비슷한 또래의 사촌들이랑 재미있는 놀이나 이야기로 시간 가는 줄 몰랐던 추억이 있습니다.

놀이로는 윷놀이나 자치기 등이 있었고, 노래 부르기, 연극하기 등을 했던 기억도 있습니다. 그런데 그 어린 시절에도 유난히 승부욕이 강한 사람이 있었습니다. 게임에서 지거나 자기 차례가 안 오거나, 하여간 무엇인가 서운한 것이 생기면 꼭 울음으로 끝나는 사람이 있었습니다.

한 사람의 어린 시절을 알고, 그 사람이 성인이 된 모습을 보면, 어렴풋이나마 어린 시절과 지금의 모습이 무관하지 않음을 유추할 수 있습니다. 예를 들면 그 사람이 갖고 있는 어떤 '인자'가 지금의 모습을 만들었는지를 대충 알 수 있을 것 같은 생각이 듭니다. 어린 시절의 특기, 취미, 성격 등에 이미 지금의 모습이 들어 있었음을 느낄 수 있습니다.

그중에서 '끈기가 있는 사람'이 눈에 띕니다. 재능은 크게 두드러지지 않았지만, 게임을 하건 무언가 만들기를 할 때 대다수 사람들이 어느 정도 하다가 안 되거나 시간이 걸리면 지쳐서 물러나는데, 끝까지 하여 꼭 완성해내고 마는 사람이 있습니다.

시간이 흘러보면 그처럼 끈기 있게 매달린 사람이 성공하는 것을 많이 볼 수 있습니다. 대학시절 동창 중에서 꾸준히 공부하여 박사가 된 사람들이 있습니다. 그런데 이들은 특별히 탁월한 수학 능력이나 뛰어난 성적을 보여준 친구들은 아니었습니다. 그저 중위권에 속하였는데 한참을 못 만난 후 보니 계속 공부하여 그 분야의 박사가 되어 있는 것입니다.

보통의 능력을 지닌 사람이 탁월한 신체적 장점과 지적 재능을 지닌 사람들보다 성공하는 사례가 많음을 알 수 있습니다. 자신에게 주어진 것들만으로도 남들보다 더 끈기 있게 열심히 했기 때문입니다.

인생이 그런 것 같습니다. 오히려 서툴지만 목숨 걸고 열심히 하는 사람이 이기게 되어 있습니다. 부족함이 노력을 가져오고, 끈기 있는 노력이 마침내 성공을 가져오기 때문입니다.

재능의 많고 적음이 성공의 요건이 아닙니다. 어떤 어려움에도 끈기 있게 가다 보면 목표에 도달할 수 있습니다. 끈기 있게 열심히 하다 보면 어느새 성공의 언덕을 넘게 될 것입니다.

- 2009년 1월 29일, 〈목요편지〉 제165회

산을 지키는 나무

하루 종일 장맛비가 굵게 내립니다. 오늘 중부지방에 150밀리미터 이상 내린다고 하니, 장마에 피해가 없도록 해야겠습니다. 또 습기가 많으니 불쾌지수가 높을 것입니다. 스트레스 받지 않도록 모든 것에 넉넉한 마음을 갖도록 하여야 할 것입니다.

산을 오르다 보면 신기하게 생긴 바위와 나무들을 많이 만나게 됩니다. 오래된 고목나무일수록 곧게 뻗은 나무들보다 오히려 '어떻게 이렇게 자랄 수가 있을까' 놀라움과 감탄사가 나오게 합니다. 그런 나무들로 인하여 산은 아름다움을 더해갑니다.

"왜 산속의 고목나무에는 곧은 것은 드물고 비틀린 것만 있을까" 생각해봅니다. 아마도 산중의 잘생긴 나무들은 일찌감치 목수들 눈에 먼저 띄어서 그중 더 잘생긴 것은 서까래로, 다음 차례로는 기둥이 되었을 것입니다. 그렇게 해서 못생긴 나무는 끝까지 남아 산을 지키는 큰 고목나무가 됩니다.

예전에 불교계의 큰스님이 하신 말씀이 생각납니다.

"너희들도 산중에서 수행하는 사람이 되려면 가장 못난 사람, 재주 없는 사람이 되어라. 그래야 산을 지키는 주인이 되고, 불교계의 거목이 되는 것이다. 부디 초발심에서 물러나지 말아야 한다."

내 마음을 추슬러야겠다는 생각이 들었습니다. 행복이란 무엇이고, 불행이란 무엇인가도 생각해보았습니다.

《채근담》에서 읽은 글입니다. 행복에는 돈, 지위와 명예 등 여러 가지가 있겠지만 "빈번한 일이 없고, 아무 사고 없이 평온하게 지내는 것"이 가장 행복하다고 합니다.

또 불행의 종류에도 여러 가지가 있겠습니다만 "마음이 산만하고 사방으로 흩어져 스스로 갈피를 잡지 못하는 사람"이 가장 불행하다고 합니다. 마치 나를 가리키는 이야기 같아서 마음이 찔립니다.

경제가 어려워서 그런지 자신을 못났다고 생각하는 사람이 많은 것 같습니다. 능력도 없고, 인물도 없고, 가진 것도 없고, 이룬 것도 없고…. 사람들은 무언가 되고자 노력했는데, 성취하지 못한 것에 위축되고 부적응을 보이기도 합니다.

누구나 환경이 나빠지면 상황을 극복하기 어렵겠지만 그것이 일시적일 수도 있고, 타고난 기질이나 성품이 여려 상처받기 쉬운 체질인 경우에는 남들보다 더욱 어려움을 느낍니다. 그러나 아이러니컬하게도, 이런 사람들일수록 대개 보다 양심적이고 성실하며 책임감이 강한 경우를 우리는 많이 봅니다.

마음을 차분하게 하고, 신에게 지혜를 구하고, 더디고 늦더라도 올바른 방법으로 순리에 따라 참고 견디면서 행복을 얻어내려는 마음가짐이 어느 때보다 절실한 요즈음인 것 같습니다.

- 2009년 7월 9일, 〈목요편지〉 제188회

가을에 만난 시인

지난주 제주도를 다녀왔습니다. 제주도 해안가를 따라서 '올레길'이 새로 개발되어 산책하기에 참 좋았습니다. 몇 년 전 회사에서 모두 함께 제주도로 워크숍을 가서 한라산 등정을 한 적이 있지만, 다시 가서 이번에는 올레길을 함께 걸으면 좋겠다고 생각했습니다.

우리 회사는 문학 관련 책이 적게 발간되기 때문에, 때로 누구에게나 부담 없이 권하거나 선물할 책이 많았으면 하는 아쉬움을 갖습니다. 삶의 희로애락을 아름답게 표현한 시인이나 수필가들의 글을 읽노라면, 어느새 삶의 각박함은 잊혀지고, 작가의 순수함과 그 아름다운 표현으로 마음밭이 흐뭇해짐을 느낀답니다.

오늘은 평소 애독하는 그런 작가 중의 한 분으로 정채봉 선생님의 글을 함께 나누며 음미하고자 합니다.

불어야 커진다.

그러나 그만

멈출 때를 알아야 한다.

옆 사람보다 조금 더 키우려다가

아예 터져서

아무것도 없이 된 신세들을 보라.

– 정채봉, 〈풍선〉, 《처음의 마음으로 돌아가라》

사람들이 매사에 멈출 때를 알아야 한다는 시인의 생각을 풍선 불기
로 적절히 비유한 시입니다.

세탁소에 갓 들어온 새 옷걸이한테 헌 옷걸이가 한마디 하였다.

"너는 옷걸이라는 사실을 한시도 잊지 말길 바란다."

"왜 옷걸이라는 것을 그렇게 강조하시는지요?"

"잠깐씩 입혀지는 옷이 자기의 신분인 양

교만해지는 옷걸이들을 그동안 많이 보았기 때문이다."

– 정채봉, 〈옷걸이〉, 《처음의 마음으로 돌아가라》

이 시를 읽노라면 조금 더 가졌다고, 조금 더 배웠다고, 조금 더 형편
이 낫다고 우쭐대는 우리네 모습이 부끄러워집니다.

풀섶 위에 하루살이 형제가 날고 있었다.

풀섶 속에는 개구리 형제가 졸고 있었다.

한낮에 졸고 있는 개구리 형제를 내려다보며 아우 하루살이가 말했다.

"형, 우리도 조금만 쉬었다 날아요."

그러나 형 하루살이는 고개를 저었다.

"아니다, 우리는 쉬고 있을 틈이 없다.

우리에게는 지금이 곧 희망의 순간이다."

아우 하루살이가 물었다.

"지금이 희망의 순간이라는 것은 무슨 말이어요?"

형 하루살이가 대답했다.

"우리가 바라는 것은 지금 이루어야 한다는 말이다."

"우리의 명이 짧기 때문에 그러는 건가요?"

"아니다, 삶은 짧거나 긴 기간으로만 보는 것이 아니다.

주어진 생에 얼마나 열심이었느냐로 보는 것이다."

"그러면 저기 저 개구리들은 그러한 것을 모르고 있는가요?"

"알고 있겠지…. 그런데 저 개구리들은 약도 없는 죽을병에 걸린 것 같다."

"그 병이 무엇인데요?"

"알고 있으나 움직이지 않는 것, 바로 그 병이다."

형 하루살이가 아우와 어깨동무를 하고서 날며 말했다.

"아우야, 희망은 움직이지 않으면 곰팡이 덩어리로 변하고 만다.

이 말을 명심하거라."

풀섶 속에 잠들어 있는 개구리 형제를 향해

뱀이 소리 없이 다가서고 있었다.

- 정채봉, 〈희망에 곰팡이 슬 때〉, 《바람의 기별》

우리에게 주어진 생의 길고 짧음을 말하기 전에 주어진 지금 이 시간을 지혜롭게, 열심히 최선을 다해 보내야 한다는 선생의 가르침입니다.

아우가 회사에 일이 너무 많다고 투덜거리자 형이 말하였다.

"무지개가 서리려면 비와 햇빛이 동시에 필요하다."

아우가 물었다.

"내 인생은 왜 이리 고달플까?"

형이 말했다.

"인생에 햇빛만 쨍쨍 쬐이면

그 인생은 사막이 된다."

— 정채봉, 〈형과 아우〉, 《모래알 한가운데》

삭막한 삶에 위로가 되는 짧은 글입니다.

새해 아침이 되어서

아래 강에 사는 자라는 얼음물로 세수를 하고 거북이한테 세배를 갔다.

거북이는 바닷가 모래밭에서 자라의 세배를 받았다.

거북이가 덕담을 하였다.

"올해는 사소한 것을 중히 여기고 살거라."

자라가 반문하였다.

"사소한 것은 작은 것 아닙니까? 큰 것을 중히 여겨야 하지 않는가요?"

거북이가 고개를 저었다.

"아닐세, 내가 오래 살면서 보니 정작 중요한 것은 사소한 것이었네."

자라가 이해를 하지 못하자 거북이가 설명하였다.

"누구를 보거든 그가 사소한 것을 어떻게 처리하는지 보면 금방 알게 되네.

사소한 일에 분명하면 큰일에도 분명하네. 사소한 일에 부실한 쪽이

큰일에도 부실하다네."

자라가 물었다.

"그럼 우리 일상생활에서 해야 할 사소한 일은 어떤 것입니까?"

거북이가 대답하였다.

"평범한 생활을 즐기는 것. 곧 작은 기쁨을 알아봄이지.

느낌표가 그치지 않아야 해. 다슬기의 감칠맛, 상쾌한 해바라기,

기막힌 노을, 총총한 별빛….”

자라는 일어나서 거북이한테 넙죽 절하였다.

"어른의 장수 비결을 이제야 알았습니다.

느리고 찬찬함, 곧 사소한 것을 중히 알아보는 지혜로군요.”

– 정채봉, 생각하는 동화 《나》

살아가면서 느낌표가 그치지 않아야 한다는 시인의 말에 고개가 끄
덕여집니다. 우리의 호흡하는 순간순간 얼마나 감사할 일이 많은지요.
평범한 우리의 생활이지만 그 생활을 즐기기를 원합니다.

광야로

내보낸 자식은

콩나무가 되었고,

온실로

들여보낸 자식은

콩나물이 되었고.

– 정채봉, 〈콩씨네 자녀교육〉, 《처음의 마음으로 돌아가라》

젊은이들에게 보내는 중요한 메시지라고 생각합니다. 상황과 여건을 겁내지 말고 끈기와 열정으로 도전하기를 바랍니다.

– 2009년 11월 5일, 〈목요편지〉 제204회

현명해지는 법

모두들 즐겁고 바쁘게 보내시고 계시지요?

요즈음 광고시장에서 SK텔레콤의 '생각대로 T'가 눈길을 끕니다. 워낙 광고 물량 공세가 많아 자주 접하기도 하지만, 사람들의 마음에 공감을 불러일으키는 말이기 때문일 것입니다.

이 회사는 긍정의 에너지로 고객 가치를 제고하겠다는 의지를 반영한 '생각대로 T' 캠페인을 통해 어려움이 있으면 긍정적으로 생각하면 되고, 하고 싶은 일이 있으면 T서비스를 통해 해결하면 된다는 등 다양한 상황을 연출하여 고객의 일상에서 생각과 희망을 실현해줄 브랜드라고 이미지 메이킹을 하고 있습니다.

지하철에서 만나는 이 광고 글을 보면서 생각해봅니다. "과연 인생이 생각대로 다 되는 것일까?" 물론 답은 "그렇지는 않다"입니다. 생각대로 된다면 사람들이 고민할 필요도 없고, 어려움을 겪는 사람도 없을 것이기 때문입니다.

그러나 생각의 중요성에 대해서만큼은 공감하였습니다. 생각대로 모두 되는 것은 아니지만, 생각이 그 방향을 정하고 모든 일의 성공과 실패의 원초적 요인이라는 것이지요. '방향'은 '거리'보다도 더욱 중요하니까요. 그래서 생각하는 대로 된다고 해도 과언이 아닙니다.

실제로 역사상의 모든 위대한 사람들, 끔찍한 사고나 죽음의 질병에서 살아남은 많은 생존자들은 거의 전부가 희망적이고 낙관적인 태도를 지닌 사람들이었습니다.

그들은 자신들의 목표를 항상 생각했습니다. 언제나 승리를 생각하고 삶의 목표에 집중했습니다. 장애물이 있으면 그것을 뛰어넘는 자신의 모습을 상상합니다.

우리의 삶에서, 그리고 비즈니스 사회에서 항상 순풍만 있을 수는 없습니다. 오히려 인간과 기업은 모두 끊임없이 시련과 역풍을 맞으며 성장하는 것이 아닌가 생각합니다.

"할 수 없다" "실패했어"보다는 "할 수 있다" "해냈어"의 비중을 높이십시다. 가령 비관적인 말이나 행동 한 번에 낙관적인 말이나 행동 서너 번 꼴로 말입니다.

사람들은 자신이 생각하는 대로 됩니다(You become what you think of). 긍정적인 사람들은 "나는 할 수 있어!" "잘해낼 거야!"라고 생각합니다. 그런 자신감은 에너지를 샘솟게 하고 불가능한 일도 되게 합니다. 그들은 항상 가능성을 보고 더 노력하기 때문에 부정적인 사람보다 앞서갈 수밖에 없습니다.

긍정적인 사람은 인생이라는 경기를 시작할 때부터 100미터 정도의 보너스를 미리 받는 셈이지요. 반면에 부정적인 사람은 "잘 안 될 거야!" "자신이 없어!"와 같은 말을 입에 달고 삽니다. 그런 부정적 회의감은 에너지가 푹 꺼지게 만들고 될 일도 안 되게 합니다. 부정적인 사람들은 세상의 어두운 면을 먼저 보지만, 긍정적인 사람들은 세상의 밝은 면을 먼저 봅니다.

지금, 내년도 사업계획을 세우고 있습니다. 내년 시장에서는 만만찮게 역풍이 몰아칠 것으로 예상되고, 상황은 결코 우리 편이 아닐 수도 있습니다. 그러나 그럴수록 우리가 다져야 할 원초적인 마음가짐은 "할 수 있다"는 긍정적 사고에서 출발하여야 할 것입니다. 사회생활뿐 아니라 자신의 삶에서도 마찬가지입니다. 긍정의 에너지가 자신의 가치를 높여줍니다.

서양 속담입니다. "현명해지기는 아주 쉽다. 그저 머릿속에 떠오르는 말 중에 바보 같다고 생각되는 말을 하지 않으면 된다." 부정적인 생각일랑 힘껏 걷어차십시다.

- 2009년 12월 10일, 〈목요편지〉 제209회

《마음수업》을 읽고

오늘은 지난 설 연휴 동안에 읽은 책 《마음수업》에 관련된 이야기를 하고 싶습니다. 이 책은 조셉 머피가 지었는데 우리 출판사의 자기계발팀에서 다음 주에 출간할 예정으로 저는 미리 가제본으로 읽었습니다. 그냥 책을 읽고 느낀 점을 내 독서 노트에 적듯 옮겼습니다.

연휴 기간 동안 무엇을 할까 고민하던 중에 모처럼 동적인 휴가보다는 정적인 휴가를 택했다. 가볍게 산책하고 독서를 하기로 했다. 마침 편집부에서 미리 읽어봐 주도록 제공한 책《마음수업》을 손에 잡았다.

이 책의 저자는 조셉 머피다. 아마 대부분의 독자들은 '머피의 법칙'이라는 말은 많이 들어 알고 있어도, 이 책의 저자와 그 유명한 머피 박사를 연관 짓기는 어려울 것이다. 광고와 홍보할 때 신경 써야 할 대목이다.

이 책을 읽는 동안 평상시 습관대로 밑줄을 그어가며, 중요하거나 감명이 깊은 문장에서는 별도의 표식을 해가면서 읽었다. 그러다 보니 거의 모든 페이지에 여기저기 밑줄이 그어졌다. 그만큼 내 마음에 와 닿은 부분이 많았다는 이야기일 것이다.

많은 이야기들 속에서 '잠재의식'이라는 키워드가 가장 마음에 와 닿았다. 우리의 마음속에 내재되어 있는 잠재의식은 우리 생각보다 훨씬 더 크고, 더 감각적이고 더 정확하다는 것을 알게 되었다.

사실상 우리들의 의식이 심어놓은 잠재의식은 다시 우리의 일상을 지배한다. 잠재의식에 의하여 우리는 부자도, 능력 있는 사람도 될 수 있고, 거꾸로 가난한 사람도, 형편없는 사람으로 추락할 수도 있다. 사람들은 잠재의식에 대해 알고 있으면서도, 잠재의식이 사람을 지배한다는 데에는 쉽게 동의하지 않을 수도 있다. 그런 사람들에게 꼭 일독을 권하고 싶다.

사람들의 '상상'은 마음의 가장 중요한 능력 중 하나다. 그것은 아이디어에 모습을 부여하고, 객관성을 가져다주며, 공간이라는 화면에 투영하는 힘을 가지고 있다. 우리가 '보다 밝고, 행복하고, 기쁨이 있는 풍족한, 성공적인 삶을 보내야만 한다'라고 생각하고 그것을 상상하면,

실제로 우리의 삶이 풍족해질 수 있다. 그래서 그런 마음의 그림을 성실하게 키울 필요가 있다.

독서를 마무리하면서 머피 박사의 종교관이 알고 싶어졌다. 그의 종교는 무엇일까? 머피 박사의 말대로라면 종교가 주는 영적 평안과 같은 정도의 평안을 잠재의식의 컨트롤에 의하여 얻을 수 있다고 한다.

실제로 나는 이 책을 읽은 후 아침에 일어나기 전, 그리고 잠자리에 들기 전에 나의 잠재의식에 소리를 내어가며 긍정의 생각을 주입해보았다. 그것은 기도라기보다는 일종의 주문이었다. 잠재의식에 사랑, 확신, 바른 행동과 모범, 부유함, 평안함, 좋은 감정 등을 새겨넣으면 잠재의식은 나에게 사랑과 확신을 주고, 문제에 부딪쳐서 해답이 필요할 때 그 해답을 제시해준다.

"나는 잘될 거야. 지금 나는 꾸준히 준비를 하고 있으니까." 막연히 잘될 거야가 아니라 노력해가고 있음을 강조하면서 내 생각을 긍정으로 만들어갔다.

결과는 놀라웠다. 잠재의식에 긍정의 힘을 주입하니 불안이나 걱정 같은 어두운 생각이 침투해 들어오지 못하는 것을 느끼게 되었고, 일상이 너무나 평안하게 흘러갔다. 놀라운 경험이었다. 마치 종교적 기도 체험에서나 느낄 수 있는 그런 변화였다.

이 책을 읽으면서 최근 우울한 상념으로까지 번진 나의 정신적 이탈에 대하여 신선한 충격을 느끼고 치유법을 알게 되었다. 모든 병은 마음에서 비롯된다. 마음에 독버섯처럼 피어나는 부정적인 것들, 이를테면 분노, 침통함, 슬픔, 절망 등과 같은 것들이 마음에 없다면 육체에는 나쁜 이상이 일어날 수 없다.

우리의 잠재의식은 결코 잠자는 일이 없다. 심지어 잠자는 시간에도 잠재의식은 꿈의 형상으로 우리가 몰두하고 있는 것들을 표현한다. 그것은 밤낮 없이 항상 일을 하면서 우리의 모든 생명 기능을 통제한다. 잠자리에 들기 전에 스스로와 다른 사람에게 용서와 화해를 건네고, 내 아픈 몸과 마음에 대해서도

희망과 낙관적인 자세를 갖도록 하면 치유의 기적이 훨씬 빨리 나타날 것이다.

이 책은 최근의 저서가 아니다. 머피는 이미 오래전에 죽은 사람이다. 이 책을 어떻게 많은 사람의 손에 전달하여, 머피가 주는 잠재의식의 힘을 믿고, 우리의 매일매일이 신선함으로 거듭나게 할 수 있을까. 그것이 이 책의 마케팅에서 풀어야 할 숙제 중 하나다.

잘 알려지기만 하면 스테디셀러가 되고 소문을 타고 20만 부는 나갈 책이다. 이 책은 머피의 저서 세 권을 합본해서 만들었는데, 다시 세 권을 원서 그대로 작은 문고판으로 펴내 이미 출간된 《머피의 100가지 성공 법칙》과 함께 시장에 내놓아도 좋을 듯싶다.

가끔씩 최근 출간된 것 중에서 주위 사람들에게 권할 책이 없음에 답답함을 느꼈는데 이 책이라면 권해도 좋을 것 같다는 생각이 들었다. 이 글을 잘 정리해서 인터넷 사이트의 독자 서평란에 올려야겠다.

여러분도 이 책이 출간되면 모두 읽으시고 또 서평도 올려주시기 바

랍니다. 긍정과 발전적인 잠재의식으로 모두 성장하시길 바랍니다.

- 2010년 2월 18일, 〈목요편지〉 제219회

행복의 조건

아직 쌀쌀한 날씨이기는 하지만, 진눈깨비같이 내리는 비가 봄의 전령으로 여겨집니다. 지난 2월은 밴쿠버 동계 올림픽에서 보여준 우리 선수들의 선전으로 대한민국 국민들이 행복한 시간을 가진 것 같습니다.

경기를 지켜보면서 기쁨과 행복감을 함께 공유하는 이유는 우리가 한민족이라는 하나의 공동체에 속해 있기 때문일 것입니다. 함께 기쁨과 슬픔을 나누는 사람들이 사는 세상, 우리 가정, 우리 직장, 우리 사회, 우리나라가 함께 그런 세상을 만들어갈 때 비록 어려운 일이 있을지라도 우리의 삶은 행복할 것입니다.

'행복하다는 것은 무엇인가'에 대하여 생각해보았습니다. 사람들에게 가장 큰 관심이 무엇이며, 원하는 것이 무엇이냐고 묻는다면, 아마도 누구나 똑같이 '행복'이라고 말할 것입니다. 자기 자신의 행복에 관심이 없는 사람은 아무도 없을 것입니다.

최근 우리나라에서도 출간된 조지 베일런트의 《행복의 조건》은 하버드대학교 연구팀이 1930년대 말 당시 하버드대학교 2학년생 268명의 삶을 70년 넘게 추적해서, 그들의 삶이 어떻게 행복하였는가를 연구한 일종의 '행복에 대한 인생 성장 보고서'입니다.

이미 이들 중에는 세상을 뜬 사람도 있고, 대부분은 아흔 살이 되었습니다. 이 조사에서 '행복하고 건강한 삶에는 어떤 법칙이 있는가', 그리고 '우리는 행복한 인생을 누릴(살아갈) 준비가 되어 있는가'를 묻습니다. 책은 이에 대한 대답으로, 사람의 인생을 분석해보면 성공적인 삶을 누리고 노년에 이른 사람과 성공적이지 못하게 노년에 이른 사람 사이에는 분명한 차이가 있다고 지적합니다. 잘살았다는 것은 단순히 오래 살았음이 아니라 얼마나 멋지게 그리고 잘 늙어갔는가를 말합니다. 이것은 바로 즐거움을 누릴 줄 아는 여유가 있는가 없는가의 차이라고 합니다.

나도 그것이 우리가 살아가면서 잊지 말아야 할 가장 중요한 요소라고 생각합니다. 삶을 즐길 필요가 있습니다. 삶을 즐거워해야 합니다. 그런데 우리의 삶은 항상 즐겁기만 할 수 없습니다. 항상 기뻐할 수만은 없습니다. 우리의 삶에는 기쁨을 방해하는 위험과 위기의 순간이 종종 다가오기 때문입니다. 내 마음속의 기쁨을 빼앗아가는 장애물들이 앞에 놓여 있습니다. 이런 갑작스런 장애물이 출현할 때 사람들은 의식적으로든 무의식적으로든 방어기제를 갖게 되는데, 여기에는 두 종류가 있다고 합니다.

하나는 신경질적이고 미성숙한 방어기제이며, 다른 하나는 성숙한 방어기제입니다. 신경질적이고 미성숙한 방어기제를 가진 사람에게 문제가 생기면 금방 두려워하고, 근심하고 후회하며 남의 탓과 비난을 하고 스스로 분열증적인 증세를 표출합니다. 이에 반해 성숙한 방어기제를 가진 사람은 자기 삶을 예측하고 필요한 자기 절제를 하고, 남을 도우며 자기 인생을 살려고 노력합니다. 그는 넉넉한 유머를 갖고 있습니다. 삶을 승화시키는 능력을 갖고 있어서 어려움이 닥칠 때 방어하며 살아갑니다.

이 책《행복의 조건》에서는 '품위 있게 나이 든 사람들의 여섯 가지 특징'을 제시합니다.

첫째로, 내리사랑의 비밀을 알고 있습니다. 사랑은 나로부터 흘러야 함을 알고 있습니다. 다른 사람을 소중히 보살피고 생각도 개방적입니다. 자기가 건강할 때 다른 사람을 위해, 남을 위해, 사회를 위해 사랑의 마음을 갖고 행동합니다.

둘째로, 자기 약점을 알고 인정합니다. 나이가 들면서 자기의 연약한 점을 기쁘게 인정하면서 나도 다른 사람의 도움을 필요로 한다는 것을 받아들이며 품위 있게 자기 삶을 살려고 노력합니다.

셋째로, 희망을 갖고 자기 주도적인 삶을 삽니다. 비록 나이가 들었어도 새로운 것에 도전하며 학습해가면서 꾸준히 성장할 것이라는 기대를 가집니다.

넷째로, 삶을 여유 있게 넉넉히 관조하면서 삽니다. 그는 유머감각이 있습니다. 또한 근본적인 목표가 있으면 자잘한 것은 잘라버릴 줄 아는 용기도 있습니다.

다섯째로, 과거를 되돌아볼 줄 알고 자기 과거의 잘한 일에 대하여 자긍심을 갖고 있는 사람입니다. 또한 다음 세대에게도 마음을 열어놓고 후배들에게 배우려는 열정을 가진 사람입니다.

마지막으로 품위 있게 나이 든 사람들은 오래된 친구들과 친밀한 인간관계를 맺고 있습니다. 오랫동안 서로 희로애락을 나누며 살아온 사람들이 곁에 있다는 것은 중요한 행복의 조건일 것입니다. 이런 사람들이 인생을 품위 있게, 즐겁게 누리면서 사는 사람입니다.

나는 이 책에서 지적한 대로 '성공의 길을 가고 있는가' 생각해봅니다. 인생을 살다 보면 누구에게나 수많은 불행과 고난이 닥쳐옵니다.

깊은 고난을 헤쳐나가며 자신의 인생을 성공적으로, 행복하게 승화시키는 데는 종교의 힘도 필요할 것입니다. 그리고 고난을 맞이할 때 보다 성숙한 사람으로서 긍정적 방어기제를 갖고, 삶을 승화시키는 능력을 가짐으로써 행복한 인생을 살 수 있을 것입니다.

— 2010년 3년 4일, 〈목요편지〉 제221회

지혜로운 사람

모두 투표는 잘하셨나요? 오늘 아침에 보니 투표 결과가 어느 정도 나왔던데요 여러분들의 생각대로, 또는 바라는 대로 되었나요?

선거를 하면 예상치 못한 결과에 놀랄 때가 있습니다. 사람들의 생각이 내가 생각하는 바와 큰 차이가 있을 때가 있습니다. 특히 우리나라는 사상과 이념에 차이가 많은 정치 세력들이 있어서, 어느 쪽으로 바람이 불지 예상치 못할 때가 적지 않은 것 같습니다. 세상을 바라보는 시각은 참 다양합니다. 이런 기회에 나와 다른 사람들이 세상을 보는 차이가 무엇이며, 왜 그럴까를 생각해본다면 제법 흥미로울 것 같습니다. 내가 갇혀 있는 나만의 '생각의 틀'을 발견할 수도 있을 테니까요.

아무튼 이제 선거가 끝났으니, 당선자들이 선거 기간 동안 공약한 대로 진정한 마음으로 나라와 국민을 위해 최선을 다해줄 것을 기대합니다.

오늘 아침은 '삶의 지혜'에 대하여 함께 생각해보고 싶습니다. 이 주제를 이야기하는 데는 《성경》에 있는 내용을 인용하는 것이 가장 좋을 듯싶습니다. 《성경》은 인간사와는 동떨어진 명구 모음집 같은 책이 아닙니다. 《성경》에는 놀랍게도 우리 삶에서 일어날 수 있는 모든 일들이 서술되어 있습니다. 《성경》(〈마태복음〉 25장 1~13절)에 열 명의 처녀 이야기가 있습니다.

지혜로운 처녀 다섯 명과 어리석은 처녀 다섯 명의 이야기입니다. 지혜로운 처녀들은 신랑을 맞이하기 위하여 등에 기름을 넣고 준비를 마친 후 잠을 잤습니다. 반면에 어리석은 처녀들은 신랑이 더디 오므로 기름도 준비하지 않은 채 졸고 있었습니다. 마침내 때가 되어 신랑들이 도착하였습니다. 지혜로운 처녀들은 등불을 밝히고 신랑을 맞이하였으나, 어리석은 처녀들은 어둠 속에서 허둥대며 다른 사람에게 기름을 나누어주기를 간청합니다. 그러나 아무도 그들에게 기름을 나누어주지 않았습니다. 끝내 문이 닫혔고, 열어달라고 호소하였으나 입장하지 못하고 거절만 당하였습니다.

여러분은 평상시 어떤 잠을 자는 유형입니까? 편한 자세로 잠을 자나요, 아니면 쪽잠을 자는 편인가요? 잠자리에 들기 전의 모습을 보면 그 사람이 지혜로운 사람인지 아닌지를 알 수 있습니다. 누구나 열심히 일하다 보면 피곤하여 잠이 듭니다. 그러나 그런 피곤함 속에서도 어떤 사람들은 내일 일어나서 해야 할 일들을 미리 준비해놓고 잠자리에 들며, 또 어떤 사람들은 해야 할 일들을 미루고 '내일 일어나서 하지' 하며 잠자리에 듭니다. 미리 준비해놓은 사람의 잠자리는 편하고 기분 좋은 단잠입니다. 준비된 자는 짧게 자도 꿀 같은 단잠을 잡니다. 그러나 내일이 준비되지 않은 사람은 쪽잠을 자게 됩니다. 게으름으로 미루어놓은 일 때문에 편하게 잘 수가 없습니다. 이런 사람은 늘 조마조마하게 살아갑니다. 항상 쫓기듯 사는 삶은 여러 가지 실수가 잦을

뿐만 아니라 후회가 많이 남습니다. 지혜로움과 미련함을 구분하는 기준은 "미리 준비하는가 아닌가"에 있습니다.

사람에게는 남에게 빌릴 수 있는 것이 있고, 빌릴 수 없는 것이 있습니다. 돈이나 재물과 같이 빌릴 수 있는 것이 있겠습니다만, 시간은 빌릴 수 없습니다. 건강도 빌릴 수 없습니다. 사람이 갖고 있는 품성도 자기만의 것으로, 남에게 빌릴 수 없습니다.

종교적인 믿음도 빌릴 수 없습니다. 우스갯소리로 부모님이나 아내 또는 친한 친구가 신앙심이 돈독할 때 '곁에 붙어 있다가 함께 천국 가겠다'라고 말하곤 합니다. 그러나 그것은 개별적이며 독자적인 것입니다. 빌릴 수 없는 것은 내가 책임지고 준비해야 합니다. 그런 것은 내가 적극적으로 구하고 매달리지 않으면 얻을 수 없습니다. 빌릴 수 없는 것에서 내가 적극적으로 구하려고 매달려도 이미 늦을 때가 있습니다. 《성경》에 어리석은 처녀들이 신랑이 도착했을 때 허둥지둥 등잔불을 켜기 위해 기름을 찾았지만 아무도 그들에게 빌려주지 않았듯이 말입니다. 항상 미리 준비하는 좋은 습관, 이것이 지혜로운 사람의 조건이며, 성공하는 사람들의 비결이라고 생각합니다.

6월에 들어와서 기쁜 소식 첫 번째입니다. 2010년도 우수학술도서 발표가 있었습니다. 우리 회사의 책 세 권이 선정되었습니다. 피터 드러커 박사의 《테크놀로지스트의 조건》, 마이클 가자니가의 《왜 인간인가?》, 최재선 박사의 《불멸의 이노베이터 덩샤오핑》입니다. 수고하신 모든 분들께 감사를 드립니다.

- 2010년 6월 3일, 〈목요편지〉 제233회

내 인생의 빅파이브

엊그제 총무부로부터 책 한 권씩을 받으셨을 것입니다. 얼마 전 우리 회사에서 출간한 《내 인생의 빅파이브》라는 책입니다. 연말연시 휴일 중에 일독해보시기 바랍니다. 한 해를 마무리하는 이 시점에서 한 번쯤 생각해볼 과제가 아닌가 생각되어서입니다. 이 책에서 주요한 부분을 정리해보았습니다.

사람들의 평균 수명을 75세라고 봤을 때, 우리가 살아갈 날은 2만 8,200일 정도라고 하는군요. 이런 시간을 사는 우리 인생은 일종의 여행입니다. 좋든 싫든 간에 태어난 날부터 죽는 날까지 우리의 인생은 언제나 어딘가로 흘러가고 있습니다. 그 과정에서 우리는 늘 무언가를 하고 있죠. 우리의 삶이 하루하루 기록되어 자신의 박물관에 남게 된다는 상상을 해보십시오. 내가 어떤 삶을 살았는지 정확하게 알 수 있겠지요? 지금까지 살아온 나의 삶 동안 내 박물관에는 무엇이 전시될까, 그리고 앞으로의 삶에는 무엇이 있을까 생각해봅니다.

자신의 박물관에 남기는 유산은 우리가 무엇을 꿈꾸었느냐가 아니라 우리가 실제로 어떤 인생을 살았는가에 따라 달라질 것입니다.

자신의 존재 목적에 대하여 생각해보셨습니까? 왜 우리가 지금 이곳에 있는지, 왜 태어났는지, 왜 존재하는지에 대한 나름의 대답입니다. 인생은 우리 자신의 개인적인 존재 이유를 충족시키려는 여정일 것입니다. 내가 하는 일의 지향점과 내 인생의 지향점이 같다고 하면 일도 즐거울 것이며 갈등도 없을 것입니다.

내 인생에서 꼭 이루어보고 싶은 다섯 가지(빅파이브)를 적어보시기 바랍니다. 우리가 죽기 전에 인생에서 경험하거나 간직하고 싶은 다섯 가지를 정해보십시다. 만약 우리가 죽기 전, 숨을 거두기 전에 이 다섯 가지를 모두 경험하거나 목격하면 인생의 빅파이브를 얻었노라고, 따라서 성공한 삶을 살았노라고 자신 있게 말할 수 있을 것입니다.

여기서 중요한 것은 성공이냐 실패냐를 규정하는 것이 다른 사람이 아니라 바로 나 자신이라는 점입니다. 우리의 인생은 대부분 아주 간단한 수학으로 이루어집니다. 바로 C+E=O, 여기서 C는 비용(cost), E는 노력(effort), 그리고 O는 결과물(output)입니다. 우리는 이 수식의 왼쪽보다는 오른쪽에 있는 결과물(output)에 더 집중해야 합니다.

이제 한 해를 마무리하는 시점입니다. 우리의 인생이 지금 잘 흘러가고 있는가를 한번 점검해보십시다. 우리 모두 한 사람 한 사람, 하나님의 귀한 창조물입니다. 세상에 분명한 의미가 있는 존재입니다. 새해 계획에는 내 인생의 빅파이브를 정하고 이를 하루하루 삶의 목표와 방향으로 삼아 그 방향으로 나아가도록 하십시다. 다시 한 번 지난 한 해 동안의 수고에 감사드립니다. "감사합니다!"

— 2010년 12월 31일, 〈목요편지〉 제256회

사덕잠

안녕하세요?

아직 6월 중순인데 벌써 한여름인 듯 연일 30도가 넘는 무더위가 계속되고 있습니다. 아마도 7, 8월 한여름에는 어지간히 더울 듯싶네요. 거기다 원자력발전소의 불량 부품 사건으로 에어컨도 자제해야 한다니…. 올 여름 사무실 실내 온도를 26도 정도에 맞추도록 권장한다는군요. 모두들 무더위에 건강 조심하세요.

오늘은 고전 읽기에서 선조들에게서 배우는 잠언 한 가지를 소개할까 합니다. 여러분은 부모님과 대화가 잦은 편인가요? 현대 사회가 너무 바쁜 나머지 요즈음 부모와 자식 간의 대화가 점점 줄어들고 관계도 서먹해졌다고 합니다. 서로 만날 시간도 적고 함께할 기회도 없기 때문이지요.

인생을 살면서 자녀에게 꼭 해주고 싶은 말이 있는데, 그 말을 해줄 시간과 기회조차 없어서 그냥 가슴속에 묻어놓고 사는 것이 요즘 부모들의 현실입니다. 자녀 입장에서는 잔소리처럼 들리겠지만, 나이 70이 되어가는 노인에게 아흔 넘은 노인네가 몸 건강하라고 항상 걱정하는 것을 보면, 자식에 대한 부모의 염려는 끝이 없는가 봅니다.

여기 소개드리고자 하는 것은 조선 후기 최석정 선생이 자녀들에게 인생을 살면서 명심해야 할 이야기로 쓴 사덕잠(四德箴)입니다. '사덕잠'은 사람이 평생 잊지 말고 살아야 할 네 가지 덕목이라는 뜻입니다.

첫째, 항상 '겸손하라'입니다. 겸손은 인격의 근본이 됩니다. 비즈니스 세계에서 겸손은 그 자체가 훌륭한 무기입니다. 또한 대인관계에서 내 사람을 만드는 방법이기도 합니다. 때로 남이 치켜 세워주는 말을 들으면 우쭐하거나 교만하게 되는데, 아첨하는 말이나 그런 사람을 경계하고, 오히려 견책하는 말을 귀담아들으며 겸손해야 할 것입니다.

둘째, 일을 할 때는 '부지런히' 해야 합니다. '근면하게'가 일을 처리하는 근간이 되어야 합니다. 근면을 우리의 습관으로 만들어야 합니다. '아침에 일찍 일어난 새가 먹이를 찾는다'는 속담이 있듯이, 부지런한 사람은 궁핍함을 피할 수 있습니다.

셋째, 직책을 맡았을 때는 '세심하게 일 처리를 하라'입니다. 작은 일을 대충대충 처리하는 사람이 큰일을 도모할 수는 없을 것입니다. 어떤 일이나 세세한 것까지 챙길 수 있는 사람이 되어야 합니다. 대충대충 마무리를 시원찮게 하는 사람은 실수가 많고, 생각이 짧으며, 지난 경험에서 배움이 없고, 시야가 넓지 못합니다. 일을 세심하게 잘 처리하면 주위로부터 신뢰받는 사람이 됩니다.

마지막으로, '마음을 늘 고요하게' 단속하라는 것입니다. 기독교에서는 하나님의 축복을 구하는데 이 축복은 곧 마음의 평안을 받는 것입니다. '평안한 마음'이 마음가짐의 본체입니다. 불안과 초조한 마음으로는 큰일을 도모할 수 없습니다. 평안은 건강과 행복과 성공을 이어주는 아주 귀한 덕목입니다. 마음의 평정심을 가진 사람은 몸이 건강하고, 행복감을 가지며, 이런 마음가짐이 성공을 부르기 때문입니다. 나는 직원 여러분들이 사덕잠의 덕목을 지켜가기를 바랍니다.

늘 겸손한 인격을 갖고 겸손하게 사람들을 대하고, 매사에 부지런한 일처리로 모범을 보이며, 일을 처리할 때는 세심하게 하며, 고요한 마음을 유지하도록 마음을 단속하라는 것입니다. 겸손의 덕과 근면한 일처리, 세심한 자세와 고요한 마음가짐, 이는 옛 어른이 주시는 말씀이지만 오늘의 시대를 살아가는 젊은이들에게도 꼭 필요한 부분이라는 생각이 들었습니다.

- 2013년 6월 13일, 〈목요편지〉 제290회

직장생활의
마음가짐

관습과 타성에 대하여

지난주는 민족의 명절 추석이었습니다. 송편도 많이 먹고 일가친척과 즐거운 시간도 보내셨나요? 추석 연휴가 너무 짧고 비도 부슬부슬 계속 내려서 연휴 기분이 별로 나지 않았을 겁니다. 내년 추석 언저리는 굉장히 길다고 하니 기대하기로 하지요.

   최근 대기업의 CEO들이 즐겨 읽는 책들이 언론에 소개되는 경우가 빈번한 것 같습니다. 우리 회사의 책도 여러 군데에서 소개되어 지난여름부터 판매 실적이 늘고 있습니다. 특히 LG그룹에서는 《잭 웰치, 위대한 승리》를 가장 많이 추천해주었습니다. 어제 신문에는 LG전자의 김쌍수 부회장님께서 잭 웰치를 추천하신 기사가 크게 나왔고, 또 CEO들이 비행기를 탈 때 옆 좌석에 같이 앉고 싶은 사람에 대한 조사에서 앨빈 토플러 박사가 1위, 잭 웰치가 2위인 것으로 나타나 우리 회사 저자들의 큰 위상을 느낄 수 있었습니다.

오늘 〈목요편지〉에서는 '관습과 타성'에 대하여 말씀드리고자 합니다. 마침 위에서 언급한 김쌍수 LG전자 부회장님과 신한은행 신상훈 행장님께서 예로 든 글을 소개합니다.

에스키모는 들개를 사냥할 때 날카로운 칼에 동물의 피를 발라 들판에 세워둔다고 합니다. 냄새를 맡고 모여든 들개들은 피를 핥다가 추운 날씨 탓에 혀가 마비되고 자신의 혀에서 피가 흘러나와도 누구의 피인지 모르고 계속 칼끝을 핥다가 결국 비극적으로 죽어간다고 합니다.

신상훈 행장님은 기업이 죽지 않으려면 타성에서 벗어나야 한다고 강조하셨습니다. 현재 상태에 안주하게 되면 매너리즘에 빠지게 되어 결국 망하는 것이 당연한 이치입니다. 관습이라는 것은 그저 따라만 하면 편하고 문제가 발생해도 관습대로 했다고 하면 그만이지만, 관습을 따르기만 해서는 역사의 뒷전으로 사라지게 됩니다. 김쌍수 부회장님은 습관적으로 지나치는 우리의 생각과 행태에 대하여 크게 경고하고 있습니다.

우리 회사도 30년 가까운 짧지 않은 역사를 갖고 있습니다. 회사가 갖고 있는 문화가 있고, 그 속에는 두 분 CEO가 지적하신 매너리즘도 녹아 있지 않을까 생각합니다. 두 분 경영인이 하신 말씀을 우리에게 적용하여 되새겨보았으면 합니다.

우리는 일상 업무를 타성적으로 하고 있지는 않은가 자문합니다. 늘 그렇게 해왔으니까 하고 생각하며, 새로운 아이디어를 찾거나 새로운 생각을 해볼 필요조차 느끼지 않는 것은 아닐까요.

출판은 상상력과 기발함을 요구합니다. 시대의 변화와 트렌드를 읽어가려는 노력을 요구합니다. 우리 회사는 이런 것을 끌어내는 동력이 부족하다고 생각합니다. 한번 자신과 주위를 돌아보시기 바랍니다. 시간 관리는 잘하고 있는지, 자원 관리는 잘하고 있는지, 기획안에는 상상력이 넘치고 있는지, 자신이 매너리즘에 빠져 있지는 않은지 점검해볼 필요가 있습니다.

– 2005년 9월 22일, 〈목요편지〉 제2회

생각하는 대로 이루어진다

10월은 초하루부터 3일 연휴로 시작되었지요?

휴가는 피로한 몸과 마음을 재충전하여 일의 능률을 높여주는 에너지 재충전의 시간입니다. 휴가를 이용하는 방법도 생각해보아야 하겠습니다. 휴가 중에 열심히 놀다 보면 피곤함이 쌓여서, 휴가를 마치고 나면 더 피곤하여 정작 일할 때 하품이 날 때도 있거든요. 심신을 건강하게 만드는 휴가의 지혜가 있어야 하겠습니다.

몸과 마음은 서로 떼어서 생각할 수 없는 것 같습니다. 몸이 아프면 마음도 우울해지고 또 마음에 그늘이 있으면 몸이 고통을 받습니다. 그래서 우리가 일을 잘하기 위해서는 몸과 마음을 제대로 다스려야 합니다. 몸이 건강하기 위해서는 적당한 운동과 수면, 그리고 적절한 식사가 관건이겠지요. 그런데 마음이 건강하기 위해서는 우리의 영혼이 맑아지도록 긍정적이고 적극적인 사고를 가져야겠습니다.

회사 일을 하다 보면 어려움이 한두 가지가 아닙니다. 새로운 일을 시작하려 할 때면 더욱 그렇습니다. 사람은 누구나 안정을 추구하려는 마음이 있기 때문에 특히 새로운 일을 시작할 때에는 찬성과 반대 의견이 분명하게 나누어집니다. 이런 때 사람들은 서로 갈등을 많이 겪게 되지요. 이런 경우 나는 우리가 생각하는 대로 이루어진다고 생각합니다.

어떤 사람이 링컨에게 이렇게 물었답니다.
"당신은 교육도 제대로 못 받은 농촌 출신이면서 어떻게 변호사가 되고 미국 대통령까지 될 수 있었습니까?"
링컨은 대답했습니다.
"내가 마음먹은 날 이미 절반은 이루어진 것입니다."

우리의 잠재의식은 실패를 생각하는 사람은 실패하게 만들고, 성공을 생각하는 사람은 성공하게 만든다고 나폴레온 힐이 말했습니다.

우리 회사는 지금 새로운 분야와 영역에 진출하기 위해 준비하고 있습니다. 실수의 경험도 있었기에 그 길이 험난하다는 것을 알고 있습니다. 자신을 돌아보고 목표를 세우는 것만으로도 성취를 향한 큰 발걸음을 내딛는 것입니다. 링컨의 말대로 마음먹은 날 이미 절반은 이루어진 것이고, 나폴레온 힐의 말과 같이 생각하는 대로 이루어지게 되어 있습니다. 하루하루 긍정적이고 적극적으로, 미래를 열어가는 자세로 임해야 할 것입니다.

– 2005년 10월 4일, 〈목요편지〉 제4회

리더가 되는 길

지난주 토요일(12일)에는 우리 회사의 큰 저자이신 피터 드러커 박사가 타계하셨습니다. 향년 95세입니다. 경영학의 창시자로서 20세기의 거목이신 그분의 타계를 보면서 다시 한 번 인간의 유한함을 느꼈습니다.

나는 직접 만나 뵙지는 못하였지만, 2003년도에 김 팀장이 서울대 송병락 교수님을 모시고 미국의 자택을 방문하였지요. 나도 개인적으로 드러커 박사의 책을 읽으면서 경영과 경영자의 자세에 대하여 다시 생각하는 계기가 되기도 하였습니다. 드러커의 책은 우리 회사에서 《프로페셔널의 조건》, 《이노베이터의 조건》, 《변화 리더의 조건》 등 세 권을 시작으로 출판되기 시작하였습니다. 이후 《미래경영》, 《경영의 지배》, 《미래를 읽는 힘》, 《리더가 되는 길》, 그리고 가장 최근에 《실천하는 경영자》를 출간하였습니다. 그분의 여러 저서 중에서 《리더가 되는 길》에 나오는 리더의 스타일과 누가 훌륭한 리더인가에 대하여 생각해봅니다.

여러분은 어떻게 생각하십니까? 여러분은 스스로 자신을 리더라고 생각하십니까? 나는 사원인데…라고 생각하시나요? 사장이나 이사, 혹은 팀장만이 리더라고 생각하십니까? 나는 모든 사람이 리더라고 여깁니다. 모든 사람이 집에 가면 가장이고, 형이고 누나이며, 크고 작은 조직에서 중요한 위치로 활동하고 있습니다. 또한 자신의 인생을 주도적으로 살아가는 인격체입니다. 자신을 적극적으로 통제하고 이끌어가며 조직에서도 주도적으로 앞장서서 일 처리를 행하는 사람들이 리더인 것입니다. 우리 모두가 나와 조직에서 리더입니다.

드러커의 책에 의하면 리더의 유형은 몇 가지로 분류할 수 있습니다.

첫째로, 드골 장군 휘하에서 아프리카 레지스탕스를 지휘한 인물로 카리스마가 넘치는 사람이 있고, 둘째로, 성가실 정도로 규율을 따지는 잔소리꾼 스타일의 리더, 마지막으로 무일푼에서 시작해 성공한 사람으로 모든 것을 꼼꼼히 챙기는 사람입니다.

그중 누가 가장 훌륭한 리더라고 생각합니까? 드러커의 책은 세 가지 형태의 리더가 모두 훌륭하다고 말합니다. 이유는 이들이 조직을 이끄는 개인적인 스타일은 다르지만 타인의 능력과 잠재력을 확실히 파악하고 그 장점을 충분히 활용하여 약점을 개입시키지 않는 매니지먼트의 본질을 깨닫고 조직을 성공적으로 이끌었다는 공통점을 가지고 있기 때문이랍니다.

리더에게 필요한 자질인 리더십은 타고난 것이 아니라 배워서 익히지 않으면 안 되는 것이며, 또한 배워서 익힐 수 있다고 합니다. 우리는 각자 가정과 직장, 그리고 이 사회에서 중추적인 역할을 맡은 리더들입니다. 따라서 모두가 리더가 되기 위한 공부를 하여야 할 것입니다.

오늘의 리더가 가져야 할 덕목으로는 먼저 정직하고, 솔선수범하고, 그리고 겸손하며 서로 사랑하는 마음을 가지는 것입니다. 다시 한 번 세계 경영학계의 큰 거목이며 우리의 큰 저자이신 고인의 명복을 빕니다.

즐거운 한 주 되시기 바랍니다. 핀란드 속담에 "즐거운 사람에게는

풀도 꽃으로 보이고, 주눅이 든 사람에게는 꽃도 풀로 보인다"는 말이
있다고 합니다.

– 2005년 11월 17일, 〈목요편지〉 제9회

지금은 후(who)의 시대

어젯밤은 홍콩에서 열린 덴마크와의 축구 경기로 아쉬운 잠자리에 들
었습니다. 우리 편이 이겨야 한껏 기분 좋게 잠들 수 있었을 텐데, 아쉽
게도 3대 1로 졌으니까요. 더군다나 1대 0으로 이기다가 졌으니 더 허
탈한 마음이 들었답니다. 덴마크 팀은 앞서 우리가 상대해서 이겼던
크로아티아와 같은 유럽 팀이지만, 확실히 달랐습니다. 신장도 월등히
커서 제공권을 완전히 장악하고, 조직력도 탄탄하여 후반전에는 아예
미드필드부터 우리 선수들이 들어갈 찬스를 만들지 못하였습니다. 우
리 수비가 허점이 많아 숭숭 뚫린다는 것을 느낄 수 있었습니다.

축구 경기를 보면서, 상대가 있는 경쟁과 상대가 없는 경쟁 가운데
어떤 것이 더 어려울까 하는 엉뚱한 생각을 해보았습니다.

출판사는 동 업종의 기업들과 철저한 경쟁 체제에 있지 않습니다.
다른 제조업같이 경쟁업체끼리 시장 점유율을 놓고 다투지도 않습니
다. 물론 사전류와 같이 몇몇 예외는 있습니다. 우리는 독자로부터 선
택받아야 하는 치열한 머리싸움을 하고 있습니다. 상대가 없는 경쟁이
라 하여 절대로 쉬운 싸움이 아닙니다.

나는 우리 회사의 경쟁력이 직원 한 사람 한 사람의 경쟁력의 합이
라고 이야기합니다. 맞습니다. 다시 말해 여러분의 성공이 회사의 성
공이 된다고 생각합니다.

《예병일의 경제노트》에서 보면, 성공을 하기 위해서는 웨어(where)는 필요조건이고, 후(who)는 충분조건이라고 말하고 있습니다. 부자가 되기 위해서는 부동산이냐 주식이냐와 같은 웨어의 문제가 아니라 프로냐 아마추어냐 혹은 고수냐 하수냐 같은 후가 훨씬 더 중요성을 갖게 된다는 의미입니다.

또 백필규의 《종자돈 없이 그들은 어떻게 부자가 됐을까》에서는 이제는 부동산에 투자한다고 무조건 돈을 버는 것이 아니고, 의사나 변호사가 되었다고 해서 모두 부자가 되는 것도 아니라고 지적합니다. 오히려 묻지 마 방식으로 부동산에 투자했다가는 대박은커녕 쪽박을 찰 가능성이 크고, 고객을 만족시킬 수 없는 의사나 변호사는 부자는커녕 채무를 잔뜩 진 신용불량자가 될 수도 있다고 경고합니다. 이제는 부자가 되려면 분야에 관계없이 상위 5퍼센트, 좀 더 가혹하게 말하면 상위 1퍼센트 내에 들어가야 한다는 것입니다. 부자가 되려면 웨어보다 후가 더 중요합니다. 21세기에 부자가 되려면, 자기 분야에서 진정한 프로가 되어야 한다는 의미입니다.

우리는 모두 자기 분야의 '최고'가 되어야 합니다. 최고가 되려면 특허권이건 기술이건, 성품이건 전문지식이건 다른 경쟁자들이 넘보기 힘든 '진입장벽'을 갖추어야 합니다. 이제 성공을 하려면 분야 선택(where)은 필요조건이고, 그 분야에서 최고가 되는 것(who)이 충분조건인 그런 시대입니다.

자기가 맡은 분야에서 최고가 되는 것, 그것이 여러분의 경쟁력과 성공의 길이며, 나아가 회사의 경쟁력과 성장의 비결인 것입니다.

– 2006년 2월 2일, 〈목요편지〉 제20회

내 안의 풋브레이크

2월에 접어들어 제법 큰 눈이 내렸습니다. 그젯밤, 밤새 핀 눈꽃을 아침에 보면서 새삼 자연의 아름다움을 느꼈습니다.

오늘 〈목요편지〉는 어제 출근길에 있었던 바보 같은 사건으로 시작하고자 합니다.

어제 수요일은 회사 예배가 있는 날이라, 집사람이 준비한 음식물을 갖고 서둘러 차에 올랐습니다. 그런데 앗! 차 시동을 걸었지만 차가 도대체 움직이지를 않는 것입니다. 주차하였던 곳의 눈이 얼어붙어서 차가 꼼짝도 하지 않았습니다. 앞뒤로 조금씩 움직이며 강하게, 때로는 약하게 액셀러레이터를 밟았지만, 차는 겨우 고만고만한 얼음덩이를 넘지 못하는 겁니다.

혼자 10분 가까이 끙끙대다가, 급기야는 아파트 경비원과 주변에 있었던 사람들이 합세하여 차 뒤를 밀었습니다. 누군가가 삽을 가져와 흙을 차바퀴 밑에 넣기도 하였습니다. 그러나 차는 꼼짝을 안 하고 공회전만 계속하는 것입니다. 그러자 곁에 있던 어느 자가용 기사가 나보고 내려오라 하더니 자기가 운전대에 앉았습니다. 그랬지만 역시 차는 꼼짝을 안 했습니다.

그런데 그 기사 양반이 차에서 내리면서 하는 말씀, "풋브레이크를 풀고 액셀러레이터를 밟아야지. 하마터면 라이닝 다 나갈 뻔했구먼." 아차, 이런 실수를 하다니. 급한 마음에 풋브레이크 푸는 것을 깜빡하고 액셀러레이터만 밟아댄 것입니다. 조금은 창피하였답니다.

차를 몰고 오면서 잠시 상념에 젖었습니다. 풋브레이크를 풀지 않고서 얼음 탓, 차 탓만을 하고 있었거든요. 살면서 내 생활에 이런 모습이 많이 있겠구나 하는 생각이 들었습니다.

혹시 우리는 마음의 풋브레이크를 풀지 않은 채 살고 있는 것은 아닐까요? 내 마음을 잠그고 있는 것들은 무엇일까요? 삶에 있어서 내가 스스로 걸어 잠근 것들, 그래서 나를 거꾸로 옥죄고 있는 것들에서 벗어나야 하겠습니다.

대부분의 사람들이 어려움을 겪고 있는 대인관계의 문제도 사실 나의 '닫힌 마음' 때문입니다. 내 안에 굳게 빗장을 치고 들어앉아 있는 '원망과 시기, 부정, 절망, 우울함, 걱정…' 이런 것들을 벗어던지고, 활짝 웃으며 세상 밖으로 나갈 필요가 있습니다. 그것을 벗어던지면 시원스레 고속도로를 질주하게 될 것입니다.

내 안의 풋브레이를 풀면 저절로 콧노래가 나오고 신바람이 납니다. 한번 해보세요.

- 2006년 2월 9일, 〈목요편지〉 제21회

함께 뜁시다

개구리가 잠을 깨고 나온다는 경칩이 지나서 그런지 봄기운이 완연합니다. 오늘은 지난주 일요일에 뛴 하프마라톤에 대한 이야기를 자랑 겸 하고 싶습니다.

지난주 나는 여의도에서 개최된 서울마라톤대회에 출전하였습니다. 하프(21.0975킬로미터)를 뛰겠다고 신청하여 등번호 1298번을 받았습니다. 사실 뛰기에 앞서 잠을 설칠 정도로 걱정이 참 많았답니다. 몇 년 전 13~14킬로미터를 뛴 것이 나의 최장거리 기록이고, 최근에는 몇 킬로미터 정도밖에 뛰지 않았기 때문입니다. 그리고 지난주에는 눈발이 내리고 날씨가 좋지 않아 연습량도 거의 없었습니다. 포기하고 싶은 마음이 너무나 간절하였습니다.

그러나 마라톤 완주를 밥 먹듯이 하는 친구 몇이서 같이 뛰어주겠다고 나서며, 당일 나오겠다고 하여서 그만둘 수도 없는 처지였습니다. 또 회사의 주동은 차장이 그날 러닝 코치가 되어주기 위해 나왔습니다. 이래저래 이제는 뛸 수밖에 없었습니다. 죽어도 필드에서 죽어야겠구나, 그런 마음으로 아침에 나갔습니다.

여의도 현장에 도착해서 너무나 많은 사람들이 출전하는 것에 놀랐습니다. 약간 차가운 날씨에도 불구하고 거의 1만 명에 가까운 인파가 출발 신호에 맞추어 차례로 뛰어나가는 것은 한마디로 장관이었습니다. 나도 뒤따라 뛰어나가면서 저절로 흥분되기까지 했습니다.

출전하는 사람들 중에는 최고령자가 85세였고, 80세 넘는 분이 다섯 명이나 되었습니다. 85세에도 뛸 수 있다는 사실이 놀라웠습니다. 아무튼 나도 주위 사람들에 비해 결코 젊은 나이가 아니긴 했지만, 철저한 자기 관리를 하면서 그만한 연세에 그만한 건강을 유지하고 계신 어른들이 존경스러웠습니다.

결론적으로 말하면 친구들, 그리고 주동은 차장의 도움으로 나는 완주할 수 있었습니다. 완주 메달을 받았습니다. 지금까지 받았던 그 어떤 상보다도 값지게 느껴졌습니다. 무척 힘들었기 때문입니다. 자기 인내의 결과물이기 때문입니다. 반환점을 돌아서 오는데, 러닝메이트로 뛰어주는 친구가 "재미있게 뛰기 위하여 이제부터 우리가 앞지르는 사람들을 세어보자"고 제안하였습니다. 마라톤의 지루함을 쫓고, 약간은 속도에 대한 욕심을 갖게 하기 위하여 한 것 같습니다.

아무튼 그 이후 126명 정도가 나의 뒤로 뒤쳐졌습니다. 그런데 뒤쳐진 사람들 대부분이 젊은 20~30대들이었습니다. 그들은 나보다 앞서서 뛰어갔지만 초반에 너무 무리해 페이스 조절에 실패하여 걸을 수밖에 없게 된 것입니다. 그것을 보면서 마라톤은 자기 페이스 조절이 중요하다는 생각을 하였습니다. 참 기쁘고 상쾌한 날이었습니다.

흔히 인생을 마라톤에 비유합니다. 긴 여정의 인생은 긴 호흡을 필요로 합니다. 삶을 살다 보면 어려운 일, 속상할 일, 고뇌, 번민, 절망 등의 일들이 끊임없이 나타납니다. 우리는 그러한 어두운 것들을 극복해가는 과정에서 인내를 통하여 절제와 만족, 감사를 배우게 됩니다.

너무 호흡이 거칠어질 정도로 인생을 숨 가쁘게 만들지 말아야 하겠습니다. 더욱이 인생 초반에 있는 직원 여러분들은 자기 페이스를 유지하고 향상시키도록 노력하는 것이 참 중요하다는 생각이 듭니다.

옆에서 같이 뛰어주지 않았다면 나의 완주는 불가능했습니다. 주동은 차장은 내 옷차림이 적합하지 않아 다른 옷으로 바꿔주며, 뛰는 내내 호흡법을 코치해주었습니다. 곁의 친구들도 뛰면서 내가 저혈당증에 들어가지 않도록 마시는 영양식을 공급해주거나 물을 챙겨주었고, 힘을 실어주었습니다. 이런 친구들의 도움 없이는 정말 어려웠을 것입니다.

생각해봅니다. 인생의 모든 일은 혼자 이루는 것이 아님을 알 수 있습니다. 함께하는 것입니다. 나는 우리 회사도 한 사람 한 사람이 각자의 위치에서 일하지만, 함께 상의하고 도와서 이루어나가는 것이라고 생각합니다. 《성경》 말씀에도 모사하라(서로 뜻을 하나로 만들라)고 가르치십니다. 모사가 없는 기업은 성공하기 어렵고, 발전할 수 없습니다.

함께하십시다. 목표를 하나로 두고, 함께 서로 힘을 북돋으며 뛰어가 십시다. 훨씬 힘도 덜 들 것이며 기분 좋게 골인할 수 있을 것입니다.

모두 활기찬 한 주 되세요.

— 2006년 3월 9일, 〈목요편지〉 제25회

바람직한 인간관계

월요일에는 아내(심선화)의 음악회가 있었습니다. 청림 식구들이 많이 와주어서 성대한 음악회가 되었습니다. 감사하다는 말씀을 대신 전합니다.

오늘은 직장생활에서의 바람직한 인간관계에 대하여 이야기하고자 합니다. 어느 설문조사에 의하면 현대인이 가장 고민하는 것이 인간관계라고 합니다. 특히 일로 부딪치면서 서로의 마음에 상처를 주거나 받고 있습니다. 그러나 일을 잘하기 위해서는 어쩔 수 없이 격론을 벌이는 경우가 있습니다. 서로의 의견을 관철시키기 위해서는 격론이 불가피합니다. 이것이 두려워서 일을 두고 적당히 타협하면 언젠가는 후회하게 되기 때문입니다. 그래서 직장에서 한솥밥을 먹는 동료들 사이에서 인간적으로 좋은 평가를 받는다는 것은 쉽지 않은 일이라고 생각합니다.

출판사 마음산책 정은숙 사장이 쓴 《편집자 분투기》에서 보면 "어떤 사람과 일을 할 경우 '편안하다'가 아니라 '의미 있다'고 생각하게 만드는 것이 더 중요하다"라고 한 말에 일리가 있다고 생각합니다.

"알고 보면 그 사람도 좋은 사람이다"라고 말하는 경우가 있습니다. 아무리 독해 보여도 개인적인 관계로 만나서 얘기해보면 대부분의 사람은 '좋은 사람'이더라는 의미입니다. 정말로 성품 자체가 나쁜 사람은 그리 많지 않다는 뜻이지요. 그런데도 많은 사람들이 직장 상사, 동료, 부하와의 갈등으로 고민하고 커다란 스트레스를 받습니다. 대부분 '일'이 개입됐기 때문에 발생하는 갈등들입니다. 일이 아니었다면, 개인적인 만남이었다면 생기지 않았을 그런 갈등 말입니다.

인간관계를 너무 부담스럽게 생각하는 것 자체가 부담일지도 모릅니다. 실제로 상대방은 가볍게 생각하는 일을 너무 부담스럽게 생각하는 경우가 많은 듯합니다.

다음은《직장인의 인간관계》라는 책에 나오는 항목을 적어보았습니다. 너무 항목이 많고 다소 시시콜콜한 이야기들이지만, 한번쯤 자신을 돌이켜보는 데는 유용할 것 같습니다.

내 생각으로는 인간관계에서 이것 하나만 지키면 그다지 큰 어려움이 없지 않을까 생각합니다. 바로 '겸손'이지요. 우리 회사에는 일에 있어서는 프로 근성을 가져 분명한 주장을 하면서도 상대방의 마음을 상하는 일이 없도록 서로가 배려하는 문화가 있었으면 합니다.

직장인이 반드시 알아야 할 인간관계 노하우

1. 상사(선배)와의 관계
   - 지시사항은 즉시 실행한다(주어진 일은 기꺼이 한다).
   - 실행하기 곤란한 하명 사항은 즉시 대책을 세우고 대안을 작성하여 건의한다.
   - 항상 상사의 뜻을 파악하여 받들되 올바른 조언을 해야 한다.

- 매사에 공손하고 존경하는 몸가짐과 태도를 지닌다(업무상의 지식, 경
  험, 지혜를 배운다).
- 공과 사의 구분을 분명히 한다.
- 상사가 상사답지 못해도 부하는 부하다워야 한다.
- 직장은 선택할 수 있지만 상사는 선택할 수 없다.

2. 부하와의 관계
   - 인격적으로 대한다(명령하지 말고 의견을 묻는다).
   - 잘한 일은 칭찬한다.
   - 잘못된 점은 본인만이 있는 곳에서 지적한다.
   - 고충을 듣고 해결해준다.
   - 공정해야 한다.
   - 인정과 의리의 인화를 조성한다.

3. 동료와의 관계
   - 대등한 인격체로 대한다.
   - 항상 겸손하고 웃는 얼굴로 대한다.
   - 비방이나 험담을 하지 마라.
   - 도와줄 일이 있다면 기꺼이 협조한다.
   - 잘못은 조용히 충고한다.
   - 입장을 바꾸어 생각해보는 여유를 갖는다.
   - 좋은 경쟁자가 된다.

4. 사람을 움직이는 비결

　- 중요하다는 생각을 갖게 한다.

　　* 이름을 기억한다.

　　* 작은 것에도 관심을 가져준다.

　　* 능력을 인정한다.

　　* 사소한 일이라도 아낌없이 칭찬한다.

　　* 밝고 맑은 미소를 통해 편안한 느낌을 준다.

　- 상대방의 입장에서 생각하라.

　　* 상대방의 말에 귀를 기울인다.

　　* 공통의 관심사를 화제로 삼는다.

　　* 상대방의 생각이나 소망에 대해 기꺼이 동조한다.

5. 사람을 설득하는 비결

　- 논쟁은 피한다.

　- 상대방의 잘못은 지적하지 않는다 .

　- 자신의 잘못은 인정한다.

　- 부드럽게 말한다.

　- '예스'라고 대답할 화제를 선택한다.

　- 상대방이 더 많이 말하게 한다.

　- 연출에 의한 생각을 끌어낸다.

　- 경쟁의식을 자극한다.

6. 호감 받지 못하는 사람의 유형

– 자존심이 강하고 상대방의 의견을 무시한다.

    ＊동료로부터 고립되어 언제나 혼자 있다.

    ＊이기적이며 협동심이 없다.

– 불평불만, 안 되는 이유가 많고 모두 남의 탓으로 돌린다.

    ＊열등의식과 질투, 적개심

    ＊다른 사람의 의견에는 즉시 조건을 단다.

– 타인의 약점을 들추어 비방하고 험담하는 사람

    ＊유머를 빙자해 비꼰다.

    ＊고자질, 거짓말, 변명을 하며 자신의 행동은 정당화시킨다.

– 신의가 없다.

    ＊약속을 대수롭지 않게 생각한다.

    ＊공과 사가 분명치 않다.

    ＊타인을 이용가치로 생각하거나 발판으로 삼는다.

– 자립심이 없다.

    ＊스스로 하지 않고 남을 의지한다.

– 자만심이 가득하다.

7. 상사(선배)에게 호감 받는 비결

  – 감사

    ＊가르쳐준 것을 잊지 말고, 때때로 가르쳐준 것이 유용하게 이용되고 있음을 감사한다(감사하는 마음은 상대방의 감정을 좋은 방향으로 향하게 한다).

  – 인사

* 먼저 인사하라(인사를 먼저 받는다는 것은 누구라도 기분 나빠하지 않는다.

  정중하고 예의바르게 인사한다).

- 주의

* 부탁받은 일은 성의를 가지고 임한다(매사에 주의와 관심을 집중하는 데

  드는 노력은 절대 없어지지 않는다).

- 경청

* 상사나 선배의 가르침을 받을 때는 경의를 표하면서 들을 것

- 호의

* 상대방의 장점이나 뛰어난 능력을 찾아 인정해준다("선배님 문장은

  참 알아보기가 쉽습니다" 등 좋은 점은 솔직하게 말하고 호의를 가지고 대한다).

- 2006년 3월 16일, 〈목요편지〉 제26회

극기 훈련에 대하여

나는 지난주에 볼로냐도서전에 다녀왔습니다. 볼로냐는 이탈리아 북부에 위치한 교육과 문화의 도시입니다. 유럽의 여느 도시와 마찬가지로 평온한 분위기의 소도시로서 이탈리아의 로마, 피렌체, 베니스에 견주어 특별히 내세울 것이 없는 소박한 곳이지만, 볼로냐대학은 유럽에서 가장 오래된 대학 중 하나이고, 중세시대에는 상당한 상권을 가졌던 도시입니다.

각국 도서전은 외국 출판사의 유치전이 치열해지는 추세여서 프랑크푸르트도서전, 미국도서전, 런던도서전과 같은 종합적인 대형 도서전들에 볼로냐도서전이 맞서는 데는 한계가 있었습니다. 그래서 그들은 아

동도서 분야에만 성공적으로 특화시켜 수준 높은 도서전을 치릅니다. 우리나라의 서울국제도서전도 많은 연구의 필요성을 느꼈습니다.

현재 아시아에서는 전통 강국이었던 일본 도쿄도서전의 위상이 급격히 줄고, 중국의 급부상으로 도서전도 중국 중심으로 옮겨가고 있는 실정입니다. 그래서 1년에 한 번쯤 제주도에서 일반인들이 아닌 세계의 출판인들이 모여 저작권 거래만을 하는 독특한 도서전을 개최하면 어떨까 생각해보았습니다. 아마도 일본과 중국의 협조가 있어야 가능하겠지만 말입니다. 그러면 일본과 중국, 그리고 우리나라에 판권을 팔고자 하는 유럽과 미국의 출판사, 저작권 대행사들의 유치가 가능하지 않을까 생각합니다.

오늘은 극기 훈련에 대하여 이야기하겠습니다. 오는 4월 21일에 1박 2일로 전 직원이 제주도 한라산 극기 훈련을 예정하고 있습니다.

왜 극기 훈련이 필요한지 생각해보았습니다. 현대인의 피곤한 일상은 인내를 거부하고 있습니다. 어려움이 닥치면 쉽게 타협하고, 목표를 세우고도 '되면 좋고 안 되면 말고' 하는 식으로 적당히 타협하려 합니다. 그러다 보면 인생에서 다가오는 파도에 쉽게 넘어집니다. "바람 맞지 않고 비 맞지 않고 피는 꽃이 있는가"라는 시구처럼 우리의 인생에는 파도가 있는 것이고, 그 파도를 극복하며 앞으로 나아가야 합니다. 각고의 인내가 필요합니다. 인내는 연단(단련)을 낳고, 연단을 통하여 큰 열매를 맺을 수 있습니다.

또 하나, 이런 훈련을 통해 우리는 협동심을 키웁니다. 산을 잘 타는 사람을 중심으로 몇 개의 조로 나누어서 오를 것입니다. 산을 오른 경험이 없는 사람과 있는 사람이 같은 조가 되는데 각 조가 협동하여 격려

하며 등반하면 훨씬 쉽게 오를 것입니다. 혼자서 하면 어려운 일들을 같이 도와서 이루어나가는 것을 이번 훈련을 통하여 배울 것입니다.

아울러 극기 훈련은 그냥 참가만 하면 되는가에 대해서도 생각해보아야 할 것입니다. 이를 자신의 문제를 정리해보는 기회로 삼으시기 바랍니다. 나에게 닥친 어려움에 대하여, 부여된 과제에 대하여 절망적이거나 부정적으로 생각했다면 앞으로는 "그런 것쯤…" 혹은 "할 수 있다"로 바꾸기를 바랍니다.

극기 훈련에 무엇을 준비해야 할까요. 한라산은 우리나라에서 가장 높은 산입니다. 만만히 볼 산이 아닙니다. 평소 청계산도 오르기에 벅찼다면 당연히 어려움이 많을 것입니다. 나는 한 사람의 낙오도 없이, 우리 회사 전 직원이 백록담에 올라 함께 만세삼창을 부르고 싶습니다. 그렇게 하기 위해서는 철저한 준비를 해야 할 것입니다.

회사에서는 한라산 지리를 잘 아는 제주도 전문 산악인을 준비시켰습니다. 등산을 잘하는 직원들로 팀을 구성하여 도울 것입니다. 그러나 각자 준비도 철저히 해야 할 것입니다. 발에 잘 맞는 등산화를 신어야겠지요. 전날에 구입하여 바로 신어서 발뒤꿈치가 까진다면 등산을 하기 힘듭니다. 얇은 비옷도 준비하면 좋을 것입니다. 배낭은 되도록 짐을 가볍게 하는 것이 좋습니다. 물론 먹을 것은 총무부에서 맛있는 도시락을 준비할 것입니다. 아직 보름 가까이 시간이 있습니다. 틈틈이 주변 산행과 운동을 통하여 발걸음을 가볍게 만들어야 할 것입니다.

- 2006년 4월 6일, 〈목요편지〉 제28회

나는 프로인가

지난주 한라산 산행은 많이 힘들었지요? 다리에 딱딱하게 굳은 알통은 좀 풀리셨나요? 다시 한 번 모두에게 박수를 보냅니다. 하루 종일 비가 내리는 악천후 속에서도 모두가 꼭 해내고야 말겠다는 의지를 갖고, 또 함께하겠다는 협동심으로 이루어낸 성과였습니다.

오늘은 '프로란 무엇인가'라는 주제로 이야기하고 싶습니다.

사장이 싫어하는 사람이 있습니다. '열정'이 없는 사람입니다. 그냥 급여를 받기 위해 일하는 것처럼 보여서는 안 됩니다. 그런 사람은 사절합니다. 그럼 어떤 사람을 좋아할까요? 열정을 가지고, 자기의 맡은 바 분야에서 투혼을 갖고 임하는 프로이기를 원합니다.

나는 '선수'라는 말을 좋아합니다. 그것도 프로 선수를 좋아합니다. 아마추어와 프로의 차이는 극명하지요. 우리는 아마추어가 조금 실수하면 그러려니 합니다. 어차피 큰 기대를 하지 않으니까요. 그러나 프로가 실수하면 냉혹합니다. 비즈니스의 세계도 그라운드와 마찬가지입니다. 결국은 동종 업종에서 프로들의 싸움이 비즈니스지요.

프로 축구선수들이 그라운드에서 뛰는 것을 보고 있노라면, 어쩌다 공을 빼앗겼을 때 그들은 끝까지 따라붙어 공을 되찾으려 합니다. 프로는 자기가 하는 일에서 아무리 사소하더라도 끝까지 매달려 매듭을 지어야 합니다. 일을 진행하다 보면 이런저런 사정으로 난항을 겪고 주춤거리게 마련입니다. 그렇다고 멈출 수는 없지요. 프로는 결코 좌절하지 않고 자기 일에 열정을 갖고 도전합니다.

나는 우리 회사 식구들이 모두 프로여야 한다고 생각합니다. 그리고 우리 회사가 성장할 것인가 정체할 것인가의 관건은 직원 한 사람 한 사람이 프로인가에 달렸다고 생각합니다. 따라서 나는 프로를 존중하고 우대할 것입니다. 죄송하지만 아마추어는 사양합니다.

프로가 가져야 할 중요한 덕목들이 있습니다. 먼저 아마추어와 달리 '업무에 대한 실력'이 확실해야겠지요. 실력 없이 좋은 실적을 기대할 수가 없겠지요. 경영 컨설턴트이며, 우리 회사의 저자이신 이해익 사장은《한국 CEO의 조건》에서 프로와 아마추어의 차이를 이렇게 말하고 있습니다.

- 프로는 행동으로 보여주고 아마추어는 말로 보여준다.
- 프로는 불을 피우고 아마추어는 불을 쬔다.
- 프로는 자기 일에 목숨을 걸고 아마추어는 자기 일에 변명을 한다.
- 프로는 여행가이고 아마추어는 관광객이다.
- 프로는 뚜렷한 목표가 있지만 아마추어는 목표가 없다.
- 프로는 혼자 근무해도 리더이고 아마추어는 항상 관리자의 노릇에 멈춘다.
- 프로는 평생 공부하지만 아마추어는 한때 공부한다.
- 프로는 자기 분야를 항상 넓혀가려 하고 아마추어는 거기에 만족한다.
- 프로는 창조적 괴짜이고 아마추어는 전략적 노예다.
- 프로는 미래 중심적이고 아마추어는 과거 중심적이다.
- 프로는 자기 환경을 이끌기 위해 솔선수범하고 아마추어는 주어진 직책에 안주한다.
- 프로는 변화를 추구하지만 아마추어는 예측과 질서를 추구한다.
- 프로는 실수를 하고 아마추어는 실패를 한다.

- 프로는 웃지만 아마추어는 비웃는다.
- 프로는 삶으로 영향력을 발휘하지만 아마추어는 직책으로 권위를 행사한다.

내가 프로에 해당하는지 위 항목마다 '네(○)', '아니오(×)' 표시를 해 보시기 바랍니다. 만약 '아니오'가 많이 나온다면, 프로가 되기 위해 더 노력해야 할 것입니다.

오늘날은 개인과 개인, 기업과 기업, 나아가 국가와 국가 간의 경쟁까지도 모두 프로들이 활약하는 시대입니다. 직원들 모두가 프로가 되기를 바랍니다.

- 2006년 4월 27일, 〈목요편지〉 제31회

행복의 방정식

오늘이 8월의 마지막 날이네요. 8월은 초하루부터 시작된 앨빈 토플러 박사의 《부의 미래》의 예약판매를 비롯, 성공적인 런칭을 위해 분주했던 한 달이었습니다. 예상보다 훨씬 주문량이 많아 공급에 차질을 빚고 있지만, 참 기쁜 일입니다. 제작과 관리부, 영업부, 정말 수고가 많으십니다.

지난달 청림출판의 인문교양 브랜드인 '추수밭'에서 출간된 책이 있습니다. 대만 저자이며 미국에서 활동하고 있는 류용 교수의 《17살, 인생의 승부가 시작된다》입니다. 대만에서만 150만 부가 넘게 나가서 기대가 모아진 책이었습니다만, 출간 후 크게 빛을 보지 못하고 스러지는 듯하여 아쉬움이 많습니다. 물론 어느 책도 기대하지 않고 출간하는 적은 없습니다만….

우리가 기대하는 만큼 책이 나가지 않을 때, 아쉬움으로만 마감하지 말고, 무엇이 부족했는가를 공부하는 것이 참 중요하다고 봅니다. 그렇게 함으로써 비슷한 종류의 출판기획, 마케팅에서 반복적인 실수를 하지 않을 테니까요. 아무튼 여기서 이 책의 성공 여부를 이야기하고자 하는 것은 아닙니다. 이 책의 중간쯤에 '대가를 지불해야 풀 수 있는 행복의 방정식'이라는 장이 있습니다. 일상의 분주함 속에서 우리는 행복이나 불행을 생각지도 못한 채 허둥지둥 살아가곤 하지요. 그리고 어느 날 문득 영혼의 한가함이 찾아올 때 '행복이란 무엇인가'를 자문해보기도 합니다.

다음은 《17살, 인생의 승부가 시작된다》에 나오는 아버지와 아들 간의 이야기입니다.

"행복이란 무엇일까?"

"아무런 근심 걱정이나 부담이 없는 것이죠!"

내 물음에 네가 자신 있게 대답했지. 하지만 난 이렇게 말했다.

"행복은 오히려 걱정거리가 있는 상황에서 누릴 수 있는 일종의 희열 같은 것이란다. 아무 근심걱정도 없다면 그것이 행복이라는 사실을 알지 못할 거야."

내가 네 나이일 땐 대학에 진학하기만 하면 입시에 대한 스트레스에서 벗어날 수 있으니 얼마나 행복할까 하는 생각을 했단다. 하지만 대학생이 되고 나니 사회에 발을 디뎌 열심히 공부할 필요도 없고, 시험에 대한 부담감도 없는 선배들이 부러웠지. 대학을 졸업하고 사회인이 되고 나서는 매일 정해진 시간에 출퇴근하지 않아도 된다면 얼마나 행복할까 싶었다.

그런데 정작 미국에 유학 와서 수업 외의 시간을 스스로 안배할 수 있는 상황이 되자, 무한한 여유와 한가함이 오히려 날 당황스럽게 만들더구나. 내가 비로소 행복하다고 느낀 건 매진할 수 있는 연구 목표를 찾고 나서였다.

(중략)

우리에게 노심초사할 그 어떤 것도 없다면 설령 짧은 행복감을 느낄 수 있을지는 몰라도, 그 뒤에 따라오는 것은 어쩌할 바 모르는 난감함일 것이고, 심지어 곧 생활의 중심을 잃을지도 모르겠다.

그렇습니다. 매진할 수 있는 목표를 세우고 이루어나가는 것, 그것이 행복입니다.

그 목표가 반드시 거창하고 위대한 것일 필요는 없습니다. 내가 하는 이 일이 나와 내 주위와 사회에 공헌하는 것을 인식하면서, 주어진 업무의 완성도를 높여가며, 또 무언가를 이루기 위하여 긴장하며, 정진해가는 속에서 행복을 느낄 수 있는 것입니다.

행복의 방정식, 그것은 적절한 대가를 지불해야 답을 얻을 수 있는 것입니다. 나는 우리 회사가 함께 일하는 모든 사람들에게 행복한 일터가 되었으면 합니다. 여러분과 함께, 행복한 직장을 만들어가도록 노력하겠습니다. 풍요로운 가을, 9월을 맞이하세요.

— 2006년 8월 31일, 〈목요편지〉 제49회

체인지(change)를 챈스(chance)로!

나는 정초보다는 오히려 새봄을 맞이하면서 새롭게 시작한다는 기분을 더 갖습니다. 봄비에는 무언가 새 힘을 만드는 에너지가 들어 있는 듯합니다. 창밖의 목련이 꽃망울을 터트리려 한껏 부풀어 있습니다.

지난주 일요일 열린 동아마라톤대회에서 우리는 '봉달이' 이봉주 선수가 마지막 40킬로미터대에서 케냐 선수를 극적으로 제치고 우승하는 장면을 볼 수 있었습니다. 그는 올해 서른일곱 살입니다. 운동선수로는 이미 환갑을 넘긴 나이입니다. 그의 기록은 2시간 8분 4초로 국내에서 개최된 마라톤대회로서는 가장 빠른 기록입니다. 최근 몇 년간 부진한 한국 마라톤계에 신선한 충격을 주었고 마라톤 후배들에게는 경각심을 일깨워주었습니다. 그의 승리는 여러 가지 장애를 딛고 부단히 노력한 땀의 결실입니다, 참으로 값진 승리입니다.

이날 우리 회사 관리부의 주동은 차장도 함께 뛰었습니다. 주 차장도 3시간 36분이라는 놀라운 기록을 달성하였습니다. 도전은 그 과정이 괴롭고 고통스럽지만, 도전한다는 것 자체에서 우리는 값진 경험을 얻을 수 있으며, 목표에 도달했을 때는 무어라 형언하기 어려운 성취의 쾌감을 맛볼 수 있습니다.

요즈음 신문을 보면 우리 경제의 앞날이 참 우려됩니다. 우리의 주력 업종인 철강 부문이 중국에 견주어 작년부터 수출국에서 수입국으로 역전되더니, 올해는 1,000만 톤이 넘는 큰 격차로 수입 물량이 늘어났다고 합니다. 또한 2007년 새해 들어, 세계의 조선 대국으로 자처하여왔던 한국 조선산업이 지난 1, 2월에는 불과 중국의 50퍼센트밖에 이르지 못한 실적을 기록했습니다. 이뿐만이 아닙니다. 자동차, 전자산업도 중국의 거센 도전 앞에서 흔들리고 있습니다. 우리나라의 주력 업종들이 모두 중국으로부터 이미 역전을 당하거나 당할 위기에 처해 있습니다.

삼성의 이건희 회장께서도 만일 이대로 가면 앞으로 5~6년 이내에 한국 경제가 대혼란을 맞이할 수 있다는 우려를 표명하였습니다. 외신 들은 일본과 중국 그리고 신흥국에 샌드위치가 되어 '몽유병 걸린 한 국 경제'라는 표현을 쓰고 있습니다. 통계상으로도 지난 몇 년간 아시 아에서 제일 성장이 더딘 나라가 한국입니다. 우리가 경쟁력을 키우기 위해서는 진정한 목표 설정, 실력 쌓기, 도덕 재무장 등 여러 가지 면에 서 정비하고 개선해야 할 것입니다.

그러나 무엇보다도 지금 우리에게 요구되는 것은 '도전 정신'이라고 생각합니다. 우리가 작은 성취에 만족하여 더 이상의 큰 목표 없이 노력 하지 않고, 정치적 혼란에다가 개인, 사회에 이기주의가 만연되어 있는 이 상태로는 미래를 보장하기 어렵습니다. 오히려 암담할 뿐입니다.

우리 회사는 어떻습니까? 여러분 각자는 어떻습니까? 각자의 업무 에서 점검해보시기 바랍니다. 나로 인하여 회사의 이익이 늘어나고 경 쟁력이 있다고 생각하십니까?

끊임없이 창의적이고 능동적으로 개선해나가고 있습니까? 혹시 내 가 하는 업무는 이 정도면 무난하다고 생각하지 않습니까? 주어진 일 을 적당히 처리하는 일은 없습니까? 이익 개념 없이 시간과 물자를 낭 비하고 있지는 않습니까? 나로 인하여 회사의 평균 생산성이 저하되 지는 않습니까?

현상 유지의 편안함은 성장에 있어서 최대의 걸림돌입니다. 어떤 조직이든 현재에 안주해서는 안 됩니다. 급류가 흐르는 강에서 노를 젓지 않는 배는 뒤로 흘러갈 수밖에 없습니다. 최근 서울시청, 울산시청 등 철밥통이라고 여겨졌던 공무원 사회에서도 생산성이 낮은 3퍼센트의 사람을 퇴출시키는 안을 시행하여 공무원 사회에 비상이 걸렸다고 합니다.

지금 한국은, 그리고 우리 회사에는 '변화와 혁신'이 요구됩니다. 도전해야 합니다. 도전하지 않는 사람은 무능하고 게으른 사람입니다. 그런 사람은 회사에 필요치 않은 사람입니다. 변화를 꿈꾸는 사람에게 기회가 옵니다. 'Change(변화)'의 g를 c로 바꿔 'Chance(기회)'로 만듭시다.

회사에서는 마라톤에 도전하는 사람에게 참가비를 지원하고 있습니다. 건강한 몸을 만들고, 끈기를 키우는 데 참 좋은 운동입니다. 자칫 나른해지기 쉬운 봄철입니다. 도전해보시기 바랍니다.

- 2007년 3월 22일, 〈목요편지〉 제76회

재미와 열정이 있어야

9월의 첫 주입니다. 아침저녁으로 제법 쌀쌀한 바람이 불어옵니다. 사계절이 분명한 자연환경에서 사는 것은 큰 행복이라고 생각합니다. 때로는 무더운 더위와 혹독한 추위가 불편한 때도 없지 않지만, 그러한 변화에서 사람들은 많은 것을 배우고 터득하는 것 같습니다. 계절이 바뀜에 따라 단조로움을 깨고 새로움을 다질 수 있으며, 사람들은 높은 창의력과 상상력을 갖게 됩니다.

그뿐 아니라 다가오는 장래에 대하여 준비하는 마음도 갖게 되고,

벌써 과거가 되어버린 어제의 일들을 아름다운 추억으로 간직하게 됩니다.

가을이 성큼 다가왔습니다. 서늘한 바람이 불어오는 까닭은 우리가 이제 추수를 준비해야 하기 때문입니다. 지난여름의 더위와 휴가로 자칫 흐트러져 있는 '업무에서의 마음가짐'을 다져야 하겠습니다.

지난 8월의 월말 업무보고서에서 벌써 많은 분들이 9월의 계획과 업무에서의 창의적인 도전을 생각하는 것을 볼 수 있어 참 반가웠습니다. 일과 후에 외국어 등을 배우며 자기계발을 위해 노력하는 것은 훌륭한 일입니다. 또한 자신의 일을 재미있게 열정적으로 하는 모습은 아름답습니다. 그런 '재미있게, 열정적인' 모습은 어떻게 표출될 수 있을까요?

무엇보다도 자신이 가치 있는 일을 하고 있다는 생각을 가져야 할 것입니다. 내가 맡은 업무가 회사에서 얼마나 중요한 일인지 생각해보셨습니까? 정말로 어느 것 하나 중요하지 않은 일이 없고, 누구 하나 중요하지 않은 일을 하는 사람은 없습니다.

두 번째로, 자신이 선택해서 주도적으로 일할 때 재미와 열정을 느낄 수 있답니다. 공동의 목표 아래 일하지만, 누구의 지시에 의해 이루어지는 것이 아니라, 내 일은 내가 개발하고 계획하고 해결해간다는 적극적인 생각이 하루하루를 즐겁고 진취적인 시간으로 만듭니다.

셋째로, 내가 맡은 일을 프로답게 처리할 실력과 지식을 갖추고 있을 때, 그 일에 재미와 열정을 느낄 수 있습니다. 그렇게 하기 위해서는 주어진 업무를 더 훌륭하게 처리하도록 배우고 노력해야 할 것입니다.

마지막으로, 발전하고 있다는 생각이 들어야 재미와 열정을 느낄 수 있습니다. 사람들은 오늘보다 나은 내일이 되기를 바랍니다. 그러나 거기에는 땀과 인내와 수고가 필요합니다.

나는 위의 네 가지를 긍정적 마음, 주도적 마음, 적극적 마음, 창조적 마음이라 부르겠습니다. 이런 '마음가짐'을 가지고 노력해간다면, 우리의 삶과 일터는 재미와 열정으로 넘쳐날 것입니다.

가을을 재촉하는 비가 내리고 있습니다. 어느새 계절이 바뀌어 찬바람이 옷깃을 스쳐 지나가는 것만으로도 우리의 마음가짐은 또 새로워짐을 느낍니다.

– 2007년 9월 6일, 〈목요편지〉 제97회

뛰어난 사람이 되는 법

파란 하늘 아래 오곡백과가 무르익는 천고마비의 계절, 가을입니다.

흔히들 가을은 독서의 계절이라고 합니다. 그렇다고 해서 출판시장이 가을에 더욱 활기찬 것은 아닌데 말입니다. 아마도 날씨가 좋기 때문에 모두들 들로 산으로 나가고 이런저런 행사가 집중되는 이 계절에 책을 더 읽지 않기 때문에 독서를 권장하기 위해 만들어진 말이 아닌가 생각해봅니다. 물론 가을은 책을 읽기에 더없이 좋은 계절입니다.

오늘은 '뛰어난 사람이 되는 법'이라는 주제로 함께 생각해보고자 합니다. 사람들은 누구나 남들보다 뛰어난 사람이 되기를 바랍니다. 어떻게 하면 뛰어난 사람이 될 수 있을까요? 여기 뛰어난 사람이 된 몇 명의 사례를 소개하겠습니다.

첫째, 타이거 우즈입니다. 이번 주 초 스포츠 면은 온통 BMW 챔피언십에서 우승한 타이거 우즈의 기사였습니다. 그는 올 시즌 6승째, 개인 통산 60승째의 화려한 금자탑을 쌓았습니다. 골프 마니아가 아닌 사람들도 타이거 우즈의 노력에 대해서는 익히 들었을 것입니다. 그는 메이저 대회에서 우승하는 날 곧바로 연습장으로 달려가는 것으로 유명합니다.

둘째, 젊은 의사 이야기입니다. 8월 중순에 에티오피아 봉사활동을 다녀온 지 한 달이 채 되지 않았는데, 벌써 아스라한 옛 추억이 되어버렸습니다. 그곳에서 언청이 수술을 하는 코이카(한국해외협력단)의 젊은 의사를 만났습니다. 그는 낮 동안 많은 환자들을 돌보아 무척이나 피곤할 터임에도 밤늦게까지 언청이 수술을 계속하였습니다. 이미 500 명의 수술자 명단을 짜고 있었습니다. 그가 한국에 귀국한다면, 아마도 이 분야에서 한국 제일의 의사가 될 것이 틀림없다는 생각이 들었습니다. 그 사람보다 더 언청이 수술을 많이 해본 경험이 있는 의사는 없을 테니까요.

셋째, 피아니스트들입니다. 피아노 건반을 계속해서 두드리는 것은 무척이나 지루한 일일 것입니다. 그러나 명성을 날리고 연주 활동이 많은 피아니스트일수록 더욱 열심히 시간이 날 때마다 매일매일 빠지지 않고 연습하지 않으면 안 됩니다.

넷째, 부동산 재벌 도널드 트럼프입니다. 그는 일주일에 순수하게 28시간을 독서에 투자한다고 합니다. 우리 회사에서 조만간 그의 책이 출간될 예정입니다. 일주일에 28시간이면 하루 4시간씩 독서에 투자한다는 말입니다. 생활인으로서 매일같이 거르지 않고 그런 시간을 독서에 투자한다는 것이 얼마나 어려운 일인지 여러분도 잘 알 것입니다.

앞에서 몇 사람의 예를 보았습니다. '남보다 뛰어난 사람이 되는 법', 그것은 의외로 아주 간단한 것 같습니다. 우리가 만나는 모든 뛰어난 사람들은 지독한 연습벌레들입니다. 뛰어난 사람들은 평범한 사람들보다 훨씬 더 많은 연습과 노력을 합니다.

우리는 그들의 화려한 면만을 보고, 그들이 원래부터 뛰어난 어떤 능력이나 자질을 갖고 있을 것으로 생각하지만, 그들의 뒷모습은 땀과 수고로 얼룩져 있음을 알 수 있습니다. 내가 지금 하고 있는 일을 더 원숙하게, 세련되게, 더 잘할 수 있도록 계속해서 끈기 있게 노력해 가면 우리도 언젠가는 뛰어난 사람이 될 것입니다. Try, try, try again. Until you succeed!

다음 주말에는 추석 연휴가 시작됩니다. 각 부서마다 업무의 효율성과 집중할 것들, 그리고 우선순위를 점검하시기 바랍니다.

– 2007년 9월 13일, 〈목요편지〉 제98회

좋은 습관과 나쁜 습관

즐거운 추석 연휴였습니다. 모처럼 만난 친척들과 함께 즐거운 시간을 갖고 맛있는 송편도 먹었습니다. 올해는 유난히 크고 밝은 보름달로 추석의 기분을 더욱 만끽할 수 있었습니다.

여러분께 매주 목요일에 〈목요편지〉를 보낸 지 오늘로 100회째를 맞이하게 되었군요. 매주 월요일 아침에 전 직원이 함께하는 회의 시간을 갖고 있기는 하지만, 월요일 아침은 일주일을 시작하는 시간으로 각 부서가 금주의 업무를 서로 알리고 소통하는 때입니다.

그래서 내 생각이나 회사의 새로운 계획과 업무에 대해 모두에게 전할 수 없다는 점이 매우 안타까웠습니다. 그렇다면 21세기의 통신수단인 이메일을 이용하면 어떨까 생각하였습니다. 한자리에 모이지 않아도 모든 직원과 커뮤니케이션할 수 있으니 좋겠다고 여겼습니다. 결과적으로 보면 100퍼센트 만족까지는 아니지만 어느 정도 회사의 비전과 목표, 계획 등을 공유하고 커뮤니케이션하는 데 상당한 도움이 되었다고 생각합니다. 여러분들은 어떻게 보십니까?

이메일로 편지를 100회 보내면서 그동안 어려움도 많았습니다. 제가 별로 글 솜씨가 없다는 것이 무엇보다 큰 문제였습니다. 또 흘려보낼 수 있는 말보다는 글로 담아 남기는 것이 더 많은 책임성을 갖는다는 점에서 일종의 활자에 대한 중압감도 있었습니다. 무엇을 말할지 주제에 대한 고민도 있었습니다. 아무튼 그동안 변변치 않은 글들을 읽어주시고 보내주신 많은 성원과 답신에 감사드립니다.

무엇이건 2년 이상, 그리고 100회를 계속했다고 하면 그것은 '습관'이 되었다고 보아도 되지 않을까요? 언젠가 〈목요편지〉에서 나는 습관이 성공과 실패를 결정하는 '결정적 인자'라고 말했던 것으로 기억합니다. 좋은 습관이 성공을 만들고, 나쁜 습관이 실패를 만듭니다. 한번쯤 나의 좋은 습관과 나쁜 습관을 구별해 써보기 바랍니다. 그런 후 좋은 습관은 확대 발전시키고, 나쁜 습관은 당장 버리도록 실천해보기 바랍니다. 의외로 아주 사소한 습관이 내 인생을 크게 좌우하는 것을 느낄 수 있답니다.

기업도 구성원 모두가 좋은 습관을 갖고 그것을 함께 키워나가는 기업문화를 갖고 있으면 반드시 성공하리라 생각합니다. 그러면 우리 회사의 기업문화는 어떤지 함께 생각해볼까요.

- 우리는 어떤 난관에 직면했을 때 언제나 긍정적으로 생각합니까?
- 모든 일에(일상적인 업무에조차도) 창의적으로 접근하려고 노력합니까?
- 우리 회사의 직원들은 서로를 존경하며, 칭찬해주고 배려해줍니까?
- 회사의 비전과 목표를 달성하기 위해 하나가 되도록 내가 먼저 솔선합니까?
- 오늘보다 나은 내일을 만들기 위해 자기계발을 열심히 하고, 맡겨진 업무에 최선을 다하고 있습니까?
- 우리 주변과 이웃에 대한 사회적 책임을 다하려고 노력합니까?

〈목요편지〉 100회를 맞이하면서 나는 우리 회사가 좋은 기업문화를 갖기를 소망합니다. 그런 훌륭한 기업문화를 통하여 우리 회사가 다음과 같은 회사가 되기를 바라며, 그렇게 되도록 열심히 노력할 것입니다.

- 젊은이들이 앞다투어 들어오고 싶어 하는 회사
- 자기의 재능을 마음껏 발휘하며 꿈을 이루어가는 회사
- 노력과 성취에 따라 응분의 보상이 주어지는 회사
- 서로 사랑하며 배려하는 감성적 성숙함이 있는 회사
- 업계를 리드하며 모범이 되는 회사
- 우리가 속한 사회를 풍요롭게 만드는 회사

앞으로도 〈목요편지〉는 200회, 300회로 계속 이어질 것입니다. 바라건대 내 편지가 일방적인 상의하달 식의 전달로 그치지 않았으면 합니다. 매회 어느 때나 이메일 답신을 통하여 여러분들의 솔직하고 창의

적인 의견을 보내주시기를 기다립니다. 감사합니다.

- 2007년 9월 27일, 〈목요편지〉 제100회

일을 바라보는 태도

깊어가는 가을입니다. 가을의 이미지는 우리에게 이중적으로 다가오
는 것 같습니다. 눈이 부실 정도로 파란 하늘, 울긋불긋한 단풍, 그리고
먹음직한 연시감에서 가을은 풍요로운 결실의 계절임을 느낍니다. 그
러나 가을에는 하나둘 떨어지는 낙엽을 밟으면서 쓸쓸함을 느끼고, 걸
어온 삶의 뒤안길을 되돌아보게도 됩니다. 이렇게 가을이 토해내는 상
반된 두 모습도 결국 우리들이 바라보는 태도에서 규정되는 것이 아닌
가 싶습니다.

흔히들 사람들은 사물이나 일에 있어서 상반되게 바라보는 경향이
있습니다. 그런데 바로 이 바라보는 태도, 그것이 성공의 관건이 됨을
알 수 있습니다. 대체로 성공한 사람들은 정말 자신이 좋아하는 일을
하는 사람들이라고 생각합니다. 그들은 일에 어쩔 수 없이 매여 사는
게 아니라 일을 즐기는 사람들입니다.

성공한 친구들 옆에 있으면서 느끼는 것은 그들이 끊임없는 에너지
와 열정을 분출하면서 난관을 극복하고 자신이 원하는 것을 추구한다
는 공통점을 가졌다는 점입니다. 반대로 매사에 부정적이고 '될까'라
는 의문부호를 먼저 붙이는 친구들은 제대로 도전도 해보지 못한 채
쉽게 목표를 포기하고 실패의 이유를 찾기에 급급한 모습을 볼 수 있
습니다.

여기 몇 가지 '일'에 대한 명언을 소개합니다.

레오나르도 다빈치는 "일을 즐겁게 하는 자는 세상이 천국이요 일을 의무로 생각하는 자는 세상이 지옥이다"고 말했습니다. "하고 싶은 일에는 방법이 보이고, 하기 싫은 일에는 변명이 보인다"는 필리핀 속담도 재미있습니다.

헨리 포드는 "일하지 않는 사람은 절대 올바른 생각을 할 수 없다. 게으름은 비뚤어진 마음을 갖게 만든다. 긍정적인 행동이 따르지 않는 사고는 병균과도 같다"고 했습니다.

《탈무드》는 "모든 노동은 인간을 고결하게 한다. 어린이에게 일하는 즐거움을 가르치지 않으면 그를 미래의 약탈자로 만들 것이다"라고 기록하고 있습니다.

매일 일상의 반복인 듯싶은 일(업무)에 대해 '나는 어떤 태도로 바라보고 있는가, 어떤 자세로 임하고 있는가'를 체크해보시기 바랍니다.

- 2007년 11월 8일, 〈목요편지〉 제106회

시간 관리는 자기 관리

어느새 2월도 하순에 접어들었습니다. 그것도 2월은 날짜가 짧으니 불과 한 주일이 남은 셈입니다.

시간에 대하여 생각을 해봅니다. 현대인들은 매일같이 시간이 부족하다고 쩔쩔매며 살고 있습니다. 그래서 서점에는 '시간 관리'를 잘하기 위한 책들이 많이 나와 있습니다. 시간은 어떤 재화보다 더 가치 있고 중요한 것입니다. 시간은 한번 지나가면 되돌릴 수 없으며, 미래의 시간을 앞당길 수도 없습니다. 시간에는 시작하는 시간이 있는가 하면, 또 마쳐야 할 시간이 있습니다.

우리 회사의 직원들은 지금 '시간'이 어떻게 느껴질까 생각해보았습니다. 특히 매월 계획된 책을 발간해야 하는 편집부나 목표 매출액을 이루어야 하는 영업부는 휴일도 많고 날짜도 짧은 2월이 어쩌면 감당하기가 쉽지 않은 달이 될 수도 있을 것입니다.

'프로'란 시간 관리를 잘하는 사람입니다. '프로'란 시간당 생산성을 최고로 올리는 사람입니다. '프로'는 계획된 시간 내에 성공적인 업무 수행을 합니다. 업무 성과를 높이기 위한 시간 관리에는 몇 가지 요령이 필요합니다.

첫째, 1년, 1개월, 1시간의 단위로 목표가 분명해야 합니다. 이루고자 하는 목표가 분명하면 시간 계획이 보다 철저해질 것입니다.

둘째, 우선순위를 정하는 것입니다. 먼저 할 일과 나중에 할 일에 대해 순서를 정하여 분별하고 처리해나가야 합니다.

셋째, 동료와 함께하는 일에서는 동료에게 넘겨줄 일을 먼저 처리해야 합니다. 내가 나의 일에만 빠져 있으면 동료가 담당한 일은 멈추어 있다는 것, 그래서 결국은 전체적인 스케줄이 늦추어진다는 것을 명심해야 합니다.

넷째, 정리정돈은 시간을 절약해줍니다. 철저하게 메모하고, 항상 제자리에 있어야 할 것들이 정돈되어 있다면 여러분은 이미 훌륭한 시간 관리자입니다.

다섯째, 업무 처리를 종적으로 하지 않고 횡적으로 해야 합니다. 동시에 이루어야 할 일들을 점검하고 진행해나가야 계획된 날짜에 성과물이 나올 것입니다.

여섯째, 업무 스킬을 높이면 짧은 시간 안에 큰 생산성을 이룰 수 있습니다. 결국 '프로'란 시간 관리를 잘하는 사람이기 때문입니다.

다음으로 코카콜라 회장이 신년사에서 임직원을 대상으로 이야기한 시간에 대한 내용을 소개합니다.

1년의 소중함을 알고 싶으면…

입학시험에 떨어진 학생들에게 물어보세요.

1년이라는 시간이 얼마나 짧은지 알게 될 것입니다.

1개월의 소중함을 알고 싶으면…

미숙아를 낳은 산모에게 물어보세요.

한 달이라는 시간이 얼마나 힘든 시간인지 알게 될 것입니다.

한 주의 소중함을 알고 싶으면…

주간지 편집장에게 물어보세요.

한 주라는 시간이 쉴 새 없이 돌아간다는 것을 알게 될 것입니다.

하루의 소중함을 알고 싶으면…

아이가 다섯 딸린 일용직 근로자에게 물어보세요.

하루라는 시간이 정말 소중한 시간이라는 것을 알게 될 것입니다.

1시간의 소중함을 알고 싶으면…

약속 장소에서 애인을 기다리는 사람에게 물어보세요.

1시간이라는 시간이 정말로 길다는 것을 알게 될 것입니다.

1분의 소중함을 알고 싶으면…

기차를 놓친 사람에게 물어보세요.

1분이라는 시간이 얼마나 소중한지 알게 될 것입니다.

1초의 소중함을 알고 싶으면…

간신히 교통사고를 모면한 사람에게 물어보세요.

1초라는 그 짧은 시간이 운명을 가를 수 있는 시간이라는 것을 알게 될

것입니다.

2월의 하순으로 가는 요즘입니다. 업무에 쫓기고 있을 여러분에게 격려의 박수를 보냅니다. 시간에 쫓기지 말고, 시간을 누릴 줄 아는 프로가 되시기를 바랍니다.

– 2008년 2월 21일, 〈목요편지〉 제117회

석별의 정을 나누며

지난주 금요일에는 강남상공회의소 주관으로 북한의 개성에 다녀왔습니다. 개성공업지구를 거쳐 박연폭포와 고려의 충신 정몽주가 죽은 선죽교, 숭양서원, 그리고 고려박물관 등을 관람하였습니다. 점심은 500명 규모의 대형 민속식당인 통일관에서 개성의 맛이라고 하는 13첩 반상의 식사를 하였는데, 솔직히 맛은 별로였습니다.

북한의 모습은 우리가 말로 들어오던 그런 참상 그대로였습니다. 건물과 도시는 유색 물감이라곤 쓰지 않은 듯 잿빛이었고, 남루하기 짝이 없는 거리의 사람들은 웃음을 잃어버린 듯 무표정한 모습이었습니

다. 차도에는 우리 일행의 차량 외에는 거의 오가는 차가 없었고 "당이 결정하면 우리는 따른다" 등의 선전물 일색인 대형 선전 간판만이 시선을 끌었습니다. 한반도 안에, 그것도 불과 몇 십 킬로미터 사이의 남과 북이 전혀 다른 모습의 풍경을 보면서 안타까움과 함께 많은 상념이 떠나지 않은 하루였습니다.

오늘은 우리 회사의 지나온 날들을 회상하며 석별의 정을 나누고자 합니다. 그동안 우리 회사에서 오랜 기간 동고동락하신 신휴석 이사님이 이달에 퇴직을 하시게 되었습니다. 신 이사님은 1982년 3월에 입사하여 26년간 근무하셨습니다. 10년이면 강산도 변한다는데, 벌써 세 번 정도 강산이 변하는 그런 오랜 시간 동안을 우리 회사와 함께 지낸 것입니다.

지나온 세월을 회상해보면 희로애락이 참 많았습니다. 베스트셀러를 터트려 함께 기쁨을 같이했던 적도 많았습니다. 신 이사께서 입사하셔서 1년쯤 후 터진 베스트셀러 '공인중개사 수험도서 시리즈'는 회사의 면모를 새롭게 하는 기초를 만들어주었습니다. 당시 30여 평의 임대 사무실에서 지금의 강남에 건물을 짓고 이사를 하였으니까요.

지금까지 거의 1~2년마다 터졌던 우리 회사의 모든 베스트셀러들의 성공 뒤에는 신 이사가 계셨습니다. 회사의 살림을 총괄하는 총무직을 맡아 수고하시면서도 제작까지 맡아주셨습니다. 베스트셀러의 가능성이 점쳐질 때 그의 순발력이 발휘되어 제작처에 대한 무서운 닦달로 하루에 몇 만 권씩이나 주문이 밀려드는 때에도 책이 없어서 못 파는 경우가 거의 없었으니까요. 물론 언제나 마음 편한 시기만 있었던 것은 아니었습니다. 돌이켜보면 예나 지금이나 출판 경기는 항상 살얼음판이 아니었나 싶습니다.

그러나 우리 회사는 다른 회사와는 달리 비교적 안정적이었지 않나 싶습니다. 사장의 의욕을 앞세운 독선이 때로 회사에 어려움을 자초한 경우가 많았습니다만, 그 뒷감당은 항상 신 이사의 몫이었습니다. 그는 IMF와 같은 어려운 때마다 항상 직원들을 독려하고 힘을 합쳐 슬기롭게 이겨 나왔습니다.

26년 동안 한결같이 회사의 어머니 역할을 충실히 감당하였습니다. 매일 아침 제일 먼저 출근하였고, 제일 늦게 퇴근하면서 회사의 소등과 문단속까지 체크하는 치밀함과 근면성실함을 보여주었습니다. 그가 있는 것 자체로 마음에 안도감과 편안함이 드는 것은 항상 변함없는 성실함에 대한 깊은 신뢰감에서 비롯되었겠지요.

그는 회사를 위하여, 직원들을 위하여 사장에게 듣기 거북한 쓴소

청림출판 직원들이 일본 워크숍을 가다

리도 마다하지 않았습니다. 아마도 때로 직원들에게도 절약하고 줄이자는 이야기를 하는 등 싫은 소리, 잔소리도 많이 하였을 것입니다. 거래처에게도 편하게 대하면서도 따질 것은 깐깐하게 따져 회사에 이익이 되도록 하였으며 신용을 잘 지켜서 우리 회사가 업계에서 높은 신뢰를 갖게 만들었습니다. 신 이사께서는 개인적인 주변 관리도 잘 하였습니다. 그의 가정은 화목하고 두 아들은 참 성실합니다. 그의 두터운 신앙생활은 항상 바른 자세와 성실함을 갖게 하는 근원이 되었을 것입니다.

그는 노래도 아주 잘합니다. 풍류를 즐길 줄 압니다. 우리는 매년 가졌던 회사 야유회에서 언제나 그의 끼를 즐겁게 볼 수 있었습니다. 파주출판단지에 회사 사옥을 짓고 세를 내주고 입주하지 못한 채 떠나는 것이 아쉽다 하십니다. 또 지금 온 나라와 우리 회사가 참으로 어려움에 처해 있음에 대하여 안타까워합니다.

신 이사님! 당신은 오랫동안 회사의 동료로, 친구로 지내온 멋진 사람이었습니다. 이제 석별의 정을 나누려 하니 마음 한 켠이 비는 듯 무척이나 허전합니다. 당신이 지난 26년 동안 항상 곁에 있음으로써 무척이나 든든하였으며 행복하였습니다. 당신을 사랑합니다. 감사합니다.

올해는 나라 안팎의 세상 사람들이 하루하루를 숨 고르며 지내는 것 같습니다. 우리 회사도 그렇고 나도 그렇습니다. 이렇게 어둡고 긴 터널을 지날 때는 자기 충전, 자가 발전을 시켜서라도 스스로 우울증이나 절망감에 빠져들지 않도록 해야겠습니다. 나는 요즈음 하루에 한 번씩 스스로 다짐하며 이런 주문을 외운답니다.

"난 건강하고, 행복하고, 사랑하는 사람들이 있고, 특히 하나님의 축복을 받고 있어…. 그러므로 나는 반드시 좋아지게 될 거야. 좋아지게 될 거야. 좋아지게 될 거야. 그리고 내가 하는 일은 다 잘되게 되어 있어. 잘되게 되어 있어. 잘되게 되어 있어."

— 2008년 10월 23일, 〈목요편지〉 제151회

불황을 이겨내는 비법

수은주가 영하를 한참 밑돌고 있습니다. 갑작스런 추위에 감기 걸리지 않도록 주의하세요.

세계 경제, 그리고 한국 경제가 요동치고 있습니다. 지금은 변화와 격동의 시기입니다. 아인슈타인의 말입니다. "어둠이 없다면 우리는 우주의 비밀을 알지 못할 것이다." 어려움이 없을 때는 내 역량도 잘 안 보이고 모두가 잘하는 것처럼 보입니다. 그러나 어려움이 닥쳐올 때 진정한 역량 발휘가 돋보일 것입니다.

어려움에 대하여 두려움을 갖기보다는 내가 무얼 해야 하는가를 알아서, 이런 때야말로 자신의 역량을 힘껏 발휘해나가도록 하십시다. 그리고 자신의 경쟁력을 한층 키워가도록 합시다.

요즘처럼 모두가 어렵고 힘든 시기에 더욱 자주 써야 하는 말이 있습니다. 바로 '감사합니다'입니다. 우리가 오늘 살아 있고 호흡한다는 것 자체가 감사한 일입니다. 어제 숨을 거둔 사람에게 있어서 오늘은 축복입니다. 우리가 어떤 어려운 처지에 있다 하여도 살아 숨 쉬는 우리는 그들에게 너무나 부러운 존재일 것입니다.

'감사'는 집에서 더 자주 써야 하는 말입니다. 집에서도, 식구들에게도 감사할 일이 참 많습니다. 많은 부부가 살면서 이렇게 말하기를 어려워하는 것 같습니다. "그동안 수고 많이 했어요. 나와 함께 살아준 것이 참 고맙고 감사하오."

회사에서도 감사할 일이 많습니다. 서로 협력해야 일이 되어가는 것을 잘 알 것입니다. 일터가 있다는 것도 감사할 일이고, 일터에 좋은 동료가 있다는 것은 행복 중의 행복입니다.

"감사합니다!"라는 말 안에는 따뜻함이 있습니다. 너그러움과 여유가 담겨 있습니다. 용서가 담겨 있습니다. 꿈과 비전이 담겨 있습니다.

감사의 반대말을 생각해봅니다. 불평과 원망입니다. 불평과 원망에는 따뜻함이 없습니다. 너그러움이 없습니다. 불평에는 여유가 없고, 용서가 없고, 꿈과 비전이 없습니다.

신은 인간에게 '감사'와 '불평'을 선택할 자유를 주었습니다. 바로 내가 선택하는 것입니다. 감사는 선택이지만, 훈련이 필요합니다. '감사하다'는 말 속에는 인간에게 생명과 기쁨을 주는 모든 요소가 담겨 있습니다. 감사를 통하여 우리 삶은 새롭게 되고, 생명을 얻고 활력을 찾게 됩니다.

요즘같이 어려운 상황에서는 불평과 원망이 선택될 수도 있습니다. 낙심하지 않으면서 살아온 인생이 어디 있겠습니까? 그러나 불평과 원망이 밀려올 때는 텔레비전의 퀴즈 게임에서 하듯이 "통과!"를 시키십시오. 그리고 내 마음속에는 좋고 귀한 것만 채우십시오. 내가 가진 것, 혜택 받은 것들을 생각하면 감사할 일이 생각날 것입니다.

우리 회사 내에서 서로 감사하다는 말이 넘쳤으면 좋겠습니다. 내가 감사하면 내 옆에 있는 사람이 감사합니다. 나로부터 감사가 시작됩니다. 내가 감사하지 않으면 감사는 나와 상관이 없습니다.

먼저 나에게 감사하십시오. "너 참 애썼다. 지금까지 열심히 살았구나. 참 수고했다." 또 내 손과 발을 만지면서 "너, 오늘 참 수고 많았구나. 고맙다"라고 이야기해보십시오. 배를 만지며 "내가 먹고 마신 것을 잘 소화하였구나, 감사하구나"라고 하십시오. 감사할 것이 너무너무 많습니다.

아침에 눈을 뜨게 된 것을 감사하고, 허둥지둥 나가야 할 만큼 나를 기다리고 있는 일과 일터를 주신 것을 감사하고, 회사에서는 머리가 지끈거리게 어려운 숙제를 주셔서 내 두뇌가 우수하게 계발되는 것에 감사하고….

"감사합니다."

나는 우리 사회가 이 말을 많이 사용해야 한다고 생각합니다. 이 말은 우리가 불황을 이겨나갈 무기이기도 합니다.

청림 식구들! 감사합니다. 파주에 있는 우리 관리부 식구들 감사해요. 그곳은 더 추운데…. 여러분 모두에게 감사합니다. 이 귀한 일터를 허락하신 하나님께 감사드립니다.

- 2008년 11월 20일, 〈목요편지〉 제155회

디플레이션 시대의 생존법

벌써 11월의 마지막 〈목요편지〉입니다. 〈목요편지〉의 주제를 무엇으로 할까 생각하면서 보다 유쾌하고 즐거운 소재를 찾았지만, 나라 안팎이 온통 어둡고 절망스러운 이야기들만 난무해서 밝은 주제를 찾기가 어려웠습니다.

있다면 이명박 대통령이 해외 순방 중에 동포들 앞에서 말하여 정치권에서 논란이 되고 있다는 이 말일까요. "지금 주식을 사두면 1년 후에는 부자가 될 것이다"라고 했다는데, 정말 대통령의 예언대로 그렇게 되었으면 합니다. 요즘은 신문에 나오는 경제 용어들에 외래어가 너무 많아서 국민들이 영어 공부와 경제 공부를 함께해야 할 지경입니다. 경제학자들은 세계 경제와 우리 경제가 본격적인 디플레이션 시대로 접어드는 것이 아닌가 하는 두려움을 많이 갖고 있다고 합니다.

지난주 미국 금융의 총책임자인 버냉키는 미국과 세계 경제가 디플레이션으로 접어들고 있다고 하였습니다. 디플레이션이란 통화량의 축소로 인해 물가가 하락하고 경기가 침체되는 현상을 말합니다. 디플레이션이 되고 있다는 말은 대공황과 같은 사태로 가고 있다는 것입니다.

그래서 각국 정부들은 지금 앞을 다투어 천문학적인 자금들을 쏟아부으면서 경기를 부양하고자 노력하고 있습니다. 한번 냉각된 경기를 살리기는 어려우니까요. 우리는 1997년에 IMF 지원에 국가를 맡기는 초유의 사태가 빚어져서 당시 많은 기업들이 도산하고 엄청난 실업자가 발생하는 사태를 경험했습니다. 일본은 1990년대에 10년간이나 침체의 늪에서 헤어나오지 못한 경험이 있지요.

그러면 디플레이션 시대, 즉 극심한 불황기에는 어떻게 대처하여 살아남을 것인가, 생존 전략을 함께 생각해봅시다.

1. 한번 디플레이션에 접어들면 불황은 우리의 예상을 뛰어넘어 상당히 긴 기간 동안 지속될 수 있습니다. 그러므로 개인과 기업은 소비 수준을 낮추고 오래 견뎌낼 수 있는 체제를 갖추어야 할 것입니다.

2. 주머니가 비어도, 추위가 닥쳐도 서로 사랑하는 마음이 있다면 거
   뜬히 어려움을 이겨나가겠지요. 가족 간의 유대를 강화하고, 회사
   에서도 직원들 간에 더욱 가까이하고 서로 협력해야 할 것입니다.
   소비 수준을 낮추려면 가족이나 구성원 사이에 서로 이해가 있어
   야겠지요.

3. 개인도 물론이지만 회사는 되도록 많은 현금을 가지고 있어야 합
   니다. 불황이 심화되면 1년 단위 지출을 현금으로 준비해도 안심
   할 수 없습니다. 부동산이나 주식에 투자해서 돈을 벌겠다는 생각
   은 하지 않는 것이 현명합니다.

4. 불황기일수록 지식이나 정보를 획득하기 위해 더 많이 노력해야
   합니다. 지식이나 정보는 생활비를 줄이는 것은 물론 새 기회를
   잡기 위해서도 중요합니다. 텔레비전 보는 시간을 줄이고 독서 시
   간을 늘려야 할 것입니다. 할 수 있다면 자격증을 취득하는 것도
   필요합니다. 학력보다는 누가 어떤 일을 할 수 있는지를 가장 확
   실하게 증명하는 것이 자격증입니다. 디플레이션과 공황은 자격
   증의 필요성을 더 느끼게 할 것입니다. 개인으로서는 당장 필요하
   지 않더라도 자격증을 취득해두는 것이 좋겠습니다. 물론 무슨 자
   격증을 가질 것인가에는 신중함이 요구됩니다. 거기에는 시간이
   라는 중요한 자산이 투자되는 것이니까요.

5. 회사는 사업을 최대한 보수적으로 경영해야 합니다. 디플레이션
   시대에는 수요가 얼어붙는 것을 명심하고, 허황된 것을 좇지 않아
   야 합니다. 특히 우리가 하고 있는 출판업은 막연한 정도의 '되겠
   지…' 하는 기대로 계약을 하고 출판을 하는 경우가 많은데, 어느

때보다 한 번 더 보수적으로 생각할 필요가 있습니다. 개인의 경우에는 쿠폰, 마일리지 쌓기 등 알뜰한 생활 방식을 체득하면 좋을 것입니다.

6. 불황의 시기에는 무엇이든지 당장 되는 일이 없습니다. 바로 무언가를 이루려 하지 말고 장기적으로 내다보고 인내를 갖고 끈기 있게 추진해가야 할 것입니다.

7. 불황기일수록 가장 중요한 것이 건강입니다. 마음과 몸이 지쳐가므로 건강이 무너질 가능성이 많습니다. 스트레스를 줄이기 위한 자신만의 방법을 가져야 할 것이며, 운동도 게을리 하지 말아야 할 것입니다.

8. 허례허식을 버려야 합니다. 품위 유지에 많은 지출을 하지 않아야 합니다. 자신의 지출명세서를 검토하여 줄일 수 있는 항목들은 서둘러 명세서에서 없애도록 하십시오.

9. 절대로 사채를 쓰는 일은 없어야 할 것입니다. 사채를 빌리는 것은 치명적인 결과를 가져올 수 있습니다. 공황 시대 자살 이유는 대부분 부채 때문입니다. 공황 시대에는 돈을 빌려준 사람도 그것을 받아내는 것이 결사적인 상황이 됩니다. 돌려받지 못하면 자기가 죽을 판이니까요. 하물며 어느 사회에서나 악명 높은 사채업자들에게 말려들어서는 안 됩니다. 그들은 폭력배까지 동원하여 괴롭힐 것이니까요.

10. 우리 이웃을 살펴야 합니다. 우리보다 더 큰 어려움에 처한 사람들을 돌봐야 할 것입니다. 어려운 시기일수록 우리 스스로 겸손하고 또 검약하는 습관을 가지면서도 불우한 이웃에 대한 배

려도 할 줄 알아야 합니다.

이상이 디플레이션에서 살아남는 열 가지 방법이라고 할까요. 이 가운데 가장 중요한 대처법을 꼭 하나만 선정하라고 한다면 저는 '사랑'을 꼽겠습니다. 서로 기댈 수 있는 '사랑'이 있다면 어떤 어려움도 이겨낼 수 있으리라 생각합니다. 가족 간에도 더 화합하고, 회사에서도 서로 격려하며 즐거운 일터가 되도록 해야겠지요.

엊그제 컨설팅 회사인 베인앤컴퍼니의 이성용 사장님과 점심식사를 하면서 들었습니다. 실물경제의 침체는 지금부터가 막 시작이라고 합니다. 지난주에 미국을 방문했는데, 미국은 대량 실업 사태로 지금 거의 패닉 상태라는 것입니다.

우리도 준비를 철저히 해야 하겠습니다. 최악의 가능성, 예를 들면 매출액이 금년도에도 낮았지만, 내년에는 극단적으로 반 토막이 날 수도 있다는 최악의 시나리오를 설정하여 지출 구조를 짜야 할 것입니다. 막연한 생각에 어떻게 잘되겠지 하고 조금씩 조금씩 말려들어가 어느새 심각한 사태에 빠져서는 안 될 것입니다. 허리띠를 조여 매고, 밀려오는 디플레이션 해일에 바짝 긴장해 대처해야 할 것입니다.

여러분, 어려운 시기를 슬기롭게 대처할 수 있도록 다시 한 번 마음가짐과 생활의 자세를 점검하시기 바랍니다.

- 2008년 11월 27일, 〈목요편지〉 제156회

말의 힘

봄내음이 상큼하게 다가옵니다.

우리 회사는 매주 월요일 아침이면 주례회의 시간을 갖지요. 그리고 회의를 시작하기 전에 한 주에 한 명씩 돌아가며 '1분 스피치'를 합니다. 자신의 경험이나 영화 이야기 등 여러 재미있는 이야기들을 들을 수 있어서 참 좋습니다.

짧은 시간이지만, 말하는 사람은 무엇을 이야기할까 꽤 고심하지 않을까 생각합니다. 우리나라 사람들은 주입식 교육을 받아서 대중 앞에서 이야기를 한다든지 토론 문화에 다소 익숙하지 못합니다.

유대인의 격언에 의하면 "말이 입안에 있을 때는 내가 말을 지배하지만, 말이 입 밖에 나오면 말이 나를 지배한다"고 합니다. 말에는 말하는 사람이 전하고자 하는 의미와 이미지가 담겨 있기 때문입니다.

말에는 힘이 있습니다. 미국 뉴욕의 맹인 걸인이 구걸하면서 내건 대조적이면서 재미있는 팻말입니다. 한 걸인은 "저는 불쌍한 맹인입니다. 배가 고파 죽겠습니다"라는 팻말을 걸어놓았고, 다른 걸인은 "봄이 오고 있습니다. 그러나 나는 봄을 볼 수가 없습니다"라는 팻말을 내걸었습니다. 두 문장의 차이는 무엇일까요? 전자는 자기중심적인 말을 하고 있고, 후자는 지나가는 행인이 걸인을 불쌍히 여기게끔 동정심을 불러일으키고 있습니다. 누가 사람들의 마음을 움직여서 구걸을 더 받았을까요?

미국의 오바마 대통령은 대통령 후보 때 유세 연설에서 말 잘하는 사람으로 정평이 났습니다. 그의 대통령 취임사는 명연설문으로 소문나 세련된 미국 영어를 공부하고자 하는 사람들에게 좋은 자료가 될 정도입니다.

며칠 전 텔레비전 뉴스 시간에 들은 이야기입니다. 요즈음 청소년들 사이에는 '욕'이 만연하고 있다고 합니다. 인터넷의 보급으로 국어가 많이 손상되어가고 있다고 들었지만, 욕을 빼고서는 청소년들 사이에서 서로 말이 통하지 않는 현실을 보면서 참 우려스러웠습니다. 언어는 인격과 정서를 동반하기 때문입니다.

인생에서 좋은 결실을 맺으려면 자기 통제력과 집중력이 있어야 합니다. 자기 통제력에는 언어 통제력이 중요한 요소입니다. 언어를 통제할 능력이 있다는 것은 내 안에 인내, 분별력, 사물을 바라보는 가치관이 있다는 것을 의미합니다. 우리는 적절한 시기에 적절한 말을 하는 지혜를 가져야 할 것입니다.

우리는 책을 출간하면서 제목과 헤드 타이틀 등 수많은 카피를 씁니다. 어떤 경우에는 몇날 며칠에 걸쳐서 수십 개, 아니 그 이상의 말들을 뽑아놓고 상의합니다. 그만큼 제목이 중요하지요. 이때 책을 만드는 우리 중심이 아니라, 독자 중심의 카피가 되어야 전달력이 있다는 사실을 알고 있습니다. 물론 멋진 카피와 함께 책의 내용이 좋아야 베스트셀러가 되겠지요.

우리가 나누는 일상의 말을 통하여 서로에게 사랑과 화평이 전해지고, 상처받은 마음을 회복시키며 치유 받을 수 있었으면 좋겠습니다. 출근하면서 얼굴을 마주친 동료 직원들에게 따뜻한 미소와 함께 "좋은 아침입니다" "좋은 하루 되세요" 등의 인사말을 주고받으면 서로 기분 좋은 하루가 시작될 것입니다.

특히 지금은 모두가 어려운 시기입니다. 이런 때일수록 우리가 주고받는 말이 서로에게 힘이 되고 격려가 되어야 할 것입니다.

– 2009년 3월 12일, 〈목요편지〉 제171회

세상의 변화에 눈을 떠야

6월의 첫 주입니다.

　지난주 서울대학교 송병락 명예교수님의 책《세계 경제 전쟁 한국인의 길을 찾아라》가 출간되었습니다. 저자도 좋은 원고를 쓰기 위하여 애쓰셨지만, 편집부에서도 송 교수님과 함께 상당히 오랫동안 공을 들인 책입니다. 읽어보니 내용도 대중적이어서 한국인이라면, 비즈니스맨이라면 꼭 봐야 할 책이라고 생각되었습니다. 여러분도 일독하시기를 권합니다.

　송 교수님은 지금을 경제 전쟁 시대라고 일컬었습니다. 예전의 무력에 의한 전쟁과는 달리 오늘날은 눈에 보이지 않는 두뇌 게임과 전략이 한 나라를 대파시키고, 중산층을 하류인생으로 추락시킨다고 합니다. 구소련이 무너진 것도 미국의 치밀한 경제 전쟁에 의하여 소련은 알지도 못한 채 국가가 해체되는 사태에까지 이른 것입니다. 일본이 지난 10년 동안 저성장에서 벗어나지 못한 것도 미국과의 소리 없는 경제 전쟁에 기인한 것입니다.

　한국도 경제 전쟁의 소용돌이 안에 있습니다. 외환위기, 최근의 서브프라임 사태를 겪으면서 빚어진 피해들이 이런 경제 전쟁의 일환인데, 우리는 그 실체와 심각성을 너무 모르고 있습니다. 외환 투기 세력들에 의해 IMF 사태를 당하면서 우리는 선진국과 선진 금융사들이 하자는 대로 함으로써 거의 100조에 가까운 국부가 유출되고 800개 가까운 금융회사들이 망했으며, 30대 그룹 가운데 열여섯 개 그룹이 해체되는 사태를 맞이하였습니다. 그뿐 아니라 우리나라 대표 기업인 삼성전자 우선주의 80퍼센트가 외국자본의 소유이며, 외국인의 주식 매도로 한국의 주가가 반 토막이 났었습니다.

국가와 기업이 이런 상황에 처하면 국민의 고통이 클 수밖에 없습니다. 아무리 일류대학을 나와도 일자리를 찾지 못하고 돈을 벌지 못하게 됩니다. 세상은 변하고 있는데, 이런 변화를 나 몰라라 하면 그 피해는 고스란히 개인이 떠안게 될 수밖에 없습니다.

우리가 세상의 변화에 눈을 크게 떠야 하는 이유가 여기에 있습니다. 물 흘러가듯 세상을 따라가기만 해서는 생존할 수 없습니다. 세상은 변하고 경제 역시 하루가 다르게 바뀌는데, 나만 유유자적한다고 아무도 보호해주지 않습니다. 남들은 부자가 되고 자유로운 삶을 사는데 비해서, 자신은 항상 초라한 삶을 살 수밖에 없을 것입니다.

워런 버핏이 최고 부자가 될 수 있었던 것은 세상의 변화를 읽는 데 타의 추종을 불허하기 때문입니다. 그는 보통 사람에 비해 독서량이 세 배나 많을 정도로 정보 수집을 위해 끊임없이 노력한다고 합니다. 이건희 회장은 앞으로 5~10년 뒤에 무엇을 먹고살까 생각하면 등에서 식은땀이 흐를 정도라고 합니다. 지금은 세상의 변화를 제대로 읽고 잘 대처해야 하는 시대입니다.

정신없이 변모하는 경영환경에서 우리가 살아남는 방법은 무엇일까요? 송 교수님은 '전략'이 있어야 한다고 말합니다. 다른(나라) 팀은 못하고 우리 팀만이 할 수 있는 것, 그것이 전략입니다. 경제 전쟁에서는 이런 눈에 보이지 않는 독창적인 전략으로 싸워야 합니다.

비교우위가 없다고 낙담할 것이 없습니다. 학벌, 가문, 용모가 좋다고 해서 반드시 승자가 되는 것은 아닙니다. 이런 것은 비교우위를 결정할 뿐 경쟁우위를 결정하지는 않습니다. 비교우위가 나쁜 사람도 전략을 세워 얼마든지 경쟁우위를 만들어 앞설 수 있습니다. 전략을 잘 아는 사람에게는 학벌, 가문, 용모가 문제시되지 않습니다.

전략은 인적, 물적 자원의 규모에 관계없이 능력 이상의 결과를 이끌어냅니다. 전략이란 경쟁자와 다른 것을 하는 것, 같은 것을 다른 방법으로 하는 것입니다. 조직에서도 관리 능력은 점점 평준화되고 있으며, 더욱 중요한 것은 '전략 능력'입니다.

기업은 경쟁력을 잃으면 바로 무너집니다. 기업은 혁신, 품질, 가격, 속도를 경쟁력으로 갖추어야 합니다. 삼성전자 윤종용 고문은 삼성전자의 경우 과거에는 경험, 노력, 기술이 굉장히 중요했으나 최근에는 혁신과 속도가 중요하다고 강조합니다. 과거에는 큰 기업이 작은 기업을 잡아먹었다면, 지금은 빠른 기업이 느린 기업을 잡아먹는 시대라고 합니다. 그만큼 속도의 중요성이 커졌습니다.

우리 회사를 돌이켜봅니다. 변화하는 기업 환경에 적극적으로 대처하고 있는가, 경쟁력은 있는가를 생각합니다. 특히 우리가 하고 있는 출판업은 지식산업이며 창조산업입니다. 다가오는 창조경제 시대에 가장 역량이 발휘될 수 있는 업이라고 생각합니다. 남보다 더 열심히 변화를 주목하고, 공부하고, 창의성을 갖추어나간다면 우리의 미래는 밝을 것입니다. 또한 여러분들도 개개인이 경쟁우위를 갖추도록 실력을 쌓아가야 할 것입니다.

- 2009년 6월 4일, 〈목요편지〉 제183회

듣는 마음

8월의 마지막 〈목요편지〉입니다.

우리 몸에 '입'은 하나인데 '귀'가 둘인 이유는 말은 적게 하고 듣기를 잘해야 한다는 뜻이라고 합니다. 나이를 먹어감에 따라 더욱 체감하게 되는 교훈입니다.

요즈음 오래간만에 친구들을 만나서 함께 소주라도 한잔하게 되면, 서로들 먼저 자기 이야기만을 내세움으로써 이야기할 차례도 오지 않는 경우가 많습니다. 뿐만 아니라 중간에 상대방의 대화의 맥을 끊는 일이 빈번합니다. 아마도 귀의 기능이 쇠해져서 경청의 능력이 떨어지기 때문에 자신의 말만을 더 앞세우는 것이 아닌가 생각합니다.

말하는 것보다 듣는 것이 더 어렵다는 것을 깨닫습니다. 대화 전문가들은 말을 잘 들어주는 것이 잘하는 것보다 훨씬 어렵다고 이야기합니다. 늘 대화를 주도하는 사람은 잘 들어주는 사람이라고 합니다.

다른 사람과의 관계에서 듣는 마음이 리더십입니다. 듣는다는 말에는 공감한다는 의미도 담겨 있습니다. 우리가 마음으로부터 듣겠다는 것은 상대방의 아픔을 내 아픔으로 삼겠다는 뜻이기도 합니다.

그래서 옛 현인들은 지도자의 가장 소중한 덕목으로 '듣기'를 꼽았습니다. 하늘의 소리를 들으려 하는 겸손한 마음, 백성을 사랑하고 백성의 소리를 들으려 하는 마음이 있어야 한다는 것입니다.

우리는 가정에서조차 말하는 것이 얼마나 어렵고 힘든 일인지 경험합니다. 아내와 남편이 서로 소통하며 설득하기조차 어려울 때가 많습니다. 어렸을 때는 부모의 말을 잘 듣던 자녀들도 청소년기가 지나면서 대화가 단절됩니다. 우리가 서로 들으려 하는 마음이 없을 때 소통의 부재, 대화의 부재가 더 생겨날 수밖에 없습니다.

듣는 마음은 자기성장의 원동력입니다. 들음으로써 우리의 마음속에 있는 고정관념이 깨지고 새로운 것을 받아들일 수 있기 때문입니다.

듣는 마음은 배우는 마음입니다. 들으려는 사람은 자기가 부족하다고 느끼는 사람입니다. 배움의 가장 중요한 핵심은 듣는 것이라고 말할 수 있습니다. '믿음'도 듣는 데에서 나온다고 《성경》은 말씀하십니다.

듣는 마음을 가진 사람은 겸손한 사람입니다. 이들은 사람들 사이에 평화를 이끌어내어 더불어 살아가도록 이끄는 힘을 갖고 있습니다. 이 시대에 가장 필요한 마음이 함께 살아가는 마음입니다. 특히 지도자는 듣는 마음을 가져야 합니다. 우리는 모두 집에서나 직장에서, 사회에서 지도자입니다.

회사에서도 서로 소통하고 듣는 마음을 갖는 것이 가장 중요합니다. 독자의 생각을 바로 아는 것이 곧 창의적인 기획이 되고, 거래처의 생각을 경청함으로써 좋은 관계를 갖고 일을 도모하게 되며 이해를 넓혀갈 수 있기 때문입니다.

모든 일에 듣는 마음이 있다면 막힐 것이 없으며, 사람들 사이의 장벽도 사라질 것입니다. 듣는 마음이 곧 비즈니스의 시작입니다.

— 2009년 8월 27일, 〈목요편지〉 제194회

샘표식품 박승복 회장에게 배운다

아직 한낮에는 무덥지만, 아침과 저녁에 부는 시원한 바람은 우리들의 마음을 퍽 상쾌하게 만듭니다. 출근길 발걸음을 가볍게 만듭니다.

오늘은 최근 우리 회사에서 책을 출간한 샘표식품 박승복 회장님의 경영철학과 인생철학에 대하여 이야기하고 싶습니다. 올해 88세이시며, 마침 오늘 미수연을 여신다고 합니다. 이분은 원래 상고 출신으로 예전의 식산은행에 입사하였습니다. 그 후 재무부에 발탁되어서 세 명의 총리가 바뀌는 긴 기간 동안 재무 관료를 역임한 경험이 있으시고, 관직을 떠난 후에는 부친께서 하던 장류 사업을 이어받아 지금까지 경영하고 계십니다.

책을 읽으면서 어디에 근무하든지 모든 일에 정성을 다하고 사람을 대할 때에나 사물을 판단할 때 진실하고, 새로운 아이디어를 모색하는 데 열심이셨다는 것을 느낄 수 있었습니다. 매사에 정성을 다하고 진실되게 행하셨다는 것은 이분의 인생관의 기저에 깔린 중요한 성공 요소라고 생각합니다.

특히 어디에 근무하든 '더 나은 방법은 없을까'라고 궁리한 끈질긴 집념은 이분이 성공하는 데 결정적 인자가 되었으리라고 생각합니다. 새로운 발상과 아이디어가 성공하고, 그 성공이 윗사람의 눈에 띄어 더 큰 일을 맡게 되었고, 그러한 사물에 대한 접근 시각이 사업도 성공적으로 이어오게 했을 것입니다.

책 속에는 많은 성공 이야기가 담겨 있습니다. 그중 하나의 예를 들어보겠습니다. 회장님이 은행에 근무할 당시 전매국(지금은 담배인삼공사)의 엽연초 배상금을 농가에 지급하기 위하여 경찰관을 대동해서 일일이 농가를 방문했다고 합니다. 만약 그 돈을 은행에 맡겨준다면 훨씬 더 안전하고 효율적으로 처리할 수 있으며, 은행에도 막대한 돈이 저축되어 그 자금을 운용하면서 수익을 얻을 수 있지 않을까 하는 아이디어로 당시 재무부 장관에게 제안을 하였다고 합니다. 그 제안이 받아들여져 전매국의 효율도 높아지고, 회장님은 그해의 '예금 유치 최우수상'을 받았다고 합니다. 책에는 이런 구절이 있습니다.

> 내가 이런 아이디어를 얻을 수 있었던 것은 특별히 머리가 좋아서가 아니다. 그저 항상 '뭐 좋은 것이 없을까?'라고 탐구하다 보니 신문기사 한 줄이 허투루 보이지 않았던 덕분이었다.
>
> 많은 사람들이 아이디어는 머리가 좋은 사람에게서 나온다고 생각한다. 하지만 내 경험상 열정을 갖고 일에 몰입하면 흐름이 읽히는 순간이 오게 마련이고, 그때부터 예상 밖의 아이디어가 나오는 듯하다. 마치 토끼와 거북이의 경주처럼 조금 부족하더라도 항상 깨어 있는 사람에게 좋은 아이디어와 기회가 먼저 찾아오는 것이다. 머리 좋은 사람이 아니라 열심히 일하는 사람이 세상을 움직인다.

회장님의 말씀에 전적으로 동감합니다. 우리도 자기가 맡은 일에 열중하다 보면 생각지도 않은 곳에서 아이디어가 떠오를 것입니다. 그것을 내 것으로 만들 수 있는 사람이 성공할 수 있습니다. 88세, 미수이신 박승복 회장님께서 앞으로도 더욱 장수하시기를 축원드립니다.

- 2009년 9월 17일, 〈목요편지〉 제197회

위하여!

계절의 변화가 무뎌진 것인지, 아니면 사람의 마음이 간사한 것인지, 엊그제까지도 춥다고 엄살을 피웠는데, 어느새 더위를 느끼며 거리에도 반소매를 입은 사람들이 적지 않습니다.

봄이 너무나 짧아진 것인지, 우리들 마음이 겨울과 여름 사이 봄의 온도를 느끼기에는 너무 둔해진 것인지, 아무튼 봄은 봄이건만 냉과 온을 오가는 우리들 마음은 갈대와 같습니다. 봄이 원래 그런 것인지도 모르지요.

성공에 대한 열망이 없는 사람은 아마 없을 것입니다. 일본의 유명한 경영 컨설턴트인 간다 마사노리는 성공에 대하여 "성공하기 위한 노하우가 분명한데도 실제 행동으로 옮기는 사람은 1퍼센트밖에 되지 않는다. 그러므로 성공하는 것은 간단하다"고 말합니다.

그가 말하는 '성공 노하우'란 바로 이것입니다. 그는 "99퍼센트의 사람들은 현재를 보면서 미래가 어떻게 될지를 예측하고, 1퍼센트의 사람만이 미래를 내다보면서 지금 어떻게 행동해야 할지 생각한다. 물론 후자에 속하는 1퍼센트의 사람만이 성공한다. 그리고 대부분의 사람들은 1퍼센트의 사람을 이해하기 어렵다고 말한다"고 말합니다.

요즈음 날씨와 사회 전반의 냉기류 때문인지, 출판계도 또 우리 회사도 저조한 매출로 고민하고 있습니다. 이렇게 어려움에 처하다 보면 자칫 현실에 바탕을 둔 즉각적인 타개책만을 모색하는 데 급급하게 됨을 느낍니다.

지난주 〈목요편지〉에서 티핑 포인트(tipping point)를 만들어야 한다는 갈급함을 이야기했는데, 이러한 변환점에 대한 대책도 미래의 관점에서 현재를 봄으로써 임기응변적이 아니라 장기적 발전이 담보되어야 할 것입니다.

산 위에서 바다를 보면 거대한 파도도 고요하게 보입니다. 멀리 하늘 위에서 육지를 보면 한눈에 모든 것이 들어옵니다. 이를 헬리콥터 뷰(Helicopter View)라고 합니다.

요즘같이 혼란스럽고 어두운 시기에는 작은 일에 일희일비하지 않으면서, 당장의 편의나 이익만을 생각하는 것이 아니라 미래적 관점에서 현재를 보고 무엇을 해야 할지를 생각하고 행동하는 지혜가 필요할 것입니다. 우리가 건배사에서 많이 제창하는 '위하여'를 뜻풀이하면 "'위'는 위기를 기회로, '하'는 하면 된다, '여'는 여러분, 힘내십시오!"입니다. 여러분께 '위하여!'를 제창합니다.

- 2010년 4월 22일, 〈목요편지〉 제228회

인간관계의 이해

삶에서 가장 어려운 것이 '인간관계'가 아닌가 생각합니다. 가정에서 부모와 자녀와의 관계, 남편과 아내와의 관계, 또한 직장에서 함께 일하는 동료와의 관계들이 그저 순탄하게 항상 좋을 수만은 없습니다.

나 아닌 다른 사람을 이해한다는 것이 왜 그렇게 어려운 것일까요? 내 속마음은 다른 사람을 존중하고 싶은데, 좋은 관계로 지내고 싶은데, 그것이 잘되지 않는 것은 왜 그럴까요.

옛 사자성어에 역지사지(易地思之)라는 말이 있습니다. 상대편과 입장을 바꾸어 생각하면 많은 문제가 해결될 것이라는 의미입니다. 아버지는 아들의 입장에서, 아들은 아버지의 입장에서 생각하는 것입니다.

직장의 상사는 부하직원의 입장에서, 부하직원은 상사의 입장에서 생각하는 것입니다. 한마디로 상대방을 배려하는 눈높이로 내려가 보라는 것입니다.

《성경》에서는 "사랑은 무례히 행치 않는 것"이라고 하였습니다. 사람들은 처음 태어나서 '나 중심적인 사고'에 있다가 점차 자라나면서 어느 순간에 비로소 세상에는 나 혼자만 있는 것이 아님을 깨닫게 됩니다.

부모의 사랑을 혼자 듬뿍 받고 자라다가, 동생이 태어나자 갑자기 사랑의 중심이 나에게서 동생에게로 옮겨가는 것을 보고 불안해하며 질투하고 떼를 쓰게 됩니다. 처음으로 인생의 아픔과 쓰라림을 깨닫게 됩니다. 그러나 한편으로는 지금까지의 오직 나 중심에서, 나와 너라는 '관계' 중심으로 인생이 변화되면서 성숙해져갑니다.

모든 것에 나만 혼자 있는 것처럼 생각하는 사람은 인생이 피폐해집니다. 인생은 나와 이웃이 함께 살아야 합니다.

인간을 동물의 모습에 비유한 우화가 있습니다. 사자와 소가 사랑하게 되어 결혼하였답니다. 둘은 각자 상대방에게 최선을 다하기로 마음먹었습니다. 그래서 소는 자기를 사랑하는 사자에게 자기가 뜯은 가장 신선한 풀을 주었습니다. 사자는 이것이 싫었습니다. 또 사자는 싱싱한 살코기를 소에게 주었습니다. 소는 이를 보기조차 끔찍해했습니다.

이들은 마침내 어느 날 참을성의 한계에 이르렀습니다. "왜 네가 좋아하는 풀만 갖다 주느냐"라고 사자가 항의했습니다. 그러자 소는 "왜 너는 네가 좋아하는 고기만 갖다 주느냐"고 화를 냈습니다.

그들은 결국 헤어지기로 하였습니다. 헤어지면서 서로 혼잣말을 하였습니다. "나는 최선을 다한 거야…."

요즘 젊은이들은 너무 이기주의적이고 타산적이라고 합니다. 아마 한 명 혹은 두 명의 형제 속에서 자라 서로 협력하고 조화롭게 살아가는 것에 익숙하지 않기 때문일 것입니다. 또한 노는 문화도 예전과 달리 게임이라든가 컴퓨터 등으로 혼자 즐기고 보내는 시간이 많아져 사람들과 소통하는 방식에 익숙하지 않습니다.

인간관계는 서로 부딪치면서, 한편으로는 상처도 받으면서, 또 한편으로 사랑과 우정과 친밀한 관계가 형성되는 것입니다. 서로 이해하고 배려하는 마음이 있어야 무례하지 않은 인간관계가 형성됩니다.

특히 리더의 인간관계에 주목해봅니다. 모든 리더는 외롭기 때문입니다. 그의 곁에 항상 의견을 지지해주는 지지자들이 있다 하여도 본질적으로 리더들은 외로운 것입니다. 내 지지자들뿐 아니라 반대쪽 사람들도 잘 챙겨야 하는 것이 리더의 역할이기 때문입니다.

아버지는 가정의 리더입니다. 아내와 자식들에게 말 못하고 혼자 감내해야 하는 무거운 짐이 있습니다. 그래서 아버지는 혼자 고민합니다. 아버지란 이름은 외롭습니다. 국정을 책임지고 운영해가는 대통령과 장관들도 외롭습니다.

직장에서도 회사를 이끌어가는 사장과 이사와 팀장들은 외롭습니다. 모든 지도자들은 외롭습니다. 감당해야 할 책임이 무겁게 있는 사람들은 힘들고 외롭습니다.

그러므로 역설적이지만 지도자들은 외로움을 극복할 수 있어야 합니다. 외로움을 파도타기처럼 적절히 즐길 줄도 알아야 합니다. 지지자들이 없는 리더들은 외로움의 단계를 넘어 죽을 맛일지도 모릅니다. 과거 노무현 대통령은 내부 지지자들을 만들지 못해 정책을 쉽사리 진행하지 못했습니다. 리더가 아무리 훌륭한 전략적 카드를 가졌더라도 내부 지지자들이 반대하면 그저 그런 카드로 몰락하고 말게 됩니다. 그러므로 리더들은 지지자들이 있어야 합니다.

회사에서의 인간관계도 복잡하고 어렵습니다. 회사의 구성원은 지금까지 아무런 인연이나 관계도 없이 전국에서 모인 사람들입니다. 그래서 서로 삶의 방식이 다르고 생각이 달라 인간관계에서 부딪치는 경우가 있습니다. 그러나 우리가 한 회사에서 일할 때는 공동의 목표를 위해 이해하고 협력해가야 합니다.

리더들은 부하직원들을 세심하게 섬기며, 부하직원들은 리더들에게 존경과 충성심을 갖고 대해야 할 것입니다. 서로의 입장을 역지사지로 이해하려 노력하면서, 공동의 목표를 위해 협력해가야 할 것입니다. 바른 인간관계, 이해와 사랑이 있는 직장 동료, 상하관계를 가짐으로써 일하기 좋은 회사가 될 수 있습니다.

- 2010년 10월 14일, 〈목요편지〉 제250회

화(和)가 성(成)이다

좋은 아침입니다. 한국인의 가정에 제일 많은 가훈(家訓)은 아마도 가화만사성(家和萬事成)이지 않을까 싶습니다. 가족 구성원의 화목(和睦)이야말로 가정을 가정답게 만드는 가장 기본적인 필요조건이기 때문입니다.

화(和)의 중요성은 비단 가정에만 국한된 것이 아닙니다. 이윤 획득이 목적인 기업에서도 인화(人和)는 어느 가치보다 중시됩니다. 인화가 없는 기업에 성공은 있을 수 없으며, 설령 어느 정도 성공한다 해도 극히 단기적이며 지속될 수가 없습니다.

그러면 화란 무엇일까요? '서로 다름'을 인정하는 데에서 출발합니다. 내 의견과 같거나 동조해야만 화가 되는 것이 아닙니다. 가정에서도 부모와 자녀 간에 이견과 마찰이 빈번합니다. 서로 다른 의견과 입장에 서 있는 경우가 많습니다. 오죽하면 엊그제 어느 신문 사설에서는 요즈음 가정에서 선거 이야기를 하면 부모와 자녀 간에 말이 안 통하고 대화가 단절된다고 합니다. 부모는 자녀의 입장에서 자녀 세대의 생각과 교감하려는 노력이 필요하며, 자녀는 부모 세대의 경험과 지혜에서 오는 이야기를 경청하려는 노력이 필요합니다.

기업에서도 역시 인화를 위한 노력이 필요합니다. 더욱이 기업 내 구성원들은 지금까지 삶의 배경이 전혀 다른 사람들입니다. 모든 사람들이 저마다의 생활습관과 기호의 차이를 갖고 있습니다. 현대 산업사회는 분업의 시대입니다. 하나의 완성된 제품을 생산하고 판매하고 애프터서비스를 하는 등 기업의 모든 업무에 많은 사람과 조직이 부문별로 분화되어, 일정한 절차와 과정에서 협력과 통합을 이루어갑니다. 이러한 분업의 시대에 제일 필요하고 강조되는 것이 화가 아닐까 생각합니다. 우리 회사에서도 책을 발간하고 사업을 영위하는 데 있어서 부서 내에서의 화, 타 부서와의 화, 거래처와의 화, 나아가 독자나 저자와의 화, 세무서나 지역단체와의 화 등 무수한 화의 관계가 요구됩니다.

임종을 앞둔 사람들에게 인생에서 제일 후회스러운 것이 무엇인가 물으니, 원만하지 못한 인간관계의 실패를 이야기하며 자책했다고 합니다. 지식, 능력, 기술이 아무리 뛰어나도 인간관계가 좋지 못하면 성공하기 어렵습니다. 유대인의 잠언에 "친구가 없는 사람은 오른손을 잃어버린 왼손과 같다"고 합니다.

사람들 사이에 화가 잘 이루어지면 시너지(synergy)가 만들어집니다. 상생의 인간관계가 만들어집니다. 서로의 차이점이 보완과 협력으로 표출됩니다. 화는 상대방의 차이점을 가치 있게 생각하는 힘입니다.

사업(business)과 분주함(busyness)의 영어 발음이 비슷하듯, 사업은 분주함을 동반할 수밖에 없습니다. 이러한 비즈니스의 분주함에서도 함께 마음을 나누는 동료가 곁에 있다는 것은 참 행복한 것입니다.

때로 화를 중시하는 사람이, 마음씨는 좋은데 조금은 성격이 무른 사람으로 오해받는 경우가 있는데 그렇지 않습니다. 친화적인 삶이야 말로 가장 가치 있습니다.

마더 테레사 수녀님의 말씀입니다.

"나는 당신이 할 수 없는 일을 할 수 있고, 당신은 내가 할 수 없는 일을 할 수 있습니다. 그러므로 우리는 함께 훌륭한 일을 해낼 수 있습니다."

지금 내 옆에 앉아 수고하고 있는 동료, 그 동료가 있어서 우리가 일을 해낼 수 있고 행복할 수 있습니다. 내가 먼저 손을 내밀어 동료 간에 화를 이루어갑시다. "좋은 아침입니다. 당신이 있어서 행복합니다." "감사합니다."

– 2011년 10월 27일, 〈목요편지〉 제266회

출판의 발견

새로운 도전

지난주에는 프랑크푸르트도서전 참관 때문에 〈목요편지〉를 한 주 쉬었습니다. 프랑크푸르트도서전은 올해 마침 한국이 주빈국이어서 어느 해보다 한국 관람객이 많았습니다. 국내외의 평가를 종합해볼 때 한국을 알리는 데 비교적 성공적이었다고 합니다.

하지만 도서전을 보면서 우리 출판은 아직도 선진국과는 현저한 격차가 있음을 다시 느꼈습니다. 다른 제조업과는 달리 문화의 표출물인 출판산업은 하루아침에 선진국을 따라잡을 수 없는 것 같습니다. 지난 몇 세기 동안 세계의 문화가 서구 중심이어서 우리는 읽을거리, 볼거리 등을 대부분 서구에 의존할 수밖에 없었습니다. 그런 관계로 소재가 빈곤한 우리 출판이 발전하기 위해서는 전방위적인 문화 발전과 각고의 창의적 노력이 함께해야 할 것입니다.

아무튼 나는 마음속으로 다짐을 했습니다. 내년에는 우리 회사에서 해외로 수출 계약하는 책을 열 권은 만들어야겠다고 말입니다. 결코 쉬운 일은 아니겠지만 그렇다고 못할 것도 없다는 생각입니다.

어려운 여건 속에서도 우리는 끊임없이 도전해야 합니다. 출판 환경이 어렵다고 말하지만 나는 조금만 노력하면 충분히 가능성이 있다고 생각합니다. 그리고 출판도 전자제품이나 자동차처럼 수출 품목으로 만들어갈 수 있다고 봅니다. 여기 우화를 하나 소개합니다.

어떤 독수리 나라에 독수리 세 마리가 살고 있었다. 이들은 자신들이 세상에서 가장 못난 독수리라고 생각했다. 그리고 더 이상 이 세상을 살아갈 필요가 없다고 여겼다. 어느 날 세 독수리는 자살하려고 벼랑에 모였다. 막 자살하려는 순간 멀리서 피수를 보던 영웅 독수리가 날아와선 "너희들 왜 죽으려고 하니?"라고 묻자, 한 독수리가 "저희들처럼 못난 독수리는 살아갈 필요가 없어요"라고 말했다.

"너희가 왜 못난 독수리니?"라고 묻자 독수리들이 대답했다.

"전 매일 날기 시험에서 떨어져요. 저같이 멍청한 독수리는 없을 거예요."

"전 매일 윗독수리에게 얻어터지면서 살아요. 이렇게 살 바에는 아예 죽는 것이 나아요."

"전 사랑하는 독수리에게 버림을 받았어요. 저 같은 바보는 살 필요가 없어요."

"너희가 보기에는 내가 아무런 상처 없이 태어나자마자 영웅 독수리가 된 걸로 생각하는 것 같구나."

그리곤 날개를 쭉 펴자 여기저기 많은 상처들이 나타났다.

"이건 날기 시험에서 떨어져 생긴 상처고, 이건 윗독수리에게 얻어터진 상처란다. 하지만 이런 건 눈에 보이는 상처일 뿐 가슴속에 묻힌 상처는 더 크단다. 세상에 상처 없는 독수리가 어디 있겠니? 있다면 아마 태어나자마자 죽은 독수리일 거야. 세상을 상처 없이, 고통 없이 어떻게 살겠니? 그런 것들로 해서 이 세상은 더욱 더 살아갈 만하단다."

그렇습니다. 인생도 그렇고, 기업 경영도 그렇습니다. 역경은 늘 우리 앞에 있습니다. 그 역경을 극복하려면 어느 정도의 상처는 생길 수밖에 없습니다. 도전, 그 자체가 할 만한 가치가 충분히 있다고 생각합니다. 여러분과 함께 있음을 감사하게 생각합니다. 하나가 되어 도전할 때, 우리는 큰일을 할 수 있다고 믿습니다. 여러분과 함께 한국을 대표하는 출판사가 되기 위해 도전을 시작합니다. 즐거운 한 주 되세요.

- 2005년 10월 27일, 〈목요편지〉 제6회

출판지식산업의 미래를 생각하며

지난주에 십여 명의 출판인들이 이해찬 총리의 초청으로 총리 공관에서 함께 식사하는 자리가 있었습니다. 총리 부인께서도 참석하여 올해 프랑크푸르트도서전의 성과와 출판계의 현황에 대하여 이야기를 나누었습니다.

이해찬 총리는 출판을 잘 아시는 분입니다. 아주 오래전에(1980년대 초) 운동권으로 감옥에 갔다 온 이후 생계를 위해 출판사에 근무하기도 하였고, 또 출판사와 서점을 직접 경영하기도 하였습니다. 출판을 잘 이해하는, 그리고 책을 좋아하는 총리라 좀 더 친근감을 가질 수 있었습니다.

이 자리에서 출판의 미래에 대해 여러 가지 이야기가 나왔습니다. 종이책 도서관에서 정보 도서관으로의 변화, 지금까지 활자화된 책 위주에서 보는 책, 읽어주는 책으로의 변화, 세계 정보시장의 변화 등을 이야기하였습니다.

전통적인 종이책의 미래, 출판산업의 미래는 우리 모두의 관심사입니다. 이날 우리들의 화두인 출판산업의 미래에 대해 나눈 이야기들을 몇 가지로 요약합니다.

첫째, 우리 출판산업이 뻗어나가려면 서점에서 파는 종이책에만 의존하지 않고 디지털서적 등 시장의 다변화를 꾀해야 할 것입니다. 아무래도 현재와 같이 디지털산업의 발전이 가속화된다면, 종이책이 차지하는 위치는 상대적으로 줄어들 수밖에 없을 것이기 때문입니다.

책시장은 여러 가지 이유로 위축되고 있습니다. 따라서 시장 측면에서는 다품종 소량 생산의 체제로 가고, 생산 측면에서는 효율적인 생산 관리와 업무 효율을 높여 제작비 등의 경감 노력이 따라야 할 것입니다.

또 출판시장의 국제화 측면에서 보면 세계 인터넷에서 통용되는 언어 중 70퍼센트는 영어, 20퍼센트는 중국어, 5퍼센트는 스페인어, 그리고 독일어, 프랑스어, 일본어 등이 1퍼센트 정도씩 차지한다고 합니다. 영어 인구가 70퍼센트나 되지는 않지만, 세계 공용어로 사용되기 때문에 인터넷 점유율이 높고, 중국어는 중국인 숫자만으로도 20퍼센트는 사용한다고 합니다. 결국 영어와 중국어의 공략이 없으면, 한국어만의 출판은 시장 규모가 작기 때문에 갈수록 어려워질 것으로 예측되고 있습니다.

최근 우리나라가 세계 최고를 유지하는 품목이 여러 가지가 있습니다. 철강, 선박, IT, 자동차, 석유화학 제품, 종이, 인터넷망, 고층 건물 건축 등 이런 품목들이 세계시장에서 잘 팔리기 때문에, 지금 우리나라 경제가 견고하게 성장하고 있는 것입니다. 그런데 주목할 것은 우리 상품의 세계 무역 증가율은 12퍼센트인데 반해, 개발도상국인 브릭스 국가(브라질, 러시아, 인도, 중국)는 25퍼센트에 이른다고 합니다. 책과 같은 문화상품은 그런 떠오르는 시장을 공략하면 좋을 것입니다.

현재 중국은 100만 달러 부자가 1,000만 명이라고 합니다. 우리나라는 10만 명에 불과하니 우리에 비해 백 배나 큰 시장이 있는 것이지요. 중국의 상류 부유층을 대상으로 하는 문화상품을 개발하면 좋을 것이라는 이야기입니다.

요즈음 중국인들의 한국 관광에서는 아파트 모델 하우스 방문 코스가 인기라고 합니다. 아마도 어떤 영리한 가이드가 고궁이나 다른 곳을 방문하면 입장권도 사야 하고 일일이 설명도 해주어야 하는 데 반해, 모델 하우스를 방문하면 한류 열풍으로 한국식 가구 배치나 집 안 꾸밈에 관심이 많은 중국인들도 좋아하는데다 차(茶)도 공짜로 주고 예쁜 도우미가 설명도 해주어 이런 아이디어를 낸 것 같습니다. 아무튼 일석이조의 효과를 가져왔다고 합니다.

이 총리께서는 인테리어 전집을 출판해서 중국 부유층에 팔면 분명히 히트를 칠 것이라며 출판 기획까지 해주셨습니다. 앞으로 우리 회사도 영어나 중국어로 낼 수 있는 아이템을 기획하고 출판하여야 할 것입니다.

문화의 기초는 출판이고, 책은 지식의 기본 창고입니다. 다시 한 번 출판인으로서의 자부심과 긍지를 느끼며, 세계시장을 향한 강한 도전 의욕도 생겼습니다. 출판을 이해하는 총리를 만나 책의 미래, 출판의 미래를 이야기하는 귀중한 시간이었습니다.

- 2005년 12월 22일, 〈목요편지〉 제14회

베스트셀러의 요소들

오늘 이메일이 올해 보내드리는 마지막 〈목요편지〉가 되는군요. 지난 한 해 동안 수고 많이 하셨습니다.

출판계에는 항상 베스트셀러가 존재합니다. 모두가 불황이라고 아우성일 때조차도, 그런 베스트셀러를 출간한 몇몇 출판사들은 만면에 웃음이 가득합니다. 그럼 베스트셀러가 되는 요소들은 무엇일까 생각해보십시다.

"베스트셀러는 운이다"는 말을 나는 부인하지 않습니다. 물론 여기에는 "하늘은 스스로 돕는 자를 돕는다"라는 격언처럼 노력하고 열심히 구하는 사람에게 행운이 따라오는 것이지, 가만히 누워서 사과가 입안에 떨어지기를 기다려서는 아무것도 이룰 수 없다는 전제가 있습니다. 그렇다면 열심히 노력하면 하늘도 도울 것이 확실하니, 베스트셀러는 결국 우리의 노력 여하에 달려 있다고 하겠습니다.

먼저 시장의 파악입니다. 어떤 분야에서 대박이 나오고 있는가를 분석해야겠습니다. 그 분야의 대박(블록버스터)이 왜 대박이 되었는가 하는 이면 연구가 필요합니다. 시장이 원하는 키워드는 항상 우리 삶의 주변에 존재합니다. 주변에 존재하는 소재를 끄집어내 적절한 시점에 적절한 방법을 제시함으로써 시장 욕구를 충족시킬 수 있는 것입니다.

베스트셀러의 또 하나의 공통점은 '쉽다'는 것입니다. '쉽고 얇다'는 것은 베스트셀러의 중요 요소 중 하나입니다. 대부분 200~300쪽 분량입니다. 두꺼운 책에서 베스트셀러가 나오기란 그렇게 쉽지 않습니다. '갖고 다니기 편하고, 읽기 쉽고, 가볍고 얇은 책'이어야 합니다. 한 가지 빼놓을 수 없는 것은 '제목의 중요성'입니다. 베스트셀러는 대부분 머릿속에 강하게 남는 '튀는 제목'을 갖고 있습니다.

또한 마케팅 역시 빼놓을 수 없는 베스트셀러의 요소이지요. 베스트셀러를 낸 출판사들은 책을 띄우기 위하여 강연회, 사인회, 선물 이벤트 등 다양한 행사를 벌입니다. 베스트셀러를 만들기 위해 몸부림을 친다는 표현이 맞는 것 같습니다.

아무튼 서점가에는 경기에 상관없이 새로운 베스트셀러가 출간됩니다. 여러 가지 요소들이 작용하지만, 이것들 중에 가장 중요한 것은 '타이밍'입니다. "같은 책이 지금 나와도 성공할 수 있다고 보느냐"라는 질문에 베스트셀러 기획자들은 한결같이 "아니다"라고 말합니다. 그러고 보면 '운'이라고 하는 것은 사실 '타이밍'을 일컫는 말이라고 생각합니다. '콘셉트, 제목, 콘텐츠, 마케팅' 같은 것보다도 더 중요한 것이 '타이밍'이라고 봅니다.

요즈음 출간된 《히트 트렌드 전략》이라는 책이 있습니다. 이 책은 도서에 국한하지 않고 다양한 상품을 예로 들고 있습니다만, 히트하는 상품의 특성에 대해 정리하고 있어서 참조가 됩니다.

첫째로, 퍼놀로지(funology), 즉 재미가 있어야 한다는 것입니다. 사람들은 스토리와 재미를 구한다고 합니다.

둘째로, 무언가 번뜩이는(remarkable) 그런 상품이 히트한다고 합니다. 상품이 출시되자마자 구입하는 초기 구입자와 같은 능동적인 소비자의 입맛에 맞추면 거의 광고비를 쓰지 않고도 팔 수 있다고 합니다.

셋째로, 멀티 컬처(multi culture), 즉 다문화성을 갖고 있는 상품이 히트한다고 합니다. 퓨전이 아니라 케냐의 가방, 러시아의 인형 등 독특한 문화를 표현하고 있는 상품이 앞서가는 패션 리더들에게 인기가 있다고 합니다. 한국의 도안, 문양 등 한국적인 것, 특별한 전통이 들어있는 것이 먹힌다는 이야기입니다.

넷째로, 웰 룩킹(well looking)족의 감성에 맞는 상품이 잘 팔립니다. 즉 남들이 보기에도 좋은, 운동을 열심히 해서 멋지게 보이는 것과 같은 성공한 사람의 이미지에 맞춘 상품을 말합니다.

다섯째로, 줌마렐라, 즉 경제적 능력을 갖고 있는 30~40대 여성 대상의 상품이 잘 나간다고 합니다. 남자 역시도 마찬가지로 새롭게 창출되고 있는 중년시장을 노리라고 합니다. 전에는 20대 여성층이 주요 상품 구매층이었지요.

마지막으로 하나 더, 인스피리언스(in+spirence) 즉 내부와 경험이 합쳐진 복합어입니다. 주 5일제가 되면서 외출도 많이 하지만, 한편으로는 집에서 놀 수 있고 즐길 수 있는 상품이 인기라네요.

새해 복 많이 받으세요.

－2005년 12월 29일, 〈목요편지〉 제15회

브랜드를 키워야 살아남는다

5월입니다. 바깥 업무로 바삐 돌아다니다 보니 등이 젖었습니다. 봄이 지나가고 있습니다.

오늘 아침에 실업인 조찬 모임을 마치고, 함께 수원에 위치한 삼성 전자를 방문하였습니다. 전에는 생산단지였으나 이제 생산시설은 모두 광주와 중국 등으로 옮겨가고 첨단 연구단지로 변모한 그곳에는 약 2만 5,000명이 근무하고 있었습니다. 그곳에서 이런 이야기를 들었습니다.

삼성전자는 2004년에 54조 원 매출에 10조 원의 순이익을 냈다. 2005년에는 58조 원의 매출에 7.5조 원의 순이익을 냈다. 매출이 늘었는데도 순이익이 줄어든 것은 환율 때문이다. 환율이 10원 떨어지면 순이익이 2,000억 원 줄어든다. 삼성전자가 한국 경제에서 차지하는 비중은 18퍼센트다.

삼성전자의 순이익은 일본의 7대 전자업체의 전체 순이익보다 많다. 그리고 세계 전자업계에서 MS, IBM, GE, INTEL, ROKID, SONY 등에 이어서 8위다. 삼성의 세계 1등 제품은 현재 여덟 개인데, 2010년까지는 스무 개로 늘여서 5년 내에 세계 3대 전자업체로 약진할 계획이다. 삼성의 브랜드 가치는 20위, 127억 달러의 가치를 가졌다.

나는 삼성전자를 보면서 기업을 잘 경영하는 것이 애국이며 애국자임을 다시 한 번 확인할 수 있었습니다. 이런 삼성전자를 보면서, 마음속에 뿌듯한 자부심을 느꼈습니다. 척박한 환경에서 일구어낸 값진 숯

자들입니다. 삼성전자는 세계에서 존경받는 50대 기업 중 39위라고
합니다만, 적어도 한국에서는 존경받는 기업 1위가 아닐까요. 이러한
경이로운 모습 뒤에는 1등 제품을 늘리려는 끊임없는 노력과 열정이
있음을 느낄 수 있었습니다.

"기업의 경쟁력 강화를 위해서는 품질은 물론, 디자인이나 브랜드
등 소프트웨어 부문의 경쟁력이 우선되어야 한다는 인식하에 삼성의
아이덴티티 확립에 최선을 다한다."

"삼성의 혼이 담긴 제품의 개발과 남보다 앞선 기회 선점이야말로
브랜드 경쟁력의 승부가 될 것이다."

"브랜드를 키워야 살아남는다."

전시관 뒤에 붙어 있는 이런 글귀들에서 삼성전자의 의지를 읽을 수
있었습니다.

경쟁력, 아이덴티티, 혼, 브랜드…. 무한 경쟁 시대를 살아가는 우리
기업 환경에 무엇이 필요한지를 단적으로 말해주고 있었습니다. 한 해
에 1억 개의 핸드폰을 파는데, 1년에 새 핸드폰이 359종이 출시된다고
합니다. 출시한 지 하루가 지나고 다음날이면 구형 핸드폰이라는 이야
기입니다.

나는 출판산업을 '벤처산업'이라고 생각합니다. 삼성전자를 보면서,
비록 업종이나 규모는 달라도 우리가 추구하는 것은 같으며, 기업이
가야 하는 길은 하나임을 인식하면서 출판 분야에서 삼성전자와 같은
회사가 되어야겠다는 강한 의지를 갖고 돌아왔습니다. 노력하겠습니
다. 함께하십시다.

5월은 가정의 달입니다. 내일은 어린이날입니다.

평소에 자주 찾아뵙지 못한 부모님이나 형제들도 보고, 전화로나마 문안을 여쭈면 좋겠습니다. 그리고 자녀에게는 따뜻한 편지나 선물 등을 보내주었으면 합니다. 나는 우리 사회가 '가정이 회복되는 운동'을 벌여야 한다고 생각합니다.

즐거운 5월이 되시기를 바랍니다.

- 2006년 5월 4일, 〈목요편지〉 제32회

우리 회사에 부족한 2퍼센트

5월 중순입니다. 다가오는 선거에, 그리고 월드컵에 마음은 부산하기만 합니다. 오늘은 우리 회사에 대한 치열한 자아비판과 쓴소리를 좀 해야 할 것 같습니다.

지금 우리 회사는 새롭게 비약하자는 굳은 의지 속에서 모두들 열심히 하고 있습니다. 그러나 정말로 제대로 하고 있는가 생각해보면, 그렇지 못한 것 같습니다. 무언가 열심히 하고는 있는데 성과는 두드러지게 나타나지 않는 '2퍼센트 부족한' 상태가 이어지고 있다는 생각입니다.

우리보다 앞서가는 회사들이 있습니다. 그런 회사들은 시장을 주도하고 있습니다. 기획, 홍보 그리고 광고에서 무언가 다른 모습들을 볼 수 있습니다. 그들과 우리의 차이는 무엇일까요? 이런 점에 대해 진지하게 생각해야 할 것 같습니다.

몇 가지를 순서 없이 이야기하겠습니다. 기획의 측면에서 보면, 우리 회사는 너무 안일하게 외국 출판물에 안주하는 경향이 있습니다. 세상의 흐름과 오늘의 뉴스와 우리 시대의 관심과 문제에 대하여 우리는 별로 관심을 갖지 않고 토론도 하지 않습니다. 쉬운 출판의 길을 걷고 있는 것입니다.

다른 회사들을 보면 월드컵을 앞두고 축구감독 아드보카드의 책을 기획하는가 하면, 방송에서 인기가 있는 '생로병사', '비타민', '용서' 등을 책으로 기획하여 베스트셀러 상품으로 만들고 있습니다. 이에 반해 우리의 기획은 시기성과 독창성 그리고 적극성 등이 부족한 일상적인 기획으로 눈길을 끌지 못하고 있습니다. 광고 홍보의 측면에서만 보아도 우리는 거의 전부를 신문광고에만 매달리고 있습니다. 타사는 온라인서점 광고나 서평, 온라인 홍보 등 다양하게 전개하고 있습니다.

여러 가지 문제 중에서도 어찌 보면 '마음가짐'이 가장 큰 문제일지도 모릅니다. 월드컵을 앞두고 우리는 우리 앞에 놓인 큰 기획물을 뒤로 돌리고, 월드컵 기간을 피해 허겁지겁 출간 일정을 재조정하는 등 수세적으로 허둥지둥하고 있습니다. 그러나 앞서가는 회사들은 월드컵 기간에 위축되기보다는 월드컵 특수를 기대하며 몇 달 전부터 준비하여 월드컵 응원에 필요한 붉은악마 티셔츠와 응원 도구들을 선물하는 등 적극적인 마케팅으로 대응하고 있는 것을 볼 수 있습니다. 우리의 '적극적 사고'의 결여는 문제라고 생각합니다. 이런 여러 가지 이유들이 모여 우리 회사가 업계를 선도하는 회사로 앞서는 것을 방해합니다. 여러분들께 요구합니다. 우리에게 부족한 2퍼센트, 어떻게 해결할 수 없을까요? 우리에게는 '주인 의식'이 필요한 것이 아닐까요?

대로마제국이 보잘 것 없는 게르만족에게 멸망을 당한 것은 참으로 놀라운 일이었습니다. 이것은 상식적으로 이해가 되지 않는 사건입니다. 큰 고래가 피라미에게 당한 것과 같기 때문입니다. 그러나 사람의 마음을 들여다보면 쉽게 이해가 됩니다.

로마제국은 노예들이 지켰습니다. 로마인들은 향락에 취해 있었고, 노예들이 채찍과 몽둥이 밑에서 강제로 일을 해왔습니다. 의욕이 있을 리가 없습니다. 그들은 한숨을 쉬고 세상을 원망하면서 살아왔지만 게르만족은 자기네 땅에서 농사를 지으면서 감사한 마음, 행복한 마음으로 하루하루를 지내온 것입니다. 즐겁고 신나게 일하는 사람은 의욕과 사기가 높아집니다. 그러나 마지못해 일을 하는 사람에게 의욕이 생길 수가 없습니다.

직장에서도 그렇습니다. 주어진 일만 하는 사람이 있습니다. 이런 사람은 일이 주어지지 않으면 그냥 놀고 있습니다. 그러나 주어진 일이 없을 때 찾아서 하고, 만들어서 하는 사람도 있습니다. 앞의 사람은 노예 스타일이고 뒤의 사람은 주인 스타일입니다. 역사를 움직이는 주역은 주인이지 결코 노예가 아닙니다.

자기에게 일이 주어지면 투덜투덜하며 마지못해 하는 사람이 있습니다. 이런 사람이 하는 일에 정성이 들어갈 리가 없습니다. 힘든 일, 어려운 일이라도 불평 없이 땀 흘려 하는 사람도 주위에 얼마든지 있습니다. 그들은 남이 못하는 일을 해낸다는 것에 자부심과 긍지를 갖습니다.

일이란 다름 아닌 우리의 삶입니다. 내가 어떤 일을 하느냐가 중요한 것이 아니라 어떤 마음가짐으로 하느냐가 더 중요합니다. 어차피 일을 해야 한다면 즐겁게 합시다. 나는 남보다 더 큰 실적을 보여주겠다는 목표의식을 가지고 뛰어야 합니다. 더욱이 '창의성'은 바로 '주인의식'에서 나오는 것입니다.

창의성을 발휘하여 적극적으로 밀고 나감으로써, 남이 깨지 못한 벽을 깨뜨릴 때 그 성취감은 이루 말할 수가 없을 것입니다.

자동차는 전진 5단, 후진 1단의 구조로 만들어져 있습니다. 사람도 마찬가지입니다. 자신이 전진 구조로 만들어져 있다는 것을 알아야 합니다. 누구나 성공을 위한 구조로 설계되어 있습니다. 수억 개의 정자 중에 선택되어 만들어진 하나가 나 자신이라는 것, 이미 성공의 보증서를 가지고 태어난 것임을 알아야 합니다.

우리의 현 위치, 그리고 나아갈 바를 고민하면서 다시 한 번 분발해야겠다고 생각했습니다. 우리 회사의 부족한 2퍼센트를 채우는 방법, 그리고 '창의적인 도전', 그것은 오직 '주인 의식'에서만 나올 수 있는 것입니다.

- 2006년 5월 18일, 〈목요편지〉 제34회

일본의 힘, 출판

장마가 잠시 걷힌 듯합니다. 그러나 하늘은 여전히 꾸물꾸물하군요.

지난 7일부터 9일까지 일본의 도쿄국제도서전을 다녀왔습니다. 일본잡지협회에 가고 오후에는 일본에서 가장 규모가 큰 출판사인 고단샤(講談社)를 방문하였습니다. 고단샤의 부사장을 비롯한 전 부문의 간부들이 한국의 출판 사정을 알기 위해서인지 회의장에 참석하였고, 아주 진지하게 양국의 출판 현황과 과제에 대하여 이야기하였습니다.

일본 고단샤는 1909년에 설립된 회사입니다. 몇 년 있으면 100년이 됩니다. 몇 가지 통계를 살펴보겠습니다. 2005년 총 매출액은 1,670억 엔(1조 6,000억 원)입니다. 전년도보다 조금 감소한 것이나 수익은 개선되었다고 합니다. 직원 수는 본사 정직원이 1,100명가량이고 함께 일하는 협력 직원이 1,100명가량 된다고 합니다. 발행 서적의 통계를 보면 2003년 한 해 동안 1,767종의 신간이 발간되었고 6억 8,300만 권을 팔았다고 합니다. 약 서른 종에 이르는 페이퍼백 시리즈를 발간하고 있으며, 하드커버 책은 두꺼운 아트북에서부터 어린이책까지 다양합니다.《창가의 토토》라는 책은 720만 부가 팔렸다고 합니다.

단행본의 통계가 그렇고, 잡지의 통계는 이렇습니다. 거의 전 분야에 걸친 잡지를 발간하고 있는데 쉰세 종의 주간, 월간 잡지가 발행되고 있습니다. 2003년에 5억 9,600만 부의 잡지가 팔렸고 우리 돈으로 약 3,410억 원의 매출을 올렸다고 합니다. 잡지류의 판매가 서적 판매보다 매출액이 많습니다.

이번에는 만화 발행 통계를 보겠습니다. 만화 잡지와 만화 단행본을 합하여 2003년에 7,770억 원의 매출을 기록하였습니다. 만화는 고단샤의 매출 중 절반에 이릅니다. 전 세계 21개국으로 만화를 수출하고 있다고 합니다. 이들 잡지 중에 주간 〈소년 매거진〉은 고단샤에서 가장 많이 발행하는 잡지로서 10년 전에는 매주 450만 부였으나 지금은 감소되어 230만 부를 찍고 있다고 합니다. 월간 〈소년 매거진〉도 100만 부 정도, 주간 〈영 매거진〉도 매주 100만 부 정도 발행하고 있다고 합니다.

고단샤는 이미 미국에도 진출하여 활발한 활동을 하고 있고, 최근에는 중국에 100퍼센트 출자한 현지 법인 '고단샤 문화유한공사'를 설립하였다고 합니다. 전국에 독서 투어 버스를 운행하며, 창업주를 기리는 노마박물관을 운영하고 있었습니다. 국제적으로 유명한 어린이출판상, 디자인상 등과 함께 일본 국내의 많은 유명 문학상들도 수상하고 있었습니다.

통계로 보는 일본의 출판 현황, 어떻게 느끼셨습니까? 고단샤가 비록 일본 제1의 출판사이기는 하지만 고단샤의 매출과 맞먹는 슈에이샤(集英社), 쇼가쿠칸(小學館) 같은 출판사들도 있으며, 이외에도 기라성 같은 출판사들이 일본의 출판계에 많습니다.

여기서 군이 우리나라의 출판 통계와 비교하고 싶지는 않습니다. 몇 개의 공룡 학습지 출판사들이 엄청난 숫자의 회원제 학습지 발행으로 출판계의 매출액을 장식하고 있어서 세계 출판 10대 대국이라고 불리고 있는 것이 우리의 현실입니다. 군이 일반 단행본 출판사들의 매출을 본다면 연간 매출액 몇 백억 원 단위가 선두주자인 우리의 현실로서는 비교 자체가 무의미할 정도입니다.

01 2006년 일본에서 가장 큰 출판사인 고단샤(講談社)를 방문하다
02 2015년 도쿄도서전 개막식 풍경
03 2015년 도쿄도서전 한국관을 찾은 일본 왕세자 부부

일본 출판을 보면서 일본의 거대하면서도 감히 넘볼 수 없는 힘을 느낍니다. 하루 평균 한 권 이상씩 책을 읽는 독서광이 인구의 2~3퍼센트라고 하고 그 밖에도 다양한 분야의 수많은 책들을 읽는 일본인, 이들에게 어떻게 1년에 책 몇 권을 읽는 우리나라 국민이 맞설 수 있겠습니까?

일본 출판계와의 회합을 마치고 돌아서는 내 뒷모습이 무척이나 초라하게 느껴지고 부끄러웠습니다. 우리의 실상을 거울 들여다보듯 알고 있는 저들이 과연 우리를 어떤 상대로 생각할까요? 저들의 진지한 회의 태도는 무엇 때문일까요. 정말로 우리를 알고자 하는 뜻에서일까 아니면 이웃나라 방문객에 대한 예우일까요.

내가 생각하기로는 몇몇 제조업 분야에서 예상보다 빨리 따라온 한국에 대한 실상을 보다 정확히 파악하기 위해서, 그리고 한국이 앞으

로 어떤 정도로 더 성장할 수 있을까 하는 것을 알기 위함이 아닐까 여겨졌습니다. 출판 통계를 보면 그 나라의 지적 수준과 미래를 알 수 있으니까요. 골리앗과 같은 일본 출판에 대하여 우리 출판인들도, 정부 당국자들도, 그리고 국민들도 정확히 알아야 합니다. 그리고 일본을 넘어 진정한 선진국으로 가는 해법을 어디에서 찾아야 하는가도 알아야 합니다. 책을 읽지 않는 국민, 그 나라에 어떤 미래가 있을까를 모두가 생각해보아야 합니다.

오늘은 초복입니다. 매년 초복 때면 전 직원이 함께 삼계탕집을 가는 것이 연례행사이지요. 오늘 점심도 총무부에서 이미 준비했다고 합니다. 아무쪼록 모두 여름을 건강하게 나시기 바랍니다.

- 2006년 7월 20일, 〈목요편지〉 제43회

죽기 전에 꼭 읽어야 할 책

푹푹 찐다고 하는 표현이 맞을 정도의 삼복더위입니다. 이런 날 편안히 속옷 차림으로 집에서 쉬며 수박이나 먹고 있으면 얼마나 좋을까 하는 생각과 함께, 목표 달성을 외쳐대는 사장이 좀 딱하다는 마음도 들었습니다.

며칠 전에 에이전시로부터 해외 신간 도서를 소개하는 메일을 받았습니다. 제목이 '죽기 전에 읽어야 할 명저 명작'이었습니다. 일본 서적이었습니다. 몇 년 전부터 우리 출판계에는 '죽기 전에~' 시리즈가 열풍이었지요. 조금은 때늦은 감의 제목이구나 생각하면서도 이 시리즈 뒤에 '읽어야 할 명저 명작'을 붙인 것은 기발하다고 여겼습니다. 과연 죽기 전에 꼭 읽어야 할 책은 어떤 것들일까요. 우리 회사에서도 이런 책들을 만들어 독자들에게 읽혀야 하는 것이 아닐까 하는 생각을 해보 았습니다.

소개되는 내용으로 보아서 이 책에는 동서고금의 명저 명작을 독파 하는 법, 죽기 전에 꼭 읽어야 할 인생의 필독서를 소개하고 있습니다. 예를 들면 《카라마조프의 형제》도 읽지 않고 죽어서는 안 된다는 식 입니다. 이 책에서 '우리가 살아 있는 동안 몇 권의 책을 읽을 수 있을 까?' 질문합니다. 책을 좋아하는 사람이라면 누구나 한 번쯤은 그런 생 각을 해본 적이 있을 테지만 '정년 퇴직하면 읽어야지', '시간이 없어 서', '나중에 꼭 읽자' 하는 식으로 미루기만 해서는 그 '나중'은 영원히 오지 않을 것이라고 말하고 있습니다.

이 책은 음독의 효과, 장편소설을 독파하는 요령 등 미뤄두었던 책 을 끝까지 읽는 방법을 소개하며, 더불어 저자의 독서일기와 필독서 베스트 100권도 선정해놓았습니다. 소개하는 내용들을 읽다 보니, 여 기에 어떤 책들이 수록되었을까 궁금증이 더해졌습니다.

우리는 책 만드는 일을 직업으로 삼고 있는 사람들입니다. 책(독서) 은 인간의 정신을 함양시키는 '영혼의 양식'입니다. 그렇다고 모든 책 이 인간을 살찌우는 것은 아닙니다. 책에도 악서라 불리는 것이 있고, 시대에 따라서는 읽지 못하도록 제약을 받는 금서도 있습니다. 또한 책에 대한 인식도 많이 달라졌습니다. 생활용품들이 대량생산으로 흘 러넘치듯이, 책도 사람들이 미처 다 볼 수 없을 만큼 우리 주변에 널려 있고, 책을 귀하게 생각하기보다는 일순간 읽고 버리는 소비재로 간주 하는 경향이 많아졌습니다.

그러나 책을 만드는 우리로서는 많은 사람들이 우리가 펴낸 책을 읽어주었으면, 그리고 우리 책으로 지식과 정보를 얻고, 또 영혼의 양식을 갖게 되기를 소망하는 것이 사실입니다.

문득 우리 회사에서도 '죽기 전에 꼭 읽어야 할 책'에 선정될 정도로 많은 사람들에게 크고 귀한 영향을 끼칠 수 있는 책이 출간되었으면 참 좋겠다는 생각이 들었습니다. 시대가 바뀌어가고 있으니 소비재 생산 같은 출판 양식을 따를 것인가, 아니면 꼭 읽혀야 할 책만을 낼 것인가는 논의할 필요가 없다고 생각됩니다. 굳이 답을 말하자면 출판업도 기업이니 시대적 상황에 맞추어가야 할 것이고, 책에 따라 적절한 중용의 선택이 있어야겠지요. 그러나 출판인으로서, 편집인으로서의 욕심은 갖고 있어야 합니다. '죽기 전에 꼭 읽어야 할~' 그런 목록에 들어갈 책을 만들겠다는 욕심 말입니다.

무더운 여름, 건강에 주의하세요.

– 2006년 8월 10일, 〈목요편지〉 제46회

베스트셀러의 탄생《부의 미래》

그렇게 맹위를 떨치던 폭염도 한걸음 물러간 것 같습니다. 자연의 이치란 정말 오묘하지요. 우리가 그만 좀 더웠으면… 하며 짜증을 내던 그 강렬한 햇볕이 한편으로는 대지에서 자라는 벼와 과일 등 각종 농작물에게는 더할 나위 없이 좋은 것이라니 말입니다. 들녘의 농부에게는 더없이 귀한 햇볕이었습니다.

지난주 목요일에는 휴가를 떠난 관계로 〈목요편지〉를 보내지 못했습니다. 편지를 쓰지 않으니 무언가 꼭 해야 할 일을 하지 않은 듯 몹시 허전하더군요. 이 편지를 받는 사람들도 같은 마음이었으면 좋겠다는 생각이 듭니다. 그래서 오늘은 비록 월요일이지만 지난주에 생각한 것을 〈목요편지〉에 담아 보내드립니다.

앨빈 토플러 박사의 《부의 미래》는 오랫동안 준비해왔던 대로 성공적인 출시를 하였습니다. 8월 1일부터 17일 간 실시한 예약판매 기간에 우리나라 예약판매 사상 신기록을 달성하여 서점 관계자들을 즐겁게 하였고, 18일에 전국 서점에 성공적으로 런칭하여 절찬리에 판매되고 있습니다.

지난주 토요일자 서평란에는 전국의 모든 신문들이 큰 지면을 할애해 이 책을 소개하였습니다. 인터파크를 비롯하여 교보문고 등 서점들에서 종합 1위를 하며 선전하고 있고, 부산의 고속철도(KTX) 가판대에도 잘 진열되어 있었습니다. 참 기분이 좋았습니다. 그동안 수고하신 편집부, 디자인부, 영업부, 제작관리부, 총무부의 모든 분들께 감사드립니다. 토플러 박사의 책에 이어서 여러 팀에서 새로운 책들이 기획, 출간을 준비하고 있습니다. 한 권 한 권에 이렇게 정성을 다한다면 못할 것이 없다는 생각입니다.

베스트셀러의 요소는 여러 출판 관련 책에도 잘 소개되어 있습니다. 또한 지난해 말 보냈던 〈목요편지〉에서 베스트셀러의 요소들에 대하여 의견을 나눈 기억이 있습니다만, 오늘은 우리가 만든 《부의 미래》를 점검하며 다시 한 번 공부해보면 어떨까 생각합니다.

첫째로, 《부의 미래》는 베스트셀러의 운명을 타고났다고 볼 수 있습니다. 무엇보다 세계적인 저자의 저서이기 때문입니다. 모두가 기억하는 저자, 모두가 읽고 싶어 하며 무엇을 이야기할까 기대하는 저자이니 당연히 베스트셀러가 되지 않겠습니까. 훌륭한 저자이거나, 세상

사람들이 모두 알 만한 저자라면 일단 베스트셀러의 첫 번째 요소를 만족시킨다고 보아야 하겠지요. 그러므로 기획 단계에서 훌륭한 저자나 역자 등에 신경을 많이 써야 할 것입니다. 좋은 역자를 선정하여 질 높은 편집을 해준 편집부에 감사드립니다.

둘째로, '콘텐츠'의 중요성을 이야기하지 않을 수 없습니다. 큰 저자, 특히 토플러같이 책임 있는 저자들의 내용은 확실한 콘텐츠이겠습니다만, 저자가 처음 책을 썼다든지 하는 경우 내용에 대한 판단이 대단히 중요하겠지요.

셋째로, 제목이 중요합니다. 이 책의 경우 《Revolutionary Wealth》의 번역서로서 제목이 이미 어느 정도 정해져 있었지만 '혁명적인 부'에서 '부의 혁명'으로, 다시 '부의 미래'로 고쳐갔습니다. 독자들에게 어필할 수 있는 제목을 선정한다는 것은 사람이 평생 부를 이름을 짓는 것이나 다름없는 중요한 일입니다.

넷째로, 강렬한 디자인을 이야기하고 싶습니다. 우리 책 《부의 미래》는 토플러 박사 측으로부터도 칭찬을 받았습니다. 미국이나 일본의 활자 커버를 이용한 평범한 디자인 방식이 아니라 박사의 인물 사진을 박아 강렬한 이미지를 심은 우리의 표지가 훨씬 더 강한 인상을 심어주었겠지요. 원래 토플러 박사의 사진이 만족할 만한 것이 없어 많이 망설였지만, 디자인 부서에서 사진을 잘 손질하였고, 상의를 거듭하며 좋은 디자인이 나온 것입니다. 나는 "출판에서 첨단이라 하면 디자인이다"라는 이야기를 입버릇처럼 하곤 합니다. 디자인 부서에 감사드립니다.

다섯째로, 시기(타이밍)입니다. 우리는 이 책의 시기 때문에 정말 많은

고민을 하였던 것을 기억합니다. 원래 미
국의 출간 시점인 6월에 동시 출간하려
하였습니다. 그러나 올해 6월은 월드컵이
있는 때이고, 붉은악마로 대변되는 월드
컵 열기를 앞두고《부의 미래》를 출간하
기에는 적합하지 않다는 판단하에 7월 이
후로 연기하였습니다. 월드컵의 경기 기
록을 보면서 결정하기로 하였지만, 사실

상 7월의 무더위에 내놓을 책으로는 적합하지 않다는 판단 아래 8월
18일로 출간일을 정하고, 대신 8월 1일부터 인터넷서점에서 예약판매
를 시작하기로 하였습니다. '타이밍'은 베스트셀러가 되는 가장 중요한
요소이기도 합니다. 신은 타이밍을 맞춘 상품에 미소를 지어준다고 생
각합니다. 우리가 기획하는 모든 책들을 가장 적합한 타이밍에 출시하
여야 하겠습니다.

여섯째, 마케팅입니다. 우리는 빌 게이츠, 잭 웰치, 피터 드러커와 같
은 대형 저자들의 저작물을 출시한 경험을 갖고 있습니다. 그런 경험
을 기초로 하여 여러 가지로 철저한 홍보, 광고, 영업 준비가 있었기에
순조로운 런칭을 할 수 있었다고 생각합니다. 영업, 관리, 제작 등 수고
해주신 부서에 감사드립니다.

다음은 이 책《부의 미래》가 갖고 있는 다소의 핸디캡입니다만, 요즈
음 베스트셀러들의 공통점은 내용이 쉽다는 것입니다. '쉽고 얇게'는 시
간에 쫓기는 현대인의 독서 취향 중 하나입니다. 얇은 책은 가격도 비교
적 저렴하겠지요.《부의 미래》는 어쩔 수 없이 두꺼운 책이지만, 가능한

한 시류에 적합한 내용과 책의 형태를 고려하여야 할 것입니다.

아직 샴페인을 터트리기에는 이릅니다. 좀 더 집중하여 마케팅하고, 독자의 요구에 미진한 부분은 없는가 점검하여야 할 것입니다. 계속해서 베스트셀러가 되는 요소들을 연구하여 출판가를 리드해가는 책이 많이 나왔으면 좋겠습니다.

- 2006년 8월 28일, 〈목요편지〉 제48회

승부는 상상력에서

2007년 정해년 새해가 활기차게 시작되었습니다. 지난주 내내 각 신문에는 한국을 이끌어가는 대기업 회장들이 연이어서 올해의 경제 환경과 각사 임직원의 자세를 이야기하고 있습니다. 다가오는 경제 파고에 대한 두려운 목소리가 많은 것이 사실이지만, 이미 문제들을 파악하고 있고 대처하고자 하는 모습들을 보면서 한편 든든한 생각이 들기도 하였습니다.

기업은 오직 앞으로 전진하도록 되어 있는 구조입니다. 마치 후진 기어가 없는 차량처럼, 기업은 뒤로 물러서게 되면 여러 가지 문제가 발생합니다. 지난해보다 매출액이 떨어지고 이익이 줄거나 손실이 발생하면 기업은 당장 찬바람이 불고 손익을 맞추기 위한 피나는 개선 노력을 합니다.

그런데 눈에 띄는 것은 그 어느 때보다 경영 총수들이 기업의 어려움을 토로하면서, 그 해결책으로 임직원에게 창의적 사고와 상상력으로 승부를 걸라고 요구하는 점입니다. 일상적인 생각만 가지고는 후발국의 추격을 당해낼 수가 없다는 생각인 것 같습니다. 그런데 이러한 상상력과 창의력을 강조하고 있는 것은 우리 기업만이 아닙니다. 한국의 가전 기업들을 맹렬히 추격하고 있는 중국 하이얼그룹의 장루이민 회장의 말입니다.

"시장에서 기업의 위치는 경사면에 놓인 것과 같다. 기업이 커질수록 뒤로 밀리는 힘도 커진다. 뒤로 밀리지 않도록 하려면 관리 능력을 키워야 하지만, 더 중요한 것은 경사면 위로 공이 올라가게 해야 하는데, 이 힘이 바로 창의력이다."

장 회장의 말에 크게 공감합니다. 치열한 경쟁에서 밀리지 않기 위해서는 관리 능력을 갖추는 게 기본입니다. 여기서 관리 능력이라 함은 기업의 각 부문마다 갖추어야 할 경쟁력일 것입니다. 지난주 〈목요편지〉에서 강조했던 각자의 자기 능력 계발을 통한 회사의 경쟁력 제고도 같은 맥락이겠지요.

그러나 시장은 그 이상을 요구하고 있습니다. 바로 상상력과 창조성입니다. 상상력과 창조성이 세상을 지배합니다. 상상력과 창조성은 어디에서 생기나요? 바로 문제의식에서 시작됩니다. 모든 발명품은 인간의 일상생활의 불편함에서 비롯된 것입니다. 전기는 불편하기 짝이 없는 양초 사용에서 벗어나기 위해 발명되었습니다. 부엌 생활의 불편을 개선하기 위한 노력에서 밥솥이 나왔고, 세탁기가 나왔고, 청소기가 나왔습니다. 주전자의 물이 끓어 폭발하는 것을 막기 위하여 주전자 뚜껑에 구멍을 내었고, 그 구멍에서 나오는 수증기로 인하여 손잡이가 뜨거워져 잡을 수 없게 되자 구멍에 비스듬히 마개를 얹혀 수증기가 옆으로 나가게 하였습니다. 주전자 하나에도 불편함을 해소하기 위한 진화의 역사가 있습니다.

대부분의 발명품은 인간의 욕망과 꿈의 실현이기도 합니다. 비현실적이라고 생각되는 것들을 그려보는 데에서 출발합니다. 인간의 상상력이 비행기를 만들어 하늘을 날게 되었고, 인공위성을 만들어 달나라에도 가게 되었습니다.

상상하는 것은 뭐든지 이룰 수 있는 상상력의 시대가 현실이 되고 있습니다. 우리 기업들이 세계적 수준에 속속 올라서면서 이제는 창조와 상상력으로 승부를 걸어야 하는 때가 된 것입니다. 어찌 보면 세상에서 가장 뛰어난 재능을 가진 우리 민족에게 더없이 소중한 기회이기도 합니다.

우리가 하는 사업은 출판입니다. 출판은 삶의 다양한 소재를 책이라는 용기에 담아내는 작업입니다. 사람들은 무엇을 요구하고 있는가, 무엇을 더 알고자 하는가를 읽어가는 눈이 요구됩니다. 사물의 모습, 사건의 현상을 독특한 시각으로 볼 수 있어야 합니다.

우리가 하는 모든 업무에서 창의적인 접근이 이루어지기를 바랍니다. 혹시 '창의적이다, 상상력을 발휘한다'는 것이 나와는 무관하다고 생각하는 분은 없으시겠지요? 거대한 발명과 위대한 발견만이 창의적이고 상상력을 요구하는 것이 아닙니다.

'지금 내가 하는 업무를 보다 잘할 수는 없을까' 하는 개선점을 찾고자 하는 노력과 '이 방법 외에 다른 방법은 무엇이 있을까' 하는 발상의 전환이 창의적인 방법과 상상력을 만듭니다. 창조와 상상을 일상의 습관으로 만들어가면 좋겠습니다.

소한과 대한의 가운데에 놓인 겨울입니다. 추운 겨울이라 하여 몸을 너무 움츠리고 있지 마시고, 규칙적인 운동으로 건강을 지키기 바랍니다.

– 2007년 1월 11일, 〈목요편지〉 제67회

우리 출판의 미래는 어디에 있는가

오늘 〈목요편지〉에서는 우리 출판시장에 대하여 함께 생각해보고자 합니다. 최근 대한출판문화협회에서 발간된 2006년 통계자료에 의하면, 2006년 우리나라 신간 도서의 발행 종수는 4만 5,521종으로 전년도보다 4.4퍼센트 증가했습니다. 이에 비해 신간 총 발행부수는 전년 대비 5.5퍼센트 감소한 1억 1,313만 부로 집계되었습니다. 그리고 지난해 전체 신간 출판시장 규모는 불황과 출판사의 다품종 소량 생산 체제 등으로 인해 전년 대비 12퍼센트 감소한 2조 3,657억 원으로 추정되었습니다.

한마디로 말해서, 종수는 늘었는데 판매부수와 매출액은 크게 줄어든 것입니다. 부수와 시장의 크기가 각각 5.5퍼센트, 12퍼센트 감소한 것입니다.

출판시장의 위축은 작년 한 해만의 문제는 아닌 것 같습니다. 여러 해 전부터 시장 위축이 심각하게 지속되어왔습니다. 그 원인으로는 여러 가지를 들 수 있겠습니다. 정보통신의 발전으로 인하여 그간 종이 출판물이 제공하던 정보를 이제는 디지털과 인터넷을 통해 값싸게 볼 수 있기 때문에 출판시장의 영역 자체가 점점 줄어드는 것입니다.

마치 물고기가 의식하지 못하고 있지만 연못의 수위가 점점 낮아지는 것처럼, 우리가 미처 깨닫지 못한 사이에 다양한 영역에서 종이책은 정보 전달 매체 영역에서 퇴출되고 있는 것입니다. 디지털의 시대

로 접어들면서 다가오는 종이출판시장의 위축에 대해서는 추후 다시
한 번 이야기하도록 하겠습니다. 오늘은 그것을 제외한 출판시장에서
의 살아남기에 대하여 이야기하고자 합니다.

저성장 혹은 쇠퇴하는 시장에서 경쟁은 더욱더 치열해질 수밖에 없
습니다. 나는 우리 회사가 현재의 출판시장에서 살아남는 방법은 두
가지가 있으며, 그 두 가지가 병행되어야 한다고 생각합니다. 하나는
기존 시장에서 치열하게 싸워 시장 점유율을 높이는 것이고, 다른 하
나는 새로운 시장을 개척해나가는 것입니다.

물론 책이란 상품과 출판이란 업종은 자본이나 규모의 논리로 반드
시 많이 팔리고 큰 것이 좋다는 말이 적합하지 않습니다. 이것이 다른
산업과 출판산업 사이의 차이라고도 할 수 있겠습니다. 비록 시장이
없거나 크지 않아도 문화 보존과 학문의 발전을 위해서는 반드시 출간
해야 하는 책들이 많습니다.

그러나 나는 여기서 시장 지향적인 대중출판을 하면서 우리 회사가
나가야 할 방향을 말씀드리는 것입니다. 이미 출판시장에서 시장 점
유율을 높이기 위한 공격적이고 무자비한 싸움은 시작되었다고 봅니
다. 모든 업종이 규모의 싸움을 벌이듯, 출판도 규모를 키움으로써 경
쟁력을 높이고 시장의 주도권을 쟁취해가지 않으면, 그래서 새로운
질서인 과점 체제에 들어가지 못하면 낙오할 것이라는 위협에 직면해
있습니다.

미래에 어떤 기업이 살아남을지 생각해봅니다. 앞으로는 '글로벌
스탠더드'에 올라간 기업만 살아남을 것입니다. 업계에서 1~2등만 살
아남을 것입니다. 이것은 출판업계 외에 다른 기업에서는 아주 선명

하게 보입니다.

　자동차 회사들은 전 세계에 통틀어 다섯 개 정도가 살아남는다는 전망입니다. 나머지 회사들은 싸움에서 밀려 사라질 것입니다. 전자업체들도 한두 개 회사가 두드러지고 나머지는 적자라고 아우성입니다. 아파트 시장을 보면 현대 아이파크와 삼성 래미안 정도가 고급 브랜드로 정착되고 나머지는 분양이 어렵다고 합니다. 화장품 회사들도 태평양과 LG 등 몇 개를 빼면 적자에 허덕인다고 합니다. 우리들 주변의 전통적인 가게나 슈퍼마켓은 사라지고 이마트 등 대형 마트들이 과점 체제로 시장을 점령하고 있습니다.

　서점업계는 지금 교보문고를 선두로 하여 경쟁적으로 세 불리기가 한창입니다. 이런 경쟁 체제에서 살아남기 위한 요건인 '글로벌 스탠더드'는 무엇일까요? 그것은 세계무대에서 경쟁해도 밀리지 않는 실력입니다. 자본과 기술, 그리고 콘텐츠 등 모든 면에서 우수해야 합니다.

　우리의 출판시장은 전년도보다 12퍼센트가 감소했습니다. 그러나 이 가운데에서도 일본소설은 한국의 소설시장을 완전히 장악했습니다. 또한 요즘 와인 애호가들 사이에 최고의 화제를 모으고 있는 《신의 물방울(神の滴)》도 일본 만화입니다. 《신의 물방울》은 2005년 말에 첫 권이 출간된 이래 지난해 12월 출간된 9권까지 40만 부가 넘는 판매고를 기록하였습니다.

　경쟁은 이미 우리나라 출판사들끼리만 하는 것이 아닙니다. 미국 랜덤하우스와 베텔스만이 대자본으로 한국시장을 공략하고 있지 않습니까? 정신을 바짝 차려야 하겠습니다. 줄어드는 시장도 위협적이지만, 우수한 콘텐츠와 기획력으로 쳐들어오는 외세가 더 가까이 다가온 적일 수 있습니다.

국내 수요가 줄어들 때 또 다른 탈출구는 세계시장에 있습니다. 한류가 있는데 왜 출판물이라고 해외로 못 나가겠습니까? 어제 신문을 보니 봉준호 감독의 영화 〈괴물〉이 홍콩 아시안 필름 어워드(AFA)에서 작품상 후보에 올랐다고 합니다. 영화는 하는데 출판은 왜 못하겠습니까?

우리 회사의 글로벌화를 생각합니다. 금년에는 미약하기 짝이 없지만 우선 다섯 권 이상을 수출하여 매출액의 0.2퍼센트 정도를 해외에서 벌어야겠다는 생각입니다. 앞으로의 계획을 함께 세웁시다. 어떤 목표를 가질 것인가? 그렇게 하기 위해서는 지금부터 어떻게 준비해야 할 것인가?

기획 단계에서부터 해외시장을 고려해야 하겠습니다. 한 권 한 권의 책을 대충 만드는 일이 없어야겠고, 세계시장이 요구하는 질과 내용이어야 할 것입니다. 우리의 모든 업무가 경쟁력을 갖추고 있는가를 분석해야겠습니다.

나는 지금부터 우리 회사가 국제 경쟁에서 이길 수 있을 정도의 경쟁력을 갖추기 위한 다양한 노력을 기울이려고 합니다. 시장(독자)은 우리의 능력을 정확히 평가해주고 있습니다. 우리의 미래는 우리 스스로 만들어가야 합니다. 지금부터라도 우리 모두 자신과 회사의 경쟁력을 높이기 위해 변화해야 합니다.

우리들의 일상에서 안일함을 배제시켜야 합니다. 나는 우리 회사의 직원들이 행복과 편안함을 혼동하지 말아야 한다고 생각합니다. 행복한 회사의 직원들은 안정된 상황이 아닌, 급격한 변화의 소용돌이 속에서 편안함을 느끼는 사람들, 즉 안정이 아닌 변화를 즐기는 사람들입니다. 2월의 첫날입니다. 아직도 2007년이 11개월이나 남아 있습니다. 연초에 세운 계획이 잘 실행되고 있는지 점검해보시기 바랍니다.

행복한 2월 되세요.

- 2007년 2월 1일, 〈목요편지〉 제70회

최고의 팀

지난주 〈목요편지〉는 해외 출장 관계로 보내지 못했습니다. 혹시 기다리셨다면, 미안함과 감사함을 표합니다.

오늘은 팀워크에 대하여 이야기하고 싶습니다. 오랫동안 조직생활을 하면서 느낀 것 중 하나가, 우리가 어떤 목적을 성취해내기 위해서는 절대로 어느 한 사람만의 힘으로 되는 것이 아니라는 점입니다.

우리는 팀을 통하여 업무를 보다 효율적으로 수행할 수 있습니다. 팀이 힘을 합치면 개인이 하는 것보다 더 높은 질의 제품과 서비스를 생산할 수 있습니다. 팀을 통해 생산성을 증가시킬 수 있습니다. 팀 성공의 핵심은 바로 시너지의 창조입니다. 1+1에서 단순히 2를 만드는 것이 아니라 3이 되고 5가 되고 10을 만들게 하는 것입니다.

벌써 재작년이 되었습니다만, 우리는 제1회 야구월드컵대회 경기를 즐겨 보았습니다. 한국에서는 일명 '드림팀'이라 하여 일본에서 활약하고 있는 이승엽 선수와 미국에서 활약하는 박찬호 선수 등 최고의 멤버를 구성하였습니다. 미국은 주최국으로서 당연히 야구의 종주국답게 자신들이 1등을 할 것으로 예상하여 대진표도 자기들 위주로 만들었지만, 결과적으로 약체로 예상되었던 한국의 드림팀이 미국과 일본을 보기 좋게 격파하였습니다.

미국, 일본과의 시합에서 보았던 것처럼, 홈런 타자이자 스타 선수인 박찬호와 이승엽 선수는 팀의 성공을 위해 번트를 대어 주자를 살리면서 자기는 희생되는 작전을 기꺼이 수행했습니다. 자신의 유명세라든가 능력으로 보면, 번트를 대어서 주자를 살리고 자신은 죽으라는 감독의 지시가 못마땅할 수도 있었을 것입니다. 그러나 이들의 일사불란한 협력 덕분에, 도저히 불가능할 것으로 보였던 미국과 일본팀을 이길 수 있었습니다.

최고의 팀은 어떤 팀일까요? 보통 최고라 불리는 팀은 자신들의 기술과 지식을 팀의 목적을 위해 성공적으로 결합시키고 참여하는 능력 있는 팀원들로 구성되어 있습니다. 팀에서는 개별 구성원들이 공동의 선을 향해 효과적으로 공헌을 하도록 하는 한편, 각 개인의 독특한 개성과 능력을 수용하고 인정해야 합니다. 이를 위해서는 나와 우리의 균형을 맞추는 것이 중요합니다. 직장에서 자신의 잠재력을 발휘하기 위해 팀에 맞서지 말고 반드시 팀과 함께해야 합니다. 팀 구성원들이 팀 전체의 성공보다는 자신들에게만 집중하고 그들이 받는 점수에만 신경을 쓴다면, 구성원 개인의 성과와 팀 전체의 성적 모두가 좋아질 수가 없습니다. 결국 이런 생각은 팀 구성원에게나 팀 전체에게 좋지 않은 영향을 미치게 됩니다.

세계적인 축구 명문 클럽인 영국 맨체스터 유나이티드 소속의 박지성 선수는 자신의 저서《멈추지 않는 도전》에서 팀워크의 중요성에 대해 이렇게 말했습니다.

나는 골을 향해 전진하다가 슈팅 모션으로 골키퍼의 주의를 빼앗으며 골문 정면으로 달려 들어가던 반 니스텔루이에게 패스했다. 골키퍼가 나를 향해 뛰어나온 사이 반 니스텔루이는 텅 빈 골문에 간단히 슛을 성공시켰다. 그 골은 우리 팀을 승리로 이끌었다.

나의 두 번째 어시스트를 보고 나서 팬들 사이에서는 말이 많았다. 그대로 밀어붙여 슈팅이라도 한번 해보지 아쉽다는 것이었다. 나도 골 욕심은 있었다. 그때까지 데뷔 골을 기록하지 못한 내 입장으로서는 누구보다 빨리 골을 넣고 싶은 것이 솔직한 심정이었다. 하지만 축구는 혼자서 하는 경기가 아니다. 내가 골을 넣는 것도 중요하지만 팀의 승리가 훨씬 더 중요하다. 내가 아무리 골을 많이 넣어도 나의 이기적인 경기로 인해 팀이 승리하지 못한다면 훌륭한 선수가 될 수 없다. 축구는 팀의 일원으로서 선수를 평가하는 스포츠다. 선수가 골을 넣는 것보다 팀이 경기에서 승리하는 것이 더 우선이다.

골문 앞에서 나는 언제나 나보다 더 골을 넣기 좋은 위치에 동료가 있는지 살핀다. 내가 슛을 날리는 것보다 더 유리한 곳에 자리 잡은 동료가 있다면 패스를 해서 우리 팀이 승리할 수 있도록 하기 위함이다. 물론 내 판단이 때로는 틀릴 수도 있다. 하지만 축구는 '실수의 게임(Game of Error)'이니 그마저도 경기의 일부분일 것이다.

그렇습니다. 최고의 팀은 항상 자신과 팀 사이의 균형을 유지하려고 하는 팀원들로 구성되어 있습니다. 즉 이런 팀워크를 갖고자 하는 마음가짐에서 기대 이상의 멋진 시너지 효과를 이루어내는 최강의 팀이 탄생하는 것입니다.

나는 우리 회사도 이런 강력한 팀이기를 소망합니다. 서로를 존중하며 힘을 합쳐 일하여 시너지 효과가 극대화되는 회사, 그러면서도 개인의 개성과 능력이 최대한 발휘될 수 있는 회사가 되었으면 합니다.

이번 주말이 설입니다. 풍성하고 넉넉한, 즐거운 설을 맞이하시기 바랍니다.

- 2007년 2월 15일, 〈목요편지〉 제71회

팀장의 역할과 자질

라일락 향기 가득한 4월이 지나가고 있습니다. 이번 달에 우리는 세 명의 새 식구를 맞이하였습니다. 어떤 분은 사회 경험이 좀 있지만, 어떤 분은 대학을 갓 졸업하고 첫 직장으로서 우리 회사에 입사한 분들입니다.

나도 대학을 갓 졸업하고 처음 직장에 출근한 날을 되돌아보았습니다. 출근 첫날 내 눈에는 사무실의 모두가 아버지나 큰형님 같은 나이 지긋한 분들이셔서, 누구에게 말을 붙일지 이 사람 저 사람 눈치를 보았던 것 같습니다. 또 나에게 맡겨진 일도 생소해서 무엇을 어떻게 해야 할지 모르고, 시키는 일들도 실수를 많이 저질렀던 것 같습니다.

하루 일과도 처음에는 윗분이 일어나면 일어나고, 앉으면 앉고, 식사하러 가면 따라가고, 퇴근하려 옷을 입으시며 퇴근하자 하시면 나도 퇴근인가 보다 했습니다. 하루를 무사히 보낸 안도의 숨을 쉬며 퇴근을 하였습니다. 물론 직장 풍속도도 요즈음과는 많이 달랐습니다.

오랜 세월이 지난 지금까지도 특히 기억나는 사람은 자상하면서도 엄격한 나의 사수(요즘 말로는 팀장)입니다. 처음 입사했을 때 내 눈엔 그

분이 꽤 연배가 지긋할 것으로 보였지만, 실제로는 나와 불과 5~6년 차이밖에 나지 않았습니다. 매사에 그는 나의 모델이 되었습니다. 그는 회사 업무에 모르는 것이 없는 양 어떤 업무가 주어지더라도 자신 있는 표정을 지으며 나에게 처음과 끝을 설명해주며 업무 지시를 하시곤 하였습니다. 그럼에도 나는 몇 번씩 되물었습니다. 그는 친절하게 반복해서 설명해주며, 특별히 체크해야 할 부분들을 강조했습니다. 항상 웃는 얼굴이었지만, 그렇다고 쉽게 농담을 던질 여지도 주지 않는 빈틈이 없는 사람이었던 것 같습니다.

현대 조직은 팀(team) 단위의 구성을 지향하고 있습니다. 국내외를 막론하고 출판계에서는 대부분 팀 단위가 둘에서 네 명으로 운영되고 있습니다. 자세히 들여다보면 하나의 팀은 하나의 프로젝트 수행 단위일 뿐만 아니라 그 자체가 하나의 기업이기도 합니다. 신속한 의사결정과 빠른 업무 수행을 요구하는 현대 경영에서는 팀과 팀장의 역할이 절대적입니다.

팀장은 무엇보다도 '목표 관리' 책임을 맡고 있습니다. 팀은 합심해서 연초에 세운 목표를 달성하고자 노력해야 합니다. 목표를 달성하기 위해서는 '업무에 대한 고도의 처리 능력(우리는 이것을 잘하는 사람을 '프로'라고 부릅니다)'을 갖고 있어야 하며, 관련 부서와 원활한 업무 협조를 이끌어내야 합니다.

팀장은 경영자의 시각에서 볼 수 있는 눈을 가져야 하며, 위기에 대처하는 등 경영자적 자질이 요구됩니다. 팀장은 시장 변화에 능동적으로 대처하며, 기업의 변화를 주도해야 합니다. 또한 후배 사원을 키워주고 양성해야 하며, 조직 간의 유대관계를 항상 염두에 두어야 합니다. 팀장은 팀원의 업무뿐 아니라 사회생활의 고민도 함께 나눌 수 있는 멘토가 되면 더 좋을 것입니다. 팀원은 열심히 배우고 노력해서 팀장을 도와 팀의 목표를 달성하는 데 역할을 다해야 합니다.

우리 회사에도 여러 팀들이 있습니다. 나는 각 팀이 성공적으로 일과와 목표를 달성해주기를 바랍니다. 그렇게 되기 위해서는 각 팀원들이 모두 프로가 되어야 하며, 하나가 되어 최선을 다해야 할 것입니다. 새로운 식구들도 들어오고, 시장은 우리에게 손짓하며 묻고 있습니다. "뭐, 새로운 것이 없냐고…" 말입니다.

새로 입사하신 여러분! 축하드립니다. 즐거운 회사생활 되시기를 바랍니다.

- 2007년 4월 26일, 〈목요편지〉 제81회

토플러 박사와 지낸 한 주일

6월에 들어서자마자 서울국제도서전이 열리고, 앨빈 토플러 박사 부부를 초청하여 여러 가지 행사를 치르느라 한 주일이 어떻게 돌아가는지 모르게 바쁘게 지냈습니다. 모두들 수고 많이 하셨습니다.

앨빈 토플러 박사는 서울국제도서전의 테이프 커팅부터 시작해 예스24, 교보문고, 인터파크 등의 프로모션 행사에 참석하고, 이어서 청소년박람회, 고아원 방문, 그리고 서강대학교에서의 명예박사학위 수여, 1,000여 명의 CEO들을 대상으로 한 강연 등 정말로 바쁜 일정을 소화하셨습니다. 박사님의 모든 행사에 참석한 나는 그의 이론을 몇 번씩 들을 수 있어서 덕분에 《부의 미래》에서 이야기하는 박사님의 콘셉트를 상당 부분 더 분명히 이해하게 되었습니다. 박사님의 말씀은 미래 사회의 도래에 대한 거대 담론이라 할 수 있겠지만, 오늘의 우리 사회와 우리 회사에서 바로 시정하고 고쳐야 할 내용도 있었습니다.

예를 들면 관료주의에 대한 것입니다. 관료주의라고 하면 정부 조직처럼 관료사회에나 있는 것으로 생각하기 쉽지만, 권위적인 위계질서를 의미하는 것으로 보면 됩니다. 관료주의의 병은 서로 나누지 않는 것, 즉 인터커뮤니케이션이 되지 않는 것을 말합니다. 다시 말해 수직적인 명령 하달식의 의사 전달만 이루어지고 수평적 의사소통이나 상향식 의사소통이 원활하지 않다면 관료적인 조직으로 보아야 할 것입니다.

이러한 관료주의는 산업사회에서는 효율적이었을지 모르지만, 지식사회에서는 더 이상 효율적이지 못하다고 박사님은 역설하셨습니다. 박사님은 이러한 '관료조직의 변화'는 기존 질서를 고수하고자 하는 내부적인 저항 때문에 대단히 어렵다는 점도 지적하였습니다. 또한 조직이 바뀔 때 제도적 변화도 더불어 따라야 한다고 말씀하셨습니다.

또 여러 차례에 걸친 청소년들을 위한 강연에서는 미래를 이끌어가는 것은 획일적 사고가 아니라 열정(꿈)과 상상력이라는 것을 반복해서 강조하였습니다. 무한으로 나누어 쓸 수 있는 지식을 서로 공유하여 키워가며 꿈을 갖고, 거기에 상상의 날개를 마음껏 펴는 개인과 조직, 국가가 미래를 주도할 것이라고 말씀하셨습니다.

우리 회사의 경우는 어떤지 깊이 생각해보았습니다. 관료주의에 매몰되어 있지는 않은지, 우리는 우리가 하는 일에 뜨거운 열정을 갖고 있는지, 일을 하면서 좀 더 창의적으로 접근하기 위해 노력하고 있는지 모두 함께 점검해보아야 하겠습니다.

너무 분주하게 지낸 한 주일이어서 어디 멀리 갔다가 다시 일상으로 돌아온 느낌입니다. 다시 차분히 내일을 준비하고 계획된 일들을 해야 할 것입니다. 청림 가족 여러분, 모두 건강하고 활기 넘치는 한 달이 되기를 바랍니다.

- 2007년 6월 7일, 〈목요편지〉 제86회

당신이 자랑스럽습니다

영화 〈비커밍 제인(Becoming Jane)〉은 즐겁게 보셨나요? 아직 동이 트기도 전, 가족들 몰래 사랑하는 사람을 따라나선 주인공 제인, 그러나 몇 시간 후 마차가 잠시 쉬어가는 곳에서 집으로 돌아설 수밖에 없는 제인의 모습을 보면서 사랑과 현실이 꼭 그렇게 이분법적으로 나뉘어야 하는가 하는 생각을 해보았습니다. 물론 제인은 '사랑하는 사람'이 앞으로 변호사로서 성공하기 위해서는 후견인인 대법관 삼촌의 도움도 받아야 하고, 또 많은 가족의 부양책임도 갖고 있는데 자기와 사랑의 도피행을 택함으로써 두고두고 마음 아파할 것을 염려하여 선택한 결정입니다.

사랑하면 눈이 멀어야 되는 것인가요? 그리고 그런 사랑은 불행한 것인가요? 이성적 사랑은 이기적 욕망을 충족해야 하는가요? 그리고 그것은 행복을 보장하는 것인가요? 제인 오스틴이 살던 그 시절과 이 시대의 사랑에서 현실의 괴리는 얼마나 좁혀졌을까요? 아니, 더 벌어졌을까요? 우리 회사에서 곧 출간될 책 《제인 오스틴》을 영화화한 것이기에 더 흥미진진하고 재미있게 보았습니다.

요즈음 내 하루는 퍽 분주한 것 같습니다. 분주함의 원인을 들여다

보면 주로 회사 밖의 일보다는 내부의 업무 때문인 것 같습니다. 새로운 부서가 만들어졌고, 또 기존 부서들에도 새 식구들이 합류하여 잘 돌아가는지도 궁금하고, 그리고 이제 11월 중에는 2008년도 사업계획을 완성하기 위해 이번 주부터 각 부서와 사전 미팅의 시간을 갖고 있습니다.

　몸과 마음이 분주하고 또 정비하고 조정해야 할 일들이 많아서 조금은 혼란스럽기도 합니다. 그러나 특별히 시장을 흔드는 베스트셀러도 없고, 판매수치도 그다지 높지 않음에도 나는 요즈음 아주 기쁘고 즐겁답니다. 그것은 우리 회사 사람들의 모습이 아주 활기차고 생기가 넘치고 열정에 가득 차 있음을 느낄 수 있기 때문입니다. 특히 각 부서장들이 뜨거운 열정을 갖고 있고, 새로 입사한 분들의 새로운 일터에 임하는 자세에 있어서도 열정이 느껴집니다.

　열정은 전염이 된다고 하는데, 우리 회사의 모든 사람들이 열정에 전염된 것 같습니다. 그래서 이런 열정이라면 조만간 아마도 시장을 크게 요동치게 만들 책들이 출간될 것이라고 확신하고 있습니다.

　열정(passion)의 라틴어 어원은 '고통과 수난'이라고 합니다. 자신의 욕망을 뛰어넘어 더욱 고차원적인 것을 성취하려는 자세가 바로 열정인 것입니다. 이 열정이 있으면 어떠한 고단함과 어려움도 극복해낼 수 있습니다.

　그래서 열정은 힘든 대가를 요구합니다. 열정은 노력에 의해서, 인내에 의해서 만들어집니다. 가만히 있으면 절대로 만들어지지 않는 것이지요. 노력도 이기적인 동기에서가 아니라 사명감에 기인할 때 더 뜨거운 열정을 가질 수 있습니다. 열정적인 사람은 다른 사람들에게 사기와 의욕을 불러일으킵니다. 사람들은 자신이 하는 일에 애정과 열정을 가진 사람을 따릅니다.

갤럽의 보고서에 따르면 백 명 중 아흔아홉 명이 긍정적으로 생각하는 사람들 옆에 있고 싶어 하며, 열 명 중 아홉 명은 자신의 주위에 긍정적인 사람이 있을 때 생산성이 높아진다고 답했습니다. 열정적인 사람들은 어떻게든 맡겨진 일을 해냅니다. 그들에게서는 주어진 일을 해내고자 하는 뜨거운 열정을 느낄 수 있습니다.

우리 회사 사람들은 스스로 일을 찾아서 하도록 훈련되어 있고, 또 되어가고 있습니다. 자발적 열정만이 진정한 가치이기 때문입니다. 열정이 많다 해서 처음부터 만족스런 성과를 내지는 못할 수도 있습니다. 하지만 장기적으로 열정은 일의 효율을 개선시키고 성공 가능성을 높여줄 것입니다. 때문에 열정 없는 일의 성과보다 열정에 의한 시행착오와 실패가 더욱 값지다고 생각합니다.

나는 열정으로 무장되어가는 우리 직원들이 자랑스럽습니다. 이런 열정으로 계속 정진하면 앞으로 우리 회사는 큰 발전을 해갈 것으로 확신합니다.

이번 주 토요일부터 사무실 정비와 건물의 개보수가 있을 예정입니다. 다소 업무 환경이 어지러울 것 같습니다.

〈매일경제〉 신문과 교보문고의 '2007년 베스트북 20'에 《부의 미래》가 선정되어 다음 주 월요일에 매일경제신문사 강당에서 시상식이 있

습니다. 연이어 터지는 수상 소식에 우리 회사의 10월은 '상 받는 달'
로 불러도 될 것 같습니다.《부의 미래》를 만든 경제경영팀, 그리고 베
스트셀러를 만들기 위해 수고하신 마케팅팀을 비롯한 모든 분들께 축
하를 드립니다.

– 2007년 10월 25일, 〈목요편지〉 제104회

팀워크가 열쇠입니다

이번 주 월요일에 〈매일경제〉 신문과 교보문고가 공동으로 주관해서
뽑은 '2007년 베스트북 20'에 우리 회사의《부의 미래》가 선정되어 시
상식에 참석하였습니다. 연간 수만 종의 책들이 새로 얼굴을 내미는
데, 그 가운데 스무 종 안에 선정되었다는 것은 '책 중의 책'으로 뽑힌
것이죠. 참 기쁜 일입니다.

나는 야구를 좋아합니다. 왼손잡이이기 때문에 어렸을 때는 왼손 클
럽이 귀해서 실전에는 약하지만, 야구 경기의 관람은 좋아합니다. 엊
그제 2007년 한국 시리즈가 막을 내렸습니다. 총 7차전으로 승부를 가
리게 되어 있지만 SK가 먼저 4승을 거두어 6차전에서 승패를 확정짓
게 된 것입니다. 처음 2차전은 두산이 승리하였으나, 연속해서 4차전
을 SK가 이겼습니다. 한국 시리즈 사상 먼저 2승을 얻은 팀이 우승할
확률이 100퍼센트라고 하는데, 이번에 그 기록이 깨졌다고 합니다.

야구야말로 팀워크의 경기가 아닌가 생각합니다. 100미터 달리기나
골프와 같은 운동은 개인의 기량이 뚜렷하게 돋보이지만, 야구 경기는
개인 기량 못지않게 팀워크가 조금만 흐트러져도 전체가 흔들리는 모
습을 흔하게 볼 수 있습니다. 이번 한국 시리즈에서도 SK의 강력한 팀

워크가 선수들 간에 으쌰으쌰 하는 신바람을 일으켜 상대방 두산 팀을 잠재운 것이라고 생각합니다. 팀원이 하나가 될 때 그 팀은 무서운 힘을 발휘하며 성공할 수 있습니다. 설령 가장 우수한 스타들이 모인 팀이라고 하더라도, 그들이 하나의 팀으로 단합되어 움직이지 않는다면 정말 오합지졸이 되어버릴 수밖에 없습니다.

우리는 최고의 선수들로 구성되어 있는데 우승을 못하는 경우나, 반대로 선수들 개개인의 실력은 약간 떨어짐에도 우승을 하는 경우를 종종 봅니다. 일본에서 맹활약을 하고 있는 이승엽 선수의 장점을 꼽는다면, 자신의 욕심을 자제하고 팀의 승리를 위해 최선을 다한다는 것입니다.

팀워크가 열쇠입니다. 팀 중심 문화가 정착되어 있는 회사는 성공하는 회사가 되며, 개인 중심 문화가 두드러진 회사는 성공하지 못하는 회사가 될 것입니다. 우리 회사는 최근 각 팀에 새로운 식구들을 맞이하고, 또 새로운 팀이 출범하였습니다. 이들 모두가 뜨거운 열정으로 해보고자 하는 의지를 갖고 있습니다. 그런데 이 모든 것은 강력한 팀워크를 중심으로 뭉쳐져야 성공할 수 있음을 알아야 합니다.

회사 전체가 하나가 되고, 각 부서의 구성원들이 하나로 뭉쳐 지혜를 모으고 열정적으로 추진해가면 반드시 성공하리라 생각합니다. 나는 우리 회사에 팀 중심의 문화가 정착되기를 바라며, 그렇게 되도록 할 것입니다. 강력한 팀워크로 뛰어난 업적을 기록한 팀에게 충분한 보상이 가도록 할 것입니다. 물론 팀별로 개인주의가 생겨서는 안 되겠지요.

기업은 100미터 달리기나 골프와 같은 개인 운동이 아니라 야구처럼 팀워크가 승패를 좌우합니다. 팀워크, 그것이 성공의 열쇠입니다.

오늘이 11월 초하루군요. 11월은 연간 열두 달 가운데 이렇다 할 특색이 없는 달인 것 같습니다. 큰 행사도 없고, 역사적인 사건도 별로 없고, 또 일요일 빼고 따로 빨간 표시의 공휴일도 없습니다. 이는 아마도 11월에는 다가오는 새해 계획을 차분히 준비하라는 의미가 아닌가 싶습니다. 막상 12월이 되면 연말이다 송년회다 분주해서 제대로 새해를 준비할 수가 없을 테니까요. 우리 회사도 11월 말까지는 각 부서별로 모든 계획을 정해 연말 워크숍에서는 내년도 계획을 발표하는 장이 되도록 준비해야겠습니다. 아자! 11월! 파이팅!

– 2007년 11월 1일, 〈목요편지〉 제105회

《현영의 재테크 다이어리》

5월은 주말마다 사흘 연휴가 겹쳐서인지, 이제 막 5월에 들어선 것 같은데 어느새 중순이 넘어가고 있군요.

지난주에 우리 회사에서 《현영의 재테크 다이어리》라는 책이 출간되었습니다. 그리고 토요일에는 영풍문고에서 팬 사인회, 그리고 강남 교보문고에서 강연과 팬 사인회를 가졌습니다. 꼼꼼한 살림꾼으로 소문난 인기 탤런트 현영 씨와 악수도 할 수 있었고, 직접 가까이서 강연을 들을 수도 있었습니다. 가까이서 보니 172센티미터의 늘씬한 8등신이었고, 얼굴도 참 예쁘다는 생각이 들었습니다.

그는 이날 강연이 생전 처음이라고 하였지만, 대담 형식으로 진행된 강연은 시종일관 유머를 섞어가며 재치 있게 진행되어 시간 가는 줄 모르게 만들었습니다. 무엇이나 아주 솔직하게 말한다는 것을 느낄 수 있었고, 그의 재테크 지식과 실행력은 상당한 전문가 경지에 가 있음을 알 수 있었습니다.

무엇보다 그가 하는 재테크는 단순히 돈을 벌거나 모으려는 의도에서 어느 순간 시작된 것이 아니었습니다. 많은 사람들은 그가 돈을 많이 버는 탤런트니까 저축도 많이 할 수 있지 않겠냐고 생각할지도 모르겠습니다.

그러나 그는 어렸을 때부터 용돈을 관리하는 습관을 갖고 있었습니다. 또 성장하여 대학에 가서는 아르바이트를 해서 자신의 학비를 벌면서 근로의 가치를 깨달았습니다. 여러 가지 아르바이트를 하면서 그는 자신의 몸값을 올리는 방법이 없을까 하는 연구를 끊임없이 하게 되었고, 힘들게 번 수입을 제대로 관리하기 위한 공부도 하게 되었습니다.

《현영의 재테크 다이어리》에 들어 있는 내용을 여기에 다 소개할 수는 없지만, 이날 강연에서 들은 간단한 것 몇 가지만으로도 참 대단하다는 생각이 들었습니다.

그는 통장을 크게 네 가지로 분류하여 갖고 있다고 합니다. 먼저 한 달 간 쓰려고 계획한 돈이 든 보통통장이 있습니다. 그리고 그것은 반드시 현금카드로 사용하여 돈이 없으면 더 쓸 수 없게 한다고 합니다.

또 목적(목표)통장이 여러 가지가 있다고 합니다. 예를 들면 결혼하기 위한 적금통장, 피아노를 구입하기 위한 적금통장 등등으로 통장을 여러 개로 쪼개어서 적금을 부어간다고 합니다.

보험도 여러 단계로 나누어 들었다고 합니다. 40대부터 받을 수 있는 보험, 50대와 60대부터 받을 수 있는 보험으로 말입니다. 나이가 들수록 돈이 더 필요할 것이라는 생각에 보험금이 적게 들어가는 젊은 시절부터 하는 노후 준비입니다.

그는 이런 표현도 썼습니다. 통장은 내가 어려울 때 도와줄 수 있는 친구라고 말입니다. 맞습니다. 그런 친구를 많이 둔다면 참 여유롭고 행복하겠지요. 이번에 출간된 그의 책은 단순히 돈을 어떻게 모으는가에 관한 방법론만을 제시하는 게 아님을 알 수 있었습니다. 이 책은 그의 경제관념과 긍정적인 인생관, 끊임없는 자기 발전의 모색 등 인생 철학까지 소개하고 있었습니다.

문득 내일은 은행장을 만나러 가야겠다는 생각이 들었습니다. 국민의 저축률이 떨어진 상황에서 현영 씨를 은행의 예금 전도사로 활용하면 좋을 것이라고 제안을 해야겠습니다.

현영 씨의 책은 이번 주 경제경영 분야에서 2위에 올랐습니다. 아마 다음 주에는 종합 순위에서도 볼 수 있을 것입니다. 수고하신 모든 분들께 큰 박수와 감사를 드립니다.

지금 코엑스에서는 서울국제도서전이 열리고 있습니다. 주빈국인 중국 출판계뿐 아니라 많은 외국 출판사가 참여하고 있고, 또 국내의 다른 출판사는 어떤 책들을 기획하고 출간하는지도 볼 수 있을 것입니다. 여러분도 모두 참관하시기 바랍니다.

- 2008년 5월 15일, 〈목요편지〉 제129회

우리에게 '책'은 무엇인가

가을이 깊어가고 있습니다. 가을은 독서의 계절이라고 불릴 만큼 책 읽기에 좋은 시기입니다. 마침 지난주 금요일은 스물두 번째 '책의 날'이었습니다.

'책의 날'을 맞이하여 잠시 우리나라의 독서 통계를 살펴보았습니다. 한국인들의 연간 독서량은 성인이 12.1권, 학생이 13.5권으로 조사되었습니다. 독서시간은 성인이 33분, 학생이 45분이며, 여가활동 중에서 독서를 하는 비중은 성인의 경우 텔레비전에 이어 2위이나 초등생은 3위, 고등학생은 5위, 중학생은 7위에 머물렀습니다. 지난 1년간 한 권 이상의 일반도서(수험서, 잡지 제외)를 읽었다고 응답한 사람은 76.7퍼센트, 열 명 중 두 명 이상이 한 권의 책도 읽지 않은 것으로 나타났습니다.

인터넷과 전자매체의 등장으로 종이책에 대한 관심과 이용이 줄어들고 있습니다. 사실상 우리가 별로 느끼지 못하는 사이에 정보 전달이나 지식의 습득 수단으로 책을 이용하던 분야들에서 책이 사라지거나 줄어들고 있습니다. 몇 가지 예를 들면, 각종 종이사전들이 어느새 학생들의 가방에서 퇴출되었습니다. 두껍고 방대한 판례집이나 법령집들이 변호사 사무실에서 사라져버렸습니다. 노래방 때문에 으레 돌려보던 가요 책들도 어느새 없어져버렸습니다. 이제 내비게이터의 등장으로 지도책도 사라졌습니다.

이런 변화는 서서히 오는 것 같지만, 따지고 보면 인터넷의 대중화와 더불어 불과 10년밖에 안 된 사이에 일어난 일들입니다. 지난 수백년 동안 이용되어왔던 지식과 정보 입수 수단이 바로 우리 시대에 들어와 새로운 매체로 변화하고 있는 것이지요.

그렇다면 종이책은 존재할 필요가 없고, 또 언젠가는 사라질까요? 그렇지는 않을 것입니다. 종이책은 여전히 어느 매체보다 이용하기에 편리하고, 가격에서도 경쟁력이 있으며, 무엇보다도 인간의 종이에 대한 오랜 친밀감에서 오는 감성의 교감이 있기에 여전히 사람들로부터 사랑을 받을 것입니다. 긴 글을 읽는 데 필요한 가독성과 인터페이스도 종이책을 대체할 만큼 발달한 전자기기가 아직까지 없습니다.

나는 최근 우리 출판산업이 겪고 있는 어려움에 대하여 안타깝게 생각하고 있습니다. 정보통신의 발전과 여느 산업에서나 볼 수 있는 집중화, 대형화 추세로 인하여 책 유통시장이 크게 왜곡되고 있습니다. 전국의 서점 수는 불과 2,000여 개로 몇 년 동안에 1/3이 줄었고, 인터넷서점과 대형서점 몇 개로 시장이 재편되는 추세입니다.

이처럼 출판시장의 위축과 왜곡이 가속화되는 데는 몇 가지 요인이 있다고 봅니다. 먼저 미국 등에서 공부한 정부 관료들(문화관광부, 공정거래위원회 등)의 책임이 클 것입니다. 그들은 언어권 상품이자 문화상품인 책의 특수성은 이해하지 못한 채 자본주의의 경쟁 논리로 모든 상품은 무조건 값싸게 공급해서 소비자에게 유익함을 주어야 한다는 그릇된 원칙과 소신을 갖고 있습니다. 예를 들어 출판시장이 큰 미국에는 도서정가제가 없는데, 이와 마찬가지로 한국에서도 정가제가 불필요하다고 관료들은 여깁니다.

그러나 책은 다른 상품과는 다른 특성을 가지고 있습니다. 다른 분야의 공산품들, 예를 들면 텔레비전 등 일반 공산품들은 경쟁력 높은 한두 개 업체 혹은 과점 업체가 있으면 가격과 품질, 그리고 애프터서비스 측면에서 더 나은 서비스를 제공할 수 있습니다. 소수 업체가 시장을 장악하는 것이 더 좋을 수도 있습니다.

이에 비해 책은 인간 삶의 모든 분야를 다루며, 심지어는 시장의 크기나 경제적 논리로는 발간할 수 없는 책들도 자료적 가치만으로 발행되는 경우가 많습니다. 일반 공산품과는 크게 다르지요. 이런 점들을 이해하지 못하는 관료들의 잘못된 사고가 결국 정가제를 흔들었고, 오늘의 심각한 유통 왜곡을 가져오게 된 것입니다.

두 번째로, 출판인의 책임이 없지 않습니다. 제대로 된 유통기구 하나 만들지 못한 채 이런 시대적 위기 상황 속에서도 한목소리를 내지 못하고 분열의 파열음만 쏟아내는 출판인들의 책임이 무엇보다 크다고 할 것입니다.

세 번째로, 그동안 서점 경영인들은 생존의 몸부림 속에서 많은 문제점들을 제기하고 투쟁하고 있지만, 그들 역시 보다 적극적으로 문제 해결에 나서야 할 것입니다. 지역 서점들은 지역의 문화공간으로서의 역할을 담당해야 하며, 지속적인 지역 독자 개발 체제를 구축해서 전국 단위의 대형서점이나 인터넷서점에 독자를 빼앗기는 일이 없어야 할 것입니다.

또한 책의 판매를 활성화시키기 위해서는 근본적인 발상의 전환이 필요합니다. 줄어드는 책의 공간 확보 문제에서 이전과는 다른 사고로 접근해야 할 것입니다. 서점을 만들어 '책 사러 오시오'라고 유인하기보다는 전국 모든 분야의 공간에 책이 함께 진열됨으로써 자연스럽게 책과 만나게 해야 한다고 봅니다.

예를 들면 옷가게에는 여성들에게 필요한 패션을 비롯한 실용도서들, 약국에는 건강도서들, 명품 백화점에는 명품 책들이 진열되도록 해서 사람들이 쉽게 책과 접할 기회를 많이 만들어야 할 것입니다. 그래서 그 분야의 책을 구입하고자 할 때는 관련 상품 매장에 가면 책도 살 수 있다는 인식이 생기도록 하면 성공하리라 생각합니다.

책은 한 나라의 문화 수준을 가늠하는 바로미터입니다. 대부분의 선진국들은 국민들이 책을 많이 읽습니다. 사람들이 책을 통하여 지식과 정보를 얻고, 교양을 쌓고 삶의 지혜를 배웁니다. 나라나 개인의 지속적인 발전을 위해서, 그리고 사회가 보다 아름답고 바르게 되기 위해서도 책은 우리 곁에 가깝게 있어야 한다고 생각합니다.

'책의 날'을 맞이하여 의례적인 행사만 치를 것이 아니라, 근본적으로 획기적인 국민 독서 진흥책을 생각해야 할 것입니다.

10월에 들어서 우리 출판사 책들이 여러 기관으로부터 좋은 평을 받고 있습니다. 《상식 밖의 경제학》이 간행물윤리위원회로부터 10월의 '읽을 만한 책'으로 선정되었습니다. 또한 《하나님의 정치》가 한국기독교출판문화상의 최우수상을, 《영혼의 순례자 반 고흐》가 우수상을 수상하였습니다.

또 있습니다. 《뜨거운 지구에서 살아남는 유쾌한 생활습관 77》이 '2008년 올해의 청소년 도서'로 선정되었습니다. 수고하신 모든 분들께 감사와 축하를 드립니다.

— 2008년 10월 16일, 〈목요편지〉 제150회

경영자의 고민

12월의 마지막 〈목요편지〉를 띄웁니다.

청림 식구들, 한 해 동안 수고 많으셨습니다. 어느 해보다도 어렵고 힘든 한 해였습니다. 혹자는 올해의 경제난을 100년에 한 번 있을 수 있는 그런 대변혁이라고도 하지요. 아무튼 우리가 겪은 2008년은 세계적인 금융사고로 빚어진 대불황의 시기로 접어든 한 해로 기억될 것입니다.

이제 올해도 며칠 남지 않았습니다. 어수선하고 불안한 마음을 추스르고, 자신감을 회복하며 새로운 해를 맞이할 준비를 해야 할 것입니다. 칠흑같이 어두운 밤을 지나면 새벽의 여명이 튼다는 것을 잘 알고 있습니다.

우리 회사의 큰 저자이기도 한 피터 드러커 박사의 경영에 대한 지침을 다시 생각해봅니다. 그가 제시한 '경영자라면 마땅히 고민해야 할 다섯 가지'를 깊이 되새겨봅니다.

첫째로, 우리의 사업은 무엇인가? 우리의 비즈니스는 무엇인가? 단순히 '책'이라는 상품을 만들어 파는 업인가? 이에 대한 근본적인 물음을 다시 해보고 싶습니다.

예를 들면 10년 전의 극장들은 영화를 상영하는 업이었습니다. 그러나 지금은 어떻습니까? 보통 여러 개의 영화를 동시에 상영하면서 멀티플렉스로서 휴식 공간과 쇼핑 공간을 제공하는 종합 엔터테인먼트 사업으로 변화되고 있지 않습니까? 우리가 하는 사업에 대한 올바른 정의, 이런 물음에서 우리가 하고 있는 이 일(업)이 어떻게 변할 것인가에 대한 단초를 찾게 될 것입니다.

둘째로, 우리의 고객은 누구인가? 이미 시장이 변화하여 상실된 고객을 대상으로 책을 만들고 있지는 않은지, 새로운 고객은 누구인지

고민해봅니다.

10년 전 여행사는 도심의 번화가 1층에 위치하며 모든 연령층을 대상으로 영업을 하였습니다. 그러나 지금은 인터넷 세대를 대상으로 영업하지는 않습니다. 젊은 세대들은 여행사를 통하지 않고 인터넷으로 여행상품을 직접 예약하니까요.

과연 지금 우리가 생각하는 독자는 우리가 기획하고 만드는 책을 구매하는 독자와 일치할까요?

셋째로, 우리 고객이 가치 있게 생각하는 것은 무엇인지 생각해봅니다. 10년 전 빌 게이츠는 우리 회사에서 펴낸 저서 《생각의 속도》에서 "다가올 10년의 변화가 지난 50년의 변화보다 더 클 것이다"라고 하였지요.

IMF를 맞이한 지 10년이 되었습니다. 그리고 이제 또 다른 변화의 큰 물결 속으로 들어가고 있습니다. 어느새 고객의 관심과 바람이 달라져 있을 수 있습니다. 고객이 생각하는 가치를 정확히 꿰뚫고 그런 것을 기획한다면 분명히 성공하겠지요?

예를 들면 산부인과는 예전에는 '건강 출산'이 전부였다면 요즘 젊은 여성들은 바로 직장 업무에 복귀하기 위하여 운동이나 몸매 가꾸기 등의 미용 서비스까지 원한다고 합니다.

넷째로, 우리 산업은 어떻게 달라질 것인가에 대한 고민입니다. 10년 전에 유행하였으나 지금은 사라져버린 삐삐처럼, 또 카메라가 모두 디지털로 바뀌어 우리 건물 1층에 있던 사진관이 없어진 것처럼, 우리가 하는 이 업종에는 근본적 변화가 없는 것일까, 새로운 변화에 죽는 것은 아닐까에 대한 정말 근원적인 고민이 필요하다고 봅니다.

사실상 이 물음에 대하여 우리는 이미 상당한 위협감과 함께 공포심마저 갖고 있습니다. 미래의 종이출판에 대하여 우리는 비관적 전망과 함께 "그래도 없어지지는 않을 거야"라는 막연한 낙관적 기대를 갖고 있습니다. 그러나 우리는 현재의 변화에 어떤 대안을 갖고 있는지 생각해봅니다.

다섯째로, 우리의 목표는 무엇일까에 대한 고민입니다. 이 사업을 통하여, 그리고 앞으로 시대적 변화에 발맞추어 추구하고자 하는 우리의 사업 방향을 근본적으로 어떻게 할 것인지, 우리 회사가 추구해가야 할 목표는 무엇인가를 고민해봅니다.

이번에 불어닥친 세기적인 금융 위기로 인한 변화의 고통이 지나면 새로운 패러다임이 생겨날 것입니다. 기술의 발전은 가장 큰 변화 요인이 될 것이지만, 이밖에도 사람들의 인식과 소비 패턴 등에서도 큰 변화가 있을 것입니다. 우리가 하는 일들과 상관지어서 어떻게 대처해가야 할지를 깊이 생각해보고자 합니다.

변화에 대하여 크게 두려움을 가질 필요는 없다고 봅니다.

"우리가 미래에 두려움을 갖는 것은 일반적으로 아무런 준비가 되어 있지 않을 때 갑작스럽게 변화가 닥치기 때문이다."

최근 우리 회사에서 출간된 《퓨처 파일》에 있는 글귀입니다. 준비된 자에게 변화는 두려움의 대상이 되지 않고, 능동적으로 대처하는 자에게는 오히려 기회가 되는 법이지요.

이제 일주일 후면 다가올 새해를 맞이하는 마음은 새로운 기대와 자신감으로 충만합니다. 여러분과 함께한 2008년을 뒤로하면서, 또 새 희망을 갖고 기축년 새해를 기다립니다. 지난 한 해 동안 수고 많으셨습니다.

- 2008년 12월 25일, 〈목요편지〉 제160회

우리 회사는 진화하고 있는가

7월의 첫 주입니다. 벌써 반년이 지났군요. 하지만 생각하기에 따라서는 아직도 반년이나 남았고, 이제 7월의 첫 주가 그 반년의 시작입니다.

경제신문을 읽다 보면 격세지감이라는 생각이 드는 일이 있습니다. 최근에 우리를 놀라고 자랑스럽게 만드는 것은 세계적인 경제 불황 속에서도 한국 대기업들이 선전하고 있다는 사실입니다. 대표적으로 삼성이나 LG의 선전이 우리를 감격의 수준으로까지 놀라게 만듭니다.

우리의 전자산업은 1970년 중반까지만 해도 일본의 도시바로부터 텔레비전 부품을 가져와서 조립해 생산하는 정말 볼품없는 수준이었으며 기업은 열악했습니다. 한편 일본의 전자업체들은 1980년대부터 지금까지 세계 전자업계를 선도하고 있습니다.

일본의 간판 기업이자 세계 전자산업의 대명사인 소니(SONY)는 영원히 불멸할 것 같은, 철옹성 같은 기업이었습니다. 전 세계 젊은이들이 모두 소니 제품을 갖고 싶어 했으며, 그들의 신제품이 뿜어내는 새롭고 참신한 아이디어는 세계인들을 놀라게 하였습니다. 이런 거대한 일본 회사들을, 특히 소니를 한국의 삼성과 LG가 누르고 세계 전자업계에 우뚝 선 것입니다. 최근 소니는 한국 업체들에 밀려서 큰 적자를 기록하고 여러 분야에서 고전하고 있습니다.

시장의 판도는 언제든지 바뀔 수 있습니다. 잠시 방심하면 후발 주자에게 시장을 내주고, 심지어 퇴출당할 수도 있습니다. 시장에서 주류를 이루던 기업이 어느새 뒤로 처져서 헤매고 있는 것을 우리는 수도 없이 예를 들 수 있습니다.

그런가 하면 삼성과 LG처럼 후발로서 끊임없이 노력과 변신을 해 시장을 새롭게 지배하는 기업들도 많이 볼 수 있습니다. 여러분도 잘 아시다시피 세계 최고의 휴대폰기업인 핀란드 노키아나 세계 최대의 항공회사인 미국 보잉사의 출발은 목재회사였다고 합니다. 이런 회사들이 진화에 진화를 거듭하여 오늘날과 같은 거대 다국적기업이 된 것입니다.

기업은 계속 진화합니다. 아니, 해야 합니다. 삼성전자를 과거의 별볼일 없던 가전회사에서 오늘날 세계 최고의 글로벌 기업으로 키운 것은 1990년대 초 "이대로 가면 다 죽는다"는 이건희 회장의 각오에서부터 시작된, 삼성의 배수진을 친 공격 경영에서 비롯된 것입니다.

진화란 무엇입니까? 진화의 진정한 의미는 변화하는 환경에 맞춰 생존에 성공하는 것입니다. 한때 번성했다는 것은 현재 시점에서 아무런 의미가 없습니다. 기업(Going concern)은, 즉 법인이란 '법적 인간'을 의미합니다. 사람과 같이 살아 움직이는, 성장하고 아프고 꿈틀대는 유기체를 의미합니다. 경제 위기가 왔다는 것은 지금까지의 환경에서 변화되어 새로운 환경이 조성되어간다는 것을 의미합니다. 지금까지의 경제 생태계가 무너지고 있음을 말합니다. 이때 지금까지의 경제 환경에 적응해왔던 기업들은 새로운 환경에 적응하기 위해 변신을 요구받게 됩니다.

환경으로부터 '자연선택'을 받지 못하는 생물이 도태되듯이 시장과 고객의 외면을 받는 기업은 지금까지 아무리 뛰어난 명성을 갖고 있었다 하더라도 위기를 맞을 수밖에 없습니다. 삼성과 LG는 새로운 환경에 발맞추어 진화에 성공하고 소니는 변화에 적응하지 못했던 것입니다.

이제 2009년도 절반이 지났습니다. 우리 회사는 역동적으로 환경에서 진화하고 있는가를 되돌아볼 필요가 있습니다. 그리고 변화되어야 할 것이 무엇인지 찾아야 할 것입니다.

– 2009년 7월 2일, 〈목요편지〉 제187회

〈목요편지〉 200회를 맞이하며

아침저녁으로 제법 쌀쌀한 바람이 붑니다. 10월에 들어서 깊어가는 가을을 느끼며, 나도 시인이 되어보려 합니다.

오늘로 〈목요편지〉가 200회가 되었습니다. 해외에 간다든지, 입원을 하는 등의 이유로 몇 번을 쉰 것을 제외하고는 거의 계속 썼으니까, 아마도 4년이 좀 더 되어가겠군요.

신문에서 대기업 사장들이 직원들과의 소통을 위하여 비슷한 방법을 쓰고 있다고 보도한 것을 보았습니다. 아마도 소통은 회사에서 가장 기본적이고도 중요한 문제라고 여기기 때문일 것입니다.

좋은 회사는 먼저 직원들 간의, 또한 경영진과 직원들 간의, 나아가 거래처와의 소통이 원활합니다. 소통이 막히면 크고 작은 일들에서 문제점들이 도출되고 전반적인 경영이 제대로 진행될 리 없습니다. 그래서 경영자들은 기업 내의 소통을 중시하며 이런 〈목요편지〉나 회의, 심지어 회식 자리를 마련해서라도 서로 막힌 것을 뚫고, 서로가 열린 마음이 되도록 부단히 노력하는 것이 아닌가 생각합니다.

이제 〈목요편지〉는 200회를 맞이하였습니다. 앞으로도 〈목요편지〉는 계속될 것입니다. 사장이 생각하고 있는 것들, 사장이 바라고 있는 것들, 그리고 사장의 고민들을 이야기해나갈 것입니다. 그동안 자주 말하였지만 일방통행식의 〈목요편지〉보다는 피드백이 있고, 이에 더 나은 방안이 창출되는 생산적인 〈목요편지〉가 되기를 기대합니다. 그렇게 되기 위해서는 여러분들의 많은 참여와 응답이 있어야 가능할 것입니다. 그동안 읽어주시고, 의견 주신 여러분께 깊이 감사드립니다.

이제 올해도 4/4분기로 접어들었습니다. 올해 우리가 세운 목표가 달성되도록, 남은 3개월 동안 노력해야 하겠습니다. 또 2010년도의 방향과 계획도 세워서 그 준비도 함께해나가야 할 것입니다.

사장은 2010년은 우리 회사의 모든 면이 한 단계 업그레이드되는 해가 되어야겠다는 욕심을 갖습니다. 직원들의 업무 능력을 비롯한 회사 전체의 업무 추진 능력의 향상이 요구됩니다. 이것은 각 개인의 노력과 함께 교육을 통하여 이루어갈 수 있다고 생각합니다.

또한 여러 가지 시스템의 정비가 필요합니다. 업무에서 발생하는 모든 서류나 자료들의 정리정돈 체계의 확립은 회사의 업무 능력을 크게 개선시키리라 기대합니다. 또한 인사고과 등 조직 내 시스템의 개선도 이루어져야 하겠습니다. '교육과 시스템', 2010년에는 이것에 역점을 두어 새롭게 일신하는 회사가 되도록 해야겠다는 다짐입니다. 각 부서에서는 남은 4/4분기에 2010년도의 계획들을 세워가시기 바랍니다. 가능한 한 10월 중에 각 부서가 대략적인 계획들을 세워서 전체적인 목표가 함께 논의될 수 있도록 합시다.

— 2009년 10월 8일, 〈목요편지〉 제200회

최고경영자(CEO)의 위기경영

가정의 달 5월입니다. 엊그제는 어린이날, 또 어버이날, 스승의 날 등 으로 이어지는 5월은 사랑으로 맺어지는 아름다운 달입니다.

지난주에는 우리 회사에서 발간된 《CEO의 위기경영》을 읽었습니다. 이 책의 원서 제목은 《Winning in turbulence》입니다. 금년에 우리 회사에서 발간된 또 다른 책으로는 《Upside of turbulence(혼돈을 넘어 위대한 기업으로)》라는 책도 있습니다. turbulence(혼돈, 격동, 난기류)라는 단어가 들어간 책이 연이어 나왔지요. 타 출판사에서도 위기경영, 위기관리 등 위기 대처법에 관한 책들이 많이 출간되고 있습니다.

이것은 아마도 금융 위기 이후, 최근 세계 경제가 혼돈에 빠져 있기 때문에 기업들이 이러한 혼란 속에서 어떻게 하면 생존할 수 있을까의 관점에서 낸 책이 많기 때문일 것입니다.

조종사가 난기류를 만났을 때 적절히 판단하고 신속히 대응하는 것은 결코 쉬운 일이 아닐 것입니다. 조종사들은 자신이 잘 알고 있다고 생각하던 항공기가 난기류에서 통제되지 않고 땅으로 추락하기 시작할 때 엄청난 혼란과 공포에 휩싸인다고 합니다. 오늘날 수많은 비즈니스 리더들은 종종 자신이 난기류에 휩싸인 항공기를 몰고 있는 파일럿이 된 것처럼 느껴질 것입니다. 우리 회사 사장도 요즈음 그렇답니다.

하지만 이 책의 서문에서 다음과 같은 글을 읽고 용기를 얻었습니다.

"생존은 모든 기업에게 가장 근본적이면서도 최우선적인 목표 중 하나일 것이다. 그러나 경기 침체는 리스크와 더불어 전략적 기회를 제공하게 마련이다. 실제로 경기 침체 시에 평상시보다 훨씬 많은 기업들이 드라마틱한 변화를 맞게 된다."

경기 침체로 인하여 모든 분야에서 기업의 부침이 매우 역동적일 것입니다. 즉 새롭게 업계의 리더로 부상하는 기업들이 있는가 하면, 하위권으로 추락하는 기업들이나, 아예 시장에서 사라지는 기업들이 있을 것입니다. 변화를 기회로 만드는 기업이 되어야 합니다.

스피드 스케이팅을 관전하노라면 대개 커브를 돌면서 순위가 뒤바뀌는 경우가 많습니다. 쭉 뻗은 길을 달릴 때는 거의 순위 변화가 어려운 법입니다. 그러나 방향을 틀기가 쉽지 않은 커브 길을 돌 때 뒤에 오던 선수가 전력을 다하여 앞질러 나아갑니다. 모두가 어려운 시기에 기회가 있는 법입니다.

불황 때 호황을 준비하라는 이야기가 있습니다. 정작 호황이 왔을 때 투자하면 그때는 이미 늦는다는 말입니다. 우리 회사도 새로운 인력이 보강되겠습니다. 기존 인력이 빠져 충원하기 위해서가 아닙니다. 우리 회사의 재무 상태가 대단히 좋기 때문도 아닙니다. 모두가 어려운 시기이고, 우리 회사도 별로 나을 것이 없는 때이지만, 더욱 심기일전하여 도전하고자 하는 것입니다.

《CEO의 위기경영》 책에 경기 침체기에 대처하기 위한 질문이 있습니다. 우리 회사도 어떤 상황인가 생각해봅니다. 경기 침체가 업종 전반, 출판시장에, 우리 회사가 펴내는 책과 경영에 미치는 영향이 무엇인지 고민합니다.

경기 침체의 영향을 받지 않는 업종은 없습니다만, 출판은 경기 침체로 인한 타격을 상당히 크게 받는 업종입니다. 책이란 상품은 일부를 제외하고는 생활필수품보다는 기호품에 가깝기 때문입니다. 그렇기에 항상 경계 태세를 늦추어서는 안 됩니다. 흔히들 출판업은 경기 침체의 영향을 가장 먼저 받고, 가장 나중에 회복된다고 하지요. 경기 침체로부터 자유로운 출판 분야는 어떤 것이 있을까 생각해봅니다.

출판산업 내에서 우리 기업의 전략적 포지션(strategic position)은 무엇일까요? 이 부분에서 많은 고민이 되었습니다. 특별한 전략 없이 그냥 열심히 하는 것이 전략이라고 말한다면 너무 한심할 것입니다. 출판 업종이 불황이라 하여 모든 기업이 똑같은 수준의 고통을 받는 것은 아닙니다. 업종 내에서 그 기업이 전략적으로 어디에 위치하느냐에 따라 경기 침체로 인한 영향의 강도도 다르게 나타납니다.

책에서는 업계의 선도기업이 추종기업에 비하여 경기 침체에 더 효과적으로 대응하고 영향은 덜 받는다고 합니다. 업계에서, 특히 각각의 출판 영역에서 우리는 선도기업이 되어야 하겠습니다. 독자에게 더욱 가깝게 다가가기 위한 노력과 독자의 니즈에 맞춘 기획과 참신한 마케팅 전략이 요구됩니다. 다함께 열심히 노력합시다.

여러 가지 어려움 속에서도 평상심을 잃지 않고 도전하는 외유내강의 마음, 그것은 비바람을 맞은 나무들이 더욱 튼튼하게 자라는 것과 같이 어려움은 반드시 극복되고 좋은 날이 오고야 말 것이라는 굳은 믿음과 도전 정신에서 비롯될 것입니다.

– 2010년 5월 6일, 〈목요편지〉 제229회

출판의 미래를 생각한다

오늘 〈목요편지〉에서는 현재 출판의 미래에서 대세로 굳어지고 있는 전자출판을 중심으로 함께 생각하고 싶습니다. 출판계는 지금 여러 가지 어려움에 복합적으로 직면하고 있습니다. 가히 내우외환(內憂外患)

이라고 해도 과언이 아닐 것입니다. 안으로는 정가제가 무너지고 시장의 무질서와 극심한 경쟁으로 인하여 매출과 수익률의 저조에 빠져 있고, 밖으로는 종이책의 존립 자체를 위협하는 뉴미디어와의 대충돌로 새로운 탈출구를 모색해야 할 지경에 놓여 있습니다.

인쇄술이 등장한 이래로, 아니 종이의 선조격인 파피루스가 개발된 이래로 정보와 지식의 교환, 전달, 공유의 매개체였던 종이가 전자매체로 대체되는 혁명적인 변화의 시기에 직면해 있는 것입니다. 그리고 우리는 그러한 변화의 중심 중의 중심인 출판업에 종사하고 있습니다. 금세기에 들어서자마자 출현한 전자출판 리더기들은 처음에 종이책 출판을 크게 위협할 것으로 예측되었으나, 성능이 뒤지고 가격이 비싼 점, 그리고 저작권 등 여러 가지 법률적 보완이 이루어지지 않아 그 위협은 종이 호랑이인 것처럼 잠시 주춤한 상황입니다.

그러나 갈수록 디지털 기기의 성능이 크게 개선되고, 가격도 저렴해짐으로써 미국의 인터넷서점인 아마존에서 전자책 판매액이 종이책 판매액을 앞질렀다는 뉴스가 나오기에 이르렀습니다. 최근 우리나라의 현황을 보면, 교보문고가 삼성전자의 전자책 단말기 '파피루스'에 전자책을 담아서 판매를 시작했고, 또 MP3 기기 생산업체로도 유명한 아이리버가 새로 전자책 전용 단말기로 출시한 '스토리'에도 전자책을 담아 판매하는 등 다양한 전자책 단말기 판매 활동이 활발히 진행되고 있습니다.

게다가 전자책 단말기의 기능은 점점 좋아지면서 가격은 계속 떨어져 일반인들도 쉽게 구매 가능한 상황이 되고 있습니다. 아마존 킨들이 299달러, 삼성전자의 전자책 단말기가 약 34만 원에 판매되고 있습니다. 앞으로 이런 경향이 더욱 가속화되어 단말기 가격은 계속 하락하면서 전자책 기기가 점점 대중에게 다가설 것으로 예상됩니다.

즉 앞으로 디스플레이 기술은 나날이 빠르게 발전하고 확산될 것이며, 이를 통해 전자책 시장이 더욱 활성화되어 종이를 매체로 하는 서적이나 잡지·신문들이 기능을 점점 상실하여 전자책 단말기에게 그 자리를 내어주는 시대로 빠르게 이동할 것으로 예상됩니다. 물론 종이책이 완전히 없어지지는 않겠지만, 다수의 콘텐츠들이 디지털 매체를 기반으로 하는 단말기 쪽으로 급격히 이동할 것만은 자명하다고 볼 수 있습니다.

한발 더 나아가, 지금은 모바일 인터넷 시대입니다. 그러나 무엇보다도 주목해야 할 것은 최근 지각 변동을 일으키고 있는 스마트폰의 등장입니다. 2010년 5월 현재 국내 휴대전화 가입자가 약 4,900만 명이라고 합니다. 이중 스마트폰 가입자는 2009년도에 50만 명이던 것이 2010년 5월 기준으로 200만 명을 넘어섰다고 합니다. 이는 전체 가입자의 4~5퍼센트에 해당하는 숫자입니다. 200만 대의 스마트폰 가입자 중 70퍼센트 정도가 최근 6개월 이내 구입자이며, 2010년 초에 열풍을 불러일으킨 아이폰과 삼성 옴니아의 꾸준한 판매 결과라고 볼 수 있습니다. 이런 추세로는 연내 스마트폰의 점유율이 10퍼센트대(약 400만 대)까지 육박할 것이라는 전망입니다.

이렇게 스마트폰 시장이 급격히 확장되면서 국내 대형 포털들의 지각 변동이 이미 시작되었습니다. 그동안 인터넷이 급속히 발달하면서 기존 매체를 가지고 있던 산업들이 변화하면서, 우리 회사와 같은 종이책 기반 아날로그적 콘텐츠 사업을 하던 기업들이 매우 힘든 상황에 놓이게 되었습니다. 대형 포털들의 등장, 인터넷 블로그·카페 활동이 활발해지면서 디지털 매체의 역량이 빠르게 성장하였고, 이에 온라인 광고시장이나 쇼핑몰 등이 크게 성장하는 산업적 변화가 있었습니다. 그런데 최근에 모바일 환경으로 급격히 변화되고 있는 것입니다.

그동안 우리는 원하는 정보나 콘텐츠를 얻기 위해 대형 인터넷 포털 사이트에서 제공하는 웹서비스를 이용했고, 대형 포털 회사들은 이러한 이용자 트래픽을 근간으로 하여 인터넷 광고 사업을 통해 큰 수익을 얻던 상황이었습니다. 그러나 스마트폰의 등장으로 개인이 스마트폰을 가지고 다니면서 활용하는 빈도가 높아짐에 따라 모바일 환경을 접하는 기회가 많아지고, 포털을 통하지 않고도 스마트폰에서 제공하는 다양한 어플리케이션을 통하여 각종 인터넷 서비스를 즐길 수 있게 됨에 따라 PC보다 스마트폰을 통해 서비스를 받으려는 변화가 시작되었습니다.

또한 이제는 본인이 콘텐츠를 직접 구매·소유하려는 욕심이 생기게 된 것도 인터넷 생활 패턴에 있어서 의미 있는 큰 변화 중 하나입니다. 이러한 시점에서, 콘텐츠를 보유하고 생산하는 우리 회사는 중대한 기회를 찾아야 합니다. 전자출판의 도래, 그리고 이제 새로운 채널인 모바일 인터넷 시대의 적응이라는 큰 과제이자 기회와 직면하게 되었습니다.

우리 회사는 소셜 네트워크 서비스(SNS)를 얼마나 활용하고 있나요? 여기서 트위터가 무엇이냐고 묻는 사람이 있다면 조금 답답하다고 하겠습니다. 트위터는 140자의 짧은 단문으로 내용을 담아서 불특정 다수와 직접 커뮤니케이션을 할 수 있는 미니 블로그 서비스입니다.

예를 들면, 자신의 이야기를 듣고 싶어 자신을 팔로윙하는 사람이 다섯 명이 있다면, 또 이들 다섯 명은 각자 자신을 따르는 팔로워가 다섯 명이 있을 때 제일 첫 번째 사람이 어떤 정보나 뉴스를 이야기하게 되면, 그 하위 다섯 명에게 전달되고, 또 그 다섯 명은 각자 자신의 하위에 있는 다섯 명에게 그 정보를 전달하게 됨으로써 순식간에 정보가 전파되는 것입니다.

그래서 미국에서는 인터넷신문이나 블로그보다 이런 트위터 등을 통해 더 빠르게 뉴스를 접하는 경우가 많다고 합니다. 미국 회사들에서는 벌써 이러한 소셜 네트워크 서비스를 도입하여 많은 독자층을 확보하고 있습니다. 예를 들어 CNN과 같은 경우 뉴스 브레이크 소식을 트위터로 전달하는데, 이 뉴스를 받아보는 이용자가 2010년 5월 18일자 기준으로 310만 명 이상이라고 합니다. 《타임》지는 210만 명, 《피플》 매거진은 200만 명, CBS뉴스는 160만 명 이상을 확보하고 있으며, 그 수는 꾸준히 증가하고 있는 상황이라고 합니다.

이렇듯 많은 해외 언론이나 출판사들이 자사의 공식 트위터 아이디를 개설하여 활동을 하고 있으며, 이를 통해 자사의 기사나 출간 소식들을 신속하게 독자들에게 전달하여 꾸준히 자사의 출간물에 관심을 갖도록 하고 충성도를 높이는 효과를 누리고 있다고 합니다.

또한 향후 디지털 콘텐츠 시장이 모바일로 더 확대가 되면 될수록 그 기능이나 역할은 매우 커질 것으로 예상되어, 지금도 꾸준히 독자층을 높이기 위해 다양한 온라인 마케팅 활동을 병행해서 운영하고 있는 상황입니다. 우리 회사도 공식적인 트위터 아이디를 갖고 적극적으로 소셜 네트워크 서비스를 함으로써 신간 홍보에도 이용하고, 모바일

시장 진출에도 대비해야 할 것입니다.

우리 회사는 어떻게 준비하고 대응해갈 것인가

1. 우리가 해야 할 일들은 기존 출판시장에서 더 우수한 아이템을 계속해서 개발해가는 것입니다. 결국은 경쟁력 있고 파워풀한 콘텐츠를 보유하고 있다면 종이책 시장이건, 전자책 시장이건 두려울 것이 없을 것입니다.

2. 또한 콘텐츠를 제작하는 과정에서 그 시작부터 기존 텍스트 이미지 중심의 종이출판 환경을 제공하는 저작도구에서 탈피해야 합니다. 원 소스 멀티 퍼블리싱(One Source Multi Publishing)을 할 수 있는 새로운 저작도구로 변경하여 디지털 출판 환경을 새롭게 조성해야 합니다. 책을 만들어가는 과정에서 텍스트, 사진 이미지 이외에 동영상 자료나 각종 녹취록, 인터넷 주소(Internet URL) 등 멀티미디어 콘텐츠를 생산·관리할 수 있는 능력 배양에도 더욱 신경 써서 힘을 쏟아야 합니다.

3. 이와 함께 책을 만들면서 모아지는 사진, 동영상 등 저작물에 대한 저작권 관리가 한층 더 강화되기 때문에 미디어에 대한 2차 저작권과 전송권 확보에도 많은 신경을 써야 할 것입니다.

새로운 시장에 대하여 충분한 이해가 필요합니다

1. 기존 종이책은 '소유'가 중요했습니다. 그동안 '책'이란 줄 긋고 낙서하고 자기 책장에 꽂아두며 사용되었습니다. 하지만 전자책에서는 정보를 활용하는 개념인 '소비(이용)'가 더 중요해졌습니다. 이런 콘

셉트를 염두에 두고 전자책에 임하면 좋을 것입니다.

2. 인터넷서점에서 책을 사면서 다른 사람들이 달아놓은 코멘트에 영향을 받죠? 이것은 책이 문화 콘텐츠로 바뀐다는 것을 의미합니다.

3. 앞으로 시장의 대세가 안드로이드가 될지, 애플 OS가 될지 아직은 예측하기 어렵습니다. 또한 콘텐츠 형식 역시 앱(Application)도, 웹(Web)도 될 수 있습니다. 우리 같은 출판사 입장에서는 모바일 시장에 서둘러 진출하기보다는 여러 가능성을 두고 지켜보는 것이 나을 수 있습니다. 그러나 어느 것이든 실험적인 시도는 필요하다고 봅니다.

4. 스티브 잡스가 새로운 지평을 열었습니다. 단말기는 점점 아이패드류 모바일 기기로 수렴되고, 콘텐츠도 모바일화될 것입니다. 우리 회사 같은 콘텐츠업체가 킬러 앱을 만들면 부가가치를 크게 얻을 것입니다. 이것은 위기이자 큰 기회입니다.

5. 지금까지 종이가 없는 사무실을 만들려고 노력했으나 실패했습니다. 그것은 휴대성과 인터페이스 문제 때문이었습니다. 그러나 아이패드의 등장으로 두 가지 문제가 모두 해결됐습니다. 그래서 이제 본격적인 전자책 시장이 열렸다고 보는 것입니다.

6. 전자책 시장이 열리면 좋은 콘텐츠를 가진 출판사들이 유통 파워를 얻을 수 있습니다. 가령 출판사들이 서점을 거치지 않고 자체 앱을 만들어 소비자들에게 직접 책을 팔 수 있습니다. 우리 회사도 이런 면에서 선점적인 결실을 얻었으면 좋겠습니다. 반면 유명 저자를 비롯한 저작자들도 출판사를 거치지 않고 바로 앱에 진출함으로써 그동안 출판사가 가지고 있었던 가공(편집, 디자인, 제작)과 유통의 장점

을 상실시키는 일도 벌어질 수 있을 것입니다.

7. 새로운 창작 역량이 필요해졌습니다. 앞으로의 출판사는 방송 프로그램과 같은 영상물과 이야기를 가진 책의 중간 형태를 멀티미디어로 구현하기 위한 능력을 보유하고 있어야 합니다.

8. 전자책 단말기의 가격이 빠르게 하락하고 있습니다. 최근 킨들이 가격을 낮춘 것은 기존 전자책이 살아남기 위한 몸부림으로 느껴집니다. 기기 가격이 하락할수록 개인화(대중화, 보급률) 속도가 빨라지겠지요. 이제는 우리 회사가 보유하고 있는 아이템들을 전자책으로 팔도록 해야 합니다.

9. 물건의 유통과 디지털 콘텐츠 유통은 정말 다릅니다. 콘텐츠는 저작권 문제를 비롯해 콘텐츠 관리와 업로드라는 문제가 있습니다. 이런 점에서 출판할 때는 처음 계약 시점부터 디지털 유통을 염두에 두고 진행해야 합니다.

10. 아이패드를 사주는 것은 부모에 달렸습니다. 부모 입장에서 아이패드는 비싼 가격의 컴퓨터로 생각하고, PMP와 같은 저렴한 기기는 전자사전이나 인터넷 강의를 위한 학습용이라고 생각합니다.

11. 전자책 시대가 열리면 규모의 경제라는 진입장벽이 사라집니다. 앞으로 서점과 같은 유통업체도 효과적인 물류 시스템 외의 다른 경쟁력을 찾아야 할 것입니다.

12. 카메라가 달린 폰이 나와도 디지털 카메라 시장은 죽지 않았습니다. 전문시장이기 때문입니다. 그러나 동영상 시청이나 전자책은 다릅니다. 아이패드와 같은 멀티미디어 기기가 기존 시장을 충분히 흡수할 수 있습니다.

13. 아이패드 때문에 기존 전자책 시장이 무너진다는 이야기가 있습니다. 그러나 아마존 킨들과 같은 흑백 전자책 단말기도 가독성 측면에서 나름의 의미가 있다고 생각합니다. 모든 책을 컬러로 읽을 필요는 없으니까요.

14. 전자책 시장의 모멘텀 중 하나가 학교 시장, 즉 캠퍼스일 것입니다. 대학생들이 여러 권을 들고 다니는 무거운 전공 서적들을 전자책 콘텐츠로 패키지화한다면 수요가 확실히 있을 것입니다.

15. 전자책 제작업체는 미국의 와이어드 앱처럼 멀티미디어를 적극적으로 도입해야 합니다. 우리 회사도 이 점을 명심해야겠지요. 또한 전자책의 판매 증가가 오프라인 종이책의 매출을 잠식하는 현상을 주의해야 합니다.

16. 경제의 패러다임이 바뀌는 시기에 기업 성공의 관건은 소비자의 기호 평가, 경쟁구도, 재무적 자원의 뒷받침입니다. 우리 출판사가 갖추어야 할 것이 무엇이며, 경쟁 환경은 어떤가를 생각해야 합니다.

17. 전자책 시장에서는 현재의 경쟁자뿐 아니라 미래의 경쟁자가 누구인지를 생각해야 합니다. 지금은 동 업종에서 함께하는 출판사들이 경쟁 대상이라면 앞으로는 전혀 다른 경쟁자의 출현도 예상할 수 있다는 말입니다.

18. 브랜드와 인지도가 있는 도서 유통업체는 협상 파워를 가졌기 때문에, 전자책 콘텐츠 수급 역시 원활히 할 수 있다는 강점이 있습니다. 다만 단순한 수급 이외의 향후 성장 동력을 갖고 있어야 합니다. 교보문고인가 예스24인가, 혹은 제3의 어떤 업체가 좋은 러닝메이트가 될지 생각해보아야 하겠지요.

19. 아이패드 콘텐츠로는 예를 들면 어린이용 율동 앱, 화려한 내용을 담은 학생용 과학책, 답사 내용을 담은 역사책 등이 인기를 끌 것이라고 생각합니다. 아이패드 초기에는 구매력이 있는 아버지가 사겠지만, 나중에는 아이들과 주부들의 차지로 돌아갈 것입니다. 그렇다면 특히 요리책이나 잡지가 가정주부들에게 매력이 있겠지요. 우리 회사의 여러 팀도 물론이지만, 실용팀도 요리책이나 가정생활책을 기획하면서 이 점을 염두에 두어야겠지요.

20. 미래에 대한 두려움이 없을 수는 없습니다. 아무튼 기업은 도전해야 성장할 수 있습니다. 그렇지 않으면 타 업체에 밀려 사라질 수밖에 없습니다.

출판의 미래에 대하여 그리고 전자출판에 대한 여러분의 의견을 듣고 싶습니다. 사장에게 메일을 보내주셔도 좋고 혹은 우리 인트라넷에 올려주세요.

　　　　　　　　　　　　　　　　－ 2010년 7월 29일, 〈목요편지〉 제241회

청림Life의 출항에 박수를

지난주 '청림Life'의 첫 책 《다이어트 야식》이 출간되었습니다. '청림 Life'는 우리의 일상생활과 밀접하게 연관되어 독자들이 관심을 갖고 있는 실용 분야의 도서들을 기획, 출간할 것입니다.

첫 책 《다이어트 야식》은 배달 음식들이 과다한 조미료와 열량 높은 식재료로 인하여 기름지고 살찌는데다, 또 집에서 만들어 먹을 경우에도 저녁 늦은 시간에 먹는 만큼 어떻게 하면 칼로리가 낮은 음식을 만들 수 있을까를 고민하는 사람들의 건강을 고려해 만든 야식 레시피들입니다. 권말 부록에는 남은 야식 재료를 이용한 피부 미용법과 야식을 먹고 빨리 연소시킬 수 있는 스마트 운동법도 소개하고 있습니다.

우리의 삶이 복잡해지고 분주해짐에 따라 삶에 쉽게 적용시킬 수 있는 실용 책들의 중요성이 커지고 있습니다. 끊임없이 독자의 니즈를 파악하고 트렌드에 맞추어 새로운 수요를 찾아야 합니다. 비단 요리책뿐만 아니라 의식주나 건강과 휴식, 일에 연관된 여러 분야의 책들이 기획, 출간될 것입니다.

최근 출판 경향을 보면 경제경영서나 인문사회 등의 책들까지도 실용적 측면이 강조되고 있습니다. 전문적 지식들을 실용과 연관 지어 기획된 책들이 많습니다. 출판이 인터넷이나 핸드폰과 결합하여 새로운 형태로 변화되는 이때에 무엇보다도 실용적 측면의 지식들이 이러한 새로운 미디어들과의 결합에 앞장서리라 생각합니다.

그래서 앞으로 청림Life의 책들은 기획 시점부터 종이책뿐만 아니라 다른 매체에서도 함께 활용될 수 있도록, 또 종이책도 새로운 기술의 진보와 융합하여 활용될 수 있도록 준비해가고 다양한 방식으로 출시되어야 할 것입니다. 그리고 이 분야의 책들은 한국 독자뿐 아니라 세계가 공감하는 내용과 시각, 디자인으로 세계화에 앞장서야 할 것입니다. 내년에는 우리 회사의 책들이 더 많이 여러 나라로 수출되기를 희망합니다.

우리 회사에서는 예전에 두 권의 요리책을 출간하였습니다. 드라마 〈대장금〉에 나와 유명해진 궁중음식을 모은 《집에서 만드는 궁중음식》과 《참 좋은 아침식사》입니다. 이 책들은 일본과 중국, 대만에 상당

히 높은 가격으로 수출이 되었습니다. 이번에 만든 《다이어트 야식》은 물론이고 앞으로 청림Life에서 출간되는 실용도서들도 여러 나라에 수출될 수 있으리라 믿습니다.

실용서 책들은 '삶을 풍요롭게' 하고자 하는 청림출판의 정신에도 부합하는 것입니다. 앞으로 청림Life에서 출간되는 한 권 한 권의 책들이 독자들로부터 많은 사랑을 받고, 우리 삶의 질을 한층 높이는 귀한 역할을 잘 담당해주기를 바랍니다. 수고하시는 모든 분들께 격려의 박수를 보냅니다.

- 2010년 11월 18일, 〈목요편지〉 제252회

희망

지난주 목요일 아침, 나는 〈목요편지〉를 쓰고 있었습니다. 그런데 내 방에 결재를 받으러 온 문 차장이 〈목요편지〉를 쓰냐고 묻더니, 내게 과제(제목)를 주었습니다. 가능하면 '희망'에 대해 써달라는 것이었습니다. 정작 다른 주제로 반쯤 쓰기는 했지만 완성을 한 것도 아니니 희망에 대해 써볼까 하고 마음을 고쳐먹었습니다. 그러나 막상 희망에 대해 쓰려니 여러 가지 상념에 이리저리 부딪치면서 쉽지 않았습니다.

도대체 나에게 희망이란 무엇인가. 도대체 희망이 있기나 한 것인가. 그리고 사람들은, 특히 직장인들의 희망은 무엇일까. 나는 조직의 책임자로서 우리 회사 직원들의 희망을 이루는 데 어떻게 조력할 수 있을까…. 꼬리에 꼬리를 무는 상념에 긴 시간 헤매었지만 머리는 정리되지 않은 채 복잡하기만 하였습니다.

그래서 도움을 청하고자, 내가 좋아하는 시인 고(故) 장영희 교수가 쓴 《축복》이라는 영미시 산책을 구했습니다. 그는 오랫동안 암과 투병하면서도 마지막까지 희망을 잃지 않고, 생의 마지막까지 글을 쓰고 강의를 하면서 절망하는 사람들, 특히 '암과 투병하는 사람들'의 희망이 되었습니다.

서문에서 보면, 원래 그의 시집 제목은 '희망'이었습니다. 희망을 주제로 한 영미시 50편을 모은 것이니까요. 출판사 측도 '희망'이라는 제목이 좋겠다고 하여 정했지만, 너무 평범하고 직설적이어서 마음에 내키지 않았다고 합니다.

그런데 한 재소자의 편지에서 '축복'이라는 제목을 얻었다고 합니다. "선생님! 절대 희망을 버리지 마세요. 이곳에서 제가 드릴 수 있는 선물은 이것밖에 없습니다. 희망을 가질 수 있다는 것, 그것처럼 큰 축복이 어디 있겠어요"라는 격려의 글을 받고 '희망도 축복이구나'라고 불현듯 생각이 들었다고 합니다. 어쩌면 희망은 신이 우리에게 준 최대의 축복입니다.

나는 장영희 교수가 읊은 시에 나의 생각을 덧붙여 여러분과 함께 희망에 대해서 생각해보고자 합니다.

'희망'은 '한 마리 새'에 비유됩니다. 행복하고 기쁠 때는 잊고 살지만, 우리가 막다른 골목이라고 생각할 때 조용히 귀 기울이면 속삭임이 들려옵니다. "괜찮을 거야. 이게 끝이 아닐 거야. 넌 해낼 수 있어."

그칠 줄 모르고 속삭입니다. 생명이 있는 한 희망은 존재하기 때문입니다. 그래서 희망은 우리가 삶에서 공짜로 누리는 제일 멋진 축복입니다.

지금까지 삶을 돌아보면 나는 순탄한 길도, 오솔길도, 허허벌판 광야도, 껌껌한 터널도, 그리고 때로는 막다른 골목도 만난 적이 있었던 것 같습니다. 물론 지금도 왜 이렇게 감정이 롤러코스터를 타는지 알 수가 없답니다. 여러분들 중에는 "왜 남들은 쭉 뻗은 고속도로를 잘도 찾는데 나는 끝없이 헤매고만 있을까"라며 한탄하는 사람이 있을 것입니다. 하지만 헤매본 사람만이 길을 알 수 있다고 합니다. 영화 〈반지의 제왕〉에 나온 "헤매는 자 다 길을 잃은 것은 아니다"라는 말이 인상 깊었습니다.

우리네 삶은 다 거기서 거기, 남들이 메고 가는 인생의 짐도 만만치 않을 것입니다. 그들의 삶도 다 나만큼 힘들지만, 나보다 좀 더 용기 있게 당당하게 씩씩하게 살아서 그 짐이 가벼워 보이는 건지도 모릅니다. 피할 수 없는 것은 차라리 즐기라는 말이 있습니다. 삶은 예측 불허입니다. 진흙탕 길도 끝까지 가다 보면 씽씽 잘 나가는 고속도로로 연결될지 아무도 모르는 일입니다.

여러분은 혹시 내게는 쩨쩨한 일만 돌아오니 최선을 다할 필요조차 없다고 생각하지는 않습니까? 그러나 시인은 지금 내가 무슨 일을 하든 그 일에 최선을 다하고, 지금 내 속에 있는 최선의 것을 끄집어내는 것이야말로 진정한 성공이라고 말합니다.

《사소한 것에 목숨 걸지 마라》라는 책이 있습니다. 하지만 때로는 사소한 일에도 목숨 걸듯 최선을 다하는 게 중요합니다. 사소한 일이 쌓이면 큰일이 되고, 내게 주어진 일부터 시작해서 최고가 되면 기회는 저절로 오게 마련입니다. 태양만이 위대한 것이 아닙니다. 밤하늘에 또렷이 빛나는 별도 아름답습니다.

시집 속의 〈인생찬가(A Psalm of Life)〉라는 시(詩)는 무력감과 권태에 빠져 잠들어버린 영혼을 깨우는 소리였습니다. 공수래공수거(空手來空手去), 인생은 허무하다고 외쳐대는 허무주의, 운명에 맞서는 것은 바보 같은 짓이라고 생각하는 패배주의, 예전의 일에 묶여 꼼짝 못하는 과거주의, 이런 것을 모두 털어버리고 행동하라고 촉구합니다.

어제도 내일도 아닌 오늘, 그리고 바로 여기 내가 서 있는 자리에서 최선을 다하면서 기다림의 미덕을 배우라고 알려줍니다. 삶은 기다림이 있을 때 기뻐진답니다.

삶을 거대한 그림 퍼즐로 생각하면 우리가 하루하루 살아가는 건 작은 조각들을 하나씩 메워가는 일입니다. 오늘이라는 내 인생의 한 조각을 예쁘게 칠하면 그 그림은 작지만 나름대로 완벽해질 수 있습니다.

삶에 지쳐 있을 때 "내 힘들다"를 거꾸로 하면 "다들 힘내"가 된다고 합니다. 힘들어도 다들 힘을 내서 자기 안에 숨어 있는 용기와 인내, 열정의 깃발을 다시 흔들어야 할 것입니다.

셰익스피어는 《맥베스》에서 "인생은 죽음으로 향하는 행진일 뿐으로 허망하기 짝이 없다"고 말합니다. 그나마 바람 앞에 깜빡이는 촛불처럼 짧은 생명입니다. 그래서 우리는 모두 걸어 다니는 그림자요, 의미 없이 무대 위에 잠깐 등장했다 잊히는 슬픈 엑스트라입니다. 하지만 엑스트라에게도 나름대로의 역할은 있습니다. 무엇보다도 중요한 것은 인생이라는 무대는 연습 시간을 주지 않는다는 점입니다. 하루하루가 실제 공연입니다. 단역이라도 오늘 내가 맡은 역할을 멋지게 해내려는 노력 자체에 인생의 참 의미가 있겠지요.

희망이란(What is Hope?): 미소 짓는 무지개

삶이란(What is Life?): 녹고 있는 얼음판

인간이란(What is Man?): 어리석은 아기

헛되이 노력하고 싸우고 안달하지만 결국 얻는 것은 고작해야 작은 무덤 하나입니다. 하지만 시(詩)에서처럼 마지막에 빈털터리로 간다 해도, 그런 욕망이 없다면 무슨 핑계로 살까요? 곧 사라져버린다 해도 무지개는 여전히 아름답고, 당장 손에 잡히지 않는다 해도 희망은 그 존재만으로 삶의 버팀목이 됩니다.

어느 축구 해설자의 말입니다. "그라운드의 명선수는 얼마나 넘어지지 않는가에 달려 있지 않습니다. 얼마나 넘어졌다가 다시 일어나는가에 달려 있습니다." 인생의 그라운드도 마찬가지 아닐까요. 넘어져도 다시 일어날 줄 아는 사람이 인생이라는 게임의 명선수겠지요. 오늘 내리는 소나기는 내일 화사한 장미를 피우는 전조이니까요.

시집에 〈지식(Knowledge)〉이라는 시도 있습니다. 특히 인생의 봄을 구가하는 젊은이들에게 들려주고 싶은 시입니다. 두뇌는 꼭 텅 빈 초원 같아서 제때 씨를 뿌리고 가꾸지 않으면 아무것도 거둘 수 없다고 말합니다.

네 마음은 초원이란다.

이런저런 씨 뿌리는 초원,

너는 농부란다

지식의 씨앗 뿌리는 농부.

네 초원을 버려두지 말거라.

파종도 하지 않고 비워둔 채로

지식의 씨앗 뿌리고

정성들여 가꾸어라

무지한 자 되지 말거라!

봄이 되어 씨 뿌리면

여름 되어

풍요로운 수확 거두리니

대학시절 읽은 소설은 아직도 또렷하게 기억나지만 지난주에 읽은 책은 주인공 이름도 생각나지 않을 때가 있습니다. 이미 머리가 노쇠기에 접어들고 나서야 지식의 씨앗은 젊고 유능한 두뇌에서만 더욱 싱싱하게 자랄 수 있다는 것을 깨닫습니다. 씨를 뿌려야 거둘 수 있다는 것은 아주 간단한 진리이지만 잊기 일쑤입니다. 남이 수확할 때 아무리 후회하고 부러워해도 이미 늦을 것입니다.

시인들이 여러 목소리로 희망을 노래합니다. 사람이 살아 있다는 것 자체가 희망이 있는 것이며, 희망을 버려서는 안 되며, 희망을 버리지 않는 한 삶은 언제나 새롭게 열림을 노래합니다. 우리에게 주신 귀한 삶에 감사합니다.

이 시집에는 내가 즐겨 암송하는 〈청춘〉도 들어 있습니다. 시집에서는 '젊음'이라고 번역되어 있습니다만, 아무튼 내가 이 시를 암송하며 다니는 것은 '나이는 숫자에 불과하다'는 어느 광고 카피처럼, 비록 한 갑자를 넘겼어도 여전히 꿈을 갖고 있고, 열정으로 늘 푸른 젊음을 유지하고자 하는 마음에서입니다.

〈청춘〉에서 내가 가장 즐겨 읊는 부분입니다.

그대와 나의 가슴속에 감추어져 있는
안테나를 높이 세워
사람에게로부터, 신에게로부터
아름다움, 용기, 기쁨, 힘의 영감을 받는 한
우리는 언제까지나 청춘일 수 있습니다.

그렇습니다. 나는 매일 새로운 영감을 받고자 노력하며 산답니다. 때로는 기도를 통하여 신에게 지혜를 구하고, 때로는 사람들로부터 지식과 정보를 얻고자 각종 모임과 세미나에도 열심히 참석합니다.

여러분도 일상에서 만나는 작은 것들에 사랑과 열정과 헌신을 다하여 오늘을 충실하게 하고, 내일을 위하여 지식 쌓기를 게을리 하지 말며 언제나 희망을 품고, 남에게 희망을 전하는 축복의 통로가 되기를 바랍니다.

문 차장이 나에게 '희망'이라는 주제를 주문한 데는 또 다른 생각이 있었을 것입니다. 새해를 맞이하면서 회사에 새로운 비전을 함께 논의하고 열심히 일해 올해의 부진한 실적을 만회하고자 하는 바람일 것입니다.

출판계 내외에서 불어오는 여러 가지 악조건들이 있습니다. 그러나 우리가 힘을 합쳐 열심히 한다면 극복하지 못할 것이 없습니다. 수치로 말하는 우리의 비전과 목표는 새해 연초에 2010년도 결산과 함께 논의토록 하겠습니다. 여러분도 함께 2011년의 계획에 대하여 준비해주시기 바랍니다.

– 2010년 12월 6일, 〈목요편지〉 제254회

소통과 열정으로

신묘년 새해가 밝았습니다. 새해, 청림 식구들 모두 하나님의 축복을 듬뿍 받아 한 해 동안 건강하고, 각 가정에 웃음이 넘치며 평안하기를 소원합니다. 또 우리 회사도 모두가 힘을 합쳐 열심히 노력해 세운 목표들을 달성하고, 21세기 들어서 맞이하는 두 번째 10년을 위해 단단한 기반을 쌓아가는 한 해가 되기를 바랍니다.

새해, 회사와 우리 모두의 발전을 위하여 여러분들과 함께하고 싶은 키워드들을 생각해보았습니다. 여러 단어들 중에 가장 마음에 와 닿는 것이 '소통'과 '열정'이라는 두 단어였습니다.

먼저 소통입니다. 소통은 공동의 목표를 달성하기 위하여 구성원 간에 반드시 필요한 것입니다. 서로 간의 생각과 행동이 왜곡되고, 오해가 난무해서는 아무것도 함께 도모할 수가 없습니다. 사장과 직원 간에, 부서와 부서 간에, 또는 팀 안에서도 소통이 원활해야 일을 도모할 수 있습니다. 직장 내에서만이 아니라 거래처, 저자와 독자들과도 얼마나 잘 소통하느냐에 따라 추진하는 일의 성공 여부가 결정된다고 봅니다. 사람들 간의 소통이 원만하게 되기 위해서는 신뢰가 밑바탕에 깔려 있어야 합니다. 사람이 누군가를 신뢰하고 또 누군가로부터 신뢰받는다는 것은 인생을 보람되게 하고 풍성하게 만듭니다.

누구나 신뢰하는 사람에게 내 마음을 열어놓고 싶고 의지하고 싶어 합니다. 신뢰하면 내 마음에 용기가 생깁니다. 상대방에게 감사와 즐거움이 생깁니다. 부부 간에도, 부모와 자녀 간에도, 모든 인간관계에서 신뢰는 아주 소중한 것입니다.

그러나 어떤 사람을 신뢰하지 않게 되면 내 마음이 닫힙니다. 그런 사람과 함께 있으면 내 속에 있는 에너지가 빠지고 방전됩니다. 즐거움이 스러지고 마음의 힘마저 사라집니다.

비즈니스의 핵심도 신뢰에 기반을 두고 있다고 생각합니다. 기업이 신뢰가 없으면 망합니다. 소비자(독자)가 우리 회사를 신뢰하지 못한다면, 우리 회사는 존립할 수 없을 것입니다. 거래처가 우리 회사의 어음이나 약속을 신뢰하지 못한다면 아무도 우리 회사 일을 맡아서 하거나 거래하려 하지 않을 것입니다.

사장과 직원이 서로 신뢰가 없으면 아무것도 이룰 수 없습니다. 저 사람에게 맡기면 일이 훌륭하게 처리될 것이라는 믿음이 있어야 하고, 우리 사장은 내가 몸담고 있는 이 회사를 성실하게 이끌어갈 것이라는 신뢰가 있어야 합니다. 바로 서로 간의 신뢰야말로 비즈니스 성공의 비결이라고 할 수 있겠습니다.

신뢰에는 성실성과 진실함, 그리고 한결 같은 지속성이 요구됩니다. 삶의 모습이 한결같음, 그런 지속성 속에서 신뢰가 쌓입니다. 변덕이

죽 끓듯 하는 사람을 신뢰하기는 어려운 법입니다. 이러한 신뢰를 바탕으로 한 원활한 소통이야말로 모든 성공의 원동력입니다.

《성경》에도 소통이 강조되는 우화가 있습니다. 하늘까지 높이 탑을 쌓아서 하나님처럼 되어보겠다는 인간들의 욕망으로 높이높이 탑을 올렸습니다. 그러나 이러한 인간의 교만을 상징하는 바벨탑을 허무는 하나님의 방법은 아주 간단하였습니다. 그것은 아래에서 일하는 사람과 위에서 일하는 사람들 간에 소통이 불가능하게 만드는 것이었습니다. 서로의 언어를 다르게 함으로써 소통이 안 되게 하였습니다. 위에서 벽돌을 달라고 하면 아래에서는 짚을 올려주고, 위에서 짚을 올려 달라고 하면 아래에서 흙을 올려줍니다. 결국 바벨탑은 쌓을 수가 없었겠지요.

새해에는 우리 모두의 소통이 원활하기 바랍니다. 사장도 마음 문을 활짝 열겠습니다. 여러분의 의견을 진지하게 경청하고 실행해나가도록 추진하겠습니다. 여러분도 주어진 책임을 다하는 성실함과 진실함으로 또 변함없는 마음으로 일하며 공동의 목표를 위하여 함께 도모해가기 바랍니다.

두 번째는 열정입니다. 모든 일과 역사는 열정이 있는 사람에 의해 이루어집니다. 머리도 좋고 능력은 있으나 열정이 없는 사람과 다소 능력은 떨어지나 성실하고 열정으로 가득 찬 사람 중에서 택한다면 당연히 후자이겠지요.

사장은 열정 없는 사람, 열정 없이 일하는 것을 아주 싫어합니다. 만일 여러분 중에 자신은 더 이상 하고 있는 일에 대한 열정이 없다고 생각하는 분이 있다면, 과감하게 이 일을 그만두고 내가 좋아하는 일터나 직업을 찾으시기 바랍니다. 그것이 회사에게도, 본인에게도 바람직한 길이라고 생각합니다. 우리들의 열정에 의해 열매가 맺어집니다. 치열한 열정만이 작금의 어두운 상황을 뚫고 나갈 수 있습니다.

하늘은 스스로 돕는 자를 돕는다고 합니다. 우리들의 수고로움이 하늘을 감동시킬 때 하늘도 우리를 도울 것입니다. 대충 열심히 하는 것이 아니라, 우리가 시장을 간파하며 뚫고 나가려는 노력으로 모든 힘을 합칠 때 시장이 열리고 독자가 호응하게 될 것입니다.

새해 힘차게, 함께 노력합시다. 파이팅!!

- 2011년 1월 6일, 〈목요편지〉 제257회

2012년 봄의 출판

달력은 아직 5월의 눈금인데 날씨는 7월의 무더위입니다. 아침저녁으로 일교차가 크니 감기 조심해야 할 것입니다. 오랜만에 〈목요편지〉를 보냅니다.

세상이 하수상해서, 특히 출판시장이 너무나 모호하고 잿빛이어서 어디로 가야 할지 잠시 길을 잃어버렸습니다. 긴 터널같이 깊게 잠든 시장은 과연 언제쯤 깨어날 수 있을지조차 의문시됩니다.

어쩌면 이미 고개 넘어 새로 군림해온 거대한 수사자(아이폰)에게 짓밟혀 모든 영역을 내주고 쓸쓸히 퇴진하는 늙고 병든 사자의 초라한 뒷모습이 연상되기도 하여 슬퍼집니다.

아수라장 같은 장터에서 그나마 생존을 위해 몸부림을 치고 있지만, 그런 아우성도 메아리가 되어 출전하는 장수(신간)마다 패퇴하는 것이 안쓰럽습니다. 더욱이 조만간 건기(올림픽, 대선 등)에 들어갑니다. 호수의 물은 급격히 고갈되어 먹을 물이 부족하고 식량조차 모자랄 것입니다.

그렇다고 절망하여 손을 놓고 있을 수는 없습니다. 우리에겐 아직 많은 장수들이 있습니다. 백전 노장도 있고, 아직 사냥에 나선 적이 별로 없지만 용맹한 젊은 장수들도 있습니다. 광활한 대지에 먹을거리는 어디에나 존재하는 법입니다. 눈 좋은 젊은 사자들이 먼저 나서야 합니다. 그리고 사냥감을 찾아 힘차게 공략해야 합니다.

2012년 봄의 출판은 이렇게 지나갑니다. 그리고 다가오는 계절은 더 불투명합니다. 그렇다면 우리가 해야 할 일은 무엇일까요. 좀 더 뾰족하게 날을 세워 시장의 입맛에 맞춰야 합니다.

5월이 지나면서, 봄을 보내면서, 새로운 다짐을 해봅니다. 여러분도 함께하시기를 바랍니다.

1. 지금까지의 경험은 도움도 되겠지만 장애도 될 수 있습니다. 시장 (Book market)을 읽고 창의적인 도전을 합시다.
2. '일을 위한 일'이 아니라 창조하는 마음으로 업무에 임합시다.
3. 나태하지 않도록 자기 경계를 합시다.

＄－2012년 5월 24일, 〈목요편지〉 제282회

지속가능한 출판

라디오라는 매체는 어떻게 보면 텔레비전에 밀린 제품입니다. 그럼에도 라디오가 갖고 있는 특별한 장점 때문에 아직도 많은 사람들이 라디오를 선호하고 있습니다.

라디오는 눈의 피로가 없고 오지나 텔레비전이 없는 곳에서는 정보 전달의 수단이 되는 장점을 갖고 있습니다. 내 출근길에서 라디오 청취는 새로운 정보, 지식 그리고 교양을 얻는 창구가 되기도 합니다. 오늘 아침 '성공 예감'이라는 라디오 프로그램에서 들은 이야기입니다.

'장사'와 '사업'은 어떻게 다른가 하고 청취자가 물어왔답니다. 프로그램을 진행하는 사회자가 경제학 교수인데, 어떻게 다를까 고민하여 여러 사람들과 이야기를 나누었다고 합니다. 결론은 '장사'는 자기가 없으면 운영이 안 되는 것이고 '사업'은 자기가 없어도 잘 돌아가는 것이라고 합니다. 결국 시스템을 갖추었느냐 아니냐의 차이라는 이야기이지요.

또 종업원과 사장의 차이는 무엇이냐는 물음이 있었답니다. 이에 종업원은 사장이 있을 때 궂은일을 하는 사람이고, 사장은 아무도 없어도 궂은일을 하는 사람이라고 정의했답니다. 그럼 종업원 중에도 자발적으로 궂은일을 하는 사람이 있지 않느냐는 물음에 그런 사람은 '미래의 사장'이라고 했답니다. 방송을 들으면서 나는 지금 장사꾼인가 사업가인가 생각해보았습니다.

요즈음 사장은 이제 나이도 많고 환경도 크게 변했으니, 가능한 한 젊은 직원들에 의해 기획하고 추진해갔으면 하는 바람에서 업무 일선에서 손을 떼어가고 있습니다. 회사가 잘 돌아가면 그동안 '사업'을 한 것일 테고 잘 안 돌아가면 지금까지 '장사'를 해온 것이란 생각이 들었습니다.

출판에 대한 생각을 하면 참 착잡해집니다. 이대로 출판이 지속가능한가에 대한 고민을 했습니다.

요즈음 출판계 사람들은, 즉 출판으로 밥을 먹고사는 사람들은 뒤통

수를 맞은 듯 멍할 것입니다. 올 들어 느끼는 출판시장의 위기는 체감의 정도는 다소 다를 수 있겠지만 대부분 깊고 어두운 슬럼프에 빠져 있습니다. 마치 몇 십 년 만에 닥친 가뭄에 비유할 수 있을까요.

왜 지금 출판이 그렇게 불황일까요? 특별히 답할 필요가 없을 듯싶습니다. '왜'라고 묻기에는 모두들 원인과 이유를 너무 잘 아는 듯하고, 그렇다고 어느 누구도 특별한 대안을 내놓기 어려울 듯합니다.

굳이 이유를 말하라고 한다면 총선, 대선, 유럽 축구, 올림픽 등등 다양하겠지만, 그것들보다도 범인은 역시 스마트폰이 아닐까 합니다. 대한민국 국민들은 어른 아이 할 것 없이, 지하철이고 길거리고 어디서건 스마트폰에 정신이 뺏겨서 책을 접할 시간이 없습니다.

도서의 시장 사이즈는 눈에 띄게 줄어가는데, 출판사들의 신간 공급량은 어느 누구도 먼저 줄이려 하지 않습니다. 공급을 줄이는 순간 수금의 축소 등 닥쳐올 혼란이 겁나기 때문입니다. 책을 만들어도 선보일 곳이 있어야 할 텐데, 몇 개의 온라인서점과 대형서점에 목을 매고 있습니다.

인터넷서점은 화제의 베스트셀러, 리뷰 많은 책, 인기 만점, 또는 화제의 책 등 갖가지 이름을 붙여 광고 수익을 올리고 있습니다. 오프라인 대형서점도 이에 질세라 중앙 통로의 매대를 높은 값에 팔고 있습니다. 도대체 이것도 마케팅인지 혼란스럽고 분통이 터지는 일이지만, 아무튼 이런 비용이 모두 출판사의 부담으로 전가됩니다. 책을 만들기도 어렵지만, 알리고 팔기는 더 어려운 상황입니다. 모두들 쌍코피를 흘리는 옆 사람을 물끄러미 쳐다보고 있는 형국입니다. 이미 여기저기 쓰러져 있는 이들도 많습니다. 그리고 자기 코에서도 피가 흐릅니다.

이런! 멘붕!

이런 상황에서 출판은 과연 지속가능한가, 이러다가는 죽는 것이 아닌가 묻게 됩니다. 극히 영리한 곳 몇 군데 빼고는 모두 쓰러질 판입니다. 이제 팔리지 않고 창고에 악성 재고로 남을 책은 그만 만들어야 합니다. 널브러진 구간 목록에 또 하나를 보태는 그런 밀어내기식의 신간은 그만 만들어야 합니다. 그런 책은 회사의 재무구조에도, 시장의 질서에도, 그리고 아마존 밀림의 숲에도 아무런 도움이 되지 않습니다.

어떻게 시장을 내 편으로 만들 것인가? 이 살얼음판에 그래도 어떻게 할 것인가를 다시 생각해보고, 고민해봅니다.

1. 요즈음 독자들은 예전보다 더 저자의 유명도에 관심을 둡니다. 독자가 신뢰할 수 있는 저자를 개발해야 합니다. 책의 콘텐츠도 보아야 하겠지만, 유명한 저자(작가)인지에 관심을 가지면 좋겠습니다. 만약 콘텐츠가 좋아서 무명 저자를 택한다면, 책을 만들기 전에 어떻게 저자의 인지도를 높이고, 그의 가치를 널리 알릴 것인가에 대하여 고민해야 합니다.
2. 제목과 디자인에 집중해야 합니다. 제목을 정하는 데 쉽게 지치면 안 됩니다. 쉽게 타협해선 안 됩니다. 치열하게 고민하고, 물고 늘어지는 근성이 있어야 합니다. 우리나라의 북디자인(본문과 표지, 광고)은 이미 세계 최고 수준입니다. 그리고 우리는 그런 세계 최고의 디자인들과 똑같은 매대에서 경쟁하고 있습니다. 그러므로 그들 속에서 눈에 띄려면 더 잘 만들어야 합니다.

3. 한 권의 책이 상품성을 가지려면 편집과 함께 홍보와 광고 등 마케터, 제작자, 디자이너 등 모두의 협력이 필요합니다. 머리를 맞대야 합니다. 기획의 첫 단계부터 함께 고민하고 집중해야 합니다. 전에는 개인의 집중으로 가능했다면 지금은 조직의 집중이 요구됩니다. 집중이라면 버티는 능력입니다. 제대로 될 때까지 꾸준한 노력과 열정을 갖고 도전해야 합니다.

4. 궁극적으로는 현재의 추락하는 패러다임 안에서는 해법을 찾을 수 없습니다. 결국 좁은 내수시장보다는 글로벌 시장으로 나가야 합니다. 그런데 그게 쉬운 일이 아닙니다. 그래도 그 길밖에 없습니다. 인구 5,000만의 나라에 출판사도 너무 많고, 책들도 너무 많습니다. 그래서 간간히 찾아오는 소액의 수출에도 사장은 환희를 합니다. 글로벌 시장에 눈을 뜨지 못하면 조만간 셔터를 내려야 할지도 모릅니다.

지속가능, 쉽지 않은 일입니다. 눈을 뜬 자만이 가능합니다.

- 2012년 6월 21일, 〈목요편지〉 제286회

위기는 기회

지난주 서울국제도서전이 폐막되었습니다. 올해도 많은 출판사와 관련 업체들이 참여하였고, 주빈국 인도를 비롯해 해외에서도 여러 출판사들이 왔습니다. 전반적으로 도서전에서도 업계의 불황을 쉽게 읽을 수 있었습니다. 우선 매장을 넓게 참여한 업체들조차도 인테리어 비용을 절약하면서 소박하게 실속을 추구하는 모습이었습니다.

또한 많은 부스가 최소한의 참여 비용이라도 건지려는 욕심에서 거의 덤핑 수준으로 책을 판매했습니다. 프랑크푸르트나 런던도서전, 혹은 미국도서전에서와 같은 저작권 계약을 유치하지는 못하더라도, 각 출판사의 출간 목록과 출간 방향, 회사의 지향하는 바를 알리는 장이 되었어야 할 도서전이 거리의 덤핑시장을 옮겨놓은 듯한 풍경을 보여 실망스럽고 창피스럽기조차 했습니다. 아무튼 몰락해가는 출판시장의 단면을 보는 것 같아 퍽 씁쓸했습니다.

1. 출판산업은 지금 위기입니다.

전 세계에서 인터넷과 스마트폰의 등장으로 종이출판 시장이 위축되고 있습니다. 출판 대국인 이웃나라 일본도 어렵다고 합니다. 그러나 우리나라의 출판 위기는 다른 나라와 같은 단순한 불황의 정도에 그치지 않고 보다 더 구조적이고 악성이라는 데 문제가 있습니다.

일본은 도서정가제가 확실하게 지켜지기 때문에, 지방서점들이 불황으로 매출이 조금 줄어들었다는 이야기이지만, 우리나라는 도서정가제가 무너져서 지방서점들이 도저히 견딜 수 없어 폐업으로 사라지고, 중앙의 몇몇 대형서점과 인터넷서점으로 몰려 책을 만들어도 진열할 곳이 없는 상황으로 발전했습니다. 이런 상항에서 소위 '도서 사재기' 등의 최악의 사태까지 이르게 된 것입니다.

우리나라는 지금 전 세계 스마트폰 보급률 1위 국가입니다. 국민의 63%가 스마트폰을 갖고 있는 나라입니다. 스마트폰이 필요 없는 영유아나 노인 인구를 제외한다면, 거의 모든 국민이 스마트폰을 소지하고 있다고 해도 과언이 아닙니다. 대부분의 나라에서 종이책 판매가 스마트폰의 영향을 받기는 하겠지만, 우리나라처럼 심한 곳은 없습니다.

우리나라는 전 세계 스마트폰 얼리 어댑터 국가이며, 많은 사람들이 스마트폰 중독 상태에 빠져 있습니다.

서점업계의 구조적인 문제점과 스마트폰의 높은 성장이 책의 몰락을 부채질하고 있습니다. 지난 몇 년에 걸쳐서 먼저 서점들이 무너져 갔으며, 이제 출판사의 차례가 도래한 것입니다.

2. 출판업계는 어떻게 될 것인가?

대형 출판사들은 급격히 줄어드는 매출로 더 힘들어할 것입니다. 구간 서적들의 급격한 매출 격감이 안정적인 경영을 위협할 테니까요. 살아남기 위해 안간힘을 써야겠지요. 아마 여기저기서 구조조정의 칼바람도 불어올 것입니다. 보다 규모가 작은 중소 출판사들은 더 군살을 빼고, 기업형이라기보다는 생계형으로 바뀌겠지요. 아마 일부 소규모 출판사들은 정부 보조를 받는 그런 기획물을 목표로 살림살이를 꾸려가려 할 것입니다. 그래도 약간의 자본 여력이 있는 회사들은 일종의 사이드 잡 성격의 새로운 분야에서의 매출 확대를 위해 타 업종과의 겸업을 시도하려 할 것입니다.

쉽지는 않겠지만 출판사 간의 M&A도 일어날 수 있겠고, SK나 한국통신 혹은 네이버 등 공룡들이 나타나 죽어가는 출판사들의 데이터와 정보를 헐값에 매입하려 할지도 모릅니다. 스스로 일어설 능력이 없는 출판업계입니다. 이런 상황에서도 생존의 선택은 개별 출판사가 알아서 해야 합니다.

3. 그럼 우리 회사는 어떻게 해야 할까요?

강물이 말라 수위가 낮아졌을 때, 살아남을 수 있는 물고기는 어떤 종류일까 생각해봅니다. 여기저기서 이미 살아남기 위한 혈투가 벌어지고 있습니다. 먹잇감이 별로 없는 곳에서 모처럼 먹잇감이 발견되면 힘 있는 자들이 먼저 달려들겠지요. 무라카미 하루키의 신간 한 권에 수십억 원의 선인세를 주었다는 것은 단적으로 시장이 얼마나 치열한지 말해줍니다.

직원 여러분! 대단히 죄송하지만, 우리 회사의 사장은 이런 왜곡된 시장과 상황에서 우리 회사만 독야청청할 방법을 갖고 있지 못합니다. 아마 반전 없이 이 상황이 좀 더 지속된다면 우리 회사도 망할지 모릅니다.

4. 우리 회사의 문제점을 생각해보았습니다.

문제점 속에 대안도 있는 법이니까요. 첫째로, 강점이 없다는 것입니다. 그동안 우리 회사의 강점 분야로 생각해왔던 경제경영 분야는 최근 몇 년 사이 타 회사와 차별점이 없어졌으며, 또한 이 분야의 시장도 현저히 위축된 상황입니다.

다른 영역들은 이제 막 시작하거나, 몇 년 되지 않아 아직 이렇다 할 명함을 내걸 수가 없는 처지입니다. 개인이나 회사나 강점이 없다면 생존이 어려운 세상입니다. 여러분은 어떤 강점이 있습니까? 회사가 필요한 것에 여러분의 강점을 맞추십시오. 회사도 강점을 구축해야 하듯 여러분도 끊임없는 노력을 통하여 자신의 강점을 가져야 할 것입니다.

둘째로, 리더십의 부재입니다. 사장은 나이가 많습니다. 오랜 경험이 있지만 IT에 약하고, 최신 트렌드 변화에 둔하고, 협상과 결정의 전면에 있지 않습니다. 회사 각 부분의 리더들에게 요구되는 사항이 있습니다. '리더십의 부재'란 바로 이런 것들의 부족을 의미합니다.

- '시장의 변화를 읽는 눈'이 있어야 합니다
- '협상력'이 있어야 합니다
- '솔선수범'이 필요합니다

셋째로, 열정입니다. 진정으로 열과 성을 다해 도전할 때 못 이룰 것이 없다고 생각합니다.

5. 직원 여러분! 시장은 혼탁하고, 줄어들고, 더욱 치열해지고 있습니다.
우리 회사도 이런 회오리 속에서 자유롭지 못합니다. 그렇다면 정면 승부해야 합니다. 추진하고 있는 각 분야에서 강점을 속히 갖추고, 리더십을 키우고, 열정이 있다면 강의 수위가 웬만큼 줄어든다 해도 끝까지 살아남을 수 있을 것입니다. 이를 위해 열심히 함께 노력해가야 합니다.

지금은 분명 위기입니다. 그러나 여기서 굴복하면 위기의 먹잇감이 될 것이고, 이것을 넘어서면 기회가 될 것입니다. 거듭되는 위기의 파도가 들이닥칠 것이지만 위기를 통해 스스로를 업그레이드하면서 앞으로 나아가야 합니다. 힘을 내십시다. 파이팅!

– 2013년 6월 27일, 〈목요편지〉 제292회

출판은 벤처산업이다

처음 〈목요편지〉를 보낸 것이 2005년 9월 15일부터였군요. 그리고 오늘 보내는 〈목요편지〉가 회수로는 296번째가 됩니다. 비록 중간중간에 몇 주 혹은 몇 달씩 중단되어서 연속성을 갖지는 못했지만, 〈목요편지〉는 직원 여러분에게 사장의 생각과 계획을 전하는 중요한 소통의 장으로서 역할을 하고 있다고 생각됩니다.

또 하나, 청림출판 사장으로서 보내는 메시지가 있습니다. '청림출판이 독자에게 드리는 응원 메시지(이하 응원 메시지)'입니다. 〈목요편지〉가 사내 직원들에게 보내는 메시지인 반면 '응원 메시지'는 독자와 대한민국 국민에게 보내는 메시지입니다. 매주 신문 광고가 나갈 때 상단에 실리는 응원 메시지는 지난주 191회차가 나갔습니다. 거의 매주 광고가 나가니 약 4년 정도에 이르는 기간이 되네요. 그때마다 새로운 메시지를 보냈습니다.

'응원 메시지'는 우리 사회가 가야 할 바른 방향에 대하여, 그리고 오늘을 사는 사람들이 갖추어야 할 것 등을 제시하는 짧은 글입니다. 지난주와 다음 주(10월 첫 주)에 내보낼 '응원 메시지'는 젊은이들에게 보내는 것입니다.

> 191차 응원 메시지: "청춘, 이는 듣기만 하여도 가슴이 설레는 말이다.
> 청춘의 피는 끓는다. 끓는 피에 뛰노는 심장은 거선의 기관같이 힘 있다.
> 이것이다. 인류의 역사를 바꾸며 내려온 동력은 바로 이것이다."

민태원의 〈청춘예찬〉 중에 나오는 글귀입니다. 오늘의 청년에게 묻고 싶습니다. "그대는 청년답게 살고 있는가?" 패배주의와 수동적 힐링에 기댄 나약함에서 벗어나 능동적이고 도전적인 미래 창조형 인재가 되기를 기대합니다.

192차 응원 메시지: "제발 일 좀 시켜 달라"는 청년들의 목소리가 날로 커져만 가고 있습니다. 하지만 막상 취업 후의 삶은 그리 행복하지 않은 듯싶습니다. 몸은 피곤하고 정신은 피폐해집니다. 일을 놀이처럼 즐길 수는 없을까요? 일을 통해 느끼는 경험의 질은 놀랄 만큼 긍정적입니다. 몰입만 한다면 일만큼 복합적인 만족을 가져다주는 것도 없을 것입니다. 능동적인 자세로 일에 집중하면 값진 삶을 살 수 있습니다.

여러분들도 '응원 메시지'를 한 번 음미해주기기 바랍니다. 요즈음 회사가 어렵습니다. 왜 어려울까요? 답은 간단합니다. 우리 회사는 전문 분야나 특정 독자층만을 대상으로 하는 출판사가 아니라 대중을 상대로 합니다.

대중출판에서 가장 중요한 것은 바로 벤처정신입니다. 출판산업, 특히 대중을 상대로 하는 출판사는 시장을 읽고 시장이 요구하는 책(상품)을 만들어내야 합니다. 그런데 우리 회사는 적당주의가 만연되어 있습니다. 적당히 만들 만한 것을 찾아서, 적당히 출간을 하고, 적당히 영업하고, 적당히, 적당히, 적당히 하는 것입니다. 간혹 무사안일하게 일한다고 공무원을 탓하는데, 우리 회사의 행태가 그와 크게 다를 바 없습니다.

대중출판은 매번 시장이 요구하는 새로운 책을 탄생시켜야 합니다. 바로 출판이야말로 벤처산업입니다. 우리가 아는 벤처산업들의 근무 특성은 새로운 것을 개발하고 시장에서 승리하기 위해 야전침대를 가져다 놓고 자면서, 밤에 불이 꺼지지 않는다고 합니다. 바로 이런 몰입과 투지가 필요합니다.

지금 우리 회사는 일에 대한 몰입도 없고, 청년정신은 실종되었습니다. 그래서 어렵습니다. '적당히'를 추구해서는 아무것도 이룰 수 없습니다. 출판에 대한, 일에 대한 생각과 자세를 먼저 가다듬어야 할 것입니다. 능동적이고 도전적으로 일에 매진합시다. 그러면 일에서도, 자신의 인생에서도 놀랄 만한 희열을 느끼는 값진 경험을 하게 될 것입니다.

- 2013년 9월 26일, 〈목요편지〉 제296회

2부 2장 〈목요편지〉를 마치면서

직원들에게 보냈던 〈목요편지〉를 한 권의 책 속에 담아 전 출판계에 공개하게 될 줄은 상상하지 못하였다. 그러나 동시대에 살면서 출판과 관련하여 고민하고 연구하는 사람이라면 함께 생각하고 모색할 필요도 있지 않을까 하는 생각에서 공개하게 되었다. 게재된 〈목요편지〉는 8년 동안 청림출판 직원들에게 보냈던 양의 7분의 1 정도가 되는 듯싶다. 어떤 〈목요편지〉는 다소 청림출판의 내부에 국한된 내용도 없지 않은데, 이는 다른 직장의 분위기를 읽는 데 도움이 될 수도 있다는 생각쯤으로 이해해주시기 바란다.

- 2016년 12월 22일, 〈목요편지〉 에필로그

제3부

나의 삶, 나의 출판

1. 정밀해야 한다.

2. 매일 신문을 시간이 허락하는 한 정독해라.

3. 수필(생활수필)이나 감상을 써보아라.

4. 비교할 줄 알아라.

- 1977년 첫 직장 출근 날 아버지가 주신 쪽지 메모

나의 출판 인생

나의 30대
1978~1989년

70년 정도를 살아온 사람이라면 누구나 자서전을 써도 된다고 생각한다. 이 세상 어느 누구도 평탄한 길만 걸어온 사람은 없을 것이기 때문이다. 한 사람의 지나온 삶은 그 자체가 소설감으로 충분하지 않을까.

내 인생 역시 결코 평탄한 삶만은 아니었다. 그런데 주변의 적지 않은 사람들은 나를 선택받은 출판인이자, 어려움을 모르고 자랐고, 많은 것을 물려받은 2세 출판인이라 생각한다. 맞는 말이다. 부정하지 않는다. 어찌되었건 출판이라는 좋은 사업을 물려받아 시작할 수 있었다는 것만으로도 아주 큰 축복이라 생각하고 감사하기 때문이다. 소도 비빌 언덕이 있어야 한다고 하지 않던가. 아무 연고도 없이 사업을 하려는 사람들의 고충을 생각하면 이것이 무슨 의미인지 알리라.

그렇지만 나도 나름대로 당시에는 큰 어려움을 느꼈다. 내 나이 스물아홉 살의 일이니, 아마도 사회 경험이 적어서 더 그랬을지도 모르겠다. 여기서 내 출판 이야기를 써보자고 마음먹으니 혹시라도 개인이나 단체에게 누를 끼칠 말도 포함될 듯싶어 조심스럽고 마음에 걸린다. 그러나 있는 그대로, 당시 느꼈던 그대로를 쓴 것일 뿐 혹여 다른 서운한 감정을 지금까지 갖고 있지 않음을 분명히 밝힌다.

선친 고일석 박사

내 출판 인생을 이야기하기에 앞서 내가 입사했던 회사인 청림각(靑林閣)의 설립자를 소개해야 마땅한 일이다. 나는 먼저 선친에 대하여 간단히 소개하고자 한다. 내 아버지 우보(牛步) 고일석(高一錫) 박사는 존경받아 마땅한 분이시다. 그는 전북 부안군 상서면 청림리에서 태어나셨다. 우리의 상호는 그가 출생한 곳의 지명이며, 나의 출생지이기도 하다. 5남 2녀 중 차남으로 태어나셨고, 당시 성공하신 분들이 대부분 그렇듯이 어려운 환경을 헤치며 아내와 자식은 물론 형제들을 데리고 서울로 오셨다.

당신은 돌아가시는 날까지 법원에 근무하셨으며, 학구파로서 건국대학교에서 법학박사 학위를 받으셨다. 또한 당시 대한민국의 판례가 전혀 정리가 안 되어 있는 상황을 매우 안타깝게 생각하고, 뜻있는 법조인들과 함께 '한국판례연구원'을 설립하여 판례 연구를 하셨다. 도서출판 청림각은 한국판례연구원이 연구한 판례

선친 고일석 박사

자료를 출간하였다. 사업성이 없어 다른 일반 출판사에서 출판해주지 않았기에 어쩔 수 없이 사비를 들여 직접 발행하셨다. 당시 우리 집 안에는 늘 빨간 경매 딱지가 집안 가재도구 여기저기에 붙어 있어서 어머니께서 걱정하시던 모습이 생생하다. 그래도 아버님은 정말 열심히 일하시는 분이셨다. 항상 밤늦게까지 판례의 제목과 요지와 이유 등을 정리하셨다.

이 회사에 입사하여 알게 된 것이지만, 당시 법원에서는 당신의 이런 작업을 전폭적으로 지지해주셨던 것 같다. 국가는 물론 아무도 나서서 하지 못하는 일을 감당하셨기에 그렇게 열렬한 지지를 받은 것이 아닌가 싶다. 내가 청림각에 입사한 후 얼마 지나지 않아 깨달은 정말 중요한 사실이 있다. 아버님은 출판인이 아니라 법조인이자 학자이셨다는 사실이다. 출판은 그의 일을 결과물로 보여주기 위한 행위였을 뿐이다. 그런데 나는 아버님의 그런 학자적 자세는 보지 못하고 출판사만 본 것이다. 오직 출판인으로만 접근했을 뿐이다. 엄청난 괴리였다.

나는 판례를 체계화시키는 데 내 생애를 바칠 생각은 전혀 없었다. 법학을 전공하지 않았기에 꿈도 꿀 수 없는 일이었다. 나는 출판사 경영을, 다만 당시에 다니던 경영대학원 공부를 마치고 내 길을 찾고자 하는 중간의, 모색의 징검다리로 생각했을 뿐이다. 아버지를 잘 몰랐고, 아버지께서 하시는 일을 정확히 알지 못했다. 참 어리석었다. 청림각에 입사한 지 얼마 지나지 않아 다가온 그 깨달음은 나에게는 엄청난 충격이었다. 나는 타서는 안 될 기차를 탔고 기차는 이미 플랫폼을 벗어나고 있었다.

출판에 입문하다

1977년 5월 11일 오전 11시, 내가 이 세상에서 가장 존경하고 사랑하는 아버지가 56세의 연세로 타계하셨다. 아버지는 중풍의 벽을 넘으셨고, 위암 수술도 견뎌내시며 이런저런 지병에 시달리기는 했으나 돌아가실 때까지도 손에서 일을 놓지 않으셨다. 나는 아버지의 타계가 어쩌면 의료사고일지도 모른다는 생각을 지금도 갖고 있다. 아버지의 친구인 주치의 민 박사가 아니라면 병원 측에 항의도 했을 것이다. 평소 지병이 있었다 해도 그렇게 갑작스럽게 돌아가신다는 것은 생각할 수 없었기 때문이다.

아버지는 돌아가실 때까지 법원에 근무하셨다. 법학박사 학위를 받은 건국대학교에서 강의하시면서 많은 책을 쓰셨다. 제2회 한국법률문화상도 수상하셨다. 지금 생각해도 정말 철인과 같은 분이셨다. 늘 웃음을 잃지 않으셔서 친구와 지인들이 많았다. 결국 몸이 못 견뎌서 일찍 타계하셨지만, 지금 생각해도 대단한 분이셨다. 당시 법조계에 큰 영향력을 갖고 계셨다.

아버지가 운영하시던 회사의 명칭은 '한국판례연구원'이다. 이름 그대로 대한민국 판례를 연구하는 곳이다. 당시 이 연구원은 우리나라에서 유일하게 대한민국 판례 중에서 중요한 판례를 엄선하여 제목, 요지, 이유를 뽑는 작업을 하였다. 그리고 그곳에서 연구하여 작업한 자료를 '청림각'이라는 출판사를 통해 책으로 발행했다. 청림각에서 발행되는 책은《판례총람》이라는 바인더 방식의 가제식(加除式) 책자와《판례월보》라는 월간지가 전부였다.

아버지가 돌아가실 즈음, 나는 주한 미국대사관에서 근무하고 있었다. 벌써 40년 가까이 지나서 영어도 다 잊어버려 미국대사관에 근무했다는 과거의 경력을 이야기하는 것조차 창피할 지경이지만, 당시 내가 졸업한 서강대학교는 모든 졸업생들에게 영어 하나만큼은 확실히 공부시켰다.

미국대사관은 그 시절 아주 인기 있는 직장이었다. 급여가 격주로 나왔고 보너스까지 합해져 여느 한국 기업에 비할 바 없이 월급이 많았다. 당시 광화문의 미국대사관 건물 옆에는 경제기획원이 있었는데, 그곳에 근무하는 친구들보다 월급이 거의 두 배가량 되었다. 휴일도 더 많았고, 특히 대사관 식당이나 8군의 출입이 가능해서, 지인을 초대해서 당시로서는 시내에서 구경하기 힘든 미국산 쇠고기로 만든 비프스테이크를 먹을 수 있어서 부러움을 받았고 인기가 좋았다.

무엇보다도 당시 대사관 근무가 매력적이었던 것은 아침 9시에 출근해서 저녁 6시에 칼퇴근이 가능했기 때문이었다. 요즘은 그런 출퇴근 시간이 우리 사회에도 일반적이지만, 당시에는 출근 시간만 있지 퇴근 시간은 아예 없는 것이 통례였다.

아버지를 용인 선산에 모신 직후 삼촌들과 어머님, 형님과 함께 가족회의를 열었다. 아버지가 운영하시던 회사를 어떻게 할 것인가에 대해 상의하였다. 가장 먼저 이 회사를 존속시킬 것인가, 폐업할 것인가를 결정하려 했다. 아무도 폐업 쪽으로 의견을 내는 사람은 없었다. 아버지가 빚까지 지시면서 너무도 열정적으로 추진하셨던 일이었기에 그냥 폐업하자는 말은 아무도 꺼내지 못했던 것이다.

회의는 시간이 흐르면서 삼촌 중에 한 분이 맡아서 하실 것인가, 아니면 우리 형제들이 맡아서 할 것인가의 선택 문제로 귀결되었고, 결국 당시 미국대사관에 근무하면서 서울대학교 경영대학원에 다니던 내가 맡기로 했다. 내가 손을 들었다. 나는 근무한 지 1년여가 지나면서 미국대사관에 오래 근무하는 것이 그다지 바람직하지 않고, 기회가 닿으면 다른 길을 모색해야겠다는 생각을 갖고 있던 터였다.

대사관은 월급과 휴일이 많고 칼퇴근을 하는 장점이 있지만, 그곳에 오래 근무한다고 해서 내가 미국 대사가 되는 것은 아니었다. 비교적 승진의 야망이 적은 여성에게는 더없이 좋은 직장이겠지만, 야망이 있는 남성에게는 답답함이 있었다. 그래서 그런지 미국대사관에는 똑똑한 여성들이 아주 많았던 것 같다. 당시 나는 서울대학교 야간 경영대학원에 적을 두고 공부하며, 조만간 유학을 가서 대학 교수가 되려고 마음먹고 있었다.

나는 아버지가 세운 회사로 와서, 회사를 경영하면서 대학원을 다닐 요량이었다. 아버지가 타계하신 지 일주일 만에 대사관에 사표를 내고 이곳에 출근하게 되었다. 그렇게 해서 나는 1978년 5월 18일, 청림각의 2대 사장이 되었다. 나의 인생 반전이 시작된 날이다. 의도하였건 아니건, 나에게 출판인의 삶을 열어주신 아버지께 다시 한 번 감사드린다.

사실 우리 회사는 아직도 정확한 창립기념일을 정하지 못하고 있다. 아버지가 다른 출판사에서 책을 내시다가 그곳에서 잘 내주지 않자 청림각이라는 이름으로 책을 발행하신 것이 1967년이다. 월간 판례 전문지 〈판례월보〉는 1970년 10월에 창간호가 발간되었고, 출판사 신고 일자는 1973년 10월 8일(등록번호 1973-02)로 되어 있다.

1967년을 청림각의 출발로 본다면 2017년은 청림출판 설립 50주년이 되는 해이다. 그러나 그것도 정확한 것이 아니다. 다만 1967년에 발행된 책이 있으니 그럴 것이라는 추측뿐이다. 그 이전에도 발행하신 책이 있을 수 있지 않은가. 창립일을 1973년 출판사 신고일로 할까도 생각할 수 있는데, 그렇게 하기에는 이미 발행한 책들이 있지 않은가? 어떻든 50주년 행사를 위해서라도 속히 정해야겠다.

입사 후 첫 달, 회사 풍경

회사는 서소문 옛 법원 청사에 인접해 있었다. 회사에 첫 출근하니 직원들이 생각보다 꽤 많았다. 남자가 열네 명, 그리고 급사로 일하는 여직원 한 명이 있었다. 나는 첫날이고 하니 일찍 가야 할 것 같아서 아침 8시 이전에 회사에 도착하였다. 아직 문이 잠겨 있었고 아무도 출근하지 않았다. 9시가 다 되어서 열쇠를 가진 여직원이 출근하였고, 경리를 맡아 일하고 있는 홍석두 부장(외가 아저씨)이 뒤이어 출근했다. 그리고 천천히 띄엄띄엄 한 명씩 왔는데, 맨 마지막에 출근한 사람은 오전 11시가 다 되어서 왔다.

따로 사장 방은 없었고 모두가 같은 사무실에서 근무하였다. 직원들의 인적 구성을 보면서 새삼 놀랐다. 거의 50대가 넘으신 분들로 몇 분을 제외하고는 이미 안면이 있었다. 휴일이면 우리 집에 자주 오셔서 아버지와 담소를 나누거나 술도 한잔하시는 모습을 많이 보아왔던 분들이다. 모두가 나를 "영수야"라는 이름이나 "고 군"이라고 부르는 분들이시다. 사실 첫 출근한 날 숨이 훅 막혔다. 가슴이 갑갑해왔다. 대사관의 분위기와는 달라도 너무 달랐기 때문이다.

첫 출근 후 한 주일이 지나감에도 회사 업무에 대하여 아무도 차근 차근 설명해주는 사람이 없었다. 결근하는 직원이 있어 빈자리도 보였고, 출근한 직원들도 해가 서쪽으로 기운 지 얼마 안 돼 말도 없이 슬금슬금 사라졌다. 어떤 사람은 4시 무렵에 나가고, 어떤 사람은 6시경에 퇴근했다. 홍 부장에게 전에는 어떻게 근무하였는지 물으니, 오전에 대개 늦게 출근하여 일하다가 저녁에 아버지가 법원에서 퇴근하시고 오시면 그때 잠시 일하다가 나가서 저녁식사들을 함께하고 퇴근했다는 것이다. 이제 아버지도 안 계시니 저녁 늦게까지 기다릴 필요가 없어진 것이다.

직원들의 점심식사도 놀랄 만한 장면이었다. 군대식 열 개들이 라면 한 봉지를 갖다가 큰 주전자에 넣고 끓여서 나누어 먹었다. 나도 혼자 나가서 사먹기에는 미안한 감도 들어 직원들과 함께 점심을 먹었다. 이제 군대를 제대한 지 3년 정도 지난 무렵으로, 라면에 신물이 나 있던 터라 많이 괴로웠다. 사실 월급이라고 주지만 너무 미약한 수준이었다. 그래서 그분들은 노느니 출근해서 아버지를 만나 저녁식사를 하러 회사를 다니는 것이었다. 아버지에게는 죄송한 말이지만 당시 한국판례연구원(청림각)은 회사 체제가 아니었다. 그저 동네 사랑방이라고나 할까. 이런 사람들과 어떻게 일을 할 것인가? 나와 대화가 되는 상대는 급사로 일하는 여직원과 홍 부장뿐이었다.

회사에서 생산되는 아이템은 매달 만드는 가제식 《판례총람》과 〈판례월보〉가 전부였다. 일의 분량으로 보면 나와 급사 여직원이 열심히 하면 할 수 있을 정도였다. 그러나 내 입으로 그만두라고 할 수 있는 분이 한 분도 없었다. 모두가 아버지의 친구나 고향 선후배지간이시다.

나는 어르신 직원들이 본 교정지를 가져와 훑어보았다. 놀라운 일이 벌어지고 있었다. 한문 세대인 이 어르신들이 보는 교정지에는 한글이란 한글이 모두 한문으로 고쳐져 있는 것이 아닌가. 한글 전용이 보편화되어가는 판국에 일부러 한문으로 모두 고쳐놓으니 우리 책은 온통 한문으로 가득했다. 나는 편집부 어르신들에게 한문으로 고쳐서는 안 되는 글자들을 지침서로 만들어드렸다. 세상에 이런 편집교정 지침서는 유일한 것이리라.

출근 후 한 달 정도가 지난 시점에서 사장으로서 내가 단행한 첫 조치는 '아침 9시 출근, 저녁 6시 퇴근' 제도의 도입이었다. 아주 겸손하게 "어르신네들, 되도록 이것만은 지켜나가도록 하십시다"라고 말했다. 사실 아버지가 안 계셔서 이제 그만 나와야겠다고 생각하는 사람도 많았으리라. 월급이라고 쥐꼬리만큼 주는데, 출근 시간 맞추려고 이른 아침에 콩나물시루 같은 만원버스를 타고 출근하고 싶은 사람이 몇이나 되겠는가. 아무튼 그 조치로 인해서 절반이 넘는 여덟 명이 자진 퇴사했다.

해결해야 할 과제들

이는 이미 40년 전의 일이지만, 어떻게 그럴 수 있었을까 생각할 수도 있다. 내가 입사한 직후 발생한 회사의 해결해야 할 문제들을 열거한다.

당시 한국판례연구원(청림각)에서 나오는 상품(책)의 프로세스는 ① 대한민국의 판례를 수집해서, ② 중요한 판례를 뽑고, ③ 제목과 요지를 뽑고 판결 이유를 요약하여, ④ 조판하고 편집과 교정을 보아서, ⑤ 인쇄에 넘겨 가제식으로 제본하여, ⑥ 수요자에게 배본하는 것이다.

내가 출근하고 이 프로세스 중에서 제일 먼저 당면한 문제가 몇 번이겠는가? 맞혀보시라.

②번과 ③번이다. 이 일을 담당할 사람이 없었다. 중요한 판례를 뽑아서 제목과 요지를 뽑고 판결 이유를 요약하는 것은 바로 아버지께서 하시던 일인데, 그분이 돌아가셨으니 저자가 없는 회사가 된 셈이었다. 책이라고는 유일하게 판례집만 내는 회사에서 판례를 가공할 분이 없다. 원고가 있어야 책을 만들 수 있지 않겠는가. 나는 법학을 전공한 사람이 아니라 경영학도였다. 법을 모르기에 다룰 수 없었고, 설령 내가 법학과를 나왔다 하더라도 신출내기가 전문가들이 보는 판례를 가공할 수는 없는 노릇이었다.

월간지의 특성 때문에 이달 책이 나오기 전쯤에는 이미 다음 달의 원고가 마련되어 있어야 한다. 나는 숨 가쁘게 다음 호를 준비해야 하는 잡지의 특성조차 잘 몰랐던 사장이었다. 아무튼 아버지가 하시던 일(원고를 만드는 일)을 대신할 사람을 찾아야 했다. 그것도 부장판사급 이상의 실력을 갖춘 분이어야 했다.

나는 전에 아버지와 친분이 두터우셔서 집에서 뵈었던 몇 분을 찾아갔다. 다행히 바쁘신 가운데 부장판사 세 분이 맡아주시기로 했다. 전에는 아버지 혼자서 하던 일인데, 이제는 세 사람이 하게 되었다. 그분들이 바빠서 전체를 맡지는 못하겠다는 것이다. 하지만 너무 고마웠다. 지금도 그분들께 감사를 드리고 싶다. 얼마나 큰 숨을 돌렸는지 그날 저녁 깊은 잠을 잤다. 그러나 전에는 비용이 안 들어가고 순전히 아버지의 노동력에 의존하던 일을 세 사람의 전문가에게 맡기게 되었으니 지출이 커졌다. 회사로서는 감당하기 어려운 금액이었지만 불가피했다.

그 이후에도 이 문제는 끊임없이 해결해야 할 과제로 남았다. 법원에 인사이동이라도 있으면 새로운 작업자를 물색해야 했는데, 다행히 앞의 분들이 다음에 도와주실 분들을 소개해주어 넘어가곤 했다. 아버지의 인품을 보고 해주신 것이리라.

문제는 그것으로 끝이 아니었다. 그럼 다음에 대두된 문제는 몇 번일까? 두 번째로 닥친 문제는 ①번이었다.

입사한 지 한 달이 조금 지난 어느 날 오후 대법원으로부터 연락을 받았다. 지금까지 공급해주던 판례를 더 이상 주지 못하겠다는 것이다. 청천벽력 같은 소식이었다.

1978년은 지금처럼 컴퓨터가 없던 시절이다. 대법원에서는 복사지를 대고 세 부의 판결문을 찍는다. 한 부는 원고(原告)에게 보내고, 또 한 부는 피고(被告)에게 보내고, 그리고 다른 한 부는 법원이 영구 보존한다. 한국판례연구원은 여기에 먹지를 한 장 더 대서, 네 번째 장을 가져오는 시스템이었다. 법원행정처의 묵인 아래 이루어졌던 일이다. 아직 어느 곳에서도 판례를 정리해 보급하지 않았기에, 이 사업을 공익적인 일로 판단해준 것이다. 그리고 선친이 법원에 근무하고 있었기에 가능한 일이었을 것이다.

판결문 공급을 못하겠다는 연락을 받고 나는 망연자실했다. 내 힘으로 어쩔 수 있는 일이 아니지 않은가? 아무튼 결론적으로 이야기하면, 법원행정처 윗사람과 담판을 지었다. 이 사업은 공익적으로 하는 일인데, 법원에서 제공하지 않으면 판례 보급을 중단하라는 이야기냐고. 그 주장이 먹혔다. 판례는 약간씩 빼먹는 건이 없지 않았지만 전반적으로는 공급이 되었다.

그로부터 몇 년 후 판례편찬과가 대법원 내에 만들어져 〈법원공보〉를 발행하기 시작하였다. 〈법원공보〉의 대다수 페이지에는 우리의 가공 시스템과 닮은 판례가 주로 실렸다. 우리의 공급처가 경쟁자로 변신해가고 있었다. 사실 법원은 직접 판례를 가공하는 일에 나서면 안 된다. 법원은 원천 소스만을 전 국민에게 공개하여 자유롭게 이용하도록 하고 제2, 제3의 판례 가공 회사가 출현하도록 하여 민간 경쟁 체제로 만들어야 했다. 하지만 법원이 스스로 출판업에 뛰어드는 우를 범한 것이다. 요즈음 출판계가 한참 반대하고 있는 공공기관의 상업출판 행위가 이때부터 이미 시작된 것이다.

아무튼 이제 세 번째 문제로 넘어가겠다. 무엇일까? 이번에는 ⑥번이 문제가 되었다.

선친이 돌아가신 지 정확히 3개월이 지난 후 전국 법원의 총무과에서 전화가 왔다. 이제는 책을 그만 보내라는 전갈이었다. 그동안 한국판례연구원(청림각)에서 발행한 판례집은 전국 법원의 총무과로 보내져 법원 주변에 있는 변호사들이 가져가는 시스템으로 운영되었다. 수금도 지방법원 총무부에 변호사들이 돈을 내면, 이것을 맡았다가 우리에게 보내주는 식이었다. 개인 회사의 일을 법원 총무과가 대행해준 셈이었다.

나는 이러한 지방법원의 중단 요구가 지극히 당연하다고 받아들였다. 당시 서울 지역의 변호사들은 영업직원이 방문하여 직접 새 판례의 인쇄물을 교체해주는 가제(加除)를 해주었는데 이를 지방에도 적용시키기로 하였다. 곧바로 직원들을 채용하고 전국을 몇 개로 분할하여 법원 근처에 사무실을 둔 구독자 변호사들의 주소를 확인하여 직원들을 파견하였다. 현장(변호사 사무실)에 찾아가서 가제 작업을 하도록 하자 변호사들이 기뻐하며 대단히 환호했다. 그동안 판례집을 받아놓기는 했는데, 시간이 없어서 가제를 못하고 수북이 쌓아만 놓고 있었던 것이다. 우리 영업부 직원들은 변호사 집에서 식사 대접도 받고 때로는 가제를 하다가 늦으면 숙식을 제공 받기까지 하는 등 환대를 받았다.

나는 가제를 하러 간 직원들에게 새로운 공급처를 개척하면 인센티브를 제공하는 시스템을 도입하였다. 변호사 사무실들이 대부분 법원 주변에 모여 있기에, 팸플릿 등을 옆 사무실에 돌리고 면담 신청으로 쉽게 주문 건수를 올릴 수 있었다. 영업부 직원들이 활기를 띠자 회사는 경제적으로 나아지기 시작했다.

이제 마지막 문제로 넘어가겠다. 처음에 한자로 무조건 고쳐놓는 문제, 띄어쓰기를 모르는 직원들의 편집교정 문제부터 시작하여 아버님의 일을 대신해줄 사람을 찾았고, 대법원에서의 판례 수급, 배본 방법의 개선, 이제는 마지막 문제인 가제식 제본 방식에까지 왔다.

'가제식(加除式)' 출판은 많은 출판인들에게조차 생소한 용어다. 판례집은 가제식으로 각 조문 아래에 새로운 판례를 끼워넣는 시스템이다. 그러나 앞의 판례에 여백이 남아 있으면 앞의 인쇄물을 빼내고 새로운 인쇄물을 삽입해야 한다. 그리고 제본을 하게 되는데, 이것이 몹시 들쑥날쑥하여 책이 위아래로 엄청 차이가 났다. 변호사 사무실에 가서 보니 책 모양새가 영 말이 아니었다. 얼굴이 화끈거렸다.

나는 제본소로 달려갔다. 그리고 우리 회사에서 나오는 판례집의 크기와 똑같은 크기로 철판을 잘라서 그곳에 구멍을 뚫었다. 제본소에서 제본할 때는 내가 만들어준 철판을 밑에다 깔아놓고 철판의 구멍 속에

송곳이 정확히 들어가도록 하였다. 그렇지 않으면 송곳이 철판에 닿아 날이 무뎌진다. 이제 일정한 곳에 구멍이 뚫렸다. 그렇게 가제식 제본의 문제를 해결했다.

내가 입사 후 겪은 문제들은 회사 내 문제라기보다는 거의 외부의 문제로, 회사의 존폐가 달린 현안들이었다. 지금 생각해봐도 어느 것하나 해결되지 않았다면 회사가 바로 멈춰 섰을 것이다. 지금도 나는 내 힘으로 문제들이 해결되었다고 생각하지 않는다. 선친의 인덕과 주변 사람들로부터 받은 덕망, 그리고 하늘로부터의 도움이 없이는 불가능한 일이었다. 작은 회사였지만, 그마저도 상당 기간 회사의 존폐를 걸고 끊임없이 싸웠던 투혼의 시기였다.

도전인가, 도망인가

이런저런 파도가 밀려오는 가운데 회사에 입사한 지 1~2년이 되어갔다. 가제식 《판례총람》은 60권에 이르고, 판매도 매월 3,000부 가까이 공급할 수 있었다. 잡지에서 벌어들이는 수익까지 하면 제법 회사 운영이 되어가고 있었다. 그러나 회사는 여전히 언제 꺼질지 모르는 불씨들을 안은 채 항해를 했다. 언제까지나 이런 불안 속에 회사를 놓아둘 수는 없지 않은가.

처음부터 내 일을 하면서 공부도 병행할 수 있을 것으로 낙관적으로 생각한 것이 오산이었다. 나는 대학원을 다니고 있었지만, 대사관에 다닐 때보다 더 공부할 시간과 여유가 없었다. 대학원 2학년이 되면서 수업은 교수 방에서 단 두 명의 학생이 준비해온 자료를 내놓고 발표하고 질의하는 방식으로 바뀌었다. 그 시간이 되면 나는 식은땀을 흘렸다. 회사에서는 책을 펴놓고 있었지만 공부가 되지 않았다. 뒤에서 편집부 노인네들의 코 고는 소리라도 들릴 때면 정말 미칠 것 같았다. 이 무렵 몸에도 중대한 이상이 왔다. 폐결핵에 걸린 것이다. 의사는 모든 것을 중단하고 요양원으로 들어가라고 했다.

그때 나는 중요한 결정을 하게 된다. 당분간 회사를 홍 부장에게 맡겨놓고 유학을 가야겠다고 생각한 것이다. 홍 부장은 자신은 도저히 맡을 자신이 없다며 극구 사양하였지만, 그럼 내가 미국에 가서 판단하고 올 터이니 몇 달만 맡고 있으라고 하였다.

때마침 미국 댈러스에서 도서전이 열리고 있었다. 나는 뉴욕에 있는 콜롬비아대학 랭귀지 스쿨에 우선 가등록을 해놓고 도서전 참관 일행을 따라 미국에 입국했다. 하서출판사 김상욱 회장님, 주부생활사 전무님과 셋이서 미국의 여러 곳을 여행하고 종착지인 뉴욕에서 헤어졌다. 그분들은 귀국하고 나는 콜롬비아대학으로 갔다.

당시 아내는 첫째아들을 낳아 기르고 있었다. 연애할 당시 그녀는 서울대학교 음악대학을 졸업하고 동 대학원을 다니고 있었다. 우리는 결혼을 하면 유학을 함께 가기로 약속했다. 그러나 어디 그런가. 회사에 연일 쉽지 않은 사건들이 터져 정신없이 1~2년을 보내고 나니, 아내를 돌아볼 짬이 없었다. 미국에서 전화를 하니, 아내는 가려면 함께 가야지 혼자 가면 어떻게 하냐며 대단히 서운해하면서 징징 짰다. 여자의 눈물에 약한 것이 남자 아닌가.

나는 불과 두 달을 못 견디고 가방을 둘러메고 귀국했다. 그 가방에는 댈러스 도서전에서 무료로 나누어준 《오즈의 마법사》 1권과 후속 시리즈 14권이 들어 있었다. 귀국 비행기에서 읽은 《오즈의 마법사》 1권은 다소 착잡한 마음이던 나를 판타지의 세계로 몰입시켰다. 이보다 더 재미있는 책이 또 있을까. 뉴욕에서 서울까지는《오즈의 마법사》책 한 권을 읽는 시간에 불과한 짧은 거리였다.

나의 첫 출판 기획물《오즈의 마법사》

미국에서 귀국하여 회사에 돌아온 나는 적극적인 탈출구를 모색하기로 했다. 지금의 판례집만으로는 언제 문제가 터질지 모르니, 근본적으로 이익을 낼 수 있는 아이템을 개발해야겠다는 생각이 들었다. 이제야 출판인이 된 느낌이었다.

청림각은 가제식 책과 판례 전문잡지만 만드는 회사였다. 단행본 분야에 대해서는 편집, 제작은 물론 판매까지 깜깜했다. 나는 첫 기획 작품으로《오즈의 마법사》일곱 권을 출간하였다. 미국 도서전에서 배포한 첫 권을 읽다가 너무나 재미있어서 귀국 후 번역은 내가 직접 했고, 편집은 외주자에게 맡겨 진행했다. 마케팅 전략으로, 엽서에 일

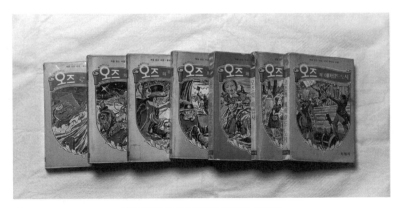

우리나라에서 처음 발간된《오즈의 마법사》

곱 권의 책에 붙은 쿠폰을 붙여 보내오면 1만 명에게 오즈의 마법사 티셔츠를 제공하기로 하였다. 이 셔츠를 아주 오랫동안 두 아들이 입고 다녔다.

결과는 큰 실패였다. 실패한 이유는 금방 열 가지도 넘게 찾을 수 있었다. 우선 단행본시장은 그때나 지금이나 대단히 영세했고, 우리는 서점망조차 갖고 있지 않았다. 두 번째로 우리가 책을 발간한 날짜는 4월 20일경인데, 데모 군중으로 인하여 서소문 일대에 자동차가 들어올 수 없었다. 손수레로 실어 나르는 것도 거의 불가능했다. 결국 5월 5일 어린이날을 한참 넘기고서야 서점으로 발송하였다. 책은 무려 7,000부씩을 찍었으니, 창고도 변변한 게 없던 청림각의 사무실이 창고로 변해버렸다. 그다음, 단행본은 계속해서 책을 공급해야 수금으로 연결되는데 우리는 그렇지 못했다. 나중에 알아보니 대부분의 서점들은 기존에 거래하던 출판사가 아닌, 알지 못하는 출판사에서 보내온 책은 꾸러미 개봉도 안 한 채 쌓아두고 있었다.

나는 이 기획으로 인하여 당시 3,000만 원에 가까운 빚을 지게 되었다. 인생에서 최초로 내가 만든 빚이었다. 참담하였다.

큰 도전의 실패《대법전》

1981년에 나는 또 다른 결심을 하게 되었다. 《오즈의 마법사》가 실패한 요인 분석을 해보니, 내가 모르는 분야에 무모하게 도전했기 때문인 듯싶었다. 그래서 이제는 아는 분야인 법률 서적에 도전하자는 생각에 이르렀다. 그렇지만 법률 출판물이라 해도 당시 우리 회사로서는 쉽지 않았다. 판례집이라는 워낙 독특한 체제의 제작과 판매망으로 이루어져서, 외판이나 서점에 의존하는 단행본 책자들은 우리에게《오즈의 마법사》처럼 생소하기가 마찬가지였다.

아무튼 무언가 우리가 갈 길을 찾고 있던 나에게《대법전》이 눈에 들어왔다. 당시 이 분야에는《법전》을 출간하고 있는 현암사와《대법전》을 출간하던 법전출판사라는 두 회사가 있었다. 현암사의 법전은 조상원 회장님이 1950년부터 만들어왔고, 현암사에 근무했던 오세경 사장님이 독립하여 법전출판사를 차리고《대법전》을 만들었다.

두 회사는 엄청난 싸움을 하고 있었다. 연초에 책을 내는데 서로 발간일자를 앞두고 하루라도 빨리 내기 위해 제본소에 비싼 비용을 지불하면서까지 경쟁을 했다. 판매사원들은 두 회사의 책을 먼저 받아 전국의 법조인들과 기업에 판매하고자 양다리를 걸치고 물건을 받아가는 판국이었다.

여기에 신출내기 청림각이 뛰어든 것이다. 이 대목에서 후배 출판인들에게 '작은 일이 잘되는 것을 경계하라'고 한마디 들려주고 싶다. 일이 되려고 했는지, 법전출판사 편집국에 근무하던 국장과 부장이 모두 나에게 왔다. 그리고 편집부 사무실을 별도로 하여 수많은 교정자들을 채용하고, 돈을 물 쓰듯이 하면서 결국 청림각 판의《대법전》을 그해 겨울에 출시했다.

책이 나오자마자 외판사원들이 몰려왔다. 그리고 이구동성으로 가불금을 요청해왔다. 소위 스카우트 비용이란다. 다른 출판사의 법전을 팔러 다니는 대신에 청림각의《대법전》을 팔겠다는 서약을 하면서 몇백 만원씩을 가불해 갔다. 그 방면에서 뼈가 굵은 영업부장을 채용했는데, 그는 그렇게 해야 판매사원을 데려올 수 있다고 했다. 지금까지

출판계에서 법률 전문 출판사를 경영하고 있는 P 씨 형제들도 당시 세일즈맨으로 일하면서 청림각에서 가불을 해갔다. 그들은 나중에 가불해간 돈을 반환해줄 것을 요청하자 세무조사 운운하며 피해 다니다가 아예 나타나지도 않았다. 지금은 모두 잊어버리고 허허 웃고 지내지만, 별로 좋은 사람으로 볼 수 없었다.

청림각의《대법전》은 이후 3년간 발행되었다. 판매는 고전을 면치 못했고, 두 회사의 시장 점유율을 가져오기에는 역부족이었다. 그동안 회사는 법전 만드는 팀이 있었기에《대법전》,《세무법전》,《가제식 법전》,《소법전》, 분야별 기본법전,《판례법전》,《대법원 형사판례집》등 다양한 법전류를 출시하였다.《판례법전》은 전문가들을 두고 판례를 가공한 청림각의 명성이 담겨 있어서 그런지, 3사 가운데 제일 많이 팔리고 고시생들에게 인기가 많아 가장 오랫동안 판매되었다.

3년째 되는 해 겨울, 나는 심각한 자금 부족에 시달렸다. 당장 다음 해 3월 말이면 3억 8,000만 원의 어음이 돌아오게 되어 있는데, 수중에는 몇 푼밖에 없었다. 겨울이라 날씨도 추웠지만 마음은 더욱 추웠다. 나는 당시 어머니를 모시고 녹번동에서 살고 있었다. 100여 평이 넘는 집이지만, 그 집을 팔아도 내 빚을 갚기에는 부족할 듯싶었다. 저녁에 직원들이 모두 퇴근한 후에 답답한 심정을 가눌 길 없어서 당시 '생명의 전화'에 다이얼을 돌려 호소를 하기도 했다. 무척이나 쌀쌀맞게 응대를 받았던 기억이 남아 있다.

어느 날 후배들이 저녁에 회사를 찾아왔다. 술 한잔 사달라고 한다. 감정원에 근무하는 후배들이었다. 서대문경찰서 근처의 연탄아궁이가 있는 식당 원탁에 둘러앉아 이야기를 나누었다. 그들은 자기들이 책을 썼는데 형이 한 번 내보라고 했다. 나는 시큰둥하게 반응했다. 그리고 사실을 털어놓았다. 내가 지금 여차여차해서 3월 말이면 부도가 날 지경이니, 한국을 떠나든지 무슨 수를 써야 할 판이라고…. 후배들과는 그날 술만 먹고 헤어졌다. 슬픈 마음으로 술에 취한 채 섣달 그믐날이 지나가고 있었다.

첫 베스트셀러의 탄생, 공인중개사 수험도서

나는 스스로 사람 복이 참 많다고 생각한다. 삶에서 어려운 시절을 되돌아보면 몇 번이나 귀인들의 도움이 있었다는 것을 체험적으로 느낀다.

새해가 되어서 얼마 지나지 않은 어느 날 감정원 후배 C가 다시 혼자서 찾아왔다. 그리고 원고 뭉치를 하나 꺼내놓았다. 앞으로 부동산은 자격 있는 사람에 의해 거래가 이루어져야 하는데, 아직 법안이 통과되지 않았지만 올해나 내년에 반드시 통과될 것이고, 그래서 이 원고를 출판하면 많이 팔릴 것이라고 말했다. 역시 시큰둥하게 받아놓고 모두가 퇴근한 밤이 되어서야 원고 뭉치를 꺼내 살펴보았다. 어려운 수험서였다. 그러나 법률 분야에 해당하는 책이니 한번 내보자는 마음이 들었다. 다음날 그에게 전화를 걸어 다른 사람들의 원고가 어느 정도나 진행되었는지 물었다. 아직은 이 원고밖에 없지만 곧 탈고시킬 수 있단다.

나는 편집부에 책을 만들도록 지시했고, 영업을 어떻게 할 것인가도 상의했다. 시장조사를 시켰다. 그런데 이미 우리보다 먼저 앞을 내다본 회사가 몇몇 있었다. 대전에 있는 '고시홍보사'가 벌써 책을 만들어 팔고 있었고, '경영문화원'이 또 출시를 앞두고 있다고 했다. 우리도 서둘렀다.

책 여섯 권+강의 테이프 열두 개 = 86,000원

청림각 판 공인중개사 수험도서의 구성이다. 끄트머리 6,000원은 판매사원 몫으로 수당 외에 더 주기로 했다. 판매사원은 책 한 질을 팔면 8만 원의 30%인 판매수당에 6,000원을 얹어 3만 원씩을 가져가는 영업 조건이다.

3월 초가 되어서 1권이 책이 되어 나왔고, 나와 영업부장, 기사는 1톤 트럭에 이 책과 팸플릿을 싣고 전국의 외판센터를 돌기 시작했다. 인기가 대단했다.

보름이 지나 귀경할 때 나는 3월 말 막아야 할 3억 8,000만 원 외에 상당한 현금과 어음 다발을 갖고 있었다. 센터장들은 자신이 발행한 어음을 자신이 할인해주는 것이니 못 믿을 것이 없었다. 나머지 책들은 3월 말에 차질 없이 나왔고, 나오자마자 전국으로 실려나갔다.

그해 10개월 동안 10만 질을 넘게 팔았다. 현재의 강남 사옥은 1984년 당시에 지은 것이다. 대지 263평, 건평 620평. 드디어 내 건물에 입주하게 되었다.

그리고 나는 배부른 출판인이 되어 있었다. 앞이 안 보이던 어려움은 잘 넘겼지만, 이후 잃은 것도 참 많았다. 저자들과 어울려 방탕한 생활에 빠졌다. 매일 술에 찌들어 있었고, 일에 파묻혀 가정을 등한시하기도 하였다. 그때 시간과 자원을 보다 철저히 관리하였으면 하는 아쉬움이 아직껏 남는다.

성공 뒤에 찾아온 자만

나는 어느새 졸부 출판인이 되어 있었다. 갑작스럽게 찾아온 베스트셀러는 복권과 비슷하다. 흥청망청하기 일쑤다. 사옥이 마련되었으니, 셋방살이만 하다가 얼마나 공간이 커졌겠는가. 사장 방도 널찍하고, 회의실도 화려하게 꾸미고, 그래도 공간이 남으니 이런저런 사업을 시작했다.

성공한 뒤에 조심하라는 옛말이 있다. 그래서 젊어서 큰 성공은 그다지 축복할 일이 아닌 것 같다. 관리 능력이 없는 성공은 더 큰 낭패를 가져오기 때문이다. 실제 우리 회사보다 세일즈맨이 더 많아 판매가 왕성했던 대전 고시홍보사와 경영문화원은 모두 다음 해에 부도를 내고 출판계에서 사라졌다.

청림각도 어렵기는 예외가 아니었다. 그렇게 어려운 가운데 번 돈을 몇 년 사이에 거의 까먹었다. 집 짓고, 기분 내는 일에 펑펑 썼고, 또 새로운 사업에도 쏟아 부었다. 당시 논술고사가 한창 떠오를 때 《국어 읽기 자료》(10권) 등 학교를 대상으로 한 교판용 책들을 발행했고, 또 올림픽을 앞두고 식생활 개선을 해야 한다는 위대한 생각을 갖고 〈월간 식당〉을 발행하였다. 돈은 벌기는 힘들어도 쓰기는 대단히 쉬운 법인가 보다. 이런저런 아이템에 투자하여 몇 년 사이에 자본을 거의 다 까먹었다. 잡지 〈월간 식당〉은 3년을 발행하다가 직원들에게 아무 대가 없이 모든 자료와 판권과 기자재까지 전부 넘겨주고 정리하였다. 당시 나는 일본 근대식당잡지사와 결연을 맺고 자료를 제공 받기도 하고, 한국의 식당 주인들을 데리고 세미나도 다녀오곤 했다. 그런데 한번은 이들을 데리고 일본에 함께 갔는데 공항에 늦게 도착하면서 기다려주지 않는다고 소란을 피우더니 일본에서는 호텔 객실 방문을 열어놓고 술을 먹으면서 시끌벅적 떠들어 호텔 측으로부터 몇 번씩이나 지적을 받았다. 나는 경제적으로도 시달리는데다 이들의 무식하고 안하무인격인 행동에 정나미가 뚝 떨어졌다. 그래서 서울에 도착하여 이것을 정리해버리기로 마음먹었다.

역시 '강점에 집중하라'는 맞는 말이다. 당시 위의 실패한 사업들과 함께 《생활법률대백과》와 '법률지식' 시리즈를 발간했다. 이 시리즈는 앞의 기획들과는 달리 이후 약 60여 권까지 발간되며 1990년대의 청림출판이 어렵게 살아가는 데 그나마 효자 노릇을 톡톡히 해주었다.

오래 기억나는 직원들, 단행본 편집인

1988년, 나는 기존의 법률출판 편집부 외에 일반 단행본사업을 하기 위해 단행본 편집장으로 한성희 씨를 영입하였다. 그가 어떻게 우리 회사에 오게 되었는지는 지금 뚜렷이 기억나지 않는다. 한성희 씨는 단행본의 성향에 대해서 잘 알았고, 편집인으로서 갖춰야 할 근성도 있었다. 단점이라면 올빼미 같아서 낮에는 주로 저자들을 만나러 돌아다니고, 저녁 퇴근 무렵에야 회사로 돌아왔다는 것이다. 아래 직원들은 죽을 맛이었겠지만 정말 열심히 일하는 사람이었다.

저자 관리도 참 잘했다. 그에게 한 번 글을 맡긴 저자는 떠나려 하지 않는다. 이때까지 법률책만 내던 우리 회사 도서목록에 1988년부터 단행본이 올라왔고, 많은 책들이 베스트셀러가 되었다. 1988년에는 문국진 박사의 《지상아》 2권을 펴내 베스트셀러를 만들었다. 1989년에는 진도그룹 김영철 부회장의 책 《사랑과 비즈니스에는 국경이 없더라》를 발간하여 역시 베스트셀러에 올렸다. 우리 회사에서 첫 출간된 것은 아니지만 소설책 《잃어버린 너》 제3권을 만들면서 1, 2권도 우리 회사로 가져와 3권이 모두 잘 팔리게 하였다. 이상헌 선생의 《시집가는 딸에게》도 많이 팔렸다. 한성희 씨는 1993년 무렵 결혼으로 인해 회사를 떠났지만, 그의 책을 만들어가는 솜씨와 열정이 뛰어났던 것으로 기억한다. 내가 오직 한국법률정보시스템 사업에 빠져 있었던 1993년에는 '매직 아이' 시리즈를 만들었다. 약 80만 부가 팔린 책이다.

내가 아끼던 편집자 한 명을 더 말한다면 김순미 씨를 꼽을 수 있다. 1990년대 중반, 대학 4학년 2학기 때 우리 회사에 첫 직장으로 입사하여 거의 17년간 근무하였다. 그는 1990년대 말 우리 회사가 법률 도서를 발간하는 거의 마지막 시기를 훌륭히 담당해주었다. 판례 법전의 업그레이드나 '법률 지식' 시리즈를 발간한다든지, '모든 것' 시리즈를 런칭하여 성공시켰다. 그 이외에도 17년 동안이니 얼마나 많은 책을 만들었겠는가. 무엇보다 그는 회사가 어려운 시기를 묵묵히 버텨주었다. 성품도 곱고 바르다. 아주 강한 인내심도 갖추었다. 지금도 기억나는 것은 그의 아버지가 크리스마스 전후에 돌아가셨던 일이다. 그런데 회사는 《판례법전》을 연말에 마감해야 했다. 그는 아버지를 하늘나라로 떠나보낸 후 다음날 출근하여 철야를 하다시피 하였다. 모든 일에서 철저한 자기 관리가 있는 사람이다. 내가 좋아하는 성실하고 반듯한 편집자다.

오랫동안 회사를 경영하면서 어찌 그 두 사람만 있었겠는가. 편집부 외에도 관리와 영업 부문에도 신휴석 이사, 민원기 이사 같은 정말 형제 같은 직원들이 많았다. 나는 인복이 참 많은 사람이다.

나의 40대
1989~1998년

40대의 도전, (주)한국법률정보시스템

1980년대 말까지도 나의 출판 세계는 아직 법률, 그것도 판례라는 분야를 크게 못 벗어나 협소한 영역에 머물렀다. 이것저것 시도한 것들이 모두 불발로 끝났다. 1980년대, 즉 30대의 나는 이런저런 고민도 많았지만, 배우고자 하는 욕구에 늘 차 있었다. 서울대 경영대학원을 폐결핵으로 중단했던 나는 몇 년 후 출판 분야를 더 배울 수 있는 학교를 찾았다. 그렇게 해서 중앙대학교 신문방송대학원 출판잡지 전공 8기로 입학하였다. 그리고 1989년에 졸업했다. 석사논문은 〈법률정보의 DB 구축 – 판례의 CD롬 및 온라인화를 중심으로〉라는 제목이었다. 우리나라에서 나온 전자출판 관련 첫 논문이다. 내 나이 마흔 살이 되었고, 무언가 새로운 것에 계속 목말라 있었다.

나는 내 논문을 바탕으로 1991년에 별도의 법인 사업체를 설립했다. (주)한국법률정보시스템(일명 KOLIS)이다. 당시 금성정보통신도 우리 회사에 3억 원을 투자하였다. 그만큼 전망을 좋게 본 것이다. 여기저기서 투자를 받았고, 막대한 비용을 들여 판례 가공 작업에 들어갔다. 당시 군법무관으로 근무하던 전문 인력을 써야 했기에 비용이 많이

KOLIS 판례정보 이용지침서

들었다. 내가 일본에서 도입한 것을 참조하여 만든 23개의 검색 조건은 법률가들에게 대단히 호응이 컸으며, 종이출판에서 컴퓨터 검색 출판으로 변형시킨 최초의 사건이었다. 컴퓨터는 세계 하드웨어 시장을 주름잡고 있던 시퀀트(Sequent)를 1억 8,000만 원에 구입하고 거기에 오라클을 장착하였다.

종이출판과 새로 개발된 KOLIS의 DB출판을 비교해보자. 대한민국 판례집의 대명사인 청림의 《판례총람》은 그동안 계속 발간되어 1기판이 135권, 2기판이 50권 넘게 출간되었다. 어느 변호사 사무실에 가든지 회전의자 뒤의 책장에는 《판례총람》으로 가득 차 있었다. 하지만 교통사고에 관한 판례라면 1기판에서 약 15건, 2기판에서 여러 권의 책들을 꺼내 일일이 상황에 맞는 사건들을 찾아보아야 한다.

그런데 한국법률정보시스템(주)에서 개발한 KOLIS에서 '교통사고 + 교차로 + 음주운전 + 무면허'에 해당하는 사건을 찾고자 차례로 입력하면 해당 판례 서른 개가 순식간에 뜬다. 가히 책의 시대에서 전자 검

색의 시대로 넘어가는 첨단사업을 한 것이다. 나는 선구자라는 호칭을 받았고, 앞서간다는 칭찬도 많이 들었다. 언론에서 인터뷰도 여러 번 하였고, 과학기술부 장관상과 조선일보 사장상도 받았다. KOLIS는 인기가 많아서 700여 명이 넘게 정기회원으로 가입하였다.

한국법률정보시스템㈜은 상당히 건실하게 발전했다. 미국의 Lexis나 West Law, 독일의 Juris, 일본의 신일본법규나 제일법규처럼 법률정보 전문회사로 클 수 있는 회사였다. 참고로 일본의 제일법규 출판사는 직원이 3,000여 명에 이른다. 판례를 중시하는 국가인 미국에서는 모든 법률가가 앞의 두 회사 판례 라인을 이용하지 않고서는 재판을 할 수가 없다.

선친이 시작하신 법률출판을 컴퓨터와 인터넷 시대에 맞게 내가 새로운 사업 모델로 개발한 것이다. KOLIS에서는 판례정보, 법령정보, 법률상담정보, 법조인명록정보 등 모든 법률 자료를 검색할 수 있게 되어 있었다. 한국법률정보시스템㈜에는 소프트웨어 전문가가 많아서 공공 DB 개발과 한국잡지협회 DB도 수주하여 개발했다.

내 인생에서 가장 황금기인 40대에 순 투자금만으로도 40억이 넘는 돈을 쏟아 부어 만든 한국법률정보시스템㈜은 1997년에 전혀 엉뚱한 복병을 만난다. 적군은 바로 대한민국 법원이었다. 법원은 1997년 1조 원에 가까운 부동산등기 전산화 작업을 하면서 약 100억 원을 들여 판례 서비스를 도입하였다. 법원에서 개발한 검색 조건은 거의 KOLIS의 것과 일치하고 자주 이용하지 않는 것은 빼버리고 단순화시킨 것이다. 공산주의 국가를 제외하고 전 세계 어느 나라에서 법원이 직접 나서서 판례를 가공해서 무료로 서비스하는 나라가 있을까. 법원 판례편찬과

법관들은 판결을 하지 않고, 이곳에서 판례 가공 일을 했다.

법원이 직접 법률정보를 개발하여 서비스하면 어떤 위험이 있는가. 우선 법원의 입맛에 맞지 않는 판례는 공급하지 않는 것이다. 사상적으로 불순하다고 생각하거나 판결의 오류가 있는 경우 법원은 그것을 은폐할 우려가 있다. 두 번째로 사기업에서 해야 하는 서비스를 공공이 맡아서 함으로써 사기업의 발전을 저해한다. 미국이나 일본, 독일 같은 선진국들 어디에 정부가 나서서 판례를 서비스하는 나라가 있는가. 법원은 원천 소스를 그냥 공개만 하면 된다. 그것을 비싼 인건비를 들여서 직접 서비스하는 것이 무슨 이유인가. 대국민 법률 서비스라고 착각하고 있기 때문이다.

당시 법원은 정부의 시녀 노릇을 하기에 급급하였다. 나는 대법원장과 법원 행정처장 등 관련 인사를 만나러 다녔다. 그들도 앞에서는 그렇게 하면 안 되는 것이라고 동의하는 척한다. 그러면서도 정부 조직의 경직성, 한 번 만든 조직은 없앨 수 없다는 것을 보여주는 듯 그 일은 착착 진행되었다. 결국 KOLIS는 유료로, 정부는 무료로 서비스를 하는 꼴이 되어버렸다. 탈퇴하는 회원이 늘어가고, 급기야는 한국법률정보시스템은 수익이 생존의 한계점 밑으로 추락했다.

지금도 한국교육방송(EBS)을 비롯한 공기업의 상업출판 행위에 대한 원성이 자자하지만, 청림출판은 아마 우리나라에서 공공기관에 의해 가장 타격을 크게 받은 회사 중 하나일 것이다. 그 폐해는 오늘날 자명하게 드러나고 있다. 대한민국에는 세계와 견줄 만한 법률자료 공급회사가 단 한 곳도 없다. 그리고 법원 행정처에서 법률 실무서들을 발간함으로써 교과서를 제외한 전문 출판사도 거의 전무한 실정이다.

구원투수, IMF 외환위기

1997년에 들이닥친 한국의 외환위기는 모든 사람에게 불행한 일만
은 아니었다. 한국법률정보시스템은 지난 8년 동안의 의욕에 찬 사업
을 접어야 할지 말아야 할지, 결정의 시기에 직면해 있었다. 적자는 매
월 늘어갔고, 투자자로부터 더 이상 투자를 받기도 어려웠다. 그렇다
고 투자자들이 손실을 감수하고 사업을 접는다는 것은 상상도 못할 일
이다. 그런데 외환위기가 닥쳐왔다. 국가 비상시국에서 누구도 회사의
앞날을 밝게 보는 사람이 없었다. 결국 모두가 이해하는 선에서 주식
감자를 하여 회사를 청산하자고 결의가 되었다.

이사회에서 청산하기로 결정된 날 정말 마음에 편안함이 찾아왔다.
이 사업을 시작할 때의 열정과는 또 다른 행복감이었다. 인생은 의욕
에 차서 시작할 때만 행복한 것이 아니고, 어두움에서 탈출할 때 더 행
복할 수도 있음을 깨달았다. 그동안 한국법률정보시스템(주)은 무한정
보통신(주)으로 사명을 바꾸었고, 이제 다시 청림출판(주)의 인터넷사
업부로 합병되었다. 정보회사가 남겨놓은 부채는 거의 18억 원 정도
되었다. 이것을 청림출판이 고스란히 떠안게 된 것이다.

당시 어느 펀드회사로부터, 김대중 정부가 들어서서 KOLIS 같은 벤
처회사들이 코스닥에 올려지면 주가를 몇 배씩 올려받고 또 투자금을
받을 수 있으니 그렇게 하지 않겠느냐는 솔깃한 제안도 들어왔다. 하
지만 나는 KOLIS의 사업 모델을 갖고서는 그렇게 하는 것이 사기 치
는 것이나 진배없다는 판단이 들었다. 물론 그렇게 뺑튀기하듯 코스닥
에 이름을 올리면 몇 십억 원을 간단히 손에 넣을 수는 있겠지만….

한국법률정보시스템을 출범시킬 때 지인 여러 사람이 이 회사에 투

자하였다. 이들도 이익을 보고 투자했겠지만, 특별히 이익만을 목표로 한 일반 투자자와는 다르다고 생각한다. 나는 회사를 정리하면서 지인들이 투자한 돈에 대해서는 모두 원금을 돌려주었다. 현금이 없어서 못 준 사람에게는 내가 가진 다른 주식들로 대체해주었다. 그들이 나로 인해 금전적 손해를 보는 것은 나에게 죽음보다 싫은 일이었다.

이제 정보통신회사는 청림출판의 한 사업부 정도로 존재하게 되었다. 나는 출판으로 돌아왔다. 이제부터가 내 출판 인생의 진검승부다. 40대에 들어와서 나는 거의 모든 시간과 정력을 정보회사에 쏟아 부었다. 청림출판은 한 건물 내에 있었지만 별로 관심을 두지 않았다. 오히려 자금을 차입할 때만 장부를 들여다볼 뿐이었다. 노름꾼이 돈 떨어지면 집에 들어오고, 그러다 장롱을 뒤져 마누라의 아끼는 통장을 갖고 튀는 영화 같은 장면이 떠오른다. 내가 그랬다. 청림출판은 본처 역할을 톡톡히 해주었다. 역시 마누라는 본마누라이듯… 사업도 오랫동안 하던 사업이 결국은 어려울 때 구원투수가 되는 법인가 보다.

이후에도 몇 년 동안 한국법률정보시스템은 청림출판의 인터넷사업부라는 이름으로 명맥을 유지하며 내 사고의 틀 안에서 나를 괴롭혔다. 차마 없앨 수가 없었다. 결국 어느 날 나는 그 닻을 내렸다. 그렇다고 우유부단하게 질질 끌어왔다고 생각하지는 않는다. 그런 정도의 미련도 없다면 너무 야멸차지 않은가. 나는 그렇게 생각했다.

내 40대는 그렇게 바쁘게 지내면서도 아무것도 남지 않은 것들에 시간을 보낸 꼴이 되었다. 오랫동안 아버지의 유지를 받들어 해오던 법률출판 분야 또한 대단원의 막을 내린 것이다. 이제 법률정보 서비스는 물론이고 법률출판도 황혼 길로 접어들고 있었다.

법률출판과의 결별이 언제였는지 정확히 기억나지는 않는다. 다만 2001년에 〈판례월보〉라는 이름으로 발행해오던 잡지의 제호를 월간 〈쥬리스트〉로 바꾸었다. 오래전부터 아버지가 만들고 해오던 것이라 너무나 미련이 많이 남았다. 2007년에 《국가계약법》이 문화관광부 우수 학술도서로 선정된 것을 보니, 거의 2007년까지 나는 법률출판이라는 영역에 대해 아쉬움을 못 버리고 있었던 것 같다.

에필로그(30~40대)

스물아홉 살이 된 그해 5월 18일, 나는 내게 운명으로 다가온 결정의 순간에 타서는 안 될 기차를 선택했다. '판례출판 사업 그리고 법률 데이터베이스 사업', 나의 30대에서 40대가 지나가는 긴 시간 동안 나는 내가 선택한 그 운명을 내 편으로 만들기 위하여 아주 치열한 싸움을 해왔다. 가끔씩 달리는 열차에서 벗어나고 싶은 강한 유혹이 있었지만, 나는 다행히 끝까지 견디는 투혼을 발휘하였다. 그리고 마침내 나는 1998년 IMF라는 외부의 힘을 빌려 기차를 멈추게 하였다. 결코 내가 바라는 성공적인 목적지 도착은 아니었다. 장장 20년이 걸렸다.

기차는 멈추었지만 허망하게도 남은 것이 너무 없었다. 20년간의 노력에 비해 보상은 너무나 보잘것없었다. 누구를 원망하겠는가, 이에 대해 무엇이라 표현할 수 있을까. 나는 이 모든 것을 설명할 수 있는 것을 한마디로 말하라고 한다면, '그것이 인생이다'라고 답할 것이다. 그리고 스스로 위로하며 다독거린다. "그래, 그렇게 어렵고 힘들지만은 않았어, 희열과 기쁨이 더 많지 않았던가, 원없이 일했잖은가."

지나간 20년을 마감하면서 비록 손에 쥔 것은 적었지만, 그것은 결코 헛된 세월만은 아니었다는 것이 입증되었다. 나는 이제 출판의 본류로 들어왔고, 지금까지 가보지 않은 미지의 영역이기는 하나, 어느새 사업이란, 책이란, 출판이란 무엇인가를 알 만한 정도가 되었기에 두려움이 없었다. 나는 지칠 시간도 없이 벌써 새로운 기대로 다가오는 운명을 내 것으로 만들고 있었다.

나의 50대
1998~2013년

비즈니스 출판의 시작,《생각의 속도》

1990년대 후반 외환위기 시대를 맞이하여 무한정보통신을 청림출판
㈜의 인터넷사업부로 합병하여 청림인터랙티브㈜로 출범시켜 몸무
게를 가볍게 다잡은 나는 새로운 마음가짐으로 출판에만 집중하기로
결심했다. 우선 회사의 로고와 심벌마크를 바꾸었다. 청림의 영문 이
니셜에서 따온 C가 지구상에서 받쳐져 떠오르는 형상의 마크다. 회사
의 로고를 바꾼다는 것은 사장 개인뿐만 아니라 직원들에게도 새로운

마음가짐을 갖게 만든다. 이보다 앞서 나는 사
명을 청림각에서 청림출판으로, 다시 ㈜청림
출판으로 바꾸었다.

　이제 심기일전하여 새롭게 출판사업에 나섰

다. 새 분야는 자연스럽게 내가 공부해와 비교적 강점을 갖고 있는 비즈니스 부문을 택했다. 지금까지 해오던 법률출판은 급격히 사양길로 접어들었다. 어떻게 보면 출판사에 입문한 지 20년 만에 본격적으로 단행본사업을 시작하였다고 해도 과언이 아니다. 그때까지는 주로 법률이라는 출판 분야에만 머물러 있었다. 그리고 단행본 편집장들에 전적으로 의존하여 그들이 들고 온 아이템을 출간해왔지만, 이제 사장으로서 직접 기획의 일선에 뛰어들었다.

기존에 비즈니스 출판 분야는 몇몇 출판사가 두드러지게 시장을 점유하고 있었다. 더난출판사는 일본의 실용도서를 주로 번역하여 출간하고 있었고, 21세기북스는 해외 번역도서로 비즈니스 에세이 분야에서 강세를 보였다. 그 밖에 주식 관련 출판에 강한 국일출판사가 있었고, 수험교재나 대학교재와 같은 분야의 책들을 발간하는 곳도 여럿이었다. 김영사의 경우에는 다른 분야에서도 베스트셀러를 많이 출간하기에 비즈니스서 전문 출판사라고 단정하기는 어렵지만 《성공하는 사람의 7가지 습관》과 같은 대작들을 내고 있었다.

나는 비즈니스 분야에서 미래를 예측하거나, 성공한 CEO들에 주목하기로 하였다. 그 첫 작품을 에릭양에이전시로부터 받았다. 이 책이 청림출판에까지 오게 된 것은 당시 외환위기 구제금융으로 국가가 어려움에 처해 있었기에, 이런 분야의 책이 별로 나갈 것으로 생각하지 않아 대형 출판사들이 출간을 포기했기 때문이다.

나는 빌 게이츠라는 사람 자체에 주목했다. 그는 정보통신(IT)산업의 선두주자가 아닌가. 물론 당시에는 IT가 그다지 크게 부각되지 않았던 때이기는 하다. 내가 특별히 관심을 갖게 된 것은 아마도 법률정보시스템을 경영하면서 데이터베이스 산업을 접하고, 그쪽으로 미래가 가고 있음을 알고 있었기 때문이리라. 비록 많은 수업료를 지불했지만 나는 학위논문도 IT 분야로 썼고, 그 분야의 사업을 직접 하면서 많은 사람들과 미래에 대해 이야기할 기회가 있었다. 성실한 실패는 결코 실패로 끝나지 않고 새로운 기회를 제공한다는 것, 이것이 내가 얻은 교훈이다.

번역은 두 사람의 검증을 거쳤고, 제목도 몇 번의 수정을 거쳐서 결정되었다. 표지도 몇 개나 시안을 보았는지 셀 수가 없었다. 처음 제목은 21세기를 맞이하는 첫 책이므로 '새 1000년의 도전'이라는 가제였으나, 고치고 고쳐서 《빌게이츠@생각의 속도》로 정하였다. 지금 생각해도 멋있지 않은가.

이 책의 출간에 대통령께서도 관심을 갖게 되었고, IT산업의 불을 지피는 계기가 되었다. 김대중 대통령은 빌 게이츠를 초대하여 IT의 미래에 대하여 자문을 받았고, 이를 통해 우리 정부가 외환위기 극복의 돌파구를 만들어갈 것을 각 부에 지시하셨다. 《빌게이츠@생각의 속도》는 1999년 5월에 발간되어 2003년까지 약 25만 부가 팔렸다. 1999년 이후 초장기 베스트셀러가 되었고, 이후에도 오랫동안 베스트셀러 100위 안에 들어 있었다. 이 책의 소제목인 '앞으로 10년의 변화는 지난 50년의 변화보다 더 클 것이다'는 우리 사회가 밀려오는 변화의 파고에 잘 대처해야 한다는 메시지를 보낸다. 한 권의 책이 사회에 얼마나 큰 파장을 불러오는가를 목도하면서, 책의 중요성을 다시 한 번 깨달았다.

기획 방향 1: CEO에 초점을 두다, GE 잭 웰치 회장

비즈니스 서적을 전문으로 내고자 방향을 잡고, 다음에는 그 안에서 어떤 섹션에 집중할지로 생각의 범위를 좁혔다. 전반적으로 볼 때 국내 출판시장에서는 하우 투(How to) 책들이 강세였지, 대기업 총수나 시대를 예견하는 사람들에 대한 책은 별로 나오지 않았음을 발견했다. '하우 투' 시리즈는 우리 회사에서도 '모든 것' 시리즈라는 이름으로 회사 경영과 회사생활에 필요한 안내서들을 출간하고 있었다. 이 시리즈는 거의 70권에 이른다.

나는 국내의 CEO에도 주목했으나 당시 대우그룹 회장이었던 김우중의 책이 이미 출간되었고, 삼성그룹은 회장뿐 아니라 모든 임원들이 임의로 책 집필하는 것을 금한다고 들었다. 정주영 회장의 책은 본인이 쓰지는 않았어도 작가들이 취재하는 형식을 빌려 많이 출간된 상태였다.

그래서 눈을 해외로 돌릴 수밖에 없었다. 마침 GE(General Electric)의 잭 웰치 회장의 자서전이 출간된다는 소식을 접했다. GE는 어떤 회사인가. 발명왕 에디슨이 만든 회사가 아닌가. 나는 GE가 백색가전을 만든다는 것과 그 자회사인 GE 캐피탈이 우리나라 대한항공(KAL)을 비롯하여 전 세계 항공사에 항공기들을 렌트해주는, 사실상의 거대 소

유주라는 것을 알고 있었다. 다른 출판사에서는 관심이 별로 없는 듯했다. 비교적 낮은 선인세로 가져올 수 있었다.

GE 회장인 잭 웰치의《끝없는 도전과 용기》는 2001년 10월에 발간되어 2005년 10월까지 4년 동안 약 25만여 부가 팔렸다. 또 국민은행에 2만 2,750부를 납품하는 등 기업체 납품이 줄을 이었다. 다음 해 올해의 베스트셀러가 되었고 한국경제신문이 선정한 2002년 히트상품 도서 부문 1위에 올랐다. 잭 웰치는 첫 저작물이 조금씩 시장에서 사라질 즈음 두 번째 책을 준비하고 있었다. 이 책은《위대한 승리》라는 제목으로 발간되었는데, 전작과 마찬가지로 크게 히트했다. 또 세 번째 책으로《승자의 조건》이 나와 뒤를 이어 주었다. 잭 웰치의 경영술은 당시 우리나라의 많은 CEO들에게 추종의 대상이 되었다. 조금은 잔인한 듯싶은 경영 방식을 취하는데도 말이다. 그는 경영평가를 하여 하위 10%의 직원을 매년 솎아내는 방법으로 인재 경영을 이끌어왔다.

나의 스승이자 경영학의 아버지, 피터 드러커 박사
이보다 1년 앞서 나는 정말 멋있는 분을 책으로 만났다. 피터 드러커 박사다. 나는 그분을 존경한다. 아니, 그분은 내가 스승으로 여기는 세 분(나의 아버지 고일석 박사, 편집인 남애 안춘근 선생, 피터 드러커 박사) 가운데

한 분이시다. 비록 직접 만난 적은
없지만 그분은 '경영학의 아버지'라
불린다. 그의 저서 중《프로페셔널
의 조건》,《변화 리더의 조건》,《이
노베이터의 조건》이 우리 회사에서
출간되었고, 나는 한국의 첫 번째
독자가 되어 시간 가는 줄 모르고
그 책들을 탐독했다.

나는 피터 드러커 박사의 광팬이
되었다. 그의 책을 오래전 것부터 찾아서 모두 출간하였고, 새로 나오
는 것들도 당연히 발간하였다. 우리 회사에서 펴낸 피터 드러커 박사
의 책 목록을 열거해보자. 앞의 세 종 이외에도《미래를 읽는 힘》,《미
래 경영》,《경영의 지배》,《드러커 100년의 철학》,《리더가 되는 길》,
《실천하는 경영자》,《나의 이력서》,《경영 바이블》,《매니지먼트》,《창
조하는 경영자》,《테크놀로지스트의 조건》,《프런티어의 조건》 등이
다. 그의 책을 읽은 사람이 경영을 못할 리 없다. 나는 경영을 어떻게
해야 하는가, 사람과 더불어 어떻게 일해야 하는가 등 경영의 기본을
그로부터 배웠다. 피터 드러커 박사는 95세가 될 때까지 왕성하게 집
필 활동을 하고 2005년 영면했다. 삼가 조의를 표한다.

나는 그의 책을 내는 것이 행복하였고, 큰 자부심을 가졌다. 사업을
하려면, 경영학을 공부하려면, 피터 드러커의 책을 보지 않고는 안 된
다는 믿음을 갖고 있었기 때문이다. 그의 책을 주로 번역한 이재규 박
사가 일찍 타계했다. 번역을 많이 하였으니, 그의 경영에 대한 사상을

모두 갖고 있으리라. 그렇다면 이제 그에 대한 책을 낼 수 있을 텐데, 하는 아쉬움이 크다. 지금도 하버드 비즈니스 스쿨에서 나오는 드러커 박사의 책은 모두 우리 회사에서 발행된다. 이제는 초창기만큼 많이 나가지는 않지만… 젊은 사장들이 피터 드러커에 대해 열공을 한다면 참 좋으리라.

일본의 '경영의 신' 마쓰시타 고노스케

나는 미국만이 아니라 우리보다 경영에 앞서 있는 일본에서 우리나라에 소개할 만한 CEO를 찾았다. 역시 있었다. 파나소닉의 창업자인 마쓰시타 고노스케 회장이 그였다. 일본의 PHP연구소를 만들었고, 일본 사람들은 그를 '경영의 신'이라고 부른다. 그의 책은 일본인답게 거대 담론보다는 잔잔하게 사업을 전개하는 방법을 전수하고 있다. 《사원의 마음가짐》, 《경영의 마음가짐》, 《사업의 마음가짐》, 《길을 열다》, 《위기를 기회로》, 《일과 인생의 지혜》, 《일과 인생에 불가능은 없다》, 《사업에 불가능은 없다》, 《경영에 불가능은 없다》 등의 저서를 국내에 출간했다. 지금도 일본 PHP연구소에서는 끊임없이 그의 어록을 고치고 다듬고 새롭게 만들어 출간하고, 책이 나오면 곧 베스트셀러 대열에 들어간다. 《사원의 마음가짐》은 거의 10년 이상 우리나라 기업에서도 경영자가 사원들에게 주는 책으로 보급되어왔다.

CEO에 초점을 두었기에 잭 웰치나 마쓰시타 고노스케 이외에도 많은 경영자의 책이 우리 회사에서 발간되었다. 애플의 공동 창시자인 스티브 워즈니악, 2016년 선거에서 돌풍을 일으키며 미국 대통령에 당선된 도널드 트럼프, 불멸의 이노베이터인 덩샤오핑 등이 있다. 국내에서도 마땅한 저자를 계속 찾았다. 그러다 당시 삼성전자 윤종용 부회장과 연이 닿았다. 그의 책《초인류로 가는 생각》은 거의 1년여 동안 윤 부회장 측과 우리 편집부 직원들이 매주 토요일 신라호텔에서 함께 토론하며 열심히 만들었지만 결국 시장에 선보이지는 못했다. 시중 판매는 하지 않은 채 삼성에 5만 부가량을 납품하는 것으로 마침표를 찍었다. 아마도 추측컨대 삼성은 재직 중 임직원들의 출판 활동을 금하는 것 같다. 아무튼 이 책을 세상에 내놓았으면 독자들에게 참 유익한 책이 되었을 것이다.

기획 방향 2: 미래학에 초점을 두다

21세기는 그 어느 때보다 변화의 시대다. 새로 등장한 IT, 인터넷의 발전으로 우리의 미래가 어떻게 발전해갈지 사람들의 궁금증과 불안감이 크다. 우리 회사에서는 독자들의 이러한 불안에 대한 예측서를 기획하면서 해외에서도 그런 책이 출간되었는지 찾았다.

중앙일보 중앙선데이팀과 함께 만든《10년 후 미래》는 사람들의 많은 관심을 불러일으켰고, 이어《10년 후 세상》이라는 기획으로 이어졌다. 번역서로는《노무라종합연구소의 한국경제 대예측》이 매년 발간되었고, 미래학자 해리 덴트가 로드니 존슨와 공저한《2013~2014 세계경제의 미래》를 비롯한 시리즈가 히트를 쳤다. 자크 아탈리의《더 나은 미래》, 앨 고어의《우리의 미래》, 고든 벨·짐 겜멜의《디지털 혁명의 미래》, 리처드 왓슨의《퓨처 파일》, 패트리셔 애버딘의《메가트렌드 2010》등이 발간되어 시장을 선도해갔다.

이러한 책들과 함께 나온 앨빈 토플러의《부의 미래》는 단연 압권이었다. 시장은 그의 미래에 대한 식견에 환호했고, 미래학 도서가 출판 시장을 장악하기도 했다.

미래학자 앨빈 토플러 박사

내가 처음 토플러 박사를 만난 것은 2001년 10월, 신라호텔 보드룸에서였다. 당시 우리 회사는 토플러 박사의 책을 출간하기로 계약이 되어 있었고, 그는 한국 정부의 초청으로 내한한 참이었다. 훤칠하게 큰 키에 양손은 두꺼비 손처럼 커서 왜소한 내 손이 더 작게 느껴졌다. 부인 하이디 토플러도 함께 방한했지만, 그녀는 나와의 미팅 장소에는 나오지 않았다. 토플러 박사는 내가 미리 주문해놓은 신라호텔의 비싼 음식은 거의 거들떠보지도 않은 채 아주 가볍게 식사를 하였다.

그는 우리 회사에 대한 소개에 귀를 기울였고, 마치 잘 안다는 표정을 지어주어서 내심 안심도 되고 친근감이 들었다. 원고에 대한 이야기로 들어가자, 원고는 거의 완성했는데 확인 작업이 남았다고 한다. 그는 한 줄 한 줄 그것을 인용한 확실한 자료가 없거나, 실제로 확인되지 않은 글은 절대로 쓰지 않는다고 말했다. 10년에 한 권씩 책을 내는 그의 저술가로서의 분명한 철학을 엿볼 수 있는 대목이다.

토플러 박사는 외환위기를 탈출하기 위해 안간힘을 쓰고 있는 김대중 대통령의 요청으로 당시 한국정보통신정책연구원(KISDI)에서 의뢰받은 〈위기를 넘어서-21세기 한국의 비전〉이라는 보고서를 작성했다. 110쪽 분량의 이 보고서에서 토플러 박사는 "한국이 세계경제의 사다리 상위층에 자리 잡으려면 정보통신, 생명공학 등 지식 기반 경제로 체질을 바꿔야 한다"며 "이를 위해서는 교육 시스템의 혁신이 필요하다"고 역설했다.

2006년 12월, 그는 다시 한국을 방문했고 나 또한 그를 두 번째 만날 기회를 가졌다. 토플러 박사는 당시 한나라당 대표였던 박근혜 대통령을 만나서 한국이 가야 할 길을 제언하기도 하였다. 유독 토플러가 한국인에게 친근한 것은 그가 일찍이 정보사회의 도래를 이야기했고, 한국이 이를 가장 선도적으로 이룩한 나라이기 때문이다.

나는 그와 만난 자리에서 "어떻게 하면 우리 청소년들이 토플러 박사님처럼 미래를 내다보는 눈을 가질 수 있는가"를 물었다. 그는 자신이 하고 있다는 실천적 방법 세 가지를 이야기하였다.

첫째로 그는 매일 아침 산책 겸 신문을 사러 시내에 나간다고 한다. 신문 가판대에서 신문을 한 다발 구입하여 항상 가는 카페에서 아침식사를 하면서 신문을 본다. 부인 하이디는 늦잠을 자기에 아침식사를 차려주지 않는다. 그리고 자기는 영어밖에 못하지만 한국 영자신문도 매일 읽는다고 한다. 신문을 읽다가 문제점을 발견하면 메모를 해놓고, 바로 확인 작업에 들어간다고 한다. 그는 미얀마의 예를 들면서 "수치 여사가 가택 연금이 되었다"라는 기사가 아주 조그맣게 국제 뉴스 한쪽에 실렸다면, 그리고 그 가택 연금의 이유가 이해가 안 가면 곧장 수치 여사를 만나러 현지에 간다고 한다.

두 번째로, 자기는 독서광이라고 했다. 세면대에도 책이 있어서 면도를 하면서도 책을 보고, 변기에 앉아서도 책을 본다. 어디서든 손에서 책을 놓지 않는다고 했다.

마지막으로, 특별한 일이 없는 한 적어도 일주일에 한 번은 관심을 갖고 있는 분야의 노벨상 수상자를 만나서 식사를 한다고 했다. 함께

밥을 먹으면서 그 사람의 전문 분야에서 일어난 변화를 듣는다. 예를 들어 생물학자를 만나 미래 유전공학의 발전이 어떻게 될지 들으며 전문적 식견을 넓히는 것이다. 그렇게 하면 그 생물학자는 자기가 일하는 한 분야만 알지만, 자신은 여러 분야의 미래를 통섭하여 볼 수 있다는 것이다. 아하, 그렇구나. 고개가 끄덕여지면서도 토플러 박사 정도 되니까 노벨상 수상자들이 만나주겠지 하는 생각이 함께 들었다.

토플러가 어떤 사람인가. 토플러 박사는 1928년 10월 뉴욕의 폴란드계 유대인 이민자 가정에서 태어났다. 브루클린에서 자란 그는 1949년 뉴욕대를 졸업한 뒤 중서부 공업지대에서 용접공으로 일했다. 〈뉴욕타임스〉는 그가 대학 졸업자로서 노동직을 선택한 것은 대량생산 체제를 현장에서 직접 경험하고픈 갈망 때문이었다고 한다. 그는 "공장에서 일해보니, 공장 근로자들이 사무직 근로자보다 지능이 떨어진다는 얘기는 틀리다는 걸 깨닫게 됐다"고 말했다. 그의 저서인《제3의 물결》,《권력 이동》,《미래 쇼크》등에 대해서는 굳이 설명할 필요가 없을 것이다.

2007년 5월에 그는 다시 한국 땅을 밟았다. 나는 그와 세 번째 대면을 했다. 5월 28일부터 6월 7일까지 열흘 동안의 일정이었다. 전 세계를 누비고 다니는 그로서는 대단히 긴 기간을 한국에 머무르는 것이다. 이번 일정은 순전히 그의 책이 출간된 청림출판의 요청에 의해서 정해진 방한이다. 그의 저서《부의 미래》가 거의 15년 만에 출간되었기 때문이다. 이번 책이 유독 늦어진 것은 그의 외동딸이 몇 년 전(2003년경) 교통사고로 사망했는데 그때 너무도 큰 정신적인 충격을 받았기 때문이라고 주변의 이야기를 들었다.

나는 이 책을 홍보하기 위해서는 저자인 토플러 박사가 꼭 와야 한다고 생각했다. 그래서 그의 방문을 강력하게 요청하였다. 원래 미국 등 출판 선진국에서는 책이 발행된 후 저자를 동원한 홍보 스케줄을 짜는데, 이때 전국 순회 저자 강연회나 사인회 일정을 잡는 것이 지극히 당연한 일이었다.

5월 29일 오후 5시 10분, 인천공항에 영접을 위해 직원들을 내보내고, 대한항공에는 하이디 여사를 위해 휠체어 서비스를 부탁하였다. 숙소인 신라호텔에는 미리 체크인을 하고 호텔 방에는 환영 메시지, 꽃, 한국 전통 과자를 준비해두었다. 타고 다닐 차량에도 간식(쿠키와 초콜릿)을 마련해놓았다. 항상 그렇듯이 이번에도 토플러 박사는 부인 하이디 여사와 함께 오셨다. 하이디 여사는 이동 시 휠체어를 타고 다니신다. 인생을 오래 함께 살다 보면, 단순히 반려자의 위치를 넘어 하는 일에서 동반자 내지 동업자의 위치에까지 가는가 보다. 토플러 박사 부부를 보면서 느낀 감정이었다. 박사 부부는 '함께 연구하는 사람'답게 사소한 시각의 차이조차 항상 상의해 결정하였다.

여러 언론사에서 인터뷰 요청이 들어왔고, 국회의원들이 개별적으로 만나고 싶다는 연락을 해왔다. 신라호텔 접견실에는 하루 종일 사람들이 드나들었고, 토플러 박사는 긴 비행시간의 여독을 풀 틈조차 없었다.

6월 1일 금요일 오전 11시, 그는 코엑스에서 열린 서울국제도서전 개막식 행사에서 테이프 커팅을 가졌다. 당시 출협 회장이던 박맹호 회장이 접견해주셨다. 청림출판 부스에 독자들을 만나러 토플러 박사가 나타나자, 많은 인파로 통행이 어려울 지경이었다. 당시 여야 정치

2001년 10월 토플러 박사와 신라호텔 보드룸에서

인들이 일부러 도서전에 와서 토플러 박사와 함께 사진을 찍으려고 순
서를 기다리기도 하였다. 정치인들이 그렇게 도서전에 많이 온 사건은
처음일 것이다. 오후부터 바로 독자들을 만나는 강행군이 시작되었다.
예스24가 주최하는 행사는 전경련 회관 3층에서 열렸다. 큰 강당을 가
득 메운 독자들이 그의 말을 경청하고자 집중하는 모습을 보였다.

　6월 2일은 교보빌딩 10층에서 교보문고가 주관하여 독자들을 만나
는 행사에 참석했다. 오후에는 용산에 위치한 영락보육원에 가서 어린
이들을 안아주고 함께 사진을 찍기도 했다. 토플러 박사와 청림출판은
어린이들에게 신간《부의 미래》와 청소년 도서, 필요한 생필품을 기증
하였다.

　6월 3일에는 다시 코엑스에서 저자 사인회를 갖고, 오후에는 국가청

소년위원회의 요청으로 청소년과의 대담 시간을 가졌다. 토플러 박사는 특히 어린이와 청소년에 많은 관심을 갖고 계셨다.

6월 4일은 인터파크에서 주최한 중고생, 교사들과의 만남 시간을 가졌고, 오후에는 서강대학교 강당에서 대학생들에게 강연을 하였다. 질문들이 너무 많아서 강연시간이 많이 길어졌다. 서강대학교는 토플러 박사 부부에게 명예박사학위를 수여했다.

6월 5일은 능률협회에서 주관한 CEO들을 대상으로 하는 강연이 코엑스 메인 홀에서 있었다. 많은 강연이 있지만, 이번 토플러 강연처럼 우리나라를 대표하는 그룹 CEO들이 대거 참석해서 경청한 강연도 없었으리라 생각된다. KBS는 토플러 박사와의 대담 프로그램을 방영하였다. 토플러 박사는 출국할 때까지 정말 잠시도 쉴 틈 없는 강행군을 마다않고 해주셨다.

토플러 박사의 《부의 미래》는 2006년 8월에 발간되어 출고 22일째 되던 날에 10만 부를 돌파하고, 11월 3일에 20만 부, 이후 1년 동안 50만 부가 넘는 판매고를 기록하였다.

우리 회사에서는 토플러 박사의 남다른 청소년 사랑을 보면서 '청소년을 위한 부의 미래'를 만들기로 하였다. 기존의 《부의 미래》를 청소년이 읽기 쉽게 전면적으로 원고를 재작성하여 토플러 박사의 감수를 받아 출간하였다. 이 책 《청소년 부의 미래》는 세계적으로 한국에서만 유일하게 기획, 발간한 책으로 15만 부가량이 판매되었고 일본에 저작권이 수출되었다. 이후 청림출판은 그동안 한국에 아직 소개되지 않은 토플러 박사의 글들을 단행본으로 출간하였다. 토플러 박사의 《불황을 넘어서》가 2009년에, 《전쟁 반전쟁》이 2011년에, 《누구를 위한 미래인가》가 2012년에, 《정치는 어떻게 이동하는가》가 2013년에 발간되었다.

지난해(2016년) 6월 27일, 외신을 통해 나는 뜻밖의 비보를 들었다. 미국 로스앤젤레스 자택에서 토플러 박사가 돌아가셨다는 소식이었다. 이미 오랫동안 사회 활동을 하지 않은 상태여서 그런지, 세계인들은 그의 별세 소식에 큰 반향을 보이지 않았다.

나는 앨빈 토플러 박사로부터 정말 많은 것을 배웠다. 그런 위대한 철인과 몇 번이나 독대하면서 식사도 하고 차를 마시며 많은 대화를 나눌 수 있었다는 것, 그의 책을 펴내는 출판인이었기에 가능했던 기회였고 개인적으로 큰 자랑이다. 그의 영면에 한 송이 꽃이라도 바치지 못한 것이 못내 아쉽다.

기획 방향 3: 인간 심리에 초점을 두다

비즈니스 관련서와는 다소 거리가 있지만, 나는 사람들의 심리를 다룬 책들을 기획하여 출간하고 싶었다. 인간은 언제나 불안한 존재이고, 그것을 해소하기 위해 책을 찾을 것이라는 생각으로 정신과 의사 등 이 분야 전문가의 글을 발굴해 출간하였다.

댄 애리얼리의 《경제 심리학》, 김선우 작가의 《어디 아픈 데 없냐고 당신이 물었다》, 박용철 원장의 《감정은 습관이다》, 김영미의 《사람이, 아프다》, 폴라 다시의 《마음여행》, 김여환 원장의 《죽기 전에 더 늦기 전에》, 지셴린의 《다 지나간다》, 폴라 다시의 《이별수업》, 웨인 다이어의 《내 마음의 북소리》, 김새별의 《떠난 후에 남겨진 것들》, 메리 캐서린 베이트슨의 《죽을 때까지 삶에서 놓지 말아야 할 것들》 등을 출간했는데 모두가 제 몫을 톡톡히 해주었다. 편집부도 열심히 만들었고 영업부도 열심히 해주었다.

나의 비즈니스 출판 시대(1999년 이후)는 참 행복한 시간이었다. 해마다 10만 부 이상 히트 치는 책들이 여러 종씩 나왔으니 그렇지 않겠는가. 20만부, 30만 부도 있었고,《부의 미래》는 한 해에 50만 부가 넘게 팔렸다. 신(神)은 내 30~40대의 고난과 역경을 보상이라도 해주려는 듯, 나에게 새로운 분야에 대한 기발한 아이디어와 추진력을 부여해주었다. 그리고 나를 전적으로 믿고 따라주는 직원들이 있었다.

다양한 분야의 임프린트

불과 몇 년 동안이었지만 회사가 안정되는 듯하자, 나는 또 새로운 분야에 대한 욕구가 발동했다. 비즈니스 분야만으로는 만족하지 못한 것이다. 이는 나의 성격 탓일까?

2005년에 나는 기독교 분야의 출판을 시작했다. 별도로 임프린트를 만들지는 않았지만 그 분야에 비교적 정통한 사람을 편집장으로 영입하였다. 당시 우리 회사를 비롯하여 단행본을 전문으로 내는 출판사들이 기독교 출판에 진입한다 하여 기독교 출판계가 상당히 소란스럽기도 했다.

나는 역시 큰 저자들에 주목했다. 맥스 루케이도, 필립 얀시, 헨리 나우웬, 빌리 그레이엄, 유진 피터슨 같은 저자들의 책을 출간했다. 이중 대표작으로는 필립 얀시의《기도》를 들 수 있겠고, 몇 년 동안 수십 종의 책을 출간하였다. 그러나 기독교 출판 분야에 대한 시장 상황이나 전망을 봤을 때 큰 기대를 할 수는 없었다. 결국 이 분야의 전문 편집인이 그만두면서 기독교 출판은 슬그머니 중단되었다.

2006년에는 '청림아이'라는 어린이 브랜드를 런칭시켰다. 첫 책은 《행복》으로, 나오자마자 '좋은 어린이책'으로 선정되었다. 그러나 결과적으로 보면 이 분야의 출판도 결국 성공시키지는 못했다. 굳이 이유를 찾는다면 우리 영업부는 책임자(이사)가 법률 책을 낼 때부터 있었던 사람이고, 부서원들도 일반 단행본시장에 익숙해서 이들에게 아동출판을 맡긴 것이 잘못된 일이었다. 두 분야의 시장은 서로 다른 영역이기에, 항상 어린이책 편집부 부원들의 불만사항 중 하나였다. 그래도 몇 년 동안 꽤 많은 책을 발간했는데, 2008년 세계 금융위기의 파고를 넘지는 못했다. '청림아이'를 보면서 어느 분야건 사장의 지속적인 관심과 열정을 먹고산다는 것을 절실히 느꼈다.

2008년에는 문학 브랜드 '레드박스'를 출범시켰다. 첫 책으로 《마법의 앵무새 루이지토》를 발간하였다. 이 브랜드는 아직까지 명맥을 유지하고 있지만 만족스럽지 못하다. 사실 이 브랜드명을 정할 때 상당한 고심을 했고, 브랜드명이 문학출판에는 다소 적합지 않다는 생각을 가졌다. 레드박스는 장르문학에 어울리는 이름이라는 생각이었지만, 일단 이름을 정한 이후에는 거기에 맞추어 상당히 야심차게 홍보 아이디어를 쌓아놓을 만큼 열정도 가졌다. 조만간 제 몫을 하리라 기대한다.

기독교 분야, 어린이책 분야 '청림아이', 그리고 아직 존속하고 있지만 자리를 잡지 못한 '레드박스' 등이 청림출판이 벌어들인 에너지와 힘을 어느 정도 축낸 셈이다. 그러나 '추수밭'과 '청림라이프'는 궤도에 들어가고 있다.

2005년에 인문교양 브랜드 '추수밭'을 런칭시켰다. 도서목록에 있는 브랜드 소개를 보자. 인문, 과학, 사회, 환경, 교육 분야에서 독자의 눈높이에 맞춘 교양서를 내는 인문, 교양 도서 전문 브랜드다. 청림출판과 별반 다를 것이 없다. 청림출판이 몇 년 사이 비즈니스 출판으로 확고한 자리를 갖추면서 다른 영역의 도서를 내는 창구를 만든 것뿐이다. '추수밭'은 지금도 꽤 다양한 서적을 내면서 회사의 중요한 브랜드로 떠올랐다. 벌써 햇수로 10년의 역사를 채운 것 같다. 그렇게 크게 눈에 띄는 종합 베스트셀러는 없지만 제 몫을 꾸준히 하고 있다.

2010년에는 실용도서 전문 브랜드로 '청림라이프'를 런칭했다. 이제 6년이 되어가고 있는데, 비교적 제 몫을 하고 있다. 다양한 실용서적들을 내고 있으며, 최근에는 유아용 책을 내서 회사에 도움을 주고 있다.

나의 출판 경영에 대한 회고: 1979년부터 2013년까지

지금 지난 세월을 돌이켜 생각해보면, 이제야 비로소 나는 스스로 사업가적인 기질을 갖추게 된 것 같은 느낌이다. 비록 여러 번에 걸쳐 실패도 하여 큰돈을 벌지는 못했지만, 적어도 사업을 즐기는 사람이 되기는 하였다. 사업 초창기에는 어려움이 많아 항상 누군가와 상담을 하고 싶은 마음이 간절했지만 그럴 사람이 없었다. 아내는 이런 이야기에는 별로 관심을 가져주지 않았고 스스로 알아서 이겨나가도록 요구하며 비교적 냉정하게 대했다. 차라리 그런 편이 나았을지도 모른다.

나라는 존재가 원래 그다지 강한 사람이 못되었다. 다만 그동안 갖가지 어려움에 부딪치면서 부단히 단련되었다고 생각한다. 선친의 갑작스런 유고로 인하여 출판사 일을 시작하게 된 후 10년 동안은 나름 파란만장했다. 내가 감당하기에는 너무 버거운 환경이었다. 그리고 세상을 바라보는 눈높이도 너무 낮았다. 1980년대에는 출판을 잘 모르면서 무모하게 도전을 했고, 쓰라린 실패의 쓴잔도 많이 맛보았다. 하지만 지나고 보면 하늘은 내가 참을 수 있을 만큼의 고통만 주신 것 같다. 그리고 오래 참아주셨다.

1990년대는 1991년에 세운 한국법률정보시스템(주)에 거의 매달려 살았다. 재정적으로도 매우 힘들었던 시기였다. 회사에 늘 어려움이 상존했다. 돌이켜 생각해보면, 거기에 쏟은 내 40대의 시간과 노력이 아깝기도 하다. 지금도 나는 내가 잘못했거나 판단의 오류로 회사가 망했다고 생각하지는 않는다. 그것은 나로서는 멈출 수 없는 거대한 벽, 후진적인 사법부의 작태로 인한 것일 뿐이다. 보상 받을 길이 없지만 결코 후회는 없다.

이 시기에 나의 인생은 어떠하였나? 가정생활을 보면 아내와 나는 결혼생활 10년 만에 어머니로부터 분가하여 신혼살림 같은 시간을 가졌고, 교회생활을 통하여 봉사활동도 열심히 하였다. 아이들도 잘 커주어 가정적으로는 행복한 삶이었다. 당시 살았던 삼성동의 집은 크지는 않았지만 한강에서 올라오는 이글거리는 태양을 보며 언제나 '감사합니다'로 아침을 시작하게 해주었다. 아마 그 힘으로 모든 일을 잘 이겨낸 듯싶다.

제법 경영자답게 출판사를 운영한 것은 1998년 IMF 이후부터다. 그러니까 지금으로부터 불과 18년, 출협 회장에 재직하던 지난 3년을 제외하면 고작 15년 정도의 기간이다. 회사에 입사해서 20년 정도 어려운 시기를 넘어서서 이제야 경영자다운 면모를 갖추고 경영이란 어떻게 해야 하는가를 실천한 시기다. 그런 것들을 미리 알았다면 얼마나 좋았을까.

나는 이 기간 동안 직원들을 독려하여 좋은 회사를 만들고자 노력하였다. 직원들과 소통하기 위하여 매주 목요일에 〈목요편지〉를 썼다. 월요일 아침에는 간단한 회의를 통하여 서로 인사를 나누는 시간을 갖고 생일 축하 케이크를 자르고 축하송도 불러주었다. 한 달에 한 번은 문화 행사로 개인들이 가기에는 경제적으로 부담스런 오페라 등을 회사 경비로 간다든지, 1년에 두 번 산행을 하거나 워크숍을 갔다. 매년 12월에는 해외 워크숍을 갔다. 월요일 저녁에는 '과일 먹는 날'로 정하여 다함께 모여 과일을 먹으며 담소의 시간을 갖는다. 회사에서는 매달 두 번째 수요일 아침에는 목사님을 모시고 원하는 사람들이 모여서 채플(예배) 시간을 갖는다. 매년마다 결산을 하여 보너스도 두둑하게 주었다. 회사에서는 단체로 어려운 이웃을 도우러 간다. 그리고 해외 어린아이들과 자매결연을 맺어 지원을 한다. 고등학생 열 명에게 전액 장학금을 주고 대학생 여섯 명을 매년 선발하여 장학금을 지급했다. 교육 프로그램을 만들어 신입사원이 빨리 회사 업무에 익숙해지도록 했고, 직원들을 해외 도서전 등에 적극적으로 내보내 시야를 넓히도록 하였다. 그 밖에도 직원들에게 유익한 일이라면 적극적으로 도입하고자 노력했다. 우리 회사만이 갖는 많은 자랑거리들이 있다.

이런 경영의 결과로 나는 많은 것을 얻었다. 우선 직원들과 힘을 합쳐 높은 매출을 기록할 수 있었고, 직원들이 생기 있고 보람차게 회사에 다니는 모습을 보면서 만족스러움을 느꼈다. 무엇보다 내가 즐거웠다. 또 긍정적으로 생각하고 열심히 노력하면 못할 것이 없다는 생각이 직원들에게 심어졌다. 우리 회사에 입사하려는 사람들이 많이 생겨 출판계에서 좋은 이미지를 쌓았음을 알 수 있었다. 얼마나 좋은 일인가. 해마다 많은 책들이 우수 도서로 선정되거나 올해의 책으로 뽑혔다. 해외로 수출하는 도서들도 늘어났다. 회사와 대표이사가 정부와 여러 기관으로부터 다양한 상(대통령상, 자랑스런 출판인상, 중앙언론문화상, 모범 납세자상, 각종 우수도서상 등)을 받았고, 감사의 인사를 많이 받았다. 모든 것을 반듯하게 한 결과라고 생각한다. 나와 30년 가까이 근무한 신휴석 이사, 그리고 작년에 은퇴한 민원기 이사 같은 오랜 동지들도 있으며 지금도 회사에는 사랑하는 직원들이 많다. 얼마나 감사한가. 지나고 보니 나의 출판의 길을 줄여 말한다면 '참 행복한 출판 인생'이었다.

나의 60대
2013~2017년

협회장으로서의 출발과 2세에 대한 기대

2014년 2월에 나는 대한출판문화협회장에 출마하여 당선되었다. 그러고 아들에게 회사를 맡겼다. 3년 전 당시 내 나이는 65세였고 아들은 35세였다. 주위에서는 사업을 넘겨주기에는 아들이 아직 어린 나이라고 말들을 하지만, 나는 그렇게 생각하지 않는다. "결정을 하는 사람만이 책임도 질 줄 안다"는 것이 내 지론이다. 아버지 밑에서 오랫동안 배우고 익히는 것도 좋겠지만, 스스로 내린 결정에 대한 영향력을 몸으로 체득하는 것이 더 중요한 배움이라는 생각이다. 사업을 하다 보면 누구나 실수를 한다. 그것은 인생의 수업료다. 도전해서 얻어지는 경험으로부터 더 큰 삶의 지혜가 쌓일 것이다.

나는 우리 집만이 아니라 출판계의 다른 2세나 3세 경영자들이 잘해나가리라 생각한다. 후세들은 물려받은 기업을 지키기 위하여 너무 무거운 부담을 갖지 않았으면 좋겠다. 솔직히 내가 선친으로부터 물려받은 그 시점보다 지금이나 앞으로가 더 사업하기 어렵고 녹록지 않을 것이라 생각한다. 출판의 미래가 그다지 밝다고 볼 수는 없지 않은가. 그렇지만 젊음 그 자체가 자산이다. 도전하면 못할 것이 없다. 스스로에게 갇혀 있지 말고, 긍정적으로 세상을 바라보고 도전하자. 넓은 세상으로 헤엄쳐 나가기를 바란다.

협회장 이후

2017년 2월에 나는 협회장직을 마친다. 대한출판문화협회 회장으로 일한 지난 3년 동안 있었던 이런저런 일들과 생각들은 제1부에서 충분히 이야기했다고 생각한다. 다시 돌이켜보아도 꽤 다사다난한 시간이었지만, '나쁜 경험은 있었을지 몰라도 모든 추억은 아름다운 것이다'라는 생각이 새삼 든다. 심지어 나를 괴롭힌 사건들조차도, 그런 사람들조차도 나에게 값진 추억을 만들어주는 데 일조하였다는 생각을 하니, 감사하기조차 하다.

올해 4월말 즈음에 나는 스페인 산티아고 순례자의 길을 걷고자 계획하고 있다. 프랑스 국경지대 마을 생장에서 피레네 산맥을 넘어 야고보 성인이 순교한 산티아고까지 800킬로미터, 대서양을 바라보는 땅끝마을 피스테라까지는 900킬로미터. 너무 걸음을 재촉하며 성급히 완주를 목표로 하지 않으려고 한다. 충분히 시간을 갖고 지나온 인생에 대하여 생각해보며, 남은 삶에 대하여 가치 있는 일이 무엇인가도 찾아보고, 스페인의 아름다운 산야와 사람들의 사는 모습을 보고 싶고, 그들의 독특한 문화를 몸으로 체험해보고 싶다.

기회가 된다면 스페인 가는김에 돌아올 때는 스페인 사람들의 독서하는 행태와 스페인 정부의 출판 육성책에 대해서도 알아보고 싶다. 서점에 들러서 스페인 사람들이 즐겨 읽는 책들도 알아보고 베스트셀러가 무엇인지 조사해올 것이다. 역시 직업병인가. 그러고 보니 출판사 경영일선에서 떠난다고 했지만, 나라는 존재는 이미 책을 떠나서 존재할 수 없는 '어쩔 수 없는 출판인'이 되어 있는가 보다.

다음 출판할 책의 제목은 '책의 발견'이라는 가제를 생각해보았다. 이 책 《출판의 발견》의 연속선상에서 기획한 것이다. 이 책은 출판인들을 대상으로 쓴 책인 데 반해 '책의 발견'은 보다 넓은 일반 독자를 대상으로 준비하고 있다. 2018년 2월에는 빛을 보지 않을까 기대한다.

올 연말 즈음에는 일본 동경 근교에서 살림을 차리려 한다. 우선 6개월 정도 머물 예정이지만 더 길어질 수도 있겠다. 출판 선진국 일본을 조사하고 공부하고 싶다. 회사에 일본 특파원으로 보내달라고 요청해야겠다. 그러려면 내 일본어 실력을 좀 더 올려서 적어도 1급이 되어야겠지. 어느덧 지금 나는 70대 출판 인생을 준비하고 있지 않은가. 출판, 알고 보면 정말 매력 있는 비즈니스이며 좋은 직업이다. 책과 함께 노는 인생, 얼마나 재미있고 멋진 삶인가. 그것을 어찌 은퇴란 이름으로 그만둘 수 있겠는가. 이보다 더 매력적인 직업은 없을 듯싶다.

2장

나의 비망록

인간 탐구

그는 누구

'나'라는 '그'는 누구인가. 그의 이름은 고영수(高永秀). 호는 유수(流水), 인터넷 닉네임은 '자유인'이다. '유수'는 흐르는 물이란 뜻이다. 고여 있는 물이 아닌, 어딘가 웅덩이에 갇혀 있는 물이 아닌, 유유자적 항상 깨끗함을 유지하며 흘러가는 물이 되고 싶어 지은 이름이다. 인터넷 닉네임도 그런 의미에서 일맥상통한다. 생각이 자유롭고, 어디론가 훨훨 날아다니고 싶은 욕망에서 지어진 이름이다.

그의 호와 인터넷 닉네임에서 알 수 있듯이 그의 성격은 크게 모나기를 거부한다. 가는 길을 막아서는 것이 있으면 피하여 돌아가는 물의 생리를 닮아 누군가 싸움을 걸어와도 다투는 것을 피하며, 오히려 그런 자리나 그런 사람에게서 먼저 멀어지려 한다. 그러나 그는 불의를 보면 그냥 넘어가지 못하는 성품도 갖고 있다. 지식인으로서 지와 덕에 대한 공부를 게을리 하지 않으려고 노력한다. 항상 무언가 배우려 하고, 주변에서 훌륭한 일을 하는 사람이 있으면 누구이건 바로 그 사람의 좋은 점을 따라하는 긍정의 얼리 어댑터이기도 하다.

그는 장점이 많다. 무엇보다도 메모광이다. 어렸을 때부터 일기를 썼고, 사업을 하면서는 매년 사용하는 다이어리 외에 뒷주머니 전용 수첩을 만들어 수시로 기록한다. 수첩은 그의 머리의 한 부분을 담당한다. 주차하고 주차 위치를 적기도 하고, 아이디어와 전화 메모를 적기도 하고, 갑작스런 사건이나 체크해야 할 사항에 대해서도 기록한다. 그뿐만 아니라 설교 말씀이나 참석한 각종 세미나의 좋은 말도 항상 기록한다. 그의 기록 습관은 실수를 예방해주고 기억력 회복에 큰 도움이 된다. 치매도 좀 늦게 걸리지 않을까 생각된다.

그는 지식 욕구가 강한 사람이다. 독서를 제일의 취미라고 주장할 정도로 책 읽기를 좋아하고, 다양한 분야의 지식을 갈망한다. 인문학과 자기계발서도 탐독하지만 음악과 미술에도 관심이 많아 정기적인 음악회와 화랑 순례는 그의 지적인 갈증을 해소시켜준다.

그는 많은 사람들과 어울리는 것을 좋아하지만, 혼자서도 잘 노는 성격이다. 아내와 그의 저녁 시간은 각자의 방에서 무언가 꼼지락거리며 자기 일을 하는 때이다. 11시가 넘어서 누군가가 '이제 자자'고 하면 그제야 각자 부지런히 하던 일을 내려놓고 안방으로 들어간다. 각자 다른 공간에서 자기 일에 심취되어 있지만, 외롭지 않게 즐거운 시간들을 보낸다. 아름다운 시와 노래 가사에 흠뻑 빠져 암송하며 스스로 도취되는 명상가이기도 하다.

하루 생활

아침에 일어나기 전 이불 속에서부터 그의 하루가 시작된다. 아침에 눈을 뜨면 입속말로 '감사'를 한다. 정말로 죽음 같은 잠에서 깨어나게 해주신 것이 얼마나 감사한가. 기상 후에 하는 세 가지 습관이 있다. 화장실 변기에 앉아 소변만이 아니라 대변도 본다. 대변이 나오지 않는 때는 가스만 분출한다. 그리고 물로 가글을 하고, 혀를 닦고 코도 헹군다. 화장실에서 나와서 물 한 잔을 마신다. 밤사이 내 몸에 들어온 나쁜 먼지 등을 제거하는 일련의 작업이다.

그리고 QT(큐티)를 한다. 성경공부를 일컫는다. 자신을 되돌아보는 시간이기도 하다. 창을 열어 바깥의 시원한 공기를 안으로 받아들이며 가벼운 아침 체조와 팔굽혀펴기를 한다. 이 시간이 끝날 즈음이면 아내에게서 식사하라는 소리가 들린다. 아내와 함께하는 아침식사는 집을 떠나 있을 때를 제외하고 수십 년 동안 지속되어온 습관이다. 아마 그의 건강은 아내가 챙겨준 아침식사에서 비롯된 것이 아닐까 싶다. 아침식사 메뉴는 각종 야채가 담긴 샐러드, 계란 한 개, 맛있는 수프 그리고 몇 종류의 과일들이다. 이 식탁 덕분에 당뇨나 혈압이나 콜레스테롤 등에 문제가 없다는 생각이 든다. 식후에는 아내가 챙겨주는 비타민 5종 세트(종합 비타민, 오메가3, 프로폴리스, 눈에 좋다는 약 두 종류)를 복용한다.

매일 샤워하며 깨끗한 복장으로 갈아입고 외출한다. 오늘 하루 중에 잘한(좋은) 일 세 가지, 감사한 일 다섯 가지를 만들려고 의식적으로 노력한다. 가능한 주변 정리를 하여 단순화시키며, 나누는 삶을 살려고 한다. 신문 읽기는 필수, 매년 정초에 세운 열 가지의 목표를 달성하려고 노력한다. 매년 초에 세우는 연간 목표들은 수첩 앞에 기록해놓아, 볼 때마다 상기한다.

가능한 한 일주일에 두세 번은 30분 이상 집 근처의 가족공원을 걸으려 한다. 잘 지켜지지는 않는다. 그에게 가장 큰 단점이라면 운동 부족을 꼽을 수 있다. 운동을 다른 할 일들보다 우선에 두지 않기 때문이다.

저녁이 되면 붓글씨를 쓴다든지, 독서를 한다든지, 글을 쓴다든지 하며 혼자 논다. 아직 대학에서 강의를 하고 있는 아내도 다음날 수업 준비를 하는 등 나름대로 분주하게 저녁 시간을 보낸다. 잠자리에 들기 전의 습관으로는 양치질하고 세수하고, 발뒤꿈치를 꼭 씻는다. 발뒤꿈치가 더러우면 가난이 쳐들어온다는, 어렸을 때 들은 이야기가 일흔이 가까운 나이가 되어서도 곧장 이부자리 속으로 들어가려는 유혹을 막아준다.

하루 중 비어 있는 시간을 그는 경계한다. 그래서 그는 신독(愼獨)을 상기한다. 신독은 평상시 그의 좌우명이기도 하다. 혼자 있을 때 무엇을 하는가, 무엇을 즐기는가가 그 사람의 됨됨이며, 사람의 그릇을 결정한다고 생각하기 때문이다. 비어 있는 시간을 경계하고 신독을 상기하지만, 그래도 아내가 없는 저녁 시간에 집에 홀로 있으면 그는 무료함을 달래기 위해 텔레비전을 자주 보게 된다. K1 경기라든가, 무섭고 섬뜩한 영화라든가 아내가 별로 좋아하지 않는 프로그램을 자유롭게 볼 수 있는 시간이다. 그런 것은 그에게 별로 유익하지 않음을 알고 있으면서도 유혹을 뿌리치지 못하는 것은 아직도 그가 철이 덜 든 철부지라는 이야기다.

그의 가족

그가 행복하다고 생각하는 까닭은 무엇보다 사랑을 많이 받은 삶이었기 때문이다. 인생의 어두운 골짜기를 헤맬 때 그는 보이지 않는 신의 존재를 깨달았다. 하나님이 그를 지켜주신다. 절대자 하나님의 사랑이 없었다면 어떻게 그가 어둠의 골짜기를 헤쳐 나올 수 있었겠는가.

부모님의 사랑도 아주 많이 받았다. 아버님의 사랑은 인생을 살아가는 데 항상 받침목이 되었고 자부심이었다. 그는 고아가 아니다. 지금도 살아계신 어머님(96세)은 자식 사랑으로 똘똘 뭉치신 분이다. 그런 사랑 속에서 4남 2녀의 형제들이 성장했다. 사랑하는 형제들은 아버님이 돌아가신 이후에 '사이좋은 바보 형제들'처럼 돈독한 우애 속에서 살아왔다. 이제는 형님이 74세이고 막내가 환갑이 되었다. 형제들이 자랑스럽고 사랑스럽다. 인생의 든든한 힘이다.

그의 인생의 전환점은 아내로부터 시작된다. 야생마처럼 거칠고 성미가 급한 그를 순하게 빚었고, 그를 신앙생활로 이끌어 남편에 대한

01 사랑하는 아내와 함께
02 귀여운 손자, 손녀(올해 또 한 명의 손녀가 태어나서 네 명이 된다)

염려를 내려놓는 지혜를 발휘하였다. 그녀는 학구파이며 아름답다. 그녀와 데이트할 때 그녀는 서울대 음대를 졸업하고 교편을 잡고 있으며 서울대 대학원에 다녔다. 그도 당시 서울대 경영대학원에 다녔다. 그녀와 그는 친구의 소개로 만나서 짧은 연애 기간을 거쳐 결혼하게 되었다. 이제 아내와의 결혼생활이 꼭 40년이 되어간다. 그녀가 있어서 정말 행복하다.

사실 그의 부부를 소개시킨 친구에게 그도 다른 여성을 소개시켜주었다. 서로에게 이성을 소개시켜 결혼하게 되었고, 둘 다 똑같이 2남을 두었다. 아내와 자식 자랑은 팔불출이라 하지 않는가. 그는 누구와 견줄 수 없을 만큼 아내가 자랑스럽고 사랑스럽다. 하나님은 정말 큰 복을 그에게 주셨다.

그에게는 두 아들이 있다. 큰아들은 그가 30년 동안 경영해온 그의 출판사를 이어받았다. 아들이 자랑스럽다. 그가 청춘을 바쳐 키운 회사를 아들이 맡아준다는 것, 이보다 기쁜 일이 또 있겠는가. 아들은 결혼하여 두 명의 귀여운 손자를 보는 기쁨도 주었다. 둘째아들은 어릴 때부터 깊은 신앙심을 갖더니 목회자가 되었다. 목회자 아들을 두었으니 노년에 아들이 목회하는 교회에서 빗자루를 잡고 떨어진 감나무 낙엽을 쓸어내는 것도 그의 버킷 리스트 중의 하나다. 둘째아들도 결혼하여 예쁜 두 손녀를 보는 기쁨을 주었다. 아들만 있어서 집안에 여자라고는 아내밖에 없었는데, 며느리들이 들어와 새로운 활기가 넘쳤다. 부모 복에 이어 형제 복을 누리며, 자녀 복도 많으니 이보다 더 좋을 수가 있겠는가? 가족 사랑은 그의 인생에서 마음의 평정을 불러오는 큰 원천이다.

사회 활동

출판계 활동은 나의 생활이고 내 삶의 중요한 부분이다. 지난 3년 동안 협회장을 하기 전에도 나는 여러 출판 공동체에 많은 관심을 갖고 참여해왔다. 거의 1980년대 초부터 협회의 크고 작은 행사에 열심히 참여하였고 1990년대 이전부터 이사로 활동하였다. 한국출판연구소, 한국출판문화진흥재단, 한국출판협동조합, 한국잡지협회 등에서 이사로 오랫동안 일하였고, 출협에서도 2002년에 이정일 회장을 모시고 부회장을 맡아 활동했다.

나는 출판에 대해서 학문적으로 깊이 배우려고 중앙대 신문방송대학원에 다녔다. 우리나라 최초로 1989년에 전자출판 분야로 석사학위 논문을 썼다. 1991년, 이것을 사업에 적용시켜 무한정보통신을 설립했다.

법률출판을 주 영역으로 했던 경력을 보았는지, 1996년에 서울중앙지방법원으로부터 조정위원 위촉을 받아 지금까지 20년 가까이 활동하고 있다. 처음에는 주로 저작권에 대한 조정을 했는데, 이제는 민사소액사건을 조정한다. 지금 하는 공식적인 사회 활동으로 민주평화통일자문회의의 일을 하나 더 이야기할 수 있겠다. 집주소가 있는 용산지회에서 경제과학분과위원장을 맡고 있다. 통일에 대한 생각을 다른 사람들보다 좀 더 하며, 그 길을 모색하는 데 일조를 하고 있다고 생각한다.

그 밖의 사회 활동을 보면 로타리클럽 활동을 25년간 꾸준히 하고 있으며, 다양한 최고경영자 과정을 통하여 배움을 즐기고 친구도 사귄다. 소망교회에서 갖는 신앙생활은 언제나 내 삶의 중심에 있다. 교회

생활을 열심히 하면서 술친구나 골프 친구들과 소원해진 것이 다소 아쉽지만, 신앙생활을 같이하면서 인생을 진지하게 논의하는 친구는 더 많아진 듯싶다. 이외에 내가 졸업한 대학이나 여러 CEO 과정에서 이사나 회장 등 책임 있는 위치에서의 활동이 나름 꽤 분주하게 만든다. 2017년 봄 이후 출협 회장을 마치고 나면 앞으로의 삶은 어떨까? 다양한 일에 참여하는 분주함보다는 내적 충실에 더 중심을 두고 싶다. 아내의 충고이기도 하다.

기업 활동

내 기업 활동은 곧 청림출판의 경영을 말한다. 앞서 '나의 출판 인생'에서 구체적으로 소개했기에 여기서는 줄여 말한다. 청림출판은 매출액에서나 규모면에서는 아직 한국을 대표할 만한 회사는 아니다. 출판사의 역사는 제법 오래되었지만 먼 길을 돌아온 사람처럼 회사도 법률과 판례라는 전문성에 파묻혀 있다가 출판의 본류로 들어왔다. 본격적으로 단행본을 시작한 것은 2000년대에 들어서면서부터이니 15년 정도 되었다.

출판계의 친구들은 왜 벌써 회사에서 손을 떼려 하느냐며 아직도 10년 정도는 더 할 수 있지 않느냐고 한다. 물론 더 할 수도 있다. 지금까지의 경험을 살려 훨씬 더 큰 회사로 키울 자신도 있다. 그러나 한편으로 생각하면 그 10년이 나에게는 출판 외에 하고 싶었던 일들을 할 수 있는 마지막 시간이다. 또 회사를 맡는 아들에게도 가장 정력적으로 일하며 시행착오를 마음껏 하고 회사를 키울 시간이기도 하다. 나도 아들도 또 청림출판에게도 모두가 도움이 되는 가장 좋은 타이밍이 바로 지금이라는 생각이 들었다.

아들은 나보다 훨씬 더 크게, 그래서 청림출판을 한국의 대표 회사로 키우리라 생각한다.

청림출판의 모토는 "한 그루의 나무가 모여 푸른 숲을 이루듯이 청림의 책은 삶을 풍요롭게 합니다"이다. 이를 줄여 '삶을 풍요롭게'를 주 카피로 많이 사용한다. 여기서 매년 발행되는 청림출판의 도서목록 앞 페이지에 나오는 대표이사 인사말을 소개한다.

'청림출판'은 '삶을 풍요롭게'라는 문화적 비전을 갖고 경제경영, 자기계발, 인문교양, 비소설, 기독교 그리고 문학과 실용 등 다양한 분야에서 양서들을 출간하고 있습니다. 그동안 청림출판은 출판문화에 기여한 공로로 한국법률문화상(제2회)을 비롯하여 국무총리상, 문화체육부장관상, 공보처장관상, 대통령상 등을 수상하였습니다. 또 우리가 만든 많은 도서들이 해마다 각종 단체로부터 우수 도서로 선정되고 있으며, 독자들

01 청림출판 본사, 강남구 도산대로38길 11
02 청림아트스페이스, 파주출판도시

로부터 많은 사랑을 받는 베스트셀러가 되었습니다. 우리는 시대를 조명하며 앞서가는 기획을 통하여 우리가 출간한 책들이 사회를 보다 넉넉하고 아름답게 바꾸어 나가기를 희망합니다. 이를 위해 항상 독자의 입장에 서서 시대의 트렌드를 읽고자 고민함으로써 독자들의 필요를 충족시키는 동시에 문화를 기름지게 하는 양서를 출간하는 데 힘쓰고 있습니다. 우리는 국내외의 훌륭한 저자를 발굴 지원하고, 우리와 함께 일하는 모든 사람 및 거래처들과 좋은 협력관계를 유지하고 있습니다. 또한 우리의 일터가 창의적이고 활기차며 서로를 존중하고 배려하는 아름다운 곳이 되도록 노력하고 있습니다. 청림출판은 출판이 우리 사회의 사상과 가치관을 지켜나가는 수문장의 역할을 해야 한다고 인식하고 있습니다. 무엇보다도 우리는 국가와 지역사회를 위해 책임을 다하며, 하나님이 주신 귀한 소명을 받드는 기업이 되고자 합니다. 앞으로도 숨 가쁜 변화의 시대에 끊임없이 샘솟는 지식의 샘이 되어 21세기 출판, 지식정보 산업의 미래를 독자 여러분과 함께 열어갈 것입니다.

청림출판은 현재 경제경영, 자기계발 분야를 주로 출판하는 '청림출판', 인문·과학·사회·환경·교육 분야를 출판하는 '추수밭', 실용서 전문 출판의 '청림라이프', 논픽션 교양 브랜드를 지향하는 '레드박스'로 구성되어 있다. 회사는 서울 강남구 논현동에 위치하며 파주출판도시에 '청림아트스페이스'가 있다.

신앙생활
나는 압구정동 소망교회에 다닌다. 내가 좋아하는 찬송가는 305장과

314장이다. 305장은 〈나 같은 죄인 살리신〉이다. 이 찬송가를 부를 때 나는 자주 눈물을 흘린다. 젊은 시절에 잠시 방탕했던 것에 대한 회개의 눈물이고 감사의 눈물이다. "나 같은 죄인 살리신 주 은혜 놀라워, 잃었던 생명 찾았고 광명을 얻었네, 큰 죄악에서 건지신 주 은혜 고마워, 나 처음 믿은 그 시간 귀하고 귀하다."

찬송가 314장은 〈내 구주 예수를 더욱 사랑〉이다. 나의 신앙 고백인 셈이다. 내가 임종할 때 이 찬송가를 들려주면 좋겠다. "내 구주 예수를 더욱 사랑, 엎드려 비는 말 들으소서. 내 진정 소원이 내 구주 예수를 더욱 사랑, 더욱 사랑."

나는 매주 일요일이면 아침 4시 50분에 일어나 5시 30분에 집을 나서서 교회로 간다. 1부 예배가 7시 30분에 시작되는데, 1부 찬양대원으로 활동하기에 6시 반부터 연습이 시작되어서 일찍 가야 한다. 원래 나는 음악에 대해서는 둔한 편이다. 아내가 음악가이기에 아내 빽으로 찬양대에 들어갔다고 해도 과언이 아니다. 20년 가까운 찬양대원 활동은 음악이 내 생활의 일부가 되도록 하였고, 나는 거기에 푹 빠져 있다.

교회 봉사는 주로 해외 선교를 담당했다. 이를 통하여 멀리 아프리카 에티오피아와 케냐 등을 여러 차례 다녀왔고, 스리랑카와 몽골 그리고 베트남, 캄보디아, 라오스 등 동남아 여러 나라에도 선교 봉사를 다녀왔다. 어느새 도움을 받는 나라에서 도움을 주는 나라로 변신한 대한민국 국민이기에 참 행복하게도 어려운 이웃 국가들을 돕는 기쁨이 있었다. 모든 신앙인들의 고백이 그렇겠지만, 나도 참 많이 변했다. 급한 성질도 죽었고, 소위 서번트 리더십(Servant Leadership: 섬기는 리더십)을 교회생활을 통하여 갖게 되었다.

나는 여생에도 신앙생활에 충실하고, 힘이 닿는 대로 봉사활동을 하려고 한다. 내 삶이 언제나 하나님의 보호 안에 있음을 감사한다. 경건한 크리스천의 삶을 살고, 예수를 닮아가는 삶을 살고자 노력할 것이다. 그리고 천국을 소망한다.

여가 활동

나는 미래를 계획하는 것을 좋아한다. 수십 년 동안 써온 노트에는 연말연시가 되면 새해 할 일 열 가지가 기록된다. 열 가지를 모두 이룬 적은 없지만, 그래도 실행 비율이 꽤 높은 편이다. 때로 목표를 세우고 하다 보면 목표가 상향되는 때도 있다. 처음 목표보다 더 성숙하게 발전되어 긍정적인 결과를 만들어가기도 한다.

이제 출판사도 아들에게 물려주고 협회장직도 그만두었으니, 앞으로의 계획은 남은 제2의 인생을 어떻게 살 것인가에 대한 버킷 리스트가 될 듯싶다.

2016년도에 등정한 킬리만자로와 같은 해외 여행을 앞으로 10년 안에 집중적으로 하려 한다. 여행에 필요한 체력이 뒷받침되는 마지막 시기라고 생각해서다. 2017년 봄에는 스페인 산티아고 순례자의 길을 걸을 예정이다. 800킬로미터를 걸으면서 '인간이란, 인생이란 무엇인가'라는 화두에 몰두해볼 생각이다. 그 밖에 남미의 마추픽추, 파타고니아, 미국과 캐나다의 로키산맥 트래킹, 시베리아 횡단여행, 중국의 차마고도 여행, 인도 여행, 그리고 크루즈 세계일주 등이 있다. 일본이나 둘째아들이 살고 있는 중국에서 6개월 이상 장기 체류하며 한 나라를 집중해서 알고 싶기도 하다. 국내 여행으로는 3개월 정도 루비콘 지프차를 타고 맛과 멋의 여행을 하려고 한다.

나는 지금도 매주 월요일이면 친구들과 모여 노래를 배운다. 1년 동안 연습하여 매년 12월에 남성 합창단으로 세종문화회관 무대에 서고 있다. 가능한 교회 합창단원으로서의 활동도 계속하고 싶다.

사진을 취미로 삼는 친구들과 함께 매년 사진전도 연다. 여행 사진도

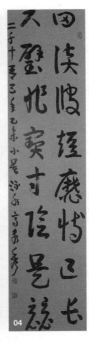

01 2016년 어느 날 경복궁에 임금님으로 행차하다. 그날 인기짱이었다.

02 21세기 멋진 할아버지로 사는 법. "당당하게 자신 있게 건강하게" 물만 마시러 부엌에 들어가던 그가 앞치마를 두르고 요리를 시작했다! 골드쿡 1기생

03 세종CEO 친구들과 1년 동안 매주 월요일에 합창 연습을 하고, 매년 12월에는 세종문화회관 콘서트홀에 선다

04 千字文 句 A phrase of the Thousand-character
망담피단 미시기장 척벽비보 촌음시경, 다른 사람의 단점을 말하지 말고 나의 장점을 믿지 마라, 1척이 넘는 크기의 옥이 보배가 아니라 시간이 곧 보배이니 짧은 시간이라도 헛되이 보내지 않도록 하라 — 2015년 세계서예전북비엔날레 명사서예전 출품작

좋고, 또 세계의 글자들을 이용한 문자 사진전을 개최하고 싶다. 1년에 3개월은 한 분야를 정하여 집중적인 독서를 할 것이며, 글쓰기를 통하여 매년 한 권씩 책을 펴내려고 한다. 작가로 등단하는 일도 버킷 리스트에 들어 있는데 가능할지는 미지수다. 또 10년 후쯤인 '78세에는 서예 전시회를 열고 싶다.

봉사활동은 소망교회가 운영하는 서부요양원에서 몸이 불편한 노인들과 함께하고, 호스피스 병동에서 6개월 정도 일해보고 싶다. 제일 게으른 것이 운동인데, 가능한 시간이 나는 대로 도심 산책을 할 생각이다. 현재 일주일에 두 번씩 받는 PT(Personal Training)를 통해 바른 자세를 유지할 생각이다. 매우 바쁜 삶을 살 것 같은 예감이다.

인생 2막

어떤 사람들은 인생에 은퇴는 없다고 한다. 나도 그렇게 생각하는 사람 중의 하나다. 목표를 세우고 힘이 있을 때까지 배우고 또 일하며 열심히 살아야 한다고 생각한다.

나에게 은퇴란 무엇인가? 나는 65세에 출판사의 일선 업무에서 물러났고, 68세 2월에 출협 회장직에서 물러났다. 내가 퇴직한 것은 머리가 쇠해서거나 건강이 나빠서가 아니다. 나는 출판업에 오래 종사했고 많은 베스트셀러도 만들었다. 지금도 그런 면에서는 자신이 넘친다. 어떻게 보면 10년 정도는 더 왕성하게 일할 수 있으니, 회사도 좀 더 발전시켜야 하는 것이 아닌가 생각된다. 그럼에도 나는 출판사 경영을 후계자에게 넘겼다. 나보다 더 머리 좋고 신중하고 활력 있게 일할 수 있는 젊은이, 나의 아들이 바통을 이어받았다. 나는 인생 2막을 열고 싶은 것이다. 물론 인생 2막에서도 일부는 여전히 출판인으로 존재한다. 은퇴를 해도 출판에 대한 관심과 활동은 이어질 것이다.

이제 곧 일흔이 되는 나이이지만, 작년(2016년) 여름에는 동아프리카 킬리만자로 정상에 올랐을 만큼 건강하다. 동년배들에게 흔한 혈압이나 당뇨나 콜레스테롤도 이상이 없고, 한 번 잠들면 새벽을 맞이하니 비뇨기도 이상 무다. 2017년 4월에는 약 2개월에 걸쳐서 800킬로미터 거리인 스페인 산티아고 순례자의 길을 걸을 예정이고, 가을에는 지프랭귤러 회사의 후원으로 전국으로 맛과 멋의 여행을 떠날 것이다.

그렇다고 즐겁게 놀고 마시면서 여행이나 하려고 은퇴하는 것은 아니다. 섣불리 말하기는 다소 이른 감이 있지만, 나는 용인 숲속에 '바벨의 도서관'을 만들고 있다. 어떤 작가가 이런 양서로 가득한 사설 개인 도서관에서 글을 쓰기 시작할 수 있을까. 정말 사치스런 일이지만, 나는 이제부터 자연과 벗한 아름다운 환경에서 글을 쓰려고 한다. 글을 쓰기 위해서 책을 더 많이 읽으려 한다.

나는 책 읽기를 무척 좋아한다. 이제부터는 더 엄청난 독서광이 되려 한다. 관심 있는 영역이 많아서, 평소 읽으려 사다놓은 책이 쌓여 있다. 책 욕심이 아주 많다. 서점 주변을 지나기가 겁이 날 정도로 나는 한 보따리씩 책을 거두어 온다.

미국의 샤갈로 불리는 화가 해리 리버먼은 81세에 그림을 그리기 시작하여 101세에 스물두 번째 개인전을 열었고, 103세에 생을 마감했다.

이런 생각을 해본다. 한국 작가 고영수는 70세에 등단하여 30여 권의 저서를 냈고, 이중 몇 편은 교과서에 실렸다. 그가 집필하던 장소였던 '바벨의 도서관'은 지금도 많은 독자들이 찾아오고 있다. 2057년 어느 신문에…. 이것이 나의 지금부터의 삶, 인생 2막의 꿈이다. 별로 큰 꿈이 아니지 않은가.

일상의 상념

아버지가 주신 쪽지

첫 직장 출근하는 날, 아버지가 내 어깨를 어루만지시며 쪽지 한 장을
건네주셨다. 버스 안에서 펴 보았다.

  1. 정밀해야 한다.

  2. 매일 신문을 시간이 허락하는 한 정독해라.

  3. 수필(생활수필)이나 감상을 써보아라.

  4. 비교할 줄 알아라.

감사합니다. 아버지! 사랑해요.

- 1977년

아내

1.

어느 날 아내가 입원했다. 좀처럼 아프지 않던 아내가 정말 아픈가 보다. 아내가 병원으로 가져와 달라는 몇 가지를 챙기기 위해 집에 들렀다. 수건이랑 치약이랑….

텅 빈 집이다. 소파며, 옷장이며, 찬장 그리고 저 많은 그릇들. 정말 나 혼자 살기에는 필요 없는, 아니 귀찮기까지 할 것들뿐이다. 나 혼자 산다면 아마 원룸에 간단하게 옷 몇 벌이면 될 것 같다. 우리에게 정말 귀한 것은 일상에 늘 가까이 있는 것이라고 하던데 맞는 말이다. 숨을 쉬는 공기가 없으면 불과 몇 분밖에 살지 못한다. 물을 먹지 않고 며칠이나 살 수 있겠는가.

그처럼 평소에 별로 귀하게 느끼지 못하면서 갖고 있던 것을 잃어버린 어느 날, 그 귀한 것의 가치를 알게 된다. 아내.

2.

어느 날 아내와 심하게 다투었다. 늘 그렇지만 싸움은 나의 '욱' 하는 성미에서 크게 점화된다. 아내와 대화 없이 한 지붕 밑에서 사는 삶은 정말 피를 말린다.

일찍 집 근처에 도착했어도, 동네를 한 바퀴 돌며 어슬렁거린다. 평소에 술 먹고 늦게 들어가는 적이 왜 없겠는가. 그런데 일부러 늦게 들어가기 위해서 애쓰는 것은 또 왜 그렇게 힘든 일인가. 하던 도둑질도 일부러 하면 어렵다더니. 발은 둥둥 떠다닌다. 일은 손에 잘 안 잡히고, 머릿속은 파리가 윙윙거리는 것 같다. 신경질이 나고, 내 몰골이 퍽이나 짜증스럽고, 불편하기 그지없다. 그러나 나는 선뜻 손을 내밀지 못한다. 그놈의 자존심 때문이지. 아내에게서 문자 메시지가 왔다.

"미안하다…"라고. 아내는 내 상투 위에 앉아 있다. 뭐가 미안하단 말인가. 못 이기는 척하고 들어간다. 교무실에 눈치 보며 들어가는 학생 같은 모습의 내 꼴이다.

3.

어느 날 아내와 상의한다. 아이들에 대해 나는 걱정한다. 그들의 학업 태도, 게으름, 나태함 등등 내 눈에 거슬리는 것들이 많다. 아내에게 정말 아이들이 걱정이라고, 문제라고 이야기한다. 아내 왈, 쟤들은 전혀 걱정 없다, 잘 크고 있다, 걱정하지 마라, 당신이나 잘해라….

기분이 팍 상한다. 한마디로 너나 잘하라는 말이다. 남자와 여자가 자식을 보는 눈은 좀 다른 것 같다. 아무튼 아내는 느긋하다. 곰곰 생각해보면, 아내 말이 맞는 것 같다. 내가 걱정해서 무엇이 해결된단 말인가. 그리고 아이들이 무엇이 문제란 말인가. 불구자도 아니고, 바보도 아니고, 그저 아버지 욕심에 좀 덜 찰 뿐이다.

문제는 나의 알량한 욕심이다. 내 속만 끌탕을 하는 것이다. 아내는 그런 점에서 이미 초월했다. 몇 수 위다. 어떻게 그렇게 되었나. 원래 그런가?

– 2005년 8월

장례식 순례

지난 일요일에는 하루에 지인들의 부고 연락이 세 건이나 있었다. 주변의 관계되는 사람들이 자꾸 다른 세상으로 가는 것을 보면, 나도 그 언저리에 있지 않은가 생각된다.

- 친구의 장인께서 돌아가셨다. 연세도 많으시고, 자식들 농사도 잘 지으셔서 찾아오는 조문객도 많고. 예를 드리고는 곧 식사 자리에 마주들 앉아 큰 소리로 자유롭게 떠들어댔다. 조금은 멋쩍을 정도로. 하지만 호상이라 장례식장임에도 상주도, 조문객도 편안하다.
- 친구 동생의 죽음이었다. 친구 동생은 태어나면서부터 지체부자유자였고, 지금까지 거의 두문불출하며 살았다. 결혼도 하지 않았고, 얼마 전에 목을 심하게 다쳤단다. 그동안 그런 동생을 돌보며 내색을 하지 않고 지내온 친구가 대견스럽고, 오랫동안 사귄 사이임에도 집안일을 털어놓고 상담하지 않은 것이 못내 서운했다. 내가 그 정도로 가깝지 않았는가 하는 자책이 든다. 동생은 진작 갔어야 했다는 형의 이야기가 그동안의 삶의 어려움을 단적으로 느끼게 했다. 그래, 그랬구나. 우리는 동생이 천국에 가서는 건강하게 잘살기를 빌었다.
- 저녁 늦게 연락 받고 부랴부랴 찾아간 곳은 서울시립의료원. 친구의 아들이 교통사고로 아침나절에 죽었단다. 어찌 이런 일이! 아들은 이제 제대를 며칠 안 남겨놓고, 마지막 휴가를 나와 내일 귀대하려던 참이었단다. 사고도 동네 앞거리에서 일어난 것이다. 허탄하고, 참 허망한 일이다. 그저 손만 잡고 우리는 아무 말도 할 수 없었다.

지난해, 직장 동료의 아들이 스스로 목숨을 끊은 사건이 있었다. 당시 나는 말할 수 없는 슬픔에 그 부모를 어떻게 위로해줄지도 모르고, 그저 함께 엉엉 울기만 하였다. 무엇을 어찌해야 할지 몰랐다. 서로가 사랑이 부족해서 일어난 일도 아니다. 정말 인간의 일이란 것이 순간적이다. 순간적인 판단, 그것을 판단이라고 하기에도 너무 찰나적인 것이다. 그것은 죽음의 시각이 그때였다는 것으로밖에 설명할 수 없다.

장례식 순례에서 보는 광경은 참 다양하다. 모두가 죽음이라는 경건함에 젖어 있기는 하지만, 모두가 슬퍼하기는 하지만, 죽음 앞에서조차 사람들은 각자의 처지를 벗어나지 못한 채 죽음을 애통해한다.

나의 장례식 풍경을 상상해본다. 너무 애통해하지 않았으면 좋겠다. 찬송가를 들려주면 좋겠다. 죽은 사람이 웬 욕심인가. 조문객도 꼭 가까운 사람만 부르면 좋겠다. 이것은 유언으로 남겨야겠다. 비석에 뭐라 쓸까. "행복하게 살다 가다." 좀 썰렁한가?

- 2005년 8월

마음의 냄새

사람마다 독특한 마음의 냄새를 풍기고 있다.
행복한 사람에게서는 기쁜 냄새가 나고
무관심한 사람이나 이기적인 사람에게서는
슬픈 냄새가 난다.
모두 다 주위에 마음의 체취를 풍긴다.

- 2003년 7월

나이 듦 – 멋있게 늙자

젊은이들에게는 "어른이 되어라" 하고 나이가 들면 "멋있게 늙어라" 한다. 사람이 나이를 먹는다는 것은 누구도 피할 수 없는 운명이다. 우리에게 필연적으로 주어지는 노년의 의미는 무엇일까.

노년기는 '영혼 만들기'에 충실할 수 있는 시기다. 하나님을 더욱 잘 알 수 있도록 그리고 그분을 더욱 닮아가도록 인격을 배양하는 데 집중할 수 있다.

나이가 들어가면서 힘과 에너지는 줄어들고 바쁜 일상생활에서 멀어지게 된다. 이는 하나님께서 우리가 속도를 줄이고 하나님을 위해 보다 많은 시간을 가질 수 있도록 하시는 방법이다. 우리는 이제 비로소 인생과 우리 자신, 그리고 다른 사람들에 대하여 보다 깊게 생각할 수 있다. 변화는 피할 수 없는 우리 삶의 일부다. 우리는 살고 있는 매 순간마다 변화한다. 하나하나의 생각, 결정, 행위, 감정과 그에 대한 반응이 우리가 어떤 종류의 사람이 되는지를 결정해준다. 우리가 그리스도를 닮아가는 쪽으로 가거나 아니면 그로부터 멀어지거나 간에 우리는 하나님께서 의도하신 모양이 되어간다.

우리는 앞으로 점점 나이 듦에 따라 육체의 강건함, 순발력 그리고 민첩성 등을 잃을 수 있다. 그러나 하나님께서 주시는 고요함, 평화, 구원의 은혜 그리고 우리를 향한 신실하심을 생각해보자.

노년기는 내적으로 강하고 아름다운 성품을 만들며 은혜와 돈독한 신앙심을 키울 수 있는 가장 좋은 시기다. 지혜로운 자는 이렇게 말한다. "백발은 영화의 면류관이라 의로운 길에서 얻으리라."(잠 16:31) 이제 나의 전성시대가 도래하고 있다. 나는 기꺼이 떠날 채비를 하고 있

다. 세상의 욕심과 야망의 탈을 벗고 내적 충만을 기할 수 있는 헤세드
(은혜)를 추구하며.

– 2005년 9월

조정회의

오늘은 조정회의가 있는 날이다. 한 달에 한 번씩 서울지방법원에 간
다. 조정위원이라는 직함으로, 보통 하루 세 개의 사건을 맡아 처리한
다. 오후 2시부터 시작해서 세 건을 처리하려면 어떤 때는 5시, 늦을
때는 6시에 끝난다. 배석한 원고와 피고는 이미 골이 깊을 대로 깊어져
그 자리에 참석하여서조차 서로 돌아보지도 않고 심하면 삿대질이나
욕설까지 퍼붓는다. 사건 복사본을 법원에서 미리 보내주어서 기록을
읽고 가지만, 어느 쪽이 진실인지는 알 듯 모를 듯한 경우가 많다.

처음 원고의 소장을 보면 "피고, 이 사람은 왜 돈을 안 주는 거야"라
고 생각하다가, 피고의 답변서를 읽은 후에는 상당한 혼란에 빠지게
된다. "이런 이유가 있었구나"라고 생각하면서 양쪽의 진술서를 읽다
보면, 세상살이가 참 힘들다며 자탄하게 된다.

대개 조정회의에는 1억 원 미만의 소액이면서 서로 간에 감정의 골
이 깊은 사건이 올라오는데, 적절히 화합을 하게 되면 판결까지 가지
않고 오히려 간단하게 사건도 해결하고 인간관계도 회복되는 이점이
있다. 조정 재판에 참여하면서 내가 얻는 것, 생각하게 되는 것이 많다.
세상사의 어려움, 미움의 상처, 자존심, 참는 것의 가치, 양보와 배려의
중요성, 진실과 거짓, 빛과 어두움, 판사라는 직업에 대해서도 다시 생
각해보는 시간이다.

한 달에 하루, 그것도 단 세 건의 사건을 보는 것이 이렇게 어려운데, 판사는 매일처럼 수많은 사건 속에서 옳고 그름을 찾아내야 하지 않는가. 격무에 피곤할 것 같다. 그에 비하면 매일 새로운 책을 접하는 나는 참 행복하다는 생각이 든다.

조정을 잘하는 비결이라면, 그리고 조정자의 역할이라 한다면, 이야기를 끈기 있게 들어주는 것이다. 가끔씩 "그렇지요, 그렇고말고요, 참 억울하시겠습니다"라고 응대해주면서…. 그러면 조금씩 누그러진다. 사람들은 자기의 이야기를 들어주는 사람을 찾고 있다. 조정회의에서 얻은 진리다.

- 2005년 9월

꿈꾸는 사람

"꿈을 꾸며, 그 꿈을 이루기 위해서 온갖 희생을 각오하는 자는 행복하다."

행복한 사람은 자기 일생을 걸 만한 꿈을 꾸면서 그 꿈을 이루기 위해 한 걸음 한 걸음 나아가는 사람이다. 꿈은 사람을 움직이는 힘이 있다. 큰 꿈을 가져라, 그리고 그 모든 것에 네 모든 것을 쏟아 부어라. 꿈은 이루어진다.

위대한 인물들의 공통점은 그들에게 꿈이 있었고 그 꿈을 이루어갔다는 점이다. 꿈꾸는 사람은 하나님이 주시는 환상을 통해서 기도로, 그리고 경험과 만남을 통해서 하나님의 지혜를 깨달을 수 있다.

나는 나에게 주어진 이 일을, 이 사업을 통해 무엇을 이루려는 꿈을 갖고 있는가. 꿈이 나를 만들어간다. 10년 후의 내 모습은 지금 내가

꾸고 있는 꿈은 무엇인가, 기도를 어떻게 하는가에 따라 만들어질 것
이다. 하나님이 주신 꿈은 언젠가 반드시 이루어지도록 해주신다. 하
나님이 내게 주신 꿈이 무엇인지 생각하자. 그리고 기도와 함께 꿈을
이루어가자.

– 2005년 9월

인복

하나님이 주시는 최고의 복이 무엇인가? 그것은 '인복' 즉 '사람 복'이
다. 부모를 잘 만나는 것은 큰 복이다. 배우자를 잘 만나는 것은 복 중
의 복이다. 사업에 있어서도 제일 중요한 것이 사람을 잘 만나는 것이
다. 서로 신뢰하며 함께 일할 수 있는 한 사람을 만나는 것이 얼마나
어려운가. 좋은 사람을 만나게 해주십사 기도해야 한다. 그러기 위해
서는 나 자신이 먼저 좋은 엄마, 좋은 아빠가 되어야 한다. 아이는 처음
에 엄마, 아빠로부터 모든 것을 배우기 때문이다.

우리는 자녀들에게 어떻게 친구를 사귀는가도 가르쳐야 한다. 사람
들로부터 어떻게 하면 존경을 받는가도 가르쳐야 한다. 사람들은 인간
관계에서 많은 어려움을 겪는다. 진실한 친구는 오아시스와 같다. 상
대방을 존경하고 사랑하면 상대방으로부터 존경과 사랑을 받는다. 이
기적인 마음이나 교만한 마음을 버려야 한다.

함께하는 사람을 위해 자기의 것을 내려놓는 사람이 지도자다. 그것
을 거창한 데에서 찾지 말고, 가장 가까운 사람부터 시작하자. 남편은
아내를 인격적으로 대하고 사랑해야 하며, 아내는 남편을 귀하게 여기
고 존중해야 한다. 모든 인간관계의 법칙은 똑같다. 마음속에 먼저 하

나님을 세우고, 공동체를 사랑하고, 내게 있는 것을 나누면 믿음의 친구들과 동지들이 생긴다.

- 2005년 9월

나의 눈

아내는 나에게 '징그럽다'고 한다. 눈이 게슴츠레하고 음흉하다는 것이다.

아내는 왜 그런 표현을 쓰는 것일까? 대개 이 말들은 아내와 사이가 나쁠 때가 아니라 오히려 아내가 사랑스러워 가까이 다가갈 때 한다.

욕하는 것도 아니다. 있는 그대로, 느끼는 그대로의 표현일 뿐이다. 내 눈, 내 모습이 정말 그렇게 보였던 것이다. 아내의 눈은 정확하다. 나의 눈에, 나의 마음에 부정한 욕망이 없다고 부인할 수 있는가.

눈은 마음의 창이라고 하지 않는가. 경건함의 훈련이 필요하다. 나의 얼굴, 나의 표정에서 '거룩한' 모습이 표출되어야 한다. 생각을 바르고 맑게 해야 한다. 이기적인 욕심을 버려야 한다. 아내를 제외한 다른 여자를 음탕하게 바라보아서는 안 된다. 경건을 나의 가장 중요한 기도 제목으로 삼아야겠다.

- 2005년 9월

어떤 자아

그는 이상한 사람이다. 아니, 이상한 성격의 사람이다. 왜 사람들의 모임에서 꼭 중심에 있어야 하는가. 사실 테이블에 둘러앉아 있으면 어느새 듣는 사람과 말하는 사람이 나누어진다. 어느 테이블이건, 모임이건,

좌중을 사로잡는 사람들이 있다. 모든 사람들은 그 사람을 중심으로 귀를 모으게 되고 그 사람은 신이 나서 사람들의 시선을 끈다.

그는 어떤가. 실제로 그는 양면성을 가진 사람이다. 어느 자리에 가면 이야기의 중심이 되기도 하지만, 어느 자리에 가면 듣는 사람이 된다. 지극히 평범한 일이다. 그런데 문제는 듣는 위치에 있을 때 그의 마음이 조용하지 않다는 데 있다. 오히려 그의 마음은 소외감을 갖고(실제로 아무도 그를 소외시키지 않았을 것이다) 약간 무시받는 듯한 열등의식까지도 갖게 된다. 그가 좌중을 이끌어간다고 여겨질 때도 문제가 없는 것은 아니다. 항상 그의 마음속에 흐르는 자아를 돌아보는 거울은 그 속에서조차도 가벼운 외톨이가 되어 있기 때문이다. 그의 이러한 현상은 병인가. 그는 환자인가.

그의 성격유형검사(MBTI)의 나침반은 내향과 외향 중 거짓말처럼 중립에 놓여 있다. 검사가 정확하다는 이야기다. 그는 그 안에서 항상 갈등을 겪고 있는 것이다. 내면의 소리, 또 하나의 그를 늘 의식하면서 그는 세상과 부딪친다. 그래서 그의 자아는 매번 번뇌한다.

- 2005년 10월 13일

치매 예방

혹시 치매에 걸린 것은 아닌지?

치매라고 하면 나이 많은 사람들만 앓는다고 생각한다. 그런데 요즘에는 젊은 사람에게도 치매가 있다고 한다. 소위 '디지털 치매'라는 것이다. 디지털 치매라는 말이 우리말 사전에도 정식으로 들어갔다고 하니, 이제 꽤 알려진 현상인가 보다.

디지털 치매란 디지털 기기를 자주 쓰게 되면서 우리가 예전에는 외우고 있었던 것들을 전혀 기억하지 못한다는 뜻이다. 예를 들면 핸드폰이 없으면 친구 집 전화는 물론 자기 집 전화번호도 못 외우는 경우가 있다. 계산기를 자주 사용하게 되면서 요즘 학생들은 간단한 셈 풀이도 못한다고 한다. 디지털이란 것은 분명 대단히 편리한 것이기는 하지만, 우리들의 기억력을 퇴화시킬 수도 있다는 생각이 든다.

기억력은 세포와 세포의 조합으로 만들어진다. 그러므로 기억하기 위해 암기한다든지, 학습함으로써 기억력 증진이 이루어지는데, 디지털은 그런 학습을 필요 없게 한다. 그렇다고 디지털 치매라는 것이 일상의 치매처럼 의학적인 병은 아니니까 큰 걱정은 하지 말자. 다만 인류가 이런 식으로 기계에 의존하게 되면, 분명 기억력 쇠퇴 혹은 기억하는 뇌는 퇴화할 것 같은 생각이 든다.

문명의 이기를 이용하는 것도 좋지만 필기도구의 사용, 그리고 책을 통한 학습이 치매를 예방하는 데 효과적인 방법이다. 우리나라 사람들이 손재주가 좋은 것은 젓가락을 사용하기 때문이라고 한다. 컴퓨터에 너무 의존하지 말고 수첩과 같은 메모장을 항상 지참하는 게 좋은 습관이다.

- 2005년 12월

일본이란 나라

참 알다가도 모를 나라가 일본이다. 이웃나라이고 여러 번 방문하였으니 어느 정도 알 만도 하련만, 일본은 알면 알수록 모르는 것이 더 많아진다.

'스즈키'란 친구, 그는 내 친구다. 그리고 일본 사람이다. 열 번도 더 만났으면 어느 정도 알 만도 하련만, 인간 '스즈키'는 알 것 같은데 일본인 '스즈키'는 잘 모르겠다. 이상한 나라다.

- 2002년 2월

홍 장군의 집 방문

어제는 친구 홍 장군의 집을 방문했다. 예편하고도 꾸준히 노력하는 친구의 모습이 든든하다. 사회복지대학원을 졸업해서 사회복지사 자격증을 따더니, 정치외교 쪽으로 박사과정에 다니고 있단다.

그런 그가 요즈음 짜장면 만들기에 열을 올리고 있단다. 손자들에게 맛있는 짜장면을 만들어주기 위해서라고 한다. "할아버지 집에 짜장면 먹으러 와라" 하면 아이들이 쪼르르 달려올 것 아닌가. 이미 몇 번을 시도해본 것 같다. 아이들 손에 용돈까지 쥐어주면 더 자주 할아버지를 찾아올 것이란다. 조금이라도 손자를 가까이에 있게 하기 위하여 안달하는 모습에 안쓰러운 생각도 들었으나, 그것도 지혜로운 것 같다.

좋은 점은 나도 배워야겠다. 천자문을 가르쳐주려는 욕심보다도 훨씬 나아 보인다. 손주들이 한자를 가르치려드는 할아버지 곁에 있겠는가?

- 2007년 6월

부자와 거지

부자를 정의해보자. 부자는 '경제적 자유를 얻은 사람', '남과 비교하지 않는 사람', '자족할 줄 아는 사람', '자식이 있는 사람'이다.

거지를 정의해보자. 거지는 '오늘에만 충실한 사람', '항상 배고픈 사람', '남과 비교하여 늘 내 것이 작은 사람', '내 입만 중요한 사람'이다.

나는 어떤 사람인가.

− 2005년 9월

인생의 명확한 답

1. 고독은 무엇인가? − 고독은 죄다.
2. 고독은 어떻게 해결할 수 있는가? − 주님과 동행함으로
3. 나의 무거운 짐에서 어떻게 헤어날 수 있는가? − 하나님께 던져버려라.
4. 기도하는 사람의 특권은? − 내 짐을 하나님께 맡기는 것
5. 탄식과 기도는 무엇이 다른가? − 예수님, 하나님을 찾으며 하는 탄식은 기도이며, 그것이 없으면 자기 하소연, 스트레스다.
6. 인생의 참된 지혜는 어디에서 오는가? − 여호와로부터

− 2003년

인생의 고비

옛 어른들의 말씀에 '10년마다 인생에 고비가 있다'고 한다. 무언가 벽에 부딪치게 된다는 말이다. 어찌 10년 주기뿐이겠는가. 복잡한 삶을 사는 현대인들에게는 10년 주기 위기론도 너무 사치스런 정도가 아닌가 싶다. 인생의 고비가 그만큼 잦다는 말이다.

인간이 직면하는 한계 상황은 크게 네 종류가 있다. 죽음, 고독, 죄, 전쟁이다.

첫째, 인간은 자신과 사랑하는 사람의 죽음 앞에서 어찌할 바를 모른다.

둘째, 인간은 군중 속에서도 고독을 씹으며 외로워하고 있다.

셋째, '나는 생각한다, 고로 나는 존재한다'라고 한 데카르트의 말을 빌려 '나는 죄를 짓는다, 고로 나는 존재한다'라고 해도 좋을 만큼 인간은 죄 앞에 속수무책이다.

넷째, 인간은 자신과 이웃과 세상을 상대로 허무와의 전쟁을 끝없이 펼치고 있다.

인간의 내면 질서가 난조에 빠지게 됨으로써 인생의 고비에 직면하게 된다. 한계 상황을 맞이했을 때, 그때 어떻게 처신하여야 하는가. 도피하거나 변명하거나 주장하지 말고 정면 돌파를 하라. '낯을 벽으로 향하여 무릎 꿇고, 하나님께 기도하여 통곡하는 것' 즉 자기 한계를 알고 하나님께 겸손히 나아가는 것이 인생의 위기 상황에서 정면 돌파다.

- 2003년 7월

주례사

며칠 전 친구 상엽에게서 전화가 왔다. 아들이 결혼을 한단다. 그래서 나보고 주례를 서 달란다. 잠시 망설였지만, 친구의 요청이기도 해서 기꺼이 승낙을 했다. 4월 8일 토요일이란다.

아직 주례를 서본 적이 없다. 그동안 몇 번 주례 요청이 있었지만, 예순 살에 이르지도 않았고, 무엇보다 아이들을 한 명도 결혼시키지 않은 사람이 주례를 선다는 것은 아직 이르다는 생각에서 거절했다. 수없이 많은 결혼식을 보았고, 주례사도 들었다. 그런데 정작 내가 주례를 선다면 무슨 말을 해야 할까.

무엇보다도 신랑 신부가 잘살도록 지금부터 혼인 날짜까지 매일 기도를 해주어야 할 것 같다. 신랑 신부가 회사로 인사를 오겠다고 했으니, 만나보면 더욱 가까워지겠지. 그들이 찾아오면 몇 가지 다짐을 받아놓고 싶다. 아예 지키겠다는 서약서를 받아놓는 조건으로 주례를 승낙해야겠다.

내가 그들에게 요구할 것은 무엇일까. 서로 참으며 살아라, 서로 존중하라, 서로 배려하라는 것들이겠지. 나는 잘하고 있는가를 되돌아본다. 쉽지 않은 것을 신랑 신부에게 강요하는 것이 아닌가. 차라리 마음껏 싸워라, 치고받고 끝장 볼 때까지 싸워라, 싸우다 보면 인생 다 지나간다는 것을 깨닫게 하는 것이 낫지 않을까. 바보 같은 주례 선생이다.

- 2006년 3월

사형수

완연한 봄이다. 서울구치소를 방문했다. 명찰은 흰색. 옷은 짙은 청색. 강당에 모인 사람들, 모두들 좌중에 앉아 큰 소리로 떠든다. 구치소 직원들이 조용히 하라고 하지만 상관하지 않는다.

그런데 어느 순간 갑자기 조용해진다. 두 사람이 걸어 들어오는 모습이 보인다. 다른 사람들보다 좀 더 짙은 청색 옷을 입었다. 정적에서 영적 무게감마저 느껴진다. 단지 사형수라는 그것이, 떠들썩한 분위기를 잠재운다. 그것이 교도소의 법칙인가. 아니면 죽음에 대한 숭고함인가, 예의인가.

- 2006년

흔들리며 피는 꽃

지인에게서 한 통의 편지를 받았다. 도종환 시인의 시《흔들리며 피는 꽃》이 적혀 있었다.

흔들리지 않고 피는 꽃이 어디 있으랴
이 세상 그 어떤 아름다운 꽃들도
다 흔들리면서 피었나니
흔들리면서 줄기를 곧게 세웠나니
흔들리지 않고 가는 사랑이 어디 있으랴

젖지 않고 피는 꽃이 어디 있으랴
이 세상 그 어떤 빛나는 꽃들도
다 젖으며 젖으며 피었나니
바람과 비에 젖으며 꽃잎 따뜻하게 피웠나니
젖지 않고 가는 삶이 어디 있으랴

왜 작은 미풍에도 나는 그렇게 흔들리는 것일까. 작은 일에 불안하고 초조해한다. 어리석은 존재다. 시인의 말처럼 젖지 않고 가는 삶이 어디 있겠는가. 삶에 감사하자. 그리고 담대해지자.

- 2006년 3월

한문철 변호사가 다녀가다

한 변호사가 회사 주변에 있는 음식점에 왔다며 우리 회사에 들렀다.

아들과 딸을 미국의 고등학교에 유학을 보냈는데, 그곳의 교장이 방한하여 한국 학부모들과 모임이 있었던 모양이다.

그는 나와는 20년 가까이 저자와 출판사 사장으로서의 인연이 있다. 한 변호사는 군법무관 시절에 《교통사고의 법률 지식》을 우리 회사에서 발간하였고, 그것을 계기로 교통사고 전문 변호사로서 명성을 날리고 있다. 그는 군법무관을 마치고 검사로 일하다가 변호사를 개업하였다. 매우 명석하며, 빠른 판단력을 갖고 있는 그가 요즘 사진에 미쳐 있다고 한다. 그가 차를 타면서 문득 던지는 말이다.

"사장님은 바보잖아요. 훌륭한 바보라서 그렇지….".

이 말이 무슨 뜻일까? 그는 내가 출판사업을 하는 과정, 법률정보 서비스를 시작했다가 접는 과정 모두를 곁에서 보아왔다. 아마도 이는 법률정보사업을 하는 과정에서 나의 우직성과 저돌성을 보면서 하는 말일 것이다. 사실 나도 이미 알고 있다. "나는 정말 바보다."

– 2006년 6월

친구 부인의 어록

새해에는 한 주일에 한 번 내가 아내 대신 요리를 하기로 했다. 그리고 친구들을 초대하기로 했다. 새해 첫 주, 친구 양 사장 부부를 초청하여 저녁식사를 함께했다. 세상에 태어나 처음으로 앞치마를 입고 아내의 코치 아래, 수산시장에서 사온 대게를 요리하였다. 야채 모둠에 대게 요리를 대접했다. 맛있게 먹어주어 고마웠다.

다음은 그날 만난 양 사장 부인의 어록이다. 양 사장은 초등 동창이라 부인도 초등 동창처럼 친하다. 먼저 아들들을 다 출가시키고 손주들을 보며 느끼는 여유가 우러나온다.

- 잘난 아들은 국가의 아들이고, 돈 잘 버는 아들은 장모의 아들이고, 못
  난 아들이 내 아들이다.
- 결혼 안 해서 속 썩이던 그 딸이 부모를 모시더라.
- 인생은 정답이 없다.
- 남편에게 인생에서 나 하나 얻었으면 만족하라고 말한다. 좋은 남편 한
  사람 얻은 것으로 족하다고 생각한다. 어찌 다 갖추고 살겠느냐.
- 자식들이 나보다만 오래 살면 된다고 생각한다. 내 앞에서 큰 일만 없
  으면 행복하다.
- 내 마음이 천국이다.
- 문제는 욕심이다.
- 자식은 늙으면 안 오려고 노력한다. 그러므로 자식 옆에 붙어 있어야
  한다.
- 손주는 짝사랑, 보는 것이 행복한 것으로 만족한다. 그러므로 가까이
  살아야 한다. 자식은 수프가 식지 않을 거리에 있는 것이 좋다.
- 갑자기 혈압에 쓰러지면 급하게 부를 자식이 옆에 있어야 한다.
- 공부 잘하는 자식은 자랄 때, 성적표 갖다 주었을 때 그 기쁨으로 만족
  해야 한다.
- 도시에 살면 걱정이 없다.
- 스트레스를 떨쳐버리는 것이 지혜다.
- 화를 낸 얼굴을 거울로 보자. 내가 상한다고 생각하자. 화를 안 내는 것
  이 내가 살 길!

아들 장가 다 보내고 손주들 재롱에 빠져 있는 할머니의 세상을 사는 지혜를 듣는 시간이었다.

- 2007년 1월

이러면 몸이 사고 난다

제1원칙: 감당할 수 없을 정도로 바쁘게 살면 결국 몸이 사고 난다

⇒ 안식의 필요성을 알자

제2원칙: 능력 이상의 것을 달성하고자 하면 결국 몸이 사고 난다

⇒ 능력의 한계를 알자

제3원칙: 욕심이 지나치면 결국 몸이 사고 난다

⇒ 분수를 알자

제4원칙: 나이를 잊고 설치면 결국 몸이 사고 난다

⇒ 항상 청춘이 아님을 깨닫자

제5원칙: 화를 다스리지 못하면 결국 몸이 사고 난다

⇒ 화는 남을 상처 낼 뿐 아니라 자신도 망가트림을 알자

제6원칙: 게으름을 다스리지 않으면 결국 몸이 사고 난다

⇒ 게으름은 소리 없이 다가옴을 알자

제7원칙: 아내가 아프면 결국 내 몸이 사고 난다

⇒ 돌봐줄 사람이 곁에 있음을 감사하자

- 2007년 5월

큰 인물

큰 인물이 되자. 어떤 사람이 큰 인물인가? 요즈음 한없이 작게 느껴지

는 자신에 대해 생각해본다. 특히 대인관계에서 모난 것 같아 안타깝다. 큰 인물이란 무엇일까? 네이버에서 여기저기 사이트를 찾아보았다. 너무 작은 것에 연연해서 허우적거리지 말아야 할 것이다. 다른 사람을 진실로 위해주고 대해주는 그런 사람이 되어야겠다.

1.
"미안합니다. 제 잘못입니다"라고 말할 줄 아는 사람이 큰 인물이다.

2.
"세례자 요한보다 더 큰 인물은 없다." 이것은 《성경》에 나오는 구절이다. 왜 세례자 요한은 그렇게 큰 인물인가? 우리 인간이 보는 큰 인물과 예수님이 보는 큰 인물은 차이가 많은 것 같다. 이 세상의 아무리 위대한 인물이라 하더라도 영으로 태어난 사람보다는 위대하지 않다. 세상의 가치와 하늘나라의 가치는 다르다. 하늘나라의 가치를 재발견해야 한다. 하늘나라에서 실천해야 할 사랑과 복음적인 가치. 하늘나라의 것을 그 어떤 세상 것보다 위대하다고 생각해야 한다. 시인 괴테는 "위대한 것을 위대하다고 깨닫지 못하는 것은 야만"이라고 말했다.

3.
큰 인물은 다른 사람을 소중히 여길 줄 아는 마음의 자세를 갖고 있다. 작은 사람은 자기 외에는 볼 수 없는 근시안적인 안목으로 인해 작은 인물이 될 수밖에 없다. 부자, 많이 배운 사람, 힘 있는 사람들이 큰소리를 치며 사는 사회에서 그렇지 못한 사람들은 차별 대우를 받는다.

작은 사람도 존귀하게 대접할 줄 아는 큰 인물이 될 수 없을까. 진정한 큰 손이란 작은 손을 감싸 안는 손이다.

사람과 사람 사이의 관계에서 정말 큰 인물이 되기를 원한다면, 크기 때문에 작은 것을 괄시하는 사람이 아니라 크기 때문에 작은 것을 품어줄 수 있는 그런 사람이 되어야 한다. 너무 작아 보이지 않는 사람까지 볼 수 있는 그런 눈을 가져야 한다.

4.
"국량(아량)의 근본은 용서해주는 데 있으니, 용서할 수만 있다면 결국 큰 그릇이 될 수 있느니라." 용서할 줄 알아야 큰 인물이라는 다산의 말이다. 나는 어떻게 그릇을 키울 수 있는가.

– 2007년 3월

백수들의 합창
어제 저녁은 사당동에서 경제과 친구들과 모처럼 즐거운 저녁 시간을 가졌다. 식사를 하고, 노래방에 가서 노래도 불렀다. 이제 은퇴를 하거나, 일을 그만둔 친구들이 대부분인 나이로 접어들었다.

일이란 사람에게 돈을 버는 것 이상의 의미를 지니고 있다. 일을 통하여 성취동기를 갖고, 삶의 의미를 갖게 되는 것이 아닌가 싶다. 그러므로 이 나이쯤에는 일이 있다는 것 자체에 감사해야 한다. 일이 많다는 것에 대하여 투덜거리거나, 스트레스 받을 까닭이 없다.

백수가 되면 시간이 많은 법이다. 그런데 아이러니컬하게도 시간이 많으면 돈 쓸 데도 많단다. 노는 데 돈이 든다나. 백수가 시간 보내는 법에 대하여 의견을 나누었다.

우선 아침식사는 몰라도 점심이나 혹은 매끼 저녁식사를 아내에게 의존하면 아내가 싫어한단다. 그럴 것 같다. 그래서 스스로 요리할 줄 알아야 한단다. 음식 만드는 법을 배워야겠다는 생각이 든다.

아침에는 일단 외출을 하는 것이 좋단다. 그것도 좀 문제가 될 듯싶다. 매일 아침 일없이 어디를 간단 말인가. 그것도 은퇴 후 1~2년의 문제가 아니다. 이제 은퇴 후 30년쯤이 남아 있는 것이다. '긴 세월이구나' 하는 생각이 든다. 자칫 할 일 없이 긴긴 시간 동안 이곳저곳을 헤매고 다녀야 한다면, 그것 참 어렵겠다. 30년 프로젝트를 세워야 한다는 말이 나왔다.

아무튼 건강을 챙겨야 한다가 1순위였다. 시간이 있으면 가능한 한 산을 가는 것도 건강을 위해서는 좋은 일이다. 마누라와 같이할 수 있는 것(취미생활 등)을 개발해야 한다는 생각들이다. 중요한 이야기다. 결국 아내는 최후의 동반자다.

이런 의견도 있었다. 주위에 가까운 백수가 된 사람을 챙겨주는 것도 중요하다고 한다. 백수 입장에서는 그렇게 기쁠 수가 없단다. 처음 한두 번은 전화도 하고 만나기도 하지만, 얻어먹기도 미안해서 찾지 못한단다. 그런데 이쪽에서 만나자는 얘기를 하면 당연히 반갑겠지. 그것이 주위 백수 친구들에 대한 배려구나 싶다.

그렇다. 즐겁게 일하면서 기쁘게 살자. 내일 일을 염려하지 말고, 아내를 더욱더 사랑하고, 또 누구와도 좋은 관계를 갖도록 하고, 일이 있는 것 자체에 감사하고, 주위 사람들을 사랑하고 배려하자.

- 2007년 12월

가훈

지족상락(知足常樂): 만족함을 알면 늘 즐겁다.

타인과 내가 보는 '나'

며칠 전 아내는 나보고 자아를 찾으라고 한다. '있는 그대로의 나'대로 살라고 한다. 타인의 시선과는 상관없는, 되고 싶은 내가 아닌…. 이런 이야기는 항상 다른 사람을 의식하고, 자기 정체성 없이 흔들려 사는 나의 모습에 대한 충고일 것이다.

'자아'라는 말은 무엇을 의미하는 것인가? 자아는 자기가 보는 나가 아닐까. 사람들은 '되고 싶은 나'로 포장한다. 제3자가 보는 '나'와 되고 싶은 '나'는 구분될 것이다. 아무리 손으로 하늘을 가리려 해도 천성은 못 가리듯, 사회적 관계에서 어느 정도 감출 수 있겠지만 어느 순간 나타나는 것이 본성이다.

자아는 초자아에 상대되는 개념이다. 초자아는 자기도 모르는 힘에 의해 지배당하는 것. 자아의식이 강하다는 것은 오감에서 형성된 인식, 세상을 바라보는 눈. 몸은 구체적 자아이고 영혼은 초자아다. 자아는 현재의 '나'다. 과거, 미래와 연결되어 있다. 자아가 강하다는 의미는 자기가 보는 것이 진리라고 믿는 사람을 가리키며, 이것이 지나치면 위선이나 독선이 될 수도 있다. 자아의식이 없다는 의미는 자칫 줏대가 없다는 말이 될 수도 있다.

나에 대해 다른 이들은 어떻게 보는가. 오늘 맥주를 마시면서 두 명의 여직원으로부터 '나'에 대해 어떻게 생각하는가를 들었다. 이런 껍데기가 사장(나)을 감싸고 있구나 하는 것을 알 수 있었다.

분위기가 있는 사람이다. 평안한 사람이다. 원칙 있는 사람이다(권위적이라는 말과도 통한다). 배려하는 사람이다. 함께하기를 좋아한다(공동체주의가 강하다). 훈시하기를 좋아한다. 신중한 사람이다. 쉬지 않는 사람이다(끊임없이 무언가를 하는 사람이다. 긍정적인 의미도 있지만 부정적인 의미로는 쉬어야 할 때도 쉬지 않고 주변에도 그것을 강요하는 경향이 있다). 권위주의적인 사람이다 (아마 빨리 사장이 되어서 그런 듯하다).

부유하고 잘사는 사람이다. 소심한 사람이다(결정, 판단에 너무 소심하다). 치밀하다(모든 경우의 수와 상황을 파악하고 결정을 내린다). 계획적이다. 사람을 떠본다. 떠보는 것이 보인다(사장이 하고 싶은 것이 있는데 이거 어때 하고 묻는다). 파트너십이 아니라 극명한 상하관계다. 권위를 유지하려 한다. 사장을 뛰어넘는 것보다 왕과 신하처럼 따라야 한다(경험을 배울 수 있겠지만 신선한 아이디어를 죽일 수 있다). 사장은 무엇으로 행복할까? 아마도 교회, 이야기(전달)하는 것, 스피커가 되는 것이 좋을 듯. 말이 길고 많다. 감정 기복이 심하다. 생각이 많다(실행형 사장이라기보다는 생각형 사장이다). 행동보다 생각을 좋아한다. 보수적이다. 앞으로 더 보수적이 될 것이 우려된다. 새로운 도전보다는 상황을 유지하려 한다. 익숙한 것을 좋아한다. 100% 확실하지 않으면 움직이지 않는다.

로맨티스트다. 매너 좋고 순정파다. 소년 기질이 있다. 누군가에게 가르침을 주는 것을 굉장히 좋아한다(그것에 강점이 있는 듯. 목사님이나 교수님이 어울릴 듯. 경영자보다는 스승의 역할이 더 어울릴 듯). 소규모 경영자에 어울릴 듯. 다이렉트 구조가 가능한 게 좋을 듯. 자선사업가가 어울릴 듯. 사장이 자유로워졌으면 좋겠다. 사장의 틀을 갖고 있다. 벗어나려는 것을 원치 않는다. 하고 싶은 것(욕망)을 억누르고 있다. 사장이니까 이렇게 해야 한다는 생각이 있는 듯. 회사 경영이 사장에게 즐거움이 아니라 어쩔 수 없이 해야 하니까 하는 것이 아닌가 생각. 일의 즐거움을 많이 못 본 것 같다. 조바심이 너무 많다(겁쟁이, 소심). 지르거나 덤비지 않는다.

사장은 잘살고 있다(경제적으로 먹고사는 문제에 영향 없고 평탄하고). 이것이 사장의 원칙일 것이다, 즉 불화를 일으키면 안 된다, 모든 사람이 함께 가야 한다. 직원의 바람은 사장이 좀 더 여유로워지거나, 결단력(추진력) 있게 했으면 좋겠다. 사장실에서 나오면 지쳐서 나온다. 활력을 못 찾는다. 주입식이나 강요인 듯. 어떻게 하면 빨리 사장을 설득할 수 있는가 고민하게 된다.

처음에는 좋은 점으로 시작했다가, 계속 들어주니 그동안 서운했던 것들이 마구 쏟아진다. 그게 정말로 내가 아닐까. 이번에는 친구인 임사장에게 물었다. 나는 어떤 사람인가? 그의 답은 이렇다.

현실적인 사람이다. 실용적 가치를 중시하는 사람이다. 모나지 않고 상황 판단이 빠르며 현실적이다. 특별한 고민 없이 물 흐르듯 잘한다. 감정에 얽매여 고생하지 않는 것 같다. 감정을 잘 억제하고, 냉정하게 객관화해서 보려고 노력한다. 자신의 틀에서 안 벗어나려 한다.

그렇다면 내가 보는 나의 인생은 뭐라 말할 수 있을까. 단점으로는 위선이 있다, 책임감(부담)에 눌려 있다, 타인의 시선을 과도하게 의식한다, 생각이 많다, 소심하다, 감정 기복이 심하다 등이 있다. 장점으로는 배려를 많이 한다, 문학적 소질을 갖고 있다, 생각을 많이 하며 신중하다, 노력형이다, 로맨티스트다 정도를 꼽을 수 있지 않을까.

타인의 생각과 내 생각이 일치하는 '나', 그것이 진정한 '나'가 아닐까.

- 2014년

만일 내가 없다면

인생에 '만일'이라는 단어는 생각할 필요가 없는 무용한 것인지도 모른다. 그것은 현실적으로 일어나지 않은 사건이나 일을 뒤집어 상상하는 것이며, 또 앞으로 일어날지도 모르지만, 일어나지 않을지도 모르는 일을 미리 예단해서 생각하는 것으로 어떤 면에서는 불필요하다.

사람들이 걱정하는 일들 중 대부분은 일어날 확률이 거의 없는 것이라는 사실은 이미 많이 알려져 있다. 대다수 사람들의 불안은 '만일'이라는 예단에서 비롯된 것이기도 하다. 그러나 또 어떤 경우 '만일'이라는 전제를 잘 활용하면 사람들의 무모함, 교만함과 오만함을 자제시킬 수 있는 좋은 약이 되기도 하는 것 같다. 이제 그런 예를 들어서 생각해본다.

"만일 내가 없다면(없어진다면, 곧 죽는다면)…?"

만일 내가 앞으로 단기간 내(예를 들면 6개월 이내)에 죽는다면, 지금 내가 고민하는 일들과 우려가 무슨 의미가 있을까. 지금 내가 하고 있는 대부분의 일이나 생각들은 그다지 가치가 없는 것들일 것 같다. 이런 가정을 부정적으로 사용한다면, 우리가 살아가고 투쟁해야 할, 준비해야 할, 열심히 해야 할 그런 일들이 모두 쓸데없고 부질없는 일로 생각될 것이다. 인간의 삶에 의욕이 없어지고 강한 희망도 사라질 것이다.

그러나 때때로 이것을 긍정적으로 사용한다면 "만일 내가 없다면"

이라는 가정은 대단히 중요한 역할을 할 수도 있다. 어떻게 보면 모든 가정 중에서 최고의 가정일 것이다. 다른 가정들을 모두 제쳐놓고 우선시해서 생각하게 만든다. 중대한 결정을 하려고 할 때 이 구극의 가정을 떠올린다면 인생에 무엇을 하고 안 하고를 결정하는 중요한 기준이 될 수 있을 것이다.

"만일 내가 없다면"이란 가정은 사람들이 담백하고 진솔한 사고를 하게 한다. 성공에 대한 의지도 정직을 앞세우는 성공으로 가도록 하고, 사람들의 사랑에 대한 욕망에도 진솔함이 덧붙여진다. "만일 아내가 없다면" 우리 집에 있는 대부분의 물건들은 쓸모없는 것들로 변한다. 나의 남은 삶이 어떻게 변화될지 상상하기 힘들어진다.

그렇게 생각해보니 "만일 ○○이 없다면"의 주체가 누구인가에 따라 가치와 중요도가 달라진다. 중요도와 가치를 평가하는 것은 결국 나를 중심으로 얼마나 영향력을 미치는가에 달려 있다. 어떤 일을 판단하고 결정할 때 나를 중심으로 동그란 원을 그린 후에 어느 지점에 결정해야 할 사항이 속해 있는가를 보면 쉽게 판단할 수 있을 것이다.

다만 이런 결정은 때에 따라서는 너무 자기중심적이고 이기주의적일 염려가 있을 것 같다. 나보다는 다른 사람, 혹은 국가와 민족, 혹은 인류애를 내세우는 경우도 있으리라. 그런 경우에는 이런 판단 기준이 과연 맞을까 모호해진다.

오늘 캄보디아 봉사 여행을 떠난다. 나는 마흔한 명을 인솔하는 책임자의 역할을 맡았다. 만일 무슨 일이 일어난다면 내 책임이 크다. 물론 아무 일도 일어나지 않겠지만 말이다. "만일 내가 없다면"이라는 판단 기준을 내세워서는 안 될 것이다. 그렇다면 이번 기간 중에 나의 판단 기준은 "만일 우리 팀에 어떤 일이 일어난다면" 그것은 내가 몸을 던져서라도 막아야 한다는 생각이다. '우리 팀'이라는 주체가 '나'보다는 더 상위 개념이다. 나를 내세우지 않는 가정법도 있다는 것을 알았다. 내가 좀 더 성숙하게 된 것인가.

- 2008년 9월

나이는 숫자에 불과하다

나이는 숫자에 불과하다. 그러나 이것은 스스로 건강을 지킬 줄 아는, 젊은이처럼 창의적이고 생기발랄한 삶을 사는 그런 노인들만이 할 수 있는 말이다.

- 2008년 9월

내가 나에게 바라는 단어들

나의 필명은 '자유인'이다. 자유인이 자신에게 바라는 단어들이 있다. 그는 오늘도 그렇게 되려고 노력한다.

나는 건강한 사람이다: 몸도 건강하고 마음도 건강하다
나는 바른 사람이다: 거짓과 위선을 멀리한다
나는 순수하다: 이미 타락할 만큼 나이 들었지만 이제부터라도 순수함
　　을 추구하겠다
나는 깨끗하다: 더러운, 음란한 생각에서 멀리한다
나는 아름다움을 갖고 있다: 외모는 늙어갈지라도 나의 내면은 아름답
　　고 싶다

나는 맑은 사람이다: 탁한 생각일랑 하지 말자

나는 밝은 사람이다: 나는 물론이고 주위의 등불이 되도록 하자

나는 덕스러운 사람이다: 사는 동안 베풀면서 살아가겠다

나는 잔잔한 미소를 갖고 있다: 내면의 평안을 갖고 항상 사랑을 전한다

나는 고결한 사람이다: 성자의 경지를 말하는 것은 아니지만 인간으로
　　　서 고결함을 갖겠다

나는 넓은 사람이다: 속 좁은 노인으로 보이지 않겠다

나는 부드러운 사람이다: 누구에게나 모나지 않고 부드럽게 대한다

나는 겸손한 사람이다: 나는 결코 오만한 자의 자리에 앉지 않으리라

나는 좋은 사람이다: 나쁜 짓을 하지 않고 살겠다

나는 성실한 사람이다: 주어진 삶을 열심히 살아가겠다

나는 기품 있는 사람이다: 안의 기품이 바깥으로 배어나도록 만들겠다

나는 다정한 사람이다: 도움을 청하는 사람에게 언제나 손을 내밀겠다

나는 따뜻한 사람이다: 나의 말과 마음에서 따뜻함이 배어나오도록 한다

나는 믿음직한 사람이다: 누구에게나 신뢰 받는 삶을 산다

나는 향기로운 사람이다: 나의 사랑의 향기가 주변에 퍼지도록 한다

나는 여유로운 사람이다: 항상 여유를 갖고 삶을 살아간다

　이런 모든 것을 이루어가는 삶이 가능할까. 그것은 오직 '성령 충만
한 삶'이다. 모든 것을 이룬다는 것이 어려울 수도 있지만 의외로 간단
하다. 하나만 이루면 된다.

- 2009년 5월

사랑 타령

사랑하며 살련다. 남은 삶을 사는 동안. 그러나 사랑에 기대지는 않겠다. 사랑을 기대하며 살다가 기대가 무너지면 너무 실망이 크기 때문이다.

그동안 내가 받은 사랑은 너무나 크다. 하나님 사랑, 부모님 사랑….

그러고 보니 모두가 내리사랑이다. 그런데 어느새 내가 내리사랑을 해야 할 위치에 서 있다. 사랑이란 올려 받는 것이 아님을 이제야 확인했다.

사랑은 '기브 앤 테이크'가 아니다. 내리사랑은 '기브 앤 테이크'가 아니다. 그런데 올려 드리는 사랑은 '기브 앤 테이크'다. 받을 것을 기대하면서 사랑한다. 심지어 신(神)에게조차 복을 기원하며 사랑을 올린다.

이제 나는 내리사랑을 한다. 아무것도 기대하지 않는다. 기대하지 않는 것은 평안한 마음일까. 그럴 수도, 그렇지 않을 수도 있다. 아무것도 기대하지 않는 것은 다소 쓸쓸한 마음이기도 하다. 조금은 쓸쓸하다. 사랑을 기대하지 않고 사랑하는 것에 아직은 덜 익숙하기 때문일까. 그냥 주는 것, 그냥 좋은 것, 그것이 사랑이라는 것을 아직 덜 깨달은 모양이다. 나이만 먹었지 속은 덜 영글었다.

- 2009년 12월

박사학위 제안

아내가 미쳤다. 어젯밤에 아내가 갑자기 박사학위를 하지 않겠느냐고 제안했다. 뜻밖의 말이다. 그것도 의과대학에 가서 박사학위까지 하란다. 내가 물었다. "그럼 몇 년이 걸리는 거야?" 그게 아니라면 심리학

전공을 해보란다.

아무튼 박사를 도전해보란다. 그것이 현실적인 이야기인가? 마음먹으면 못할 것도 없지만 결코 쉽지 않은 이야기다. 왜 아내가 돌발 제안을 하는가. 미쳤든가, 아니면 내가 빈둥빈둥하는 것이 거슬렸든가 둘 중 하나다. 후자가 맞을 듯싶다. 그런데 솔깃해진다. 구미가 당기기는 한데….

– 2012년 4월

잘 살고 있는 것인가

지가 알 리 없지. 잘 살고 있는지 없는지, 지가 알 리 없잖은가. 어떻게 사는 것이 잘 사는 것인지도 모르는 주제에 행복이 뭐고, 불행이 뭐고, 더욱이 인생이 무언지도 아직 모르는 주제에 어찌 알 수 있겠는가. 단어를 알아야 문장이 해석되듯.

– 2012년

무엇으로 기억될 것인가

과연 나는 무엇으로 기억될 것인가? 이 물음 앞에 누구도 비켜설 수 없다. 한 해를 보내고 새해를 맞는다는 것은 이 물음 앞에 한 걸음 더 다가서는 것은 아닐까.

– 2012년 12월

나는 누구인가, 그러므로 나는~ 선서

나는 인간이다. 그러므로 인간다워야 한다. 무엇이 인간다운 인간인가.

인간은 신과 짐승의 중간에 있는 존재다. 신의 영역에 도전하려는 교만도 부리지 말고, 짐승과 같은 인간이 되어서도 안 될 것이다. 특히 짐승 같은 행동을 하는 인간이 되어서는 안 된다.

인간은 죽는다. 공수래공수거다. 죽을 때 아무것도 가져갈 수 없다. 한평생 살면서 추구하는 것들이 대부분 헛되다. 그러나 그렇게 사는 것이 인간의 운명이다. 인간은 주어진 유한한 삶에서 갖가지 희로애락을 겪으며 살아간다. 그 속에서 과도한 기쁨이나 즐거움만을 추구하지 말고, 다가오는 슬픔과 고통도 피할 수 없음을 깨달아야 한다. 인간다운 인간의 모습은 불어오는 바람에 순응하며, 인내하고, 만족해하며 살아가는 것이다.

나는 크리스천이다. 그러므로 나는 나를 창조하신 것이 하나님이며, 나의 죄를 대속해주신 예수님을 믿는다. 나의 삶은 항상 기뻐하며, 쉬지 말고 기도하며, 범사에 감사하라는 말씀을 새기며 산다. 나는 영생을 믿으며 천국에 갈 것이라고 믿는다. 나의 삶은 자연과 모든 생명 있는 것들을 사랑하는 삶이며, 전도하는 삶이 되어야 한다.

나는 세계인이다. 그러므로 나는 인류애를 가져야 한다. 우리보다 못사는 나라의 사람들을 선교와 봉사, 기부를 통하여 돕도록 한다.

나는 한국인이다. 그러므로 나는 한국과 한국인을 사랑하며, 한국을 더 나은 나라로 만드는 일에 일조하며 어떠한 외세에도 맞서 조국을 지키도록 한다.

나는 기업인이다. 그러므로 나는 사업을 잘해야 한다. 성공한 사업가여야 한다. 사업을 잘해서 일터를 많이 만들어 사람들을 더 고용하고, 세금을 많이 내는 것이 국가에 충성하는 일이다. 내가 하는 일은 국가와 사회에 꼭 필요하다. 나는 정당한 방법으로 돈을 버는 훌륭한 기업인이다. 나는 항상 창의적인 도전과 열정으로 일하며, 좋은 기업인이 되도록 노력해야 한다. 그러므로 우리 회사는 함께 일하는 직원들이 만족해하며, 거래처와 상생하며, 국가와 사회에 책임을 다하는 기업이다.

나는 출판인이다. 그러므로 나는 훌륭한 출판인이 되어야 한다. 출판을 통하여 우리나라와 우리 문화의 수문장이 되어야 한다. 내가 이 나라를 지킨다. 나의 출판사는 양적으로나 질적으로 출판계를 이끌어야 한다. 나는 그런 출판인이 되어야 한다.

나는 한 가정의 가장이다. 부모 형제를 사랑하고, 자녀를 올바르게 성장시켜야 할 책임이 있다. 나의 아내는 사랑받아야 하며, 괴로운 일이나 슬픈 일이 없도록 지켜주어야 한다. 나는 명문 가문의 자손이며, 그 전통을 이어가야 한다.

나는 나다. 나는 누구보다도 나를 사랑한다. 나는 진취적이며 열정이 있고, 사랑이 충만하며, 항상 배움에 대한 갈증을 갖고 있다. 나는 우리 사회의 지도자의 위치에 있는 사람이기에 사회가 바른 방향으로 가도록 지켜야 할 선도적 책임이 있다.

나는 언젠가 죽는다. 원래 나는 한 줌의 흙이었고 그것으로 돌아가는 것이다. 노년의 삶에 필연적으로 수반되는 외로움과 고통을 이겨내야 한다. 가장 인간답게, 그러나 지혜롭게 평안을 누리며 죽고 싶다.

- 2013년 11월

마늘을 까다

저녁을 먹고 나서 아내가 마늘 한 광주리를 들고 왔다. 까라고. 열심히 아내와 함께 모두 깠다. 마늘 독으로 인해 손이 얼얼하다. 아내를 도와 집안 살림을 같이해야겠다. 설거지, 요리, 청소를 해야겠다. 하루를 이렇게 편안하게, 행복하게 보내다.

- 2013년 11월

이런 노인이고 싶다

사과나무에 매달린 사과에는 향기가 없다. 사과를 칼로 깎을 때 비로소 향기가 코끝에 스며드는 것처럼…. 누구든 죽음을 목전에 두면 지울 수 없는 향기와 냄새를 풍긴다.

나의 몸은 나날이 늙어가고 있고, 더 늙어갈 것이다. 그러나 몸은 비록 늙어가지만 마음은 인격적으로 더 성숙한 노인이 되어야 한다. 인생의 결과를 정직하게 받아들이자. 자연스러운 변화를 있는 그대로 받아들이자. 이것이 이상적인 노인의 삶일 테니까….

성숙한 노인이 되자. 마치 앙금이 없는 포도주와 같이…. 투명한 빛을 내자. 그래서 나의 표정에 편안함이 있어야 한다. 내 중심을 잃지 않으면서 부드러운 중재자의 모습도 갖추자. 곱게 나이 든 노인, 성숙한 노인…. 나의 모습이고 싶다.

잔잔한 미소….

여유, 너그러움, 감사, 베풂….

이런 향기가 물씬 나는 노인이고 싶다.

- 2013년 11월

죽음

죽음에 대한 준비만큼

엄숙한 것은 없다.

그런데 그 준비는 지금 살아 있는 동안에 해야 한다.

그 준비는 바로 오늘을 결코 장난처럼 살지 않는 것이다.

- 2014년 9월

자살하는 사람들

우리 사회에 자살(自殺)하는 사람들이 참 많다. 살 소망이 끊어진 사람들. 절망 대신 희망을 선택할 수는 없을까? '나'라는 우상을 내려놓으면 될 텐데. 사랑의 체험을 기억할 수 있으면 될 텐데. 그래도 살 만한 가치가 훨씬 많다는 것을 알면 될 텐데. 이 사회의 어둠을 밝히는 기도가 필요하다.

친구! 우리 함께 어두운 터널을 지나는 이웃들을 위해 기도하세. 혼자가 아니라는 것을 외쳐주세.

하나님, 우리들의 믿음 없음을 불쌍히 여겨주소서. 연약한 나를 의지하기보다는 하나님만을 의지하며 사는 삶을 살게 하소서.

- 2015년 2월

꿈꾸는 노인

지하철. 그는 노약자석에 앉아 있다. 노약자석에 앉아 있는 것을 보면 분명 노인인 게지. 그도 한때는 젊은 혈기와 패기가 있었다. 노약자석이 아니라 일반석에서조차 빈자리가 있어도 앉기를 거부하던 그런 때가 있었다.

그 청년은 어디 간 게야. 그 검은머리 청년은 어디 가고, 유리창에 비친 저 사람은 백발인가. 가끔씩 청년의 그림자가 잊어버린 줄 알았던 빈방에 찾아온다. 아직도 젊은이다운 욕망과 계획이 있지 않을까 기대하면서 쓸쓸해지고 허약해진 껍데기에 어떻게든 마지막 불을 지피려 한다. 그러나 그것도 잠시, 이내 지쳐서 홀연히 사라진다.

노인은 꿈을 꾼다. 젊은이의 기상과 기백은 없지만 그렇다고 불꽃조차 없는 것은 아니다. 노인의 꿈은 의외로 단단하다. 그것은 일순간에 만들어진 것이 아니기에, 먼 옛날부터 한 움큼씩 한 움큼씩 쌓아온 것이기에 신기루 같은 꿈이라고 치부하기에는 너무 견고하다. 오히려 너저분한 것들을 모두 털어낸 진국이라고 할까. 화롯불 속의 타오르는 숯덩이 같다.

이제 사는 날보다 죽는 날이 가깝다. 죽는 날이 예감이 되어갈수록 노인의 눈은 빛나고 생각은 오히려 초연해진다. 오늘의 삶이 아름다워야 한다. 과거의 삶은 어차피 되돌릴 수 없는 것, 내일의 삶보다 오늘의 삶에 충실해야 한다.

오늘 하루가 참 귀중하다. 무가치하게 시간을 소비할 수 없다. 사람들과 다투며 시간을 낭비할 수 없다. 사람들을 사랑하며, 할 수 있는 한 베풀며 살자. 한 번 더 웃자. 이 귀한 시간에 짜증내며 찌푸리는 일에 빠져 있을 수는 없지 않은가.

감사하며 하루를 살자. 하나님께, 주변 사람들에게 감사한다. 숨을 쉴 수 있는 것, 궁핍하지 않은 것, 움직일 수 있는 것, 사랑하는 사람들이 옆에 있는 것, 지구상에 존재한다는 것, 감사할 일이 넘쳐나지 않는가.

노인의 꿈, 아름다운 천국을 보리라. 이 세상에 맺힌 것 없이 하늘나라에 가리라. 천상병 시인의 시구처럼 아름다운 이 세상 소풍 끝나는 날, 가서 아름다웠다고 말하리라. 꿈꾸는 노인이 지하철 노인석에 앉아 있다. 미소를 지으며 앉아 있다. 순백한 영혼이 앉아 있다.

- 2015년 3월

아내는 다시 태어난다면 나와 결혼할까

웃기는 질문이다. 그렇지만 이 이상한 질문을 많이들 해서 통계도 있다. 대개 남자는 약 50%가 그럴 것이라 대답하고, 여자들은 20%만이 지금의 배우자와 결혼할 것이라고 한다.

나도 50%에 들어간다. 어느 쪽 50%인지? 아내와의 결혼은 선택이었을까, 운명이었을까. 물론 나의 선택이었을 수도 있겠다. 그러나 선택의 과정을 되돌아보면 그것이 운명적이라고 말하지 않을 수 있겠는가.

이왕 산다면 사랑하며 살아야겠다. 립서비스라고 하더라도 아내가 "다시 당신과 결혼할 거야"라고 한다면 기분 좋은 일이 아닌가. 아내가 좋아하는 것은 무엇인가. 쓸데없는 질문에 긍정적인 대답을 받기 위해서라도 아내에게 멋진 선물을 준비하자. 그것도 자주.

- 2015년 5월

킬리만자로에 오르다

오늘 아침 눈을 뜨니, 다시 문명 세계로 돌아와 있는 나를 발견했다. 지난 9일부터 20일까지 도대체 내가 무슨 일을 한 것인가? 이불 속에서 눈을 깜빡이며 생각한다. 그리고 도저히 믿기지 않는 듯 고개를 저었다. 나는 동아프리카에 위치한, 아프리카에서 가장 높은 산인 킬리만자로를 등정했다. 해발 5,895미터다.

킬리만자로는 오래전부터 오르고 싶었지만 꿈만 꾸던 곳이다. 조용필의 노래 가사에 나오는 '킬리만자로의 표범'이 아니더라도, 아마추어가 올라갈 수 있는 가장 높은 산, 이제 얼마 안 있으면 그나마 남아 있는 만년설이 사라질지 모른다는 산, 나는 그 산의 정상에 올라 사라져가는 만년설이 보고 싶었다.

등반 경험이라고 해야 청계산이나 관악산 산행이 전부인, 그마저도 최근에는 구룡산이나 대모산 급으로 내려온 것이 내 경력이다. 해외까지 쳐도 자동차로 정상 100미터 밑까지 올라가는 백두산, 그리고 열차로 꼭대기까지 올라가는 융프라우 정도가 산악 경력의 전부가 아닌가. 그런 내가 겁도 없이 도전장을 냈다. 소위 버킷 리스트에 들어 있다는 명목으로 혜초여행사의 킬리만자로 프로그램에 명단을 올렸다. 혜초의 사장을 잘 알기에, 또 혜초여행사의 오지 여행 전문 경력을 믿기에, 이런 여행을 떠나려면 혜초여행사밖에 없다는 생각이 들었다.

아프리카에 가려면 예방주사를 맞고 약을 먹어야 하는 번거로움이 있다. 국립의료원에 가서 황열병 주사를 맞았다. 10년 전 케냐와 에티오피아를 두 번씩 봉사 활동을 위해 가보았기에 별 거부감 없이 가서 주사를 맞았다. 다만 예전에는 약효가 10년 주기였지만, 이제는 한 번 맞으면 평생 주기로 바뀌었다고 한다. 그러나 어차피 병원에 갔으니 다시 주사를 맞았다. 말라리아 약도 그때 처방을 받아서 샀으면 좋았을 걸 하는 생각이 들었다. 모기에 물리지 않으면 된다는 의사 선생의 지나가는 식의 말에 잠시 방심하고 있다가, 떠나기 보름 전에 다시 의료원을 방문해 말라리아 약을 받았다. 떠나기 전 이틀 전부터 먹기 시작해서 다녀온 후 일주일을 먹으면 가장 부작용이 없다고 한다. 부작용이 무엇인지는 모르겠다.

몇 달 전에 티켓팅을 했지만, 떠나기 한 달도 남지 않아 부랴부랴 새 등산화와 스틱 그리고 배낭과 양말, 스포츠 팬티 등 필요한 물품들을 대거 구입했다. 아마추어도 이런 아마추어가 또 있으랴. 함께 도전하기로 한 김병준 사장과 새 신발을 발에 맞추기 위해 섭씨 30도가 넘는 무더위에 두 번이나 청계산을 올랐다. 그리고 아파트 둘레를 두어 번 걸었다. 그래도 신발은 아직 내 발에 착착 감기지 않는 상태다.

8월 9일(화)

드디어 출발의 날이다. 인천공항에서 밤 11시에 만나기로 했다. 사실 말이 9일이지 10일 새벽 1시 20분에 출발하는 카타르 항공이다. 서울에서 도하, 도하에서 킬리만자로로 이어지는 비행 스케줄이다. 도하에서 머무는 4시간 정도를 포함하면 10 + 4 + 6 = 약 20시간이 소요된다.

카타르 도하 공항은 아프리카와 중동으로 이어지는 허브공항 역할을 하려고 공항 2층을 통째로 비즈니스 라운지를 만들어놓고 있었다. 도하와 킬리만자로는 거리로는 6시간이나 떨어져 있는 다른 대륙에 위치한 도시이지만, 서울과는 두 도시 모두 똑같이 여섯 시간의 시간차를 벌리고 있었다. 서울이 앞서간다.

8월 10일(수)

현지 시간으로 오후 3시경에 킬리만자로 공항에 도착했다. 아프리카다! 열대성 더위가 갑자기 코를 찔러온다. 킬리만자로 공항은 우리나라의 어떤 공항과 비교할 수 있을까. 없을 것 같다. 굳이 크기로 비교한다면 양양공항 정도일까. 그러나 깨끗함이라는 것이 없다. 우리 일행은 열여섯 명, 각기 50달러를 내고 탄자니아 도착 비자를 받는다. 비즈니스 클래스에 앉아 온 우리 두 사람은 다른 일행들보다 먼저 공항 밖으로 나왔다. 김 사장이 아프리카 공기를 빨리 마시고 싶다나. 이것이 화근이었다. 다른 일행들이 우리 두 사람이 아직 안 나온 것으로 착각하여 한참을 찾았단다. 첫인상부터 구긴 셈이다. 나는 죄송하다는 사과를 했다. 김 사장의 성급함을 만류하는 것이 이번 여행을 성공적으로 만들기 위해 내가 할 일 중의 하나라는 생각이 들었다.

현지인들과 중형 버스가 우리를 맞이하였다. 짐은 버스 위에 싣고 우리는 약 30분 정도를 달려 모쉬라는 곳에 있는 SRINGLAND HOTEL에 여장을 풀었다. 거리는 매우 초라했다. 탄자니아는 처음이지만 케냐와 에티오피아에서 느꼈던 내음이 향수처럼 밀려왔다. 호텔은 입구가 다소 좁아 불편했지만, 나름 호텔 모양새를 갖추고 있었다.

이곳에서 저녁을 먹고 우리는 짐을 둘로 나누었다. 카고 백에는 산으로 올라갈 짐을 넣고, 나머지 짐은 트렁크에 넣어 하산 후에 찾기로 하고 호텔에 보관시켰다.

8월 11일(목)

아침을 먹고, 버스로 1시간가량 킬리만자로 국립공원의 입구인 마랑구 게이트로 이동하였다. 그곳은 해발 1,970미터였다. 김 사장과 나는 고도 측정용 시계를 똑같이 구입해 가져왔다. 마랑구 게이트 주변에 머무는 동안 우리를 인솔한 유 이사와 현지인들이 입산 수속을 하고 가이드 배정 등의 작업을 하였다. 유 이사를 포함한 우리 일행 열일곱 명을 위해 포터 서른네 명, 요리사와 보조 여섯 명, 산행을 위한 가이드 열 명, 합하여 오십 명이 움직였다. 대부대다. 탄자니아의 일인당 국민 소득은 500달러다. 일자리 창출을 위해 두 명씩 붙여야 한다.

수속이 끝나자 본격적인 산행이 시작되었다. 마랑구 게이트에서 고도 2,700미터인 만다라 산장까지 걸었다. 가는 길은 열대우림 지역으로 울창한 숲 속을 지났는데 여러 종류의 원숭이 떼가 살고 있었다. 마치 해리 포터 영화 장면 속을 걷는 듯 신비로웠다. 약 3~4시간을 걸으니 만다라 산장이 나온다. 날씨는 맑다. 밥맛이 참 좋았다. 여행은 좋은 것이라는 점을 새삼 깨닫는다. 사흘 전만 해도 우리가 사는 문명의 도시 서울의 복잡함에서 나는 얼마나 허우적거리며 살고 있었는지…. 여기는 어떤가. 하늘에는 구름, 땅은 낮은 관목으로 둘러싸인 끝없는 대평원이다. 왜 나는 이런 곳을 좋아하면서 이런 곳에서 살지 않는가? 서울에서의 삶이 잘사는 것인지 돌아보게 한다.

8월 12일(금)

아침을 먹고 만다라 산장을 출발했다. 옆으로는 제법 높은 산이 보인다. 이것이 마웬지 산이다. 킬리만자로보다 다소 낮아 오르는 사람이 별로 없다고 한다. 마웬지는 하루 종일 걸었는데도 항상 우리들의 왼쪽에 위치한다. 우리는 마웬지 정상을 옆쪽으로 줄곧 바라보며 건조한 관목과 황무지 지대를 통과하여 호롬보 산장에 도착하였다. 해발 3,720미터에 위치한 호롬보 산장, 이곳이 사실상 우리의 정상 도전에 있어 전진 기지인 셈이다.

호롬보 산장에는 한 방에 네 개의 침대가 있다. 방은 일어나 반듯이 앉을 수도 없을 만큼 비좁다. 일어나서 화장실이라도 가려 하면 평소 팬티와 셔츠만 입고 자는 나의 잠버릇으로는 아주 치명적인 중무장을 해야 한다. 밤에는 날씨가 매우 춥기 때문이다. 이 정도 높이에서도 고소증을 호소하는 사람들이 많았다. 두통에 시달리는 사람들이 많았고, 내 경우에는 배가 사르르 아파왔다. 이것도 고소증이리라. 옆 사람이 권하는 배앓이 약을 먹고 조금 나아진 듯싶다.

8월 13일(토)

호롬보 산장의 아침은 운해 위에서 맞이하였다. 아! 아름답다. 무어라 표현할 수 있을까. 마치 샴푸 거품을 풀어놓은 듯했다. 운해로 인해 산 아래가 아예 보이지도 않는다. 그 깊이를 알 수가 없다. 오늘은 고소 적응을 위한 훈련의 날이다. 마웬지 봉 쪽으로 향하여 갈림길(4,200미터)까지 다녀오는 코스를 약 4시간에 걸쳐 걸었다. 물론 숨이 차고 쉽지 않았다. 호롬보 산장으로 돌아와 휴식을 취했다. 내일은 드디어 정상을 향한 출정이다. 우리와 같은 팀으로 오지 않았지만 지금쯤 올 것으로 예정되어 있던 진명출판사 안광용 사장 일행 네 명이 저녁에 도착했다. 일행 중 한 명은 고소증에 상당히 시달리고 있었다. 가지고 있던 두통약을 건네주었다. 고소증은 체질적으로 사람마다 더하기도 덜하기도 한다. 그러나 어느 높이에서 적응하는 시간을 가지면 좀 나아질 수 있다. 우리는 오늘 하루 그 적응 훈련을 하였다.

8월 14일(일)~15일(월)

한국 시간으로는 오늘이 광복절이다. 특별히 의미를 부여할 것은 없겠지만, 광복절 날에 킬리만자로에 도전했다는 것을 잊기 어려울 듯하다.

아침을 먹고 해발 3,720미터 호롬보 산장을 출발했다. 황무지를 지나서 매우 느리게 진행한다. 앞에 현지인 가이드장이 걷는다. 흐늘흐늘 춤추듯 걷는데, 한 번에 반 발자국씩 나아간다. 일행 중 열한 살 먹은 중학생과 산행 시작부터 허덕이던 중년 여자, 그리고 내가 골칫거리 3인방으로 낙점되어 맨 앞의 현지인 가이드 뒷발에 거의 붙어서 따라가고 있었다. 중학생은 아버지를 따라왔는데, 이들 두 명을 포함해서 최종적으로 네 명이 결국 정상에 오르지 못했다.

이제부터 내가 발휘할 것은 '내공'의 힘이었다. 70세 가까이 되었으니 체력으로는 다른 사람보다 뒤질 것이고, 은근과 끈기만이 나의 무기다. 킬리만자로는 나에게 속보를 요구하지 않는다. 오히려 나에게 적합한 한없이 느린 완보를 요구한다. 그래야 숨도 차지 않는다. 나에게 적합한 산행이라는 나름 긍정적인 생각을 가지고 숨을 몰아쉬며 걸었다.

약 7~8시간을 걸어서 해발 4,700미터에 위치한 키보 산장에 도착했다. 키보 산장에 오니 밥맛이 없어지고 고소증으로 머리가 지끈거린다. 오늘밤 오를 생각에 잠시 누워 있기는 하지만 아무도 잠을 자는 사람은 없다. 아니, 잘 수가 없다는 말이 맞다. 저녁식사를 차려주었지만, 나는 멀건 누룽지물만 몇 번 들이켰을 뿐 도저히 먹을 수가 없었다. 사실상 오늘 하루 종일 식사를 한 끼도 제대로 못한 셈이다. 안 사장 부부는 이곳 키보 산장에서 포기하겠다고 한다.

옷은 무엇을 입을까. 가이드가 추위에 돌아오는 사람도 있다고 잘 입으라고 한다. 바지에는 겨울 등산복 안에 내복과 여름 등산복을 입었다. 상의에는 땀이 차지 않는 여름 등산복, 초겨울용 등산복, 우피, 바람막이 그리고 이번에 구입한 가을용 등산복을 입었다. 이 정도 되면 얼어 죽지는 않겠지. 털모자를 쓰고, 장갑을 끼고 스패치를 하고…. 준비는 어느 정도 마친 듯싶다.

드디어 밤 11시 30분. 키보 산장의 모든 등산복들이 움직이기 시작했다. 머리에는 헤드 랜턴을 쓰고 묵묵히 행진을 계속했다. 매우 느리게 느리게…. 마치 죽음의 행진 같다. 앞사람이 일으키는 먼지로 입을 열 수가 없었지만, 코로만 숨을 쉬기에는 너무 역부족이다. 가능한 한 입도 크게 벌려야 한다. 그만큼 숨도 차고, 또 춥다. 아니다. 어쩌면 추위는 몇 번째 후순위의 문젯거리인지 모르겠다. 고소증과 추위와 배고픔과 힘듦이 복합적으로 섞인, 말할 수 없는 이상한 고통이다.

모두가 밤길을 아무런 말도 없이 터벅터벅 걷고 있었다. 그 속에서 패잔병의 숨소리가 튀어나와 이곳저곳에서 가이드를 붙여 하산한다. 한스미디어 동굴을 지나면서 표지판도 보았지만 관심이 없다. 바닥이

화산재로 뒤덮여서 계속 발이 뒤로 밀린다. 산을 지그재그로 오른다. 매우 천천히 천천히.

이곳에서 한 번 잘못되면…. 갑자기 정신이 번쩍 들었다. '지금 내가 여기서 도대체 무엇을 하고 있는 거지?' 이곳에서 불의의 객사를 당할 수도 있다는 생각이 들었다. 그리고 사고가 나면 아무런 수송 대책이 없다. 오직 나아갈 길뿐이다. 드디어 화산재가 어느 정도 끝난 듯하자 이번에는 오르기 힘든 바위들의 계곡이 나타났다.

얼마간 올라 이제는 다 온 듯싶었다. 눈을 치켜드니 표지판이 보이지 않는가. 정상이구나 싶은 안도와 기쁨도 잠시, 그곳은 5,685미터의 길만스 포인트. 이곳에서 약 200여 미터를 더 올라가야 한다. 산 정상이 가까이 보이지만, 표지판이 위치한 최고의 위치는 산 뒤쪽에 있단다. 허우적거리면서 올라가는데 김 사장과 가이드장인 실바나, 그리고 한국인 가이드가 나를 재촉한다. 뒤에서 내 엉덩이를 밀어서 앞으로 나가게 하였지만 나는 헐떡이고 있었다. 숨을 쉴 수가 없었다. 잠시 숨고를 시간을 달라고 했지만, 이들은 무척이나 나를 재촉한다. 실바나가 하산하라고 지시한다. 그러나 저기 앞에 고지가 보이고 있기에, 나는 숨을 고르며 내가 갈 테니 걱정하지 말라고 사람들을 다독거렸다.

드디어 정상에 올랐다. 해발 5,895미터. 아래에는 거대한 만년설이 있다. 거의 20층 높이의 수직 빙벽이 둘러싸여 있는 것이 장관이다. 바로 이 광경이 보고 싶어 이곳에 온 것 아닌가. 그러나 사실 그런 마음의 여유가 없었다. 사람들이 빈 틈을 타서 표지판 한쪽에 서서 사진을 찍었다. 여유 있게 만세를 부르면서 찍으면 얼마나 좋았을까. 한마디로 추위와 산소 결핍과 지쳐서 다른 것을 생각할 여유가 부족했다. 말 그대로 '인증 샷'일 뿐이다.

정상에 오래 있으면 고소증이 심해진다고 빨리 내려가도록 재촉한다. 키보 산장에서 정상까지 6킬로미터. 그러나 시간상으로는 거의 8시간 걸려서 올라온 셈이다. 1시간에 1킬로미터도 못 올라왔다. 아무튼 나는 목적을 이루었다. 정상에 오른 것이다. 버킷 리스트 중 하나를 이루었다. 만년설을 내려다보면서 표지판을 만져보았다. 해발 5,895미터의 킬리만자로 정상에 고영수가 섰다. 예순여덟 살에. 기쁘다.

내려오는 길은 오르는 길 그대로를 복기하였다. 맑은 해가 있는 날에 보니, 어젯밤에 어려웠던 곳곳의 지형들이 한눈에 들어온다. 거의 꼴찌로 내려왔다. 그러나 오늘 일정이 다 끝난 것이 아니다. 내친김에 3,700미터에 위치한 호롬보 산장까지 가야 한다. 이곳 키보는 숙박하는 곳이 아니다. 다시 9킬로미터를 더 걸어가야 한다.

한마디로 죽을 맛이다. 하루 30킬로미터의 강행군인 셈이다. 밥도 네 끼를 거의 굶다시피 하고, 추위에 시달리며, 산소 결핍으로 힘들어하며, 몸은 이제 움직일 수조차 없을 만큼 지쳤다. 그래도 9킬로미터는 가야 한다. 그래야 숙소가 나온다. 다른 교통시설이나 운반시설이 아무것도 없다. 참 어처구니없는, 아니 안타까운 일정이다. 어쩌랴, 터벅터벅 걸어 호롬보 산장에 왔다. 저녁식사를 몇 숟갈 먹었지만, 화장실에서 모두 토해버렸다.

그리고 배정된 방에서 다른 두 사람보다는 늦게 잠들었지만, 몸이 감기에 걸린 듯 몹시 떨렸다. 어쩌면 병에 걸린 것은 아닌가 하는 우려 속에 잠이 들었다가 아침을 맞았다. 아침이 되니 몸이 다소 회복되었다. 코와 입에서 엄청난 먼지 덩어리들이 쏟아져 나왔다. 이런 상태로 무슨 밥이 먹고 싶었겠는가.

8월 16일(화)

호롬보 산장에서 아침을 먹고, 우리를 도운 현지인들이 킬리만자로 노래로 축하연을 열었다. 만다라 산장으로 왔다. 만다라 산장에는 차량이 있다나. 이보다 더 기쁠 수가 있는가. 그것이 앰뷸런스란다. 특별한 배려로 이 차를 타게 되었다. 그것도 만다라 산장에서 거의 1시간을 걸어 내려와야 했다. 일찌감치 스틱도 집어넣고 걸어온 것이 1시간. 차는 그냥 1톤 트럭이다. 비용도 무료라고 한다. 내려오는 길에 만나는 포터들이 손짓하면 태우기도 하고 안 태우기도 한다. 이것도 엄청난 끗발이구나 생각되었다. 우리는 팁으로 10달러를 주었다. 기꺼이 받아 차량 한쪽 박스에 구겨 넣는다.

드디어 마랑구 게이트에 내려왔다. 가게에서 킬리만자로 노래가 들어 있는 시디(CD) 한 장과 가사가 적힌 나무판을 구입했다. 시원한 콜라가 이때는 제격이다.

모쉬에 있는 호텔에 도착하였다. 나는 짐을 풀 생각조차 하지 않고, 정원의 탁자에 앉아 맥주를 시켜 마셨다. 그냥 아무것도 할 수 없었고, 쉬고만 싶었다. 성공적인 등정을 한 후인 오늘 저녁식사는 김 사장과 내가 한턱 쏘기로 했다. 현지인 가이드 십여 명도 함께하여 즐거운 파티를 가졌다. 그곳에서 등정증명서를 받았다. 나는 내 가방을 대신 들어주며 산행에서 부축해준 윌리엄이라는 현지인에게 나의 작은 륙색 가방에다가 뜯지 않은 과자들을 몽땅 넣어서 아들에게 주라며 선물로 건넸다. 현지인들은 호텔에서 마음껏 고기와 술을 먹을 수 있어서 대단히 좋아하였다.

6월 17일(수)

이제 모든 것이 끝났다. 우리의 목적은 킬리만자로 등정이 아닌가. 그리고 나는 그것을 해냈다. 나머지 여행은 나에게 별 관심이 없다. 이제 케냐로 건너가 마사이족이 사는 마을과, 암보셀리 국립공원에 가서 동물들을 보는 사파리 일정이 있었다. 그러나 별로 관심이 생기지 않았다. 더구나 예전에 아내와 함께 같은 곳에서 사파리를 보지 않았던가.

6월 18일(목)

나이로비로 왔다. 케냐의 경제는 날로 팽창하고 있었다. 도로가 화물차로 넘쳐났다. 아쉬운 것은 운전대가 오른쪽에 위치하여 일본, 특히 도요타 차량이 케냐를 뒤덮고 있었다는 점이다. 우리는 사파리 파크 호텔에 머물렀다. 이전의 이름은 파라다이스 호텔이었다. 물론 전에 아내와 함께 묵었던 곳이다. 나는 저녁식사도 하지 않은 채 방으로 와서 누웠다. 몸 여기저기가 쑤셔왔다. 이제 본격적으로 긴장이 풀리는지 담이 온몸을 돌아다니고 있었다. 아침이 되니 조금 나아졌지만, 내 코와 터진 입술은 가히 못 봐줄 정도다.

6월 19일(금)~20일(토)

오전에 나이로비 시내의 목각 전통시장에 들렀다. 나름 흡족한 물건두 개를 구입했다. 하나는 킬리만자로 산 밑에 거대한 코끼리가 그려져 있는 유화 한 점으로 200달러에 구입했다. 정말 멋있는 그림이다.

2016년, 68세에 아프리카에서 가장 높은
킬리만자로의 해발 5,895미터 정상에 오르다

노후를 보낼 용인 집에 걸어야겠다. 또 하나는 원주민들이 문짝으로
쓰던 것인데, 네 개의 구석마다 얼굴 모양이 돌출되게 새겨진 목각 제
품이다. 110달러를 주고 구입했다. 나중에 탁자로 사용해야겠다. 언제
라도 킬리만자로를 기억하게 하는 더없이 멋있는 기념품이다. 나이로
비, 도하를 거쳐 다시 서울로…. 이렇게 모든 일정이 끝났다.

에필로그

지나고 보니 꿈같은 열흘간이었다. 다녀온 직후 코는 빨갛다 못해 검
게 되었고, 입술은 온통 터져서 흉측한 모습이었다. 체중은 4킬로그램
이 빠졌다. 그러나 머리는 한없이 맑았다. 해냈다는 기쁨. 내 머릿속에

들어 있는 정상과 만년설의 모습, 어려웠던 산행지의 모습들이 아직도 눈에 선하다. 나의 버킷 리스트 중 하나를 지울 수 있어서 좋았다. 내 남은 인생에 추억으로 영원히 기록될 수 있으리라. 항상 킬리만자로의 도전을 기억하자. 그러나 한편으로 이러한 무모하기 짝이 없는 도전은 앞으로 하지 말아야겠다는 생각도 들었다.

- 2016년 8월

시상(詩想)

매미

8월의 도심에서

자연의 소리는

매미의 울음밖에 없다

7년을 기다리다 허물을 벗어

한 철도 못 사는 기구한 운명

인고의 상징인가

삶의 덧없음인가

이 여름이 가기 전에

매미가 가기 전에
다짐할 일 세 가지

매미의 구애만큼은 못하더라도
아내를 다시금 돌아보련다

매미의 인내만큼은 못하더라도
생활 속의 스트레스쯤은 이겨가련다

매미의 소명만큼은 못하더라도
인생의 제2막을 준비하련다

- 2003년 8월

존엄

어떤 인생이든
한 편의 스펙터클한 드라마가 되고,
어느 누구든 대종상의 주인공이 될 자격이 있다

누구의 인생이든
그럭저럭 삶이란 없고,
어느 누구의 무덤도 이름 없는 묘비란 없다

무덤의 크기와 화려함으로

인생 시나리오가 크고 멋있다고 할 수는 없다

어떤 인생을
굵게 살다간 인생이라 말하고,
어떤 인생을
보잘것없었다고 할 수 있는가

- 2012년 3월

38살과 64살(난 어쩌라고)

38살 먹은 아직 새파란 여자가
중년과 마흔과 나이 듦에 대한 이야기를 하며
제법 나이 든 체를 한다.

'쉰 살 즈음에'라는 임성춘 시인의 시를
들먹거리며 이제 이런 시가 가슴속을 파고든다는
어설픈 그런 시늉을 하고 있다.

64살 먹은 난 어쩌라고,
저 여자가 중년이라 하면, 나는 뭘까.
노년, 할아범, 그래도 내 딴에는
38살 먹은 여자만큼보다 더 청춘인 척하고 있는데.

70의 나이라도, 80이라도

'가슴속에 사랑과 열정이 있다면 언제나 청춘'이라는
새뮤얼 울만의 시를 외워가며
기꺼이 젊은 척 호기 부리는 그런 64살의 청춘인데.

38살 먹은 아직 새파란 여자가
글쎄 나이 든 체를 한다.
64살 먹은 난 어쩌라고.

- 2012년 3월

CC TV를 사랑해

그놈이 너를 보고 있다. 조심하라.
그놈 = CC TV 너 = 고영수

이 도시에서는 사소한 나쁜 짓도 할 수 없다. 뒷골목에서는 더욱 그렇
다. 그놈이 있기 때문이다. 그놈이 너를 주시하고 있기 때문이다. 도시
는 이제 그놈들이 접수했다. 인민군처럼. 한잔 술에 취중 방뇨는 꿈도
꾸지 못한다. 사소한 애정 행위조차 조심해야 한다. 도시는 불신으로
가득 차 있다. 무서운 세상이다. 너, 조심해라.

2월이 간다

아직도 매서운 추위가 남아 있지만
그런대로 2월이 기쁜 이유는
아름답고 빛나는 3월의 봄날이

기다리고 있기 때문이다.

어제도, 그제도 별반 다를 것 없는
권태 속에 있었지만
그런대로 2월이 기쁜 이유는
배냇병신같이 2~3일이 모자라서
가난한 봉급쟁이들의 위로가
되어주기 때문이다.

한국인의 달력에는
애도일도, 기념일도 아무것도 없어서
찬가도, 애가도 부를 것이 없지만
그런대로 2월이 기쁜 이유는
빛나는 졸업장을 받고
사회로 나가는 사회 초년병들,
그리고 엄마 손 잡고 학교 가는 코찔찔이의
설렘이 있기 때문이다

아! 2월이여!
1월에 가졌던 새해의 소망도 없고
3월에 갖게 될 새봄의 흥분도 없는
그저 도도한 세월 속에 묻어가면서,
그래서 먼 훗날

아무것도 기억될 것이라고는 없는,
무덤덤한 기억의 주검 같은
그런 2월이 간다.

– 2013년 2월

아내의 존재감

아내가 있어야
집에 있는 시계는
째깍째깍 살아 돌아간다.

아내가 있어야
집에 있는 세탁기는
클링클링 즐겁게 빨래를 한다.

아내가 있어야
집에 있는 전자레인지도
쿡크쿡크 맛있게 요리를 한다.

아내가 없으면
집에 있는 꽃들은
시들시들 시들어간다.

아내가 없으면

어항 속의 물고기들은
흐늘흐늘 흐느적거린다.

아내가 없으면
나옹 고양이도
풀 죽어 하루 종일 졸기만 한다.

아내가 있으면
집에 있는 모두가 활기가 차고,
아내가 없으면
집에 있는 모두가 힘이 없다니.

아내가 없으면
우리 집은 빈 둥지,
시간이 멈추어 있다.

집엔
아내가
꼭 있어야겠다.

– 2012년 3월

겨울 강변에서의 독백

1.

겨울 강변을 홀로 거닌다.
검은 비닐봉지 하나가 나뒹굴고 있다.

어디에서 왔는지,
어디로 가는지 알지 못하는 듯
노랗게 바랜 슬픈 갈대 위에 살포시 앉았다가
강변의 차가운 담벼락에 기대었다가
어느새 내 뒤를 강아지 따라오듯 바짝 따라오고 있다.

검은 비닐봉지는
나하고 어떤 연이 있을까
옆으로 갔다 뒤로 갔다 그리고 멀리 사라졌다가
어느새 내 곁에 가까이 와 있기도 한다.
아니 나를 따라오고 있는가.

검은 비닐봉지에 바람이 잔뜩 깃들어 있다.
이 황량한 겨울 강가를 거닐고 있는 것이라곤
검은 비닐봉지와 나 단둘뿐.

혹시 검은 비닐봉지가 누군가의 분신은 아닐까
사랑하는 사람으로부터 받은 검은 상처가

인생의 허무함에 고독과 절망으로 산화하여
천공을 헤매고 있는 슬픈 영혼이 아닐까.
산다는 것이 무엇일까.
도대체 어디로 가는 것일까.
본분과 할 바를 잃어버리고,
이리저리 방황하는 검은 비닐봉지처럼
나도 인생의 후반전을 헤매고 있다.

나는 도대체 무엇인가.
나의 종착점은 어디인가.

2.
아, 저것 봐!
검은 비닐봉지가 높은 나뭇가지 위에 매달려 있다.
저기가 바로 비닐봉지의 종착점이었던가.

세차게 부는 바람에 리듬을 맞추며
어느새 검은 비닐봉지는 나뭇가지와 춤을 추고 있다.
무엇에 그렇게 신나 할 수 있을까.
무엇이 그렇게 기분 좋을 수 있을까

아, 검은 비닐봉지처럼
그렇게 담담하게 내가 닿는 어디에서나

소박하게 춤출 수 있었으면 좋겠다.

검은 비닐봉지가 속삭인다.
"마음을 비워라. 바람을 비웠을 때 나뭇가지에 매달릴 수 있었단다."

아, 부럽다.
검은 비닐봉지야.
모든 것을 내려놓을 수 있는 네가 참 부럽구나.

왜 내 속의 바람은 그렇게 안 빠지는 것인지,
아직도 미련이 있고, 욕심에 연연하다니.
아직도 사랑하는 사람이 있고, 그리워할 것이 남아 있다니.

나뭇가지에 달린 검은 비닐봉지처럼
겨울 강바람에 더 사납고 매몰차게
이리저리 부대끼고 나뒹굴어야 하나 보다.

그래야 바람이 빠져
안식의 쉼터에 들어가려나 보다.

- 2012년 1월

출근(出勤)

출근이란 단어에는

청춘이란 의미가 담겨 있습니다.

그것은 단순히 돈을 벌기 위한 것이 아니고,
일을 하기 위한 것이 아니고,
시간을 때우기 위한 것은 더더욱 아닙니다.

출근이란 단어에는
사람들을 사랑하는,
주어진 소명을 감당하는,
건강과 열정이 살아 있음을 의미합니다.

누구나 청년의 시절에는
어디엔가 출근하고 싶어 노력하며,
출근을 통하여 삶을 영위하고자 꿈을 꿉니다.

그러던 출근이 어느새 타성처럼 일상화되기 쉽지만,
출근한다는 것 자체가 지겨운 것은 아닙니다.

사람들에 대한 사랑이 식고,
일에 대한 가치를 상실하고,
삶에 대한 무기력으로 꿈과 의욕을 잃어버렸을 때
출근은 지겹고 싫어지는 것입니다.

출근을 통해 우리는,
상사로부터, 동료로부터,
일에 대한 지식과 방법을 배우며
삶에 대한 지혜와 순리를 알게 됩니다.

출근하다 보면 어느새
세상과 소통하는 법이 익혀지고,
일과 인생에 대한 높은 식견과 연륜이 쌓여지고
아름다운 삶이 만들어지는 법입니다.

누구나 출근한다 해서,
모두가 행복한 것은 아닙니다.
때로는 출근이 부담스러울 수도 있습니다.

단순히 출근한다는 것만으로
행복해질 수는 없습니다.
출근에 감사와 기쁨이 있을 때 비로소
행복한 것입니다.

나이를 얼마나 먹었건,
주어진 일이 있음에 감사하며,
출근 시간에 맞추고자 서둘러 바삐 걷는
그런 출근길에 있는 사람들은

모두가 청춘이며, 행복한 사람들입니다.

- 2010년 6월

똥

똥! 똥을 더럽다 한다. 지 몸에서 나온 것인데. 앞으로 들어갈 때는 깨끗했는데 뒤로 나올 때는 더럽다 한다. 똥은 더러운 것인가. 정말로 더러운 것인가. 지 몸에 필요 없어 내보낸 것뿐인데. 아하! 그렇구나. 더러운 것은 필요 없는 것이구나. 지한테 필요 없으면 더러운 것이 되는구나.

똥! 똥은 구리다. 모든 똥이 구리다. 들어올 땐 나름대로 향긋했는데 나갈 땐 누구 것도 모두 구리다. 똥은 구린 것인가. 정말로 구린 것인가. 다만 여러 가지 독특한 향들이 섞인 것뿐인데. 아하, 그렇구나. 여러 가지 섞인 것은 구린 것이 되는구나. 여러 가지 물감이 섞이면 검정색이 되는 것처럼.

똥! 인간들은 똥을 싫어한다. 아니 경멸하며 멀리하려 한다. 모든 인간이 지 몸속에 지니고 다니면서도, 몸 밖에 나오는 순간부터 매몰차게 연을 끊으려 한다. 똥은 싫은 존재인가. 정말로 똥은 경멸의 대상인가. 노인도 아이도 남자도 여자도 모두 갖고 있는 것인데. 아하, 그렇구나. 내 안에 있고 없고에 따라 좋고 싫음이 있구나. 사람이 사람을 좋아하고, 사람이 사람을 싫어하는 것처럼.

똥! 그것은 다만 한 몸통이었던 음식 속에서 분리되어 나온 찌꺼기일 뿐인데, 더럽고 구리고 경멸 받는 존재가 되는구나. 똥이야말로 좋은 것만 취하고 싫은 것은 버리는 인간 이기주의의 희생물이다.

인간아, 너는 똥이 되지 마라! 똥 같은 놈도 되지 마라! 그리고 똥을 경멸하지도 마라! 어디에 있든, 무엇을 하든, 중심이 되어라, 찌꺼기가 되면 사람들은 너를 경멸한다. 특히 같은 찌꺼기 같은 놈들이 더 너를 경멸한다.

똥! 그것은 가치 없는 것인가. 아니다. 세상은 너를 모른다. 자학일랑 하지 마라. 너야말로 세상의 소망이며, 생명인 것을…. 세상의 모든 생명체가 너로 인해 성장한다는 것을. 너는 사람들을 편안하게 만든다. 배설의 기쁨보다 더 시원한 것이 이 세상에 있으랴. 네가 사라짐으로써 사람들이 편해지는 것이 너에겐 불명예처럼 들리겠지만, 그것은 너의 희생정신이 아니고 무엇이겠느냐.

똥! 사람들은 몰라도 너무 모른다. 사람들은 언제나 함께 있어주는 것이 사랑이라고 생각한다. 사람들은 무엇이든 더불어 함께하는 것이 사랑이라고 생각한다. 그러나 때로 함께 있는 것이 부담스러울 때도 있지 않은가. 이 세상에 가장 지고지순한 사랑은 사라져주는 것. 아무런 미련도 없는 양 아무런 언어도 남기지 않은 채 문득 사람들이 나를 필요로 하지 않는다는 것이 느껴지는 순간, 그렇게 홀연히 사라져버리는 것이 가장 숭고한 사랑이라는 것을.

사람들은 너무 모른다. 똥을.

- 2008년 10월

하기 전에

지금이
내가 정한 때인가
하나님이 정하신 때인가
기도하자.

이 결정이
내가 원하는 것인가
하나님이 원하시는 것인가
기도하자.

이 일을 통하여
나의 욕심을 채우는가
하나님께 영광을 드리는가
기도하자.

이 과실이
내 욕심의 결과인가
하나님의 뜻인가
기도하자.

기도하자.
나의 모든 것을
주님의 이름으로
기도하자.

                                        - 2005년 9월

화이트 프로포즈

아내에게.
참으로 오랜만에
연극을 보러왔소
'화이트 프로포즈'

그동안 20년이 넘게
우리가 부부라는 이름으로
함께 살아왔지만
때로 당신과 나 사이에
참으로 힘든 때가 있었음을
안타깝게 생각하오.

물론 그것의 이유를
나는 잘 알고 있소
모두가 나의 탓이오.
오랫동안 당신의 마음을 읽지 못하고

당신의 속을 무던히도 상하게 하였소.
꽤 오랜 시간 동안
당신을 인고의 시간 속에 있게 하였소.

이 겨울, 당신에게
미안하다는 말을 하고 싶소.
그리고 바라건대
다시, 우리가 만날 때처럼
처음으로 돌아가
남은 인생을 설계하고 싶소.

지금껏 살아온 날들의
고달픔과 서운함의 상처를
어찌 쉽게 치유할 수 있을까마는
이제는 당신의 어깨에 기대고 싶은
젖은 낙엽임을 고백할 수밖에 없구려

용서하구려
너무 미워하지 마시오
당신을 사랑하오.

오늘 저녁,
낙엽 빛깔 닮은

커피 한 잔을 마시면서
우리 사랑의 첫 기억을
떠올려보십시다.

여보!
나의 프로포즈를
받아주지 않겠소.

- 2003년 12월 연극 중에 프로포즈

입술 도둑
그는
순식간에
그녀의 입술을
훔쳤다.

그녀는
빼앗긴
입술을 되찾고자
그의 입술을
찾아 헤맨다.

- 2005년 9월

Forgiven

이 세상에서
오직 하나의 단어를
택하라고 한다면
그것은
'용서받음'이다.

그다음에
정말 하나만 더
택하라고 한다면
그것은
'은혜일 뿐'이다.

하나만 더
마지막이라 다그치며
택하라고 한다면
그것은 '오직 예수'이다.

– 2005년 8월

맺는말

원고가 마무리되었다. 마치고 보니 당초에 책을 펴내려던 목적과는 많이 변했다. 처음에는 출협 49대 회장에게 나의 경험과 생각을 전해준다는 의도가 우선이었다. 그래서 권말 부록으로 협회장 일정과 회원들에게 보낸 이메일 소식지인 〈출협통〉도 넣어서 참고하도록 할 작정이었다.

그런데 막상 원고 준비를 하다 보니, 그런 보고서 형식이라면 굳이 책으로 만들 필요가 있겠는가 싶었다. 그래서 기왕이면 협회장으로서의 경험은 물론이고 당면한 출판 현실에 대한 나름의 진단을 출판인들과 공유하고자 1부를 정리하게 되었다.

거기에다 젊은 출판인들에게 나의 출판사 경영에 관한 경험을 이야기해주는 것도 나쁠 것 같지 않아서 2부가 만들어졌다. 또한 8년 동안 매주 청림출판 직원들에게 보냈던 〈목요편지〉 중에서 선별해 담았다. 정리하다 보니 이 부분의 원고 분량이 가장 많아졌다.

세상살이가 항상 그렇듯이, 생각이 조금씩 산으로 올라갔다. 그래서 3부에 나의 삶과 출판 인생까지 담자는 욕심이 생겼다.

출판에 대해서는 이 책이 내 삶에서 첫 책이자 마지막 책이 될 것 같은 생각이 들었기에, 조금은 이질적이지만 이런저런 생각들을 모두 한 권에 담기로 했다.

제목을 정해야 했다. 처음에는 '어느 출판인의 생각', '한 출판인의 비망록', '고영수, 출판을 말하다' 등 에세이풍의 제목들이 후보였다. 그러나 협회장을 3년 지낸 후 출판을 보는 눈이 전과는 사뭇 달라졌고, 애정도 더 깊어진 나를 발견하였다. 오늘의 출판 현실에 대하여 더 깊이 알 수 있었고, 이를 통해 책과 출판, 독서, 나아가 나라의 문화융성을 어떻게 열어가야 하는지에 대한 나름의 뚜렷한 주장을 할 수 있는 근거가 생겼다. 지금까지 알고 있었던 출판과는 분명 다른 것이었고, 그것은 가능성과 나락이 동시에 열려 있는 세계였다. 그래서 나는 이 책의 제목을 '출판의 발견'으로 정했다. 이 책을 읽는 독자들과 내가 발견한 출판에 관한 것들을 함께 생각하고 싶고 '여기에 길이 있다'고 외치고 싶다.

오늘은 2017년 1월 5일 목요일 밤이다. 이제 이 책의 '맺는말'도 마무리하고자 한다. 오늘 저녁 5시에는 협회 강당에서 조윤선 장관과 출판계 원로들이 참석한 가운데 신년 교례회가 열렸다. 새해 초(2일)부터 대형 서적도매상인 송인서적이 부도를 내어 출판계 전체가 참 우울하였다. 나는 어둡고 우울한 현실이지만 희망을 잃지 않도록 두 명의 성악가를 초빙하여 희망에 찬 노래들로 신년 교례회를 시작하였다. 나는 신년사를 하는 자리에서 이 암울함에 대해서 출판계를 대표하는 출협 회장으로서, 대단히 죄송스러움을 표하며 머리 숙여 사과드렸다.

"오늘의 출판 현실에 대하여 회장으로서 큰 자괴감을 갖게 됩니다. 불과 15년 전 만해도 전국에 산재해 있던 6,000개의 서점이 지금은 1,500개 정도에 불과합니다. 그리고 그 서점들에 공급하는 대형도매상들이 속절없이 무너져가고 있습니다. 출판사들은 단군 이래 최대 불황이라는 구호 아닌 구호를 부르짖고 있으며, '책을 읽지 않는 국민'이라는 치욕적인 오명에도 아무도 부끄러워하지 않는 무감각한 나라가되었습니다. 단언컨대, 미래의 대한민국 위기는 바로 책을 읽지 않도록 만든, 잘못된 정책을 추진해온 의식 없는 오늘의 지도자들 그리고 동시대에 사는 우리들의 책임일 것입니다."

이 말을 하면서 가슴이 뜨거워져 나도 모르게 몇 번이나 울먹였다. 기자들과 카메라 렌즈가 이를 놓치지 않았다. 마음 같아서는 엉엉 소리 내어 울고 싶었다. 정말 우리 출판이 일어설 수 있는 방법은 없는 것일까.

책 쓰기를 마치면서 이런 상상을 해본다. 내가 문화부 장관이라면…. 관광 분야와 체육 분야가 함께 있는 비빔밥 같은 문화체육관광부 말고 예전의 문화공보부나 문화부와 같은 순수 혈통의 문화부 장관을 내가 맡는다면, 그럼 우리나라를 출판 대국으로 만들 수 있을 텐데, 그럼 우리나라가 세계에서 제일가는 문화 국가가 될 텐데, 왜들 그렇게 못할까….

"바보들아, 나라의 미래? 미래 대한민국의 진짜 문제는 경제가 아니라 독서야, 독서!"

아무도 귀담아듣지 않을 이 말을 혼자 내뱉는다. 이 책은 출협 회장으로서 3년간 느낀 독백의 기록이기도 하다.

지난해 여름 동아프리카 킬리만자로 정상에 오른 것으로 나의 버킷 리스트 하나를 지웠는데, 이제 이 책의 출간으로 나의 출판 인생을 한 권의 책으로 정리하고자 마음먹었던 또 하나의 버킷 리스트를 지우게 되었다. 참 기쁘다.

사고(社告): 저작권에 관한 안내의 글

이 책에 인용된 저작물들은 한국문예학술저작권협회와 저작권자, 출판권을 가진 출판사, 신문사를 통해 저작권의 동의를 얻어 수록한 것입니다. 특히 본문 중 '2부 2장 직원들과 함께 나눈 생각 〈목요편지〉'는 저자가 2005년부터 협회장을 맡기 전(2013년)까지 약 8년 동안 사내 인트라넷을 통하여 직원들에게 일주일에 한 편씩 공유한글입니다. 이번에 책으로 출간하면서 내용 중에 인용된 책과 글에 대해서는 저작권 문제를 대부분 해결하였으나, 출처나 저자 연락처가 불명확한 글에 대해서는 미흡한 부분이 있을 수 있습니다. 이에 대해서는 저작권자가확인되는 대로 해당 저작권 문제를 속히 상의하도록 하겠습니다.

출판의 발견

1판 1쇄 인쇄 2017년 2월 8일
1판 1쇄 발행 2017년 2월 23일

펴낸이 고영수

경영기획 이사 고병욱
기획편집2실장 장선희
마케팅 이일권 이석원 김재욱 곽태영 김은지 **디자인** 공희 진미나 김경리 **외서기획** 엄정빈
제작 김기창 **관리** 주동은 조재언 신현민 **총무** 문준기 노재경 송민진

교정교열 심은정 **디자인** 김종민

펴낸곳 청림출판(주)
등록 제1989-000026호

본사 06048 서울시 강남구 도산대로 38길 11 청림출판(주) (논현동 63)
제2사옥 10881 경기도 파주시 회동길 173 청림아트스페이스 (문발동 518-6)
전화 02-546-4341 **팩스** 02-546-8053
홈페이지 www.chungrim.com
이메일 cr1@chungrim.com
블로그 blog.naver.com/chungrimpub **페이스북** www.facebook.com/chungrimpub

ISBN 978-89-352-1152-4 (03010)